21세기의 세계박람회

제3세대 세계박람회로의 대전환

이각규 저

학지사비즈

머리말 🗼

    1851년 영국 런던에서 최초로 개최된 세계박람회는 당시 유럽 각국을 자극하며, 영국은 물론, 프랑스, 독일 등의 산업혁명에 박차를 가하는 촉진제가 되었고, 각국은 경쟁적으로 세계박람회를 개최하기 시작했다. 따라서 세계박람회는 올림픽, 월드컵과 함께 개최국의 권위와 국력을 과시하는 세계 3대 메가이벤트 중 하나로 자리매김하게 되었다.

    세계박람회는 172년 동안 22개국에서 69회나 개최되었다. 개최국과 개최도시가 세계박람회를 통해 궁극적으로 얻고자 하는 것은 국가와 지역에 대한 국가 브랜드 상승을 포함한 관광수입과 사업증진, 그리고 지역의 재개발과 업그레이드를 포함한 도시와 지역발전의 촉진이다. 세계박람회를 가장 많이 개최한 나라는 미국으로 11회 개최했으며, 프랑스 9회, 이탈리아 7회, 벨기에 7회, 일본 4회, 스페인 4회, 스웨덴 3회, 독일 3회, 영국 2회, 한국 2회 등 대부분 선진국에서 개최되고 있다. 이와 같이 세계 각국에서 앞다투어 세계박람회를 개최한 것은 그 효과가 메가이벤트 중에서 최고이기 때문이다.

    최근 세계박람회의 많은 참가국과 참가자가 세계박람회가 무엇이며, 참가했을 때 얻을 수 있는 이익이 무엇인지를 잘 알고 있다는 사실도 중요하다. 세계박람회 개최도시는 여러 가지 재개발 기회를 창출해 예전부터 제기되었던 환경적인 문제를 해결하고 도시 중심부의 활력을 재생해 그 이후 10년간의 교외권역 확장을 가져온다. 이처럼 세계박람회는 실행 가능한 목표를 향해 천천히 실질적인 변화를 이끈다.

세계박람회 콘셉트의 변화와 새로운 시대, 새로운 비전에 맞는 창조적이며 신선한 접근방법은 새로운 세계박람회로 전환을 하게 될 것이다. 그리고 개최도시는 이것이 실현될 때 큰 이득을 얻게 된다. 그리고 이미 세계박람회는 풍부한 성공 사례가 있기 때문에 세계 여러 곳의 열광적인 지지자들에 의해 계속된다고 해도 과언이 아니다. 향후 개최될 세계박람회는 2025년 오사카·간사이, 2027년 베오그라드가 있다.

우리나라는 국제박람회기구(BIE)공인 인정박람회인 1993년 대전세계박람회를 개발도상국 최초로 성공적으로 개최했으며, 그로부터 20년 후 두 번째 인정박람회인 2012년 여수세계박람회를 개최한 지 11년이 지났다.

그리고 2014년 12월부터 부산에서 도심 재개발과 지역경제 활성화를 위해 개최 기간이 6개월인 2030년 세계등록박람회 유치를 추진하는 것을 목표를 설정해, 2019년 12월 국가행사로 확정되었다. 2021년 10월, 대한민국(부산), 러시아(모스크바), 이탈리아(로마), 우크라이나(오데사), 사우디아라비아(리야드) 등 5개국이 국제박람회기구에 2030년 세계박람회 유치를 신청했다. 2022년 5월, 러시아가 우크라이나를 침공해 전쟁이 장기화되면서 미국과 나토 동맹국의 경제제재로 유치신청을 철회했다.

같은 해 9월에 대한민국, 이탈리아, 우크라이나, 사우디아라비아 등 4개국이 국제박람회기구에 상세한 유치계획서를 제출했다. 2023년 3월부터 4월까지 2030년 세계박람회 유치신청국의 현장 조사가 실시되었다. 지난 6월 20일, 제172차 국제박람회기구 총회에서 회원국들은 국제박람회기구 실사단의 조사결과를 보고받고, 집행위원회에서 실현 가능성이 있고 규정에 부합한다고 판단한 3개 프로젝트를 유지하기로 의결했다. 후보국은 대한민국(부산), 이탈리아(로마), 사우디아라비아(리야드)다. 우크라이나는 후보국에서 탈락했다.

현재 우리나라는 정부의 외교활동과 글로벌 기업들이 함께 원팀이 되어 회원국들에게 지지를 호소하면서 경쟁국들과 치열하게 유치경쟁을 하고 있다.

후보국들은 11월 28일에 개최되는 제173차 국제박람회기구 총회에서 세계박람회 유치 경과보고에 이어 각자의 세계박람회 프로젝트에 대한 최종 경쟁 PT를 하게 된다. 이후 회원국들은 전자투표를 통해 비밀투표로 2030년 세계박람회 개최국을 선정한다. 아무쪼록 대한민국이 2030년 세계박람회 개최국으로 선정되기를 간절히 기원한다.

세계박람회의 세대교체가 절실하다. 'GAFA(구글, 애플. 페이스북, 아마존)'로 대표되는 디지털플랫폼 거대 IT기업은 세계박람회에 전혀 관심을 보이지 않기 때문이다. 21세기의 혁신적 전시기술 개발과 함께 GAFA가 세계박람회에 참가할 수 있는 여건을 조성해 제3세대 세계박람회로 도약할 필요가 있다.

세계박람회는 과거 전례 없는 공간과 체험 같은 '비일상적인 것'을 제공해 인기를 누렸지만 미디어 성능이 상대적으로 감소하기 시작한 것이다. 세계박람회의 전시기술이 GAFA의 기술 개발 속도를 따라갈 수 없기 때문이다. 가상현실(VR), 증강현실(AR), 메타버스를 활용한 신종 체험 공간이 속속 등장하고 있는 것도 한몫했다. 세계박람회의 세대교체가 절실한 이유다. 세계박람회를 혁신하지 않으면 쇠락할 수 있다는 전망이 나온다. '명목상의 교류'를 지속하는 선진국이 철수하고, 콘텐츠 강도가 떨어져 유치신청을 하는 국가가 점차 사라진다는 시나리오다. 실제로 올림픽은 비용 대비 효과의 관점에서 유치 신청을 하는 국가가 줄어들고 있다. 세계박람회가 취할 수 있는 대안은 제3세대 세계박람회로의 전환을 통한 세대교체다. 일찍이 세계박람회는 제1세대 세계박람회에서 제2세대 세계박람회로 구조 혁신에 성공해 세대교체를 경험했다. 제1세대 세계박람회는 전시물이 '꿈 같은 미래의 삶'을 유사 체험하게 해 주었고, 제2세대 세계박람회로 전환되면서 공간을 활용해 '빛나는 미래의 비전'을 표현했다. 언제나 기대했던 '해답'을 제시했던 세계박람회는 주최자에게 전달하고 싶은 메시지를 효율적으로 전달할 수 있는 획기적인 미디어였고, 관람객에게는 최신 정보를 매력적인 오락으로 전달해 주는 비교 대상이 없던 미디어였다.

국제박람회기구가 1994년 총회 이후 내세우는 '세계박람회는 단순한 산업 기술의 전시장이 아닌, 지구 규모의 과제를 해결하는 장'이라는 새로운 콘셉트는 돌파구인 동시에 함정을 안고 있다. 자칫 해답을 제시하는 쪽으로 가면 계몽으로 향하기 쉽다. 그러면 재미가 줄어 대중에게 외면받는다. 관람객을 설득하는 주입에서 벗어나 질문을 던지고 대화해야 공감을 끌어낼 수 있다. 2030세계박람회를 의미 있게 만들고 싶다면 리스크를 무릅쓰고 제3세대 세계박람회로 전환해야 한다.

　필자는 30년 이상에 걸쳐 세계박람회 관련한 실무와 다양한 영역의 연구를 병행해 왔다. 1980년대 후반인 1989년부터 일본으로 건너가 도쿄에서 세계적인 박람회프로듀서들과 교류하며 세계박람회 실무를 연구했다. 또한 2005년 아이치, 2010년 상하이, 2015년 밀라노 등 주요 세계박람회의 현장조사와 해외 자료 수집을 통해 독자적인 세계박람회 아카이브 구축을 계속하고 있다. 이미 2000년에 출판한 지역이벤트 전문서 『21세기 지역이벤트전략』에 우리나라와 일본의 세계박람회 및 지방박람회 사례와 박람회 실무 등을 소개한 바 있다. 그리고 2010년에 조선 말기부터 일제강점기의 박람회 역사서 『한국의 근대박람회』를 출판했으며, 2011년에 『국제박람회 역사와 일본의 경험』과 2012년에 『국제박람회와 메가이벤트 정책』을 번역·출판했다. 2015년에는 2012년 여수 세계박람회의 기업관을 분석한 전시 전문서 『세계박람회 기업관의 전략과 실제』를 공저했으며, 박람회 실무 전문서의 결정판이라 할 수 있는 『박람회 프로듀스』를 출판했다. 2019년에는 세계박람회 개최 동향의 변화와 세계박람회 각 분야별 실무 노하우의 발전을 반영해 『박람회 프로듀스 I, II』 2019년 개정판을 출판했으며, 올해 2030년 세계박람회 유치와 21세기 제3세대 세계박람회로의 전환을 위한 전략과 개최 실무 노하우를 제시하는 이 책을 출판한다.

　2030년 세계박람회 유치를 위해 2021년부터 정부와 부산시, 글로벌 기업들이 함께 원팀이 되어, 외교활동과 경제교류 및 공적개발원조(ODA)를 통해 회원국들에게 지지를 호소하면서 경쟁국들과 치열하게 유치경쟁을 하고 있다. 세계박람회의 세대교체와 혁신, 유치와 관련해 출판된 전반적인 실무를 다룬 전문서는 국내에 전무하며, 세계적으로도 매우 드물다. 이 책에서는 21세기 제3세대 세계박람회로의 전환을 위한 전략인 21세기의 새로운 세계박람회를 구상할 때 요구되는 7가지 관점을 제시해 21세기 세계박람회 발전에 공헌하고자 한다.

이 책은 크게 4부로 구성되어 있다. 2030년 세계박람회 유치와 21세기 제3세대 세계박람회로 전환을 위한 전략과 관련해 제1부 '세계박람회란 무엇인가'는 세계박람회의 개념, 국제박람회기구의 소개와 세계박람회 유치과정, 세계박람회 정책과 이해관계자, 세계박람회의 역할과 국가 브랜딩, 우리나라의 세계박람회 참가와 개최사례를 소개했으며, 제2부 '세계박람회 개최동향'은 세계박람회의 핵심요소, 세계박람회 유치와 개최과정, 개최국의 국내 정치상황이 세계박람회 개최와 운영에 중대한 영향을 미친 해외사례, 세계박람회 관람 및 입장률 예측을 제시했다. 제3부 '세계박람회의 개최 타당성'은 세계박람회 유치와 개최의 핵심 전략인 타당성 조사와 위험 요소 분석, 주제선정, 사업모델을 다루었으며, 제4부 '제3세대 세계박람회로의 전환'은 21세기 세계박람회에 요구되는 것, 대중은 왜 세계박람회에 열광했는지, 그리고 세계박람회의 열광은 왜 식어 버렸는지, 세계박람회가 남긴 것과 21세기 세계박람회에 요구되는 7가지 관점을 제시했다.

이 책은 세계박람회 관련 정책담당자와 2030세계박람회 유치 및 개최 준비를 추진하는 실무자에게 꼭 필요한 전문서로 활용도가 높을 것이라 확신한다. 특히 중앙정부관련 부처의 박람회정책 실무자, 2030세계박람회유치위원회 실무자, 광고대행사 공공이벤트팀 세계박람회 실무자, 이벤트프로모션회사 세계박람회 실무자, 각 언론 매체의 2030년 세계박람회 유치관련 취재 담당 구성작가와 취재진들에게 반드시 읽어 볼 것을 권하고 싶다.

아무쪼록 이 책이 2030년 세계박람회 유치 및 개최준비를 담당하는 실무자들을 위한 지침서가 된다면 더 이상 바랄 것이 없겠다. 어쨌든 세계박람회를 위한 준비작업은 기간이 길다. 그러나 개최되고 나면 '아차' 하는 단기간에 모든 것이 종료된다. 따라서 개최기간 중의 운영은 치밀한 준비, 실무자의 정확한 판단과 효율적인 추진이 요구된다.

이 책을 마무리하면서 국내외의 고마운 분들께 감사드리고 싶다. 먼저, 34년 전 필자에게 세계박람회에 대한 개념과 실무적인 접근을 제시해 준 일본의 박람회프로듀서 히라노 시게오미(平野繁臣) 선생님과 고 이즈미 신야(泉 眞也) 선생님, 대홍기획 시절 1993년 대전세계박람회의 홍보이벤트를 공동기획할 때 기획실무에 도움을 준 일본 제일기획의 박람회프로듀서 나가노 아키라(中野 彰) 씨와 가오루 데다케(出竹 薰) 씨, 1990년대 초 도쿄에서 박람회프로젝트를 연구하면서 세계적인 이벤트프로듀서들과 교류할 때 일본의 지방박람회 현장 답사와 자료 수집에 도움을 준 ㈜스테이지 사이드의 토요다 가즈히로(豊田勝 廣) 사장님, 이 책의 집필동기를 부여해 준 부산의 유력 일간지 국제신문의 오상준 미래전략실장님에게 감사드린다.

그리고 이 책의 집필을 후원해 준 ㈜이노선과 ㈜이즈피엠피, 문화공방 디케이비㈜, ㈜유앤어스코리아, ㈜레인보우커뮤니케이션, ㈜에프엠커뮤니케이션즈 대표님께 깊은 감사를 드린다. 끝으로 이 책이 나오기까지 애써 주신 학지사 김순호 이사님과 편집팀, 아울러 휴일에도 하루 종일 원고 작업을 하면서 힘들어할 때 위로해 준 아내와 그동안 성원과 격려를 해 준 이벤트업계의 동료들과 후배들, 2030부산엑스포추진본부 관계자분들과 박람회연구회 회원들, 페이스북의 친구들에게 고마움을 전한다.

2023년 11월
구의동 연구소에서
저자 이각규

차례

제1부
세계박람회란 무엇인가

제2부

세계박람회 개최동향

제 3 부

세계박람회의 개최 타당성

제 **4** 부

제3세대 세계박람회로 전환

제1부

세계박람회란 무엇인가

세계박람회의 개념

세계박람회(WORLD EXPO)는 올림픽, 월드컵과 함께 세계 3대 메가이벤트에 속하는 대규모 국제행사로서 인류의 업적과 미래의 전망을 일정한 주제를 반영하여 한자리에서 전시함으로써 인류가 직면한 공동의 문제들에 대한 해결방안과 비전을 제시하여 인류공영에 이바지하는 행사다. 오늘날의 세계박람회는 인류가 이룩한 과학적, 문화적 성과와 새로운 미래상을 제시하는 세계인의 축제다.

세계박람회의 정의

세계박람회는 매력적이며 몰입적인 활동을 통해 선정된 주제를 구현한 전시와 문화행사 실시로 여행을 제공함으로써 인류가 직면한 근본적인 과제에 대한 해결책을 찾는 데 전념하는 세계적인 메가이벤트다. 주최국 정부가 개최하고 운영하며 참가국과 국제기구(공식 참가자)를 한곳에 모으는 이러한 주요 공공행사들은 수천만 명의 관람객을 유치하며, 개최도시를 새로운 역동성과 급격한 변화를 시키는 데 매우 탁월한 기능을 발휘한다.

국제박람회기구(BIE)의 국제박람회협약 제1조에는 세계박람회를 다음과 같이 정의하고 있다. "세계박람회라 함은 명칭에 관계없이 일반 대중의 계몽을 그 주된 목적으로 하는 전시회를 말한다. 세계박람회에서는 문명의 욕구를 충족시키기 위해 인간이 활용할 수 있는 수단을 전시할 수 있고 또한 특정 분야와 제반 분야에서 인류의 노력으로 성취된 발전상을 전시하거나 미래에 대한 전망을 제시할 수 있다." 국제박람회기구(BIE)의 후원으로 4가지 유형의 세계적인 메가이벤트, 즉 세계박람회, 전문박람회, 원예박람회, 밀라노 트리엔날레 등이 개최되고 있다. 이 책에서는 세계박람회와 전문박람회를 중심으로 서술한다.

세계박람회의 목적

세계박람회는 세계 각국이 이룩한 산업과 문화활동의 성과를 전시하고 상호 이해와 교류를 심화하며, 이런 과정을 통해 대내적으로는 국민을 계몽하고 대외적으로는 인류 상호간의 이해 증진과 발전을 목적으로 한다. 최근에는 각 분야에서 대중을 교육하고, 혁신을 공유하고, 발전을 촉진하고, 대화와 경험을 공유하는 것을 목표로 한다. 이는 광범위한 대중에게 다가갈 수 있는 특별한 방법이며 영향력 있는 사람들, 전문가들, 시민사회 그리고 정치가들이 함께 교류하는 대규모 행사다.

세계박람회의 명칭

세계박람회의 명칭은 '전시회' '전람회'라는 의미의 엑시비션(exhibition) 또는 엑스포지션(exposition)이라는 용어가 세계박람회의 의미로 발전한 것이다. 세계박람회를 지칭하는 '엑스포(EXPO)'는 'exposition'의 앞부분을 줄인 말이다. 영어에서 'exposition'은 대규모 박람회나 전시회를 의미한다. 단어가 똑같은 프랑스어에서도 같은 의미다. 그러나 엑스포란 용어가 19세기 중반 세계박람회 초기부터 사용된 것은 아니었다. 영어권에서는 'exposition'보다 'World's Fair'나 'exhibition'이란 명칭이 많이 사용되었다. 세계박람회는 언어에 따라 다양한 명칭으로 표기된다. 일찍부터 세계박람회 개최를 주도했던 영국에서는 '그레이트 엑시비션(Great Exhibition)'이라 칭했으며, 세계박람회의 효시로 공인된 1851년 런던세계박람회의 공식 명칭도 'The Great Exhibition of the Works of Industry of All Nations(만국산업생산물대박람회)'였다. 이후 19세기 말까지 파리가 세계박람회의 중심지가 되면서 'Exposition Universelle(만국박람회)'라는 프랑스어가 통용됐다. 즉, 'exposition'은 영어보다 프랑스어로 더 많이 쓰였던 명칭이었다. 당시 서구 사회에서는 국제 공용어가 프랑스어였으므로 그 영향력이 컸다. 그런 연유로 1928년 11월 유럽 각국의 주도 아래 세계박람회를 관장할 국제기구가 창립될 때 공식 명칭이 프랑스어로 확정됐다. 파리에 본부를 둔 국제박람회기구(BIE: Bureau International des Expositions)가 그것이다. 프랑스에서는 '엑스포지션 유니버살레(Exposition Universell)' 또는 엑스포지션 인터내셔날레(Exposition Internationale)라 칭하고 있는데, 여기에는 유럽풍의 전람회 성격이 내포되어 있다. 만국박람회로 번역되는 엑스포지션 유니버살레에서 수식어인 '유니버살레'는 세계 모든 국가가 참가하는 '만국'이란 의미와 더불어 박람회라는 형식의 종합성을 표현한다고 해석할 수 있다. 그러나 오늘날 만국박람회(Exposition Universelle)라는 표현은 공식적으로 더 이상 사용되지 않으며, 세계박람회(Exposition Internationale)로 통용되고 있다. 또한 미국에서는 시장, 정기 시장의 의미와 견본시 또는 축제 같은 성격의 '월드 페어(World's Fair)'라 칭하고 있는데, 1876년 필라델피아세계박람회를 필두로 세계박람회의 주 무대가 된 미국에서는 'exposition'이라는 명칭 대신 'world's fair 또는 the fair란 명칭이 널리 사용되었다. 이로써 대중적인 오락성이 많이 강조된 미국의 세계박람회 성격을 알 수 있다. 이는 각국의 세계박람회 개최 배경과 목적에 차이가 있음을 보여 준다. 따라서 이 책에서는 국제박람회기구 (BIE) 규정에 의한 박람회를 세계박람회로 칭한다. 단, 명칭 자체에 '국제' 또는 '만국'이 포함된 것은 예외로 한다. 이러한 용어의 차이는 시대의 흐름에 따른 세계박람회의 전시 성격과 내용의 변천을 반영하고 있다.

'EXPO'는 1960년대 국제박람회기구 운영자들이 만들어 낸 신조어다. EXPO 명칭이 실제로 처음 등장한 것은 1967년 몬트리올세계박람회였다. 이는 제2차 세계대전 이후 세계박람회가 다시 한번 평화와 진보의 메신저가 되기를 바라면서 국제박람회기구가 만들어 낸 새로운 명칭이었다. 그뿐만 아니라 온갖 행사의 대명사가 되어 어떤 분야든 국제적인 대형 전시이벤트를 '엑스포'라 칭한다. 엑스포가 세계박람회 공식 명칭으로 사용된 것은 1970년 오사카세계박람회(EXPO '70)가 처음이었다. 이후 세계인들에게 널리 알려지면서 세계박람회를 칭하는 용어로 굳어졌다. 그리고 '만국박람회(萬國博覽會)'란 일본과 우리나라에서 사용하고 있는 명칭으로, 일본에서 사용하는 용어를 우리가 그대로 번역하면서 생겨났다. 이 명칭은 한동안 우리나라에서 통용되다가 일본식 조어라는 지적에 따라 요즘에는 사용하지 않는다. 만국박람회라는 일본식 명칭보다 '세계박람회'라 부르는 것이 바람직하다고 생각한다. 2012년 여수세계박람회의 영문 공식 명칭은 'International Exposition Yeosu Korea 2012'이며, 영문 단문 명칭은 'Expo 2012 Yeosu Korea'다.

세계박람회 172년의 역사

국제박람회기구(BIE)는 1851년 5월 1일 최초의 세계박람회 이후 172주년을 기념하고 있으며, 2020년 두바이세계박람회가 2022년 3월 31일에 폐막했다.

1851년 5월 1일 런던에서 위대한 전시회가 개최되었으며, 이는 화려한 크리스털 팰리스에 전시된 역사상 최초의 세계박람회가 되었다. 172년 동안 세계박람회는 교육, 혁신, 협력을 촉진했으며 공통의 목표 아래 관람객과 참가국을 유치해 인류가 변화의 의미를 이해하고 보다 발전적인 미래를 계획하여 어려운 시기를 헤쳐 나가도록 도왔다. 세계박람회는 컬러 텔레비전, 휴대폰, 지퍼, 브래지어, 심지어 토마토 케첩을 포함해 전 세계인들이 일상생활에 사용하고 즐기는 여러 가지 제품을 세계에 소개했다. 이러한 행사의 오랜 지속성과 역사는 당시 참가자들과 그 뒤를 따르는 세대들에게 세계박람회의 중요성을 보여 주었다.

시대의 거울인 세계박람회는 항상 발전하는 우선순위와 세계관을 반영하는 동시에 기술적인 발전에 의해 형성된 미래를 예측하는 역할을 해 왔다. 산업적 역량을 과시했던 초기의 전시부터 국경을 초월해 협업을 위한 플랫폼으로서 현대화되기까지 세계박람회는 도시를 변화시키고 주요 문제에 대한 여론을 형성하며 수억 명의 관람객들에게 잊지 못할 경험을 제공했다.

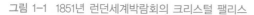
그림 1-1 1851년 런던세계박람회의 크리스털 팰리스

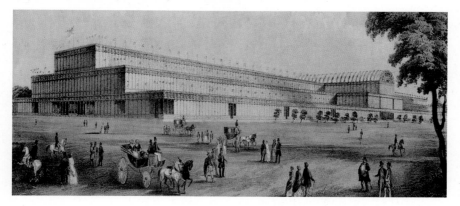

세계박람회의 탄생: 1851년 영국 런던의 위대한 전시회

영국 빅토리아 여왕의 배우자인 앨버트 왕자는 1851년 5월부터 10월까지 주문 제작한 크리스털 팰리스에서 개최된 '모든 나라 산업제품의 위대한 전시회'를 주도했다. 산업혁명의 급격한 변화를 반영한 이 최초의 세계박람회는 기술혁신을 근거로 한 물질적 진보를 보여 주는 독특한 국가들의 모임이었다. 전 세계에서 가장 우수하고 진보된 창작물들을 한곳에 모아 전시했던 세계박람회는 평화적인 경쟁의 형태를 조성했으며, 나아가 아이디어 교환을 장려하고 관람객들에게 영감을 주었다.

1851년부터 20세기 중반까지의 초기 세계박람회

1851년부터 20세기 중반까지의 초기 세계박람회는 당시 산업혁명과 서구열강의 식민지 지배야망의 영향을 강하게 받았다. 세계박람회의 핵심은 기술혁신에 기반한 물질적 진보였다. 그리고 서구열강들이 식민지의 이국적인 정취와 소위 '원주민'의 민족지학적인 특징을 보여 주었던 식민지관과 원주민촌은 당시 세계박람회의 훌륭한 오락거리였다. '진보의 시대' 동안 세계박람회는 독일의 위대한 철학자이며 문화비평가인 발터 벤야민(Walter Benjamin)이 말했듯이 '물신숭배의 순례장소'였으며 세계적인 문화교류의 가장 중요한 행사였다. 제1차 세계대전과 제2차 세계대전은 진보의 원천인 기술의 개념을 완전히 변화시켰다. 이후 기술은 파괴적인 것이며, 기술의 사용은 사회적 및 정치적 책임 아래 두어야 한다는 인식이 확산되었다.

변화하는 세계에서 발전된 모습을 보여 주다

일반 대중의 교육과 교류의 촉진, 새로운 아이디어와 제품을 전시하는 이 개

그림 1-2 1900년 파리세계박람회장 전경

넘은 전 세계적으로 인기를 끌었으며, 계속 지속되었다. 특히 프랑스는 1855년부터 1947년까지 파리에서 세계박람회를 7번을 개최해 문화교류의 가장 중요한 행사이며 주요 외교 및 경제적인 모임으로서의 세계박람회 개최를 공고히 했다.

세계박람회에 대한 인식과 중요성이 커지면서 국제회의와 협약이 번성해 지적재산권, 노동권, 스포츠 및 교육 등과 같은 다양한 분야에서 국경을 초월한 협력이 강화되었다.

세계박람회는 새로운 기술과 발명품을 전시하고 에펠탑과 움직이는 통로와 같은 건축 및 기술적인 업적을 소개하기 위한 가장 중요한 행사가 되었다. 결과적으로 세계박람회장은 국가 브랜딩을 위한 이상적인 장소가 되었으며, 참가국들에게 예술, 문화 및 공업기술의 성과를 홍보할 수 있는 기회를 제공했다. 프랑스에서 개최된 세계박람회에서는 각 국가 거리의 외관 조성부터 시작해 쉽게 이해할 수 있는 국가관이 출현하여 이러한 성장하는 유형으로 공공외교의 시작을 예시했다. 다른 규칙과 관점으로 개최된 세계박람회의 증가는 공통 조직체계를 설정하는 구상으로 이어졌다. 이 구상은 1913년 독일이 처음 추진했으며, 최종적으로 31개국이 국제박람회와 관련된 협약에 서명하여 1928년 파리에서 결실을 맺었다. 이 협약을 통해 세계박람회의 종류, 기간 및 개최빈도를 정의하고 개최국과 참가국에 관련한 규정 절차를 수립했으며 협약을 적용하기 위한 국제적인 행정기구인 국제박람회기구(BIE)가 창립되었다.

제2차 세계대전 후: 새로운 시대의 여명

제2차 세계대전 후 물질적 발전에 대한 매력은 인류의 삶의 질과 국제적인 대화의 증진에 영향을 미쳤다. 그 영향의 여파로 세계박람회의 관점이 바뀌었다. 기술은 여전히 세계박람회의 중심에 있었지만 인류발전의 수단으로서 그 자체가 목적은 아니었다. 세계박람회는 토론을 위한 플랫폼을 만들고 더 나은 삶을 위해 아이디어와 발명품을 전시하여 교류와 토론을 위한 글로벌 플랫폼이 되었다. 1950년대 이후부터 발전된 세계박람회의 주제는 1958년 브뤼셀세계박람회의 '세계관: 새로운 휴머니즘', 1962년 시애틀세계박람회의 '우주시대의 인류', 1967년 몬트리올세계박람회의 '인간과 그의 세계'를 비롯해 새로운 변화를 보여 주었다. 세계박람회는 평화적인 토론의 장을 마련해 1970년대 초 냉전시대의 긴장 완화를 가능하게 했던 1967년 몬트리올세계박람회와 1970년 오사카세계박람회와 함께 세계적인 대화와 협력 조성에 기여하기 시작했다. 동시에 탈식민지화의 진전으로 세계박람회의 새로운 참가자가 된 신생 독립국들이 대거 탄생했으며 참가국 수는 해마다 증가했다(1958년 브뤼셀 39개국, 1967년 몬트리올 62개국, 1970년 오사카 77개국, 1992년 세비야 108개국, 2000년 하노버 174개국, 2010년 상하이 246개국, 2015년 밀라노 139개국 등). 오늘날 세계박람회는 모든 문화에 대한 평등과 존중을 바탕으로 한 문화적 다양성의 전시장이 되었다. 이러한 발전은 더 넓은 관점을 포괄하도록 세계박람회의 범위를 넓히는 효과를 가져왔으며, 모든 국가가 점점 더 세계화되고 상호 연결된 세계에서 토론을 구체화하고 해결책을 제시하고 소프트 파워를 계획할 수 있는 동등한 기회를 제공했다.

2000년 이후

2000년 이후, 세계박람회는 지속가능한 발전의 중요성에 대한 인식을 제고하고 시대의 중대한 과제를 해결하는 데 중요한 역할을 해 왔다. 2000년 하노버세계박람회는 지속가능한 발전을 촉진했고 의제 21과 분명하게 일치했다. 2005년 아이치세계박람회는 자연과 조화를 이루는 기술을 개발하는 데 있어 분명한 경쟁우위가 있음을 입증하는 것을 목표로 했다. 2010년 상하이세계박람회는 세계 인구의 절반이 도시에 살고 있는 상황에서 지속가능한 도시개발

그림 1-3 2000년 하노버세계박람회장 전경

을 위한 해결책을 제시한 또 다른 이정표였다. 세계박람회는 토론과 협력을 위한 독특한 공간을 제공함으로써 환경, 에너지, 건강 또는 교육 등 지속가능하고 인류발전과 관련된 모든 분야에서 효율적인 진보의 도구가 되는 것을 목표로 했다.

더 나은 미래구축

1994년, 국제박람회기구(BIE) 총회에서 모든 세계박람회가 '자연과 환경을 존중하는 인류를 위한 최고의 중요성에 대한 약속'을 보장한다는 결의안을 채택했을 때, 이러한 세계적인 도전은 세계박람회와 확실히 연결되었다. 2000년 하노버세계박람회의 '인간, 자연, 기술'을 통해 강조된 이 원칙은 지속가능한 관점을 통해 전 세계적인 과제를 해결하는 모든 현대 세계박람회의 초점이었다. 21세기에는 세계박람회의 참가가 시민사회, 도시, 지역, 국제기구로 확대되었다. 주제별 포럼을 통해 2010년 상하이세계박람회를 시작으로 전 세계 모범사례 지역의 아이디어, 해결책 및 기술을 전시하고 국제교류를 장려하고 있다. 오늘날 세계박람회는 다른 문화간의 협력을 위한 독특한 공간을 제공함으로써 인간의 삶과 노력의 모든 영역에서 진보의 변혁적인 도구 역할을 하고 있다. 지난 172년 동안 세계박람회의 형식과 범위는 변화하는 정치적, 경제적, 사회적 흐름을 반영해 진화하고 적응해 왔다. 1851년부터 시작된 세계박람회는 과거, 현재, 미래를 연결하며 모두를 위한 발전을 위해 세계를 한곳에 모아서 동일한 가치와 목표를 촉진하고 있다.

세계박람회의 역할

세계박람회는 각각 다른 대상의 관점에서 볼 때 매우 독특한 5가지 역할을 담당하고 있다.

① 국제사회를 위해: 세계박람회는 진보와 협력을 위한 국제적인 대화의 장

세계박람회는 인류가 직면한 근본적인 과제에 대한 해결책을 모색하기 위한 원대한 공동의 프로젝트로서 세계를 하나로 묶는다. 이 과제는 세계박람회의 주제를 통해 구현되며, 세계박람회는 참가자들이 무엇을 전시하고 어떤 지적인, 문화적인 행사를 개최할 것인지에 대한 전시장 역할을 한다. 교육과 소통의 정신으로 세계박람회의 주제를 근거로 한 공동의 관심사는 국제 참가자들이 아이디어와 모범사례를 교환하고, 해결책을 제시하며, 비대립적인 환경에서 새로운 형태의 협력을 개발하도록 권장한다. 자주 정책문서나 선언문 형태로 제시되는 세계박람회의 지적 유산은 박람회 개최기간 중에 발표되고 교환된 대화와 행동, 혁신의 결과로서 공공외교에서 세계박람회의 역할을 보여준다.

② 관람객을 위해: 세계박람회는 핵심 주제를 체험하는 매력적인 여행

세계박람회는 폭넓고 다양한 시각과 감성적인 경험을 결합해 참가자와 관람객 모두에게 잊지 못할 체험을 제공하는 일시적인 소우주다. 세계박람회장의 혁신적인 건축물, 국제관 내의 상호 대화형 전시물, 획기적인 전시기술, 그리고 알찬 문화행사 프로그램들은 모든 세계박람회가 관람객들에게 즐겁고 매력적인 체험을 제공한다. 세계박람회는 교육을 목표로 적극적인 시민정신을 촉발하고 새로운 행동을 구체화해 전 세계적으로 인류가 직면한 문제에 대한 인식을 높인다. 세계박람회는 주어진 기간에 세계의 하이라이트를 제공함과 동시에, 새로운 문화와의 만남을 권장하고 장려함으로써 상호연관성에 대한 관람객의 이해를 증진시킨다.

③ 개최국을 위해: 세계박람회는 공공외교와 국가 브랜딩을 위한 독특한 플랫폼

세계박람회는 전 세계 국가들을 초청해 다자간 공공외교를 촉진하고 국제적인 관계에 대한 이해를 증진할 수 있는 특별한 기회를 제공한다. 각 참가국

들은 각 국가관에서 기술혁신과 국가 문화를 전시하고 소개하며 시민사회와 협력해 긍정적이며 독특한 국가 정체성을 구축한다. 세계박람회는 국가와 문화에 대한 인식을 형성하고, 국가의 이미지와 명성을 구축하고 향상시키는 데 도움을 줌으로써 개최국과 국제 참가자에 대한 인식을 높이는 데 변혁적인 힘을 가지고 있다.

④ 개최도시를 위해: 세계박람회는 변화를 위한 기폭제

세계박람회 개최로 인한 경제와 문화발전은 세계박람회장과 그 이후에 지속되는 도시변화의 원동력이다. 세계박람회 프로젝트는 도시개발계획의 핵심 부분으로, 도시의 변화를 가속화하고 유형(건축, 도시계획) 및 무형(문화, 교육)의 방식으로 사회에 장기적인 영향을 미치는 기폭제 역할을 한다. 세계박람회는 시민들에게 꿈, 욕망, 영감을 불러일으키며, 이동성을 높이고, 자아의식을 향상시킬 수 있는 능력을 가지고 있다.

⑤ 참가자를 위해: 세계박람회는 세계로 통하는 창

세계박람회 참가를 통해 각 국가들은 일시적이지만 축소된 세계, 즉 세계적인 발전과 대화의 소우주를 만들 수 있다. 세계박람회는 문화적 외교활동으로 개최국, 국제 참가자, 잠재적 관광객, 무역 파트너, 투자자들과 교류할 수 있는 독특하고 국제적인 무대를 제공한다. 각 참가국은 전시관과 전용공간을 통해 대규모에 압도된 다양한 관람객에게 자국을 소개하고 관람객들과 참가자들 모두에게 전례없는 경험을 제공하는 지구촌을 조성한다.

세계박람회의 종류

세계박람회는 국제박람회기구(BIE)의 공인여부에 따라 크게 공인박람회와 비공인박람회로 구분된다. 비공인박람회는 현재도 세계 여러 국가에서 개최되고 있지만, 국제박람회기구 협약은 회원국이 비공인박람회에 국가 자격으로 참가하는 것을 제한하고 있다. 비공인박람회는 이러한 이유로 전시수준과 규모가 공인박람회에 비해 현격하게 떨어지며 대부분 국내 행사 수준으로 개최되는 것이 일반적이다. 따라서 세계박람회는 국제박람회기구의 공인을 받은 박람회를 지칭하는 것으로 고유명사화됐다. 자세한 내용은 〈표 1-1〉과 같다. 공인 세계박람회는 2000년 하노버세계박람회까지 일반박람회와 전문박람회로 구분했다. 두 가지 세계박람회의 공통점은 국제박람회기구의 승인을 받아야 개최할 수 있고, 주최국의 공식 외교채널을 통해 참가국을 초청하며, 국민을 계몽하고 국가 홍보를 한다는 점이다. 그러나 박람회 규모와 주제범위, 개최시기 등에서 양자는 확연히 구별된다. 일반박람회는 거의 5년 주기로 개최되며 박람회장의 넓이가 방대하고 참가국은 독립된 전시관을 자비로 건

표 1-1 국제박람회기구 공인박람회과 비공인박람회

구분	공인박람회	비공인박람회
주제	등록박람회: 제한 없음 인정박람회: 특정 분야로 한정	제한 없음
국가관	회원국 및 비회원국 모두 참가 가능	회원국 참가(국가관 명칭 사용 불가)
개최 주기	등록박람회: 5년 인정박람회: 등록박람회 사이 1회	제한 없음
개최 기간	등록: 6개월 인정: 3개월	제한 없음
전시관 건설	등록박람회: 참가국 자비 부담 인정박람회: 주최국 부담	제한은 없으나 참가 경비 보조가 상례임
초청자	주최국 정부(정부 대표 임명)	개최도시, 주 또는 기관
초청 형식	주최국 정부 (공식 외교서한)	주최 단체 및 주최 기관 (단체장 명의 서한)

자료: 해양수산부(2005), 『국제박람회 관련 규정집』을 참고하여 저자 재작성.

설해야 한다. 반면, 전문박람회는 2~5년 주기로 일반박람회 사이에 개최되며 주최국에서 전시관을 제공해야 한다. 주제에서도 양자는 뚜렷하게 구분된다. 일반박람회에서는 1958년 브뤼셀세계박람회의 '세계관: 새로운 휴머니즘', 1967년 몬트리올세계박람회의 '인간과 그의 세계', 1970년 오사카세계박람회의 '인류의 진보와 조화', 1992년 세비야세계박람회의 '발견의 시대'처럼 주로 광범위하고 철학적인 색채가 강한 주제를 선정했다. 반면 전문박람회에서는 1965년 뮌헨세계박람회의 '수송', 1974년 스포캔세계박람회의 '환경', 1988년 브리즈번세계박람회의 '레저'처럼 인간 활동의 특정 분야로 선정했다. 그러나 1980년대에 들어 세계박람회 개최간격의 문제가 원활하게 조정되지 못하면서 두 세계박람회의 구분이 모호해졌다. 이에 국제박람회기구는 1988년에 세계박람회 개최 기간에 관한 개정안을 제출했다. 이 개정안에 의하면, 세계박람회의 성격과 기간, 주최국의 의무사항, 개최규모, 개최횟수에 따라 등록박

표 1-2 **등록박람회와 인정박람회**

	등록박람회	인정박람회
주제	인류 활동의 광범위한 부분이 대상 (1996년 이후부터 제한적 주제도 선택 가능)	인류활동 중 특정 부분을 대상으로 하는 명확한 주제
개최기간	6개월 이하	3개월 이하
개최주기	5년에 1회	양 등록박람회 사이 1회
박람회장	주최국은 부지만 제공하고 참가국이 자국관 건설	주최국이 국가관을 건설하고 참가국은 임대료 부담
면적	제한 없음	25ha 미만(7만 5,000평)
사례	2005 아이치세계박람회 2010 상하이세계박람회 2015 밀라노세계박람회 2020 두바이세계박람회	2008 사라고사세계박람회 2012 여수세계박람회 2017 아스타나세계박람회

자료: 국제박람회기구(BIE) 홈페이지(http://www.bie-paris.org/site/en)를 참조하여 저자 재작성.

람회(Registered Exposition)와 인정박람회(Recognized Exposition)로 구분했다. 등록박람회는 개최 기간이 6개월 이내이며, 5년에 한 번 개최된다. 전시구역은 면적 제한이 없으며, 주제는 특별한 제한 없이 다양하게 선정할 수 있다. 인정박람회는 개최 기간을 3개월 이내로 하고 양 등록박람회 사이에 1회 개최할 수 있다. 전시구역은 25ha(7만 5,000평) 미만으로 제한하며, 명확한 주제를 제시해야 한다. 등록박람회는 참가국 정부의 비용으로 자체 국가관을 건축해야 하며, 주최국은 참가국의 전시관을 위해 할당된 면적에 대한 임차료를 징수할 수 없다. 인정박람회는 독립관 건축비용과 전시부스 설치비용을 주최국에서 부담하고 참가국은 할당된 면적에 대한 임대료를 납부해야 한다. 자세한 내용은 〈표 1-2〉와 같다.

세계박람회(국제등록박람회)

공식적으로 국제등록박람회(International Registered Exhibitions)라고 알려진 세계박람회는 매력적이면서 몰입적인 활동을 통해 보편적인 주제를 구현한 여행을 제공하며 우리 시대의 긴급한 도전에 대한 해결책을 찾는 데 전념하는 국가들이 모여 진행되는 세계적인 행사다. 세계박람회는 수천만 명의 관람객을 유

그림 1-4 2015년 밀라노세계박람회장(등록박람회) 전경

표 1-3 세계박람회

구분	세부 내용
공식 명칭	국제등록박람회*
주최자	개최국
주제	우리 시대의 보편적인 과제
개최기간	최대 6개월
개최빈도	5년마다**
면적	제한 없음(2020년 두바이세계박람회 438ha)
전시관	참가자는 자체 전시관을 건설하거나 전용 공간을 임대할 수 있음***
공식 참가자	국가 및 국제기구
비공식 참가자	도시, 지자체, 기업, 시민사회 및 NGO

자료: 국제박람회기구(BIE) 홈페이지(http://www.bie-paris.org/site/en)를 참조하여 저자 재작성.

* 1928년 파리협약은 처음에 '제1종 일반박람회'와 '제2종 일반박람회'로 분류함.
  1972년 협약의 합의안에 따라 두 가지 범주는 하나의 유형인 '세계박람회'로 변경함.
  1988년에 채택되어 1996년부터 적용된 새로운 개정안은 '세계박람회'에 현재 공식 명칭인 '국제등록박람회'를 적용함.
** 두 개의 세계박람회 사이 간격은 시간이 지남에 따라 달라졌음.
  1928년 협약은 같은 범주의 두 개의 세계박람회 사이 간격을 최소 6년으로 결정함(일부 예외는 1948년 합의안에 소개함). 1972년 합의안은 10년 간격을 도입했고, 1988년 합의안은 개최 간격을 현재처럼 5년으로 고정함.
*** 제1종과 제2종 일반박람회의 차이점은, 제2종 일반박람회는 참가자가 직접 전시관을 건설하도록 권유할 수 없다는 것임.

치하며, 참가국들이 독특한 전시관을 건설하여 향후 몇 년 동안 개최도시를 변화시킬 수 있다.

　최초의 세계박람회인 '위대한 전시회'는 1851년 런던에서 개최되었다. 이 개념은 인기를 끌었으며 전 세계에 걸쳐 반복해서 개최되어 최고의 매력과 세계적인 유산의 기록을 보여 주었다. 1928년 국제박람회기구가 이러한 메가이벤트를 규제하고 감독하기 위해 창설된 이래 세계박람회는 인류의 지식을 향상시키고 인간과 사회적 열망을 고려해 과학, 기술, 경제 및 사회적 발전을 강조하는 주제를 중심으로 명시적으로 개최되었다.

세계박람회는 면적, 규모, 기간, 관람객 수 측면에서 국제적인 행사들 중에서 타의 추종을 불허한다. 세계박람회는 정부, 기업, 국제기구, 시민들간의 가교 역할을 하는 교육과 발전을 위한 대규모 플랫폼이다. 가장 최근의 세계박람회는 2021년 10월 1일부터 2022년 3월 31일까지 아랍에미리트 두바이에서 개최되었다. 다음 세계박람회는 일본 오사카·간사이에서 2025년 4월 13일부터 10월 13까지 '우리의 삶을 위한 미래사회 설계'라는 주제로 개최될 예정이다.

세계박람회 개요

① 특징: 혁신적인 건축 경관과 개최도시의 유산

② 누가 주최하는가: 세계박람회는 선정된 도시에서 개최되는 세계적인 행사다. 세계박람회는 개최도시의 도시개발계획의 일부이며 국가브랜딩 전략에 해당한다.

③ 누가 참가하는가: 국가, 기업, 국제기구, 시민단체(NGO)가 자체 전시관을 건설하고 세계박람회를 개최하여 참가하도록 초청한다.

④ 누가 관람하는가: 일반 대중이며, 세계박람회에는 일반적으로 1,500~2,000만 명 이상이 관람하는데, 2010년 상하이세계박람회는 7,300만 명의 유치 기록을 세웠다. 세계박람회는 또한 각국의 정상과 정부수반이 방문한다.

⑤ 왜: 세계박람회의 목표는 2015년 밀라노세계박람회의 '지구식량 공급, 생명의 에너지' 또는 2020년 두바이세계박람회의 '마음의 연결, 새로운 미래의 창조'와 같은 우리 시대의 보편적인 과제에 대한 인식을 제고하고 해결책을 찾는 것이다. 이러한 과제가 세계박람회의 '주제'다.

⑥ 어떻게: 참가자들은 세계박람회 주제를 반영해 자신의 아이디어, 경험 및

우수사례를 전시하는 자체 전시관을 건설할 수 있다. 외부에서 보면 전시관은 참가자의 정체성과 세계박람회 주제에서 영감을 받은 혁신적인 건축 구조물이다. 전시관 내부에서는 관람객들에게 주제를 통해 여행을 제공하고 혁신과 발견을 전시한다.

⑦ 박람회장의 규모: 국제박람회협약은 세계박람회의 규모를 제한하지 않는다. 박람회장은 과거에 523ha까지 확장되었다(2010년 상하이).

⑧ 언제: 세계박람회는 5년마다 개최되고 최장 6개월 동안 운영된다.

⑨ 어디에서: 세계박람회는 세계 어느 곳에서나 개최될 수 있지만 국제박람회기구 회원국이 우선이다. 동일한 국가에서 개최할 경우 두 번의 세계 또는 전문박람회 사이에 15년의 기간이 지나야 한다.

⑩ 차기 세계박람회: 2025년 오사카·간사이세계박람회(일본)

⑪ 개최도시에 미치는 영향: 행사 규모를 감안할 때, 세계박람회는 개최도시의 도시개발전략의 일부분이다. 교통 인프라를 현대화하고 혁신적인 도시 서비스를 도입하여 새로운 경제 및 문화 활동을 활성화하는 데 매우 효율적인 수단이기 때문이다. 이 도시변화의 범위는 세계박람회 자체를 초월해 도시 전체를 관리하는 방식을 바꿀 수 있다.

전문박람회(국제인정박람회)

공식적으로 국제인정박람회(International Recognised Exhibitions)로 알려진 전문박람회는 인류가 직면한 명확한 도전에 대응하기 위해 계획된 세계적인 행사다. 전문박람회는 수백만 명의 관람객을 환영하며 매력적이며 몰입적인 활동과 선정된 주제를 통한 여정을 제공한다. 1928년 파리협약 제4조에서는 전문박람회는 '명확한 주제를 설정'해야 하며 개최 기간(최대 3개월)과 면적(최대 25ha)을 제한한다고 규정했다. 박람회장은 전적으로 주최자 측에 의해 건설되며, 참가자에게는 박람회 주제에 대한 자체적인 해석에 따라 내부 및 외부에

그림 1-5 2012년 여수세계박람회장(인정박람회) 전경

표 1-4 전문박람회

구분	세부내용
공식 명칭	국제인정박람회*
주최	개최국
주제	국제적으로 관심이 있는 명확한 주제
개최기간	최대 3개월**
개최빈도	두 개의 세계박람회 사이***
면적	전시 공간은 최대 25ha로 제한 **
전시관	참가자는 주최자가 제공하는 공간에 전시제작
공식 참가자	국가 및 국제기구
비공식 참가자	도시, 지자체, 기업, 시민사회 및 NGO

자료: 국제박람회기구(BIE) 홈페이지(http://www.bie-paris.org/site/en)를 참고하여 저자 재작성.

* 1928년 파리협약은 처음에 '특별박람회'로 명칭함.
　1972년 협약의 합의안이 채택되어 '전문박람회'로 재정의되었음.
　현재의 분류는 1988년 개정안에 의해 채택되었으며 현재 공식 명칭은 '국제인정박람회'임.
** 2008년 사라고사세계박람회에 처음 적용된 전문박람회는 1988년 개정되기 전에는 박람회장 부지
　규모에 제한 없이 최대 6개월까지 개최할 수 있었음.
*** 전문박람회의 개최빈도에 대한 규정도 시간에 따라 달라졌음.
　1972년 합의안에서는 국제박람회기구가 허용하는 예외를 제외하고 최소 간격을 2년으로 설정했음.
　1980년대에 전문박람회 증가에 따른 세계박람회가 중단된 이후, 1988년 개정안이 채택되어 5년에
　한 번(세계박람회 사이)으로 개최빈도를 제한함.

전시관 공간이 제공된다. 다음 전문박람회는 세르비아 베오그라드에서 2027년 5월 15일부터 8월 15일까지 "모두를 위한 스포츠와 음악"이라는 주제로 개최될 예정이다.

전문박람회 개요

① 특징: 전문박람회 주제에 대한 매력적이고 몰입도가 높은 활동

② 누가 주최하는가: 전문박람회는 선정된 도시에서 개최되는 세계적인 행사다. 많은 경우 국제무대에 자리매김하고자 하는 도시에 의해 개최된다.

③ 누가 참가하는가: 국가, 국제기구, 기업, 시민단체(NGO)는 주최자가 건축한 공간을 제공받아 참가자가 전시를 제작해 참가하도록 초청된다.

④ 누가 관람하는가: 일반 대중이며, 500만 명이 넘는 대중들이 일반적으로 전문박람회를 관람한다. 1998년 리스본세계박람회는 1,000만 명이 관람했다. 전문박람회는 또한 각국의 정상과 정부 수반이 방문한다.

⑤ 왜: 전문박람회의 목표는 세계박람회와 마찬가지로 긴급한 세계적인 과제에 관한 국제적인 토론의 장을 마련하는 것이다. 이 과제는 전문박람회의 주제다. 국제전문박람회의 주제는 2012년 여수박람회의 '살아 있는 바다, 숨쉬는 연안'과 2017년 아스타나박람회의 '미래 에너지'와 같이 세계박람회보다 더 구체적이다.

⑥ 어떻게: 전문박람회는 엠블럼, 건축, 전시 및 다양한 워크숍, 심포지엄 및 콘퍼런스를 통해 박람회 주제여행을 제공한다.

⑦ 박람회장의 규모: 최대 25ha로 제한된다.

⑧ 언제: 전문박람회는 2회의 세계박람회 사이에 개최하며 3개월간 개최된다.

⑨ 어디에서: 전문박람회는 세계 어느 곳에서나 개최될 수 있지만 국제박람회기구 회원국이 우선시된다. 동일한 국가에서 개최할 경우 두 번의 세계 또는 전문박람회 사이에 15년의 기간이 지나야 한다.

⑩ 차기 전문박람회: 2027년 베오그라드세계박람회(세르비아)

⑪ 개최도시에 미치는 영향: 전문박람회가 개최된 후, 박람회장은 도시 기반시설, 경제개발과 사회적 혜택 측면에서 지역의 요구에 맞게 변화되었다.

세계박람회의 특징

세계박람회 전시관을 구상하고 계획할 때 그 시작부터 관련 산업에 종사하는 전문가들의 아이디어를 빌리는 것이 유용하다. 세계박람회에는 일반적으로 주제공원, 무역전시회, 광고와 이벤트가 포함된다. 그리고 전문가들과 함께 업무를 하며 아이디어를 빌릴 때 그들의 관련 사업과 전문분야는 주최자의 업무와 중요한 차이가 있다는 것을 이해해야 한다. 세계박람회 전시관은 그 자체가 하나의 독특한 예술양식이다. 여기에서 세계박람회의 아이디어와 경험을 활용하기 위한 몇 가지 조언을 제시한다.

주제공원과 다른 점

주제공원은 교과서와 같다. 주제공원은 시간의 시험을 견뎌 낸다. 주제공원의 이야기와 아이디어들은 최소한 10년간은 통용될 것이며 아마 20년간은 변화가 없을 것이다. 이것은 세계박람회 전시관에서 보여 줄 수 있는 주제와 이야기의 종류들과 큰 차이가 있다. 예를 들면, 미래의 우리들의 생각이 10년 또는 20년 동안 많이 변화할 것이기 때문에 주제공원에서 미래를 제시하는 것은 매우 어렵다. 주제공원에는 자주 볼거리를 변경할 예산이 없을 것이다. 또한 이것은 당대의 디자인 스타일, 음악, 이슈 등을 반영한다. 결과적으로 최고의 주제공원 운영진들은 그들 자신이 유지할 수 있는 한계를 설정하려고 노력한다. 그에 비해 세계박람회는 잡지와 같다. 세계박람회는 오늘이자 현재다.

세계박람회는 엄밀히 말하면 6개월이라는 매우 짧은 기간을 참고 견뎌야 한다. 이것은 세계박람회를 위하여 주제와 아이디어를 신속하게 구현해야 한다는 것을 의미한다. 극단적으로 '현재'의 것을 추구해야 한다. 세계박람회에서 현재의 스타일, 오늘날의 이슈와 현재의 개념을 채택하면서 미래를 이야기해야 하는 이유는 주어진 시간이 오로지 6개월 정도밖에 안 되기 때문이다. 주제공원은 연중 계속 운영되는 반면, 세계박람회는 일반적으로 한 계절이나 3개월에서 6개월간만 개최된다. 이것은 운영비용을 개최 기간 동안만 투입할 뿐이며, 10년 뒤의 운영까지는 고려할 필요가 없다는 것을 의미한다. 예를 들면, 10년간의 운영비용을 줄이기 위해 주제공원은 많은 부분을 자동화하지만, 단기간 동안만 운영하는 세계박람회는 자동화보다는 인력운영에 많은 신경을 쓴다. 이러한 관점은 세계박람회의 운영에 매우 긍정적인 영향을 미치고 있다.

주제공원의 전시관을 방문한 관람객들은 처음에는 개장 후 두 시간 동안에 몰리며, 보통 오후 3시 무렵까지 머물고, 그 이후에는 점차적으로 감소한다. 하지만 세계박람회에서 인기 있는 전시관의 관람객 수요곡선은 사각형을 그린다. 이것은 운영조직을 지치게 할 것이며, 최대 수용인원에 하루 종일 대응해야 한다. 매우 소모적인 상황인 것이다. 관계관리 측면에서, 주제공원의 놀이기구들은 관계관리가 필요 없다. 반면에 세계박람회의 주요 전시관들은 VIP의 의전과 수준 높은 손님을 위해 상당한 관계관리와 사업상의 접대 능력이 필요하다. 관계관리 전담팀에 의해 세계박람회의 다른 전시관과 관계를 맺고 유지하며 VIP 고객을 관리할 수 있게 된다. 예를 들면, 딜러, 공급자, 직원들, 노조, 정부 관계자들, 유통업체, 우수 고객들, 대량 소비자, 언론사, 투자분석가 등이 포함될 수 있다. 만약 국가관이라면, VIP 리스트에 관광 및 여행사업자들, 컨벤션산업, 사업개발투자자 등이 추가될 것이다. 이런 VIP들을 영접하기 위해 관계관리 부서에는 접대와 서비스를 하는 담당자들을 포함하여, 고도의 훈련을 받은 관계관리 책임자가 있어야 한다. 7성급 호텔의 고객서비스 부서 책임자와 최고의 훈련을 받은 판매·홍보 부서 담당자의 결합을 상상해 보라. 이 전문가들은 가장 중요한 VIP 관람객의 영접과 안내 등 여러 측면에서 도움이 될 것이다.

주제공원의 모든 놀이기구는 단일 기업이 소유하고 있어 협력과 자원 공유가 일반적이지만, 세계박람회는 그렇지 않아 자주 충돌이 일어난다. 세계박람회의 모든 전시관은 각자의 소유주가 있다. 각 전시관들은 별도로 고용된 직원들과 급료체계를 유지하고 있다. 이웃 전시관과의 마찰은 인기, 주목, 가시도, 직원 등의 문제로 발생된다. 마지막으로, 세계박람회가 단지 3~6개월 동안만 개최되기 때문에 모든 전시관은 경계, 인프라, 건물 높이 제한, 상품 판매 허가, 어디에 전시관을 건설할 것인가 등의 부분에서 규정을 어기려고 한다.

세계박람회장은 소극적이면서도 적극적인 전쟁터다. 세계박람회에 걸린 이해관계는 주제공원보다 더 민감하다. 주제공원의 놀이기구 스폰서는 일반적으로 후원 기간 동안 놀이기구의 건설 제작과 운영비용을 10%에서 35% 정도 부담한다. 반면 세계박람회 전시관의 스폰서는 100%를 부담한다. 투자는 신속하게 회수되어야 한다. 주제공원의 놀이기구를 후원하는 스폰서의 경우 일반적으로 후원계약을 3~5년 또는 10년 단위로 맺기 때문에 그들은 투자의 효율성을 기대할 수 있다. 반면, 세계박람회 전시관의 스폰서는 단지 3~6개월간의 운영에서 발생하는 가치를 기준으로 건축, 제작, 운영과 철거에 드는 모든 비용을 부담해야 한다. 이것은 세계박람회 전시관에 그들의 스폰서를 위해 하루빨리 가치를 창출해야 한다는 엄청난 압력을 가한다. 성공의 핵심은 해당 전시관을 후원한 조직(국가, 지방, 도시, 또는 기업)을 위해 얼마나 가치를 창출해냈는지에 의해 증명되고 평가될 것이다. 최고의 조언은 지금 바로 시작하는 것이다. 전시관 설계를 착수할 때부터 충분히 생각하고, 프로젝트 종료 후의 자료화에 대해 계획하고, 전시관의 가치를 프레젠테이션과 홍보캠페인을 통하여 고위층과 당신의 미래 고용주, 당신의 가족들에게 증명해야 한다. 당신의 정체성도 문제가 된다.

주제공원의 스폰서들은 주제공원에서 제공하는 매력의 유일한 후원자다.

주제공원에서 관람객들은 일반적으로 스폰서와 쇼를 별개의 것으로 본다. 그러나 세계박람회에서는 스폰서가 전시관을 소유하고 있으며, 관람객들은 쇼와 전시관을 후원 기업이나 정부의 가치, 창조력, 경쟁력을 표현하는 것으로 받아들인다. 이것을 비난하는 사람은 아무도 없다. 직원들이 일찍 그만둘 수도 있다. 주제공원의 1년 계약직 직원들은 그들이 그만두거나 기간이 종료될 때까지 근무한다. 그러나 세계박람회에 고용된 직원들은 세계박람회가 끝나면 자신들이 그만두는 정확한 날짜를 알고 있다. 거기에 '다음 기회'라는 것은 없다. 그래서 그들은 세계박람회 기간 중 구직활동을 시작한다. 만약 그들의 빠른 이직에 실망하여 그들이 남아 있도록 설득하기 위해 무엇인가를 하지 않는다면, 직원들이 마지막 주까지 남아 있지 않게 될 것이다. 그러면 조직위원회는 일손이 부족한 상태에서 통상 세계박람회의 전체 관람객 중 60%가 몰리는 마지막 몇 주를 힘들게 보내야 할 것이다. 여기서 주제공원과 세계박람회의 유사점을 제시한다면, 관람객들은 즐거움을 기대하고 온다는 것이다.

무역전시회와 다른 점

무역전시회의 관람객들은 엄밀히 말하면 상품을 보러 온다. 예를 들면, 모터쇼에 오는 사람들은 자동차를 비교하고, 전자쇼에 오는 사람들은 최신 기술의 성능을 체험하기를 원하지만, 세계박람회에 오는 사람들은 즐거움을 원한다. 무역전시회는 일정한 '자격을 갖춘' 고객들을 맞이한다. 예를 들면, 모터쇼 관람객들은 자동차광이 아니더라도 6개월 안에 차를 구입하려고 결심하게 된다. 아니면 자동차 전문매체에 관련된 사람들일 수도 있다. 아무나 모터쇼를 보러 가지 않는다. 대부분의 고객은 구매하기 위해 간다. 그에 비해 대부분의 세계박람회 관람객들은 주제나 지역에는 별로 관심이 없고, 특산물을 구입하거나 해당 지역을 몇 년 안에 방문하지도 않을 것이다. 즉, 매우 다른 사고방식을 가진 매우 다른 고객이다. 무역전시회의 관람객들은 상품성이 매우 높은 제품과 생산에 초점을 맞춘 전시품을 보기를 기대한다. 만약 세계박람회 전시관에서 무역전시회와 같은 방식으로 전시한다면, 관람객들은 이것을 불쾌하게 여길 것이다. 세계박람회 전시관을 찾는 관람객들은 친숙하고 상업성이 적은 그들의 메인쇼를 기대한다. 무역전시회는 짧은 개최 기간으로 최대 3~7일 동안 하루에 8시간씩 운영되지만, 세계박람회는 3~6개월 동안 하루에 12~15시간까지 운영된다. 무역전시회의 부스는 전체 운영 기간 중에 1,000명에서 1만 명의 관람객이 찾지만, 세계박람회 전시관은 200만 명 이상이 관람하게 될 수도 있다.

광고와 다른 점

대부분의 광고는 방해물이다. 시청자들은 다른 것을 보려고 한다(기업의 상품이나 브랜드와는 관련이 없는 개인적으로 관심이 있는 것, 쇼, 게임 또는 웹사이트). 고속도로를 달리는 중에 보게 되는 광고판은 그저 경치를 방해하는 것으로 여겨진다. 광고들은 대중의 주요 관심사를 방해한다. 그러나 세계박람회에서는 스폰서들이 주요 관심사를 만들어 제공하기를 원한다. 세계박람회의 기업관은 주요 볼거리지, 방해물이 아니다. 이것은 결코 상업적인 것만을 제공하지 않는다. 더 많은 시간이 심리적 교류 구조에서 결정적인 차이를 가져온다. 텔레비전 광고는 30초 정도다. 세계박람회의 기업관을 방문한 관람객들은 최소한 30분 동안 브랜드의 가치 속에 파묻혀 있다. 세계박람회의 전시관을 보고 싶다면 줄을 서야 한다. 이것은 관람객의 심리에 엄청난 차이를 가져온다. 기업의 텔레비전 광고는 소비자의 집을 침범하지만, 세계박람회에서는 기업관에서 소비자를 환대하는 것이다. 잠재적인 소비자가 기업관에 손님으로 온 것이다. 그들은 기업을 보러 왔다. 일단 한번 들어오면, 기업은 30분 또는 그 이상의 시간 동안 관람객들의 완벽한 관심을 끌게 된다. 비교해 보면, 그들의 마음과 가슴은 세계박람회에 열려 있다. 그러나 만약 지나치게 상업적으로 흐른다면, 그들은 마음을 닫아 버릴 것이다. 광고에서 기업은 스스로를 판촉해야 하지만, 세계박람회에서는 이것을 훨씬 더 자연스러운 방식으로 할 수 있다. 광고는 단지 영악할 뿐이다. 세계박람회 기업관은 영악함과 사려 깊음을 동시에 갖추어야 한다. 광고는 가끔 포화된 시장을 대상으로 강하게 어필하기 위해 변덕스럽고 차별화해야 한다. 세계박람회 기업관은 늘 핵심임에 틀림없고 폭넓은 일반적인 대중을 목표로 한다. 대부분의 광고는 2차원적이다. 잡지광고와 광고판들은 2차원적이다. 텔레비전 광고도 2차원적이며 하나의 모니터에 비춰진다. 이것이 대중이 볼 수 있는 전부다. 이에 비해 세계박람회 전시관은 직접 들어가서 관람을 해야 한다. 브랜드의 3차원적인 인상을 남기는 것이다. 체험은 몰입하게 한다.

이벤트와 다른 점

만약 올림픽, 콘서트 투어와 같은 이벤트를 후원한다면, 이벤트는 그 자체로 주요 관심사다. 이벤트의 스폰서로서 기업은 개별적으로 떨어져 있는 대중이 좋아하는 것, 예를 들면 유명 스타나 스포츠 등과 기업의 브랜드를 연관시키기 위해 노력해야 한다. 그러나 세계박람회에서는 스폰서가 대중이 좋아하는 것을 만들어야 한다. 이벤트에서 스폰서의 혜택은 일반적으로 기업 로고를 표기하거나 판촉물을 제공하는 것에 한정된다. 그러나 세계박람회에서는 이것만으로는 충분하지 않다. 이벤트는 일반적으로 며칠간이거나 2주 동안 단지 하루에 몇 시간만 진행하는 데 그치는 반면, 세계박람회 전시관은 최대 6개월 동안, 하루에 14시간 또는 그 이상의 시간 동안 일주일 내내 운영하기 때문이다.

세계박람회장의 하루

대부분의 사람은 에펠탑은 잘 알지만, 에펠탑이 1889년 프랑스 파리에서 개최된 세계박람회를 위해 건설되었다는 것을 모른다. 세계박람회에 대한 좀 더 자세한 정보를 제공해야 할 필요가 있는데, 대부분의 사람은 이러한 유형의 주요 이벤트에 대해 막연한 생각을 가지고 있다. 세계박람회장에 입장하는 관람객들의 체험을 이해하기 위해, 관람객들과 참가자들이 가상의 세계박람회를 체험하는 미래의 어느 해 여름철 하루의 일상을 따라가 보자.

새벽

해가 뜨기 전에 식당, 전시관 및 기타시설에 필요한 물품을 공급하기 위해 서비스 트럭과 유지보수 및 운영요원들이 박람회장에 도착한다. 전날 밤 일부 청소를 끝냈지만 폐장 후 보행자 통로를 세척하고 쓰레기를 치우면서 최종 청소작업이 본격적으로 진행되고 있다. 신선한 화초들이 배달되고 시든 것은 교체된다. 음식서비스 구역에서는 수천 명의 관람객이 박람회장에서 먹을 다양한 식사와 간식을 준비한다. 박람회장 주변에 있는 개인클럽과 식당에서는 고위인사들과 대기업 대표들을 위한 특별한 식사가 준비되고 있다. 전시관에서는 참가국 및 대기업의 직원들이 분주하게 하루를 준비하고 있다. 정보 안내책자, 배지 및 기타 품목을 다시 보충하고, 다양한 내부 전시물을 점검해 유지관리가 필요한지 확인한다. 행정구역에서는 하루의 활동을 검토한다. 다양한 공연일정, 방문하는 고위관료들의 보안 요구사항과 직원배치다.

아침

오전 10시 개장시간 이전에 운영진과 운영요원들은 하루의 첫 번째 업무를 수행하기 위해 입장한다. 입장권 판매요원은 매표소에 들어가 수천 명의 관람객이 출입구 외부 광장에 이미 모여 있음을 살펴본다. 많은 관람객이 자가용으로 도착했지만, 승객들을 태우고 몇 시간 후에 되돌아가기 위하여 주차장으로 이동하고 있는 관광버스를 포함한 대중교통 수단을 이용해 광장에 도착한 다른 관람객들도 있다. 많은 관광버스가 좀 먼 거리를 아침 일찍 출발해서 개장시간에 맞춰 박람회장에 도착한다. 다른 관람객들은 무더운 여름날 간편하게 입고 도보나 자전거로 광장에 도착한다.

그들의 복장과 언어를 살펴보면, 외국인 관광객이 많이 섞여 있음을 알 수 있다. 많은 관람객이 휴가 중에 소규모 가족단위로 관람한다. 대규모 단체 관람객은 아마 전문 사회단체 또는 무역 관련 단체들에서 온 것일 듯하다. 관람객 중 많은 사람이 이전에 관람한 박람회장에서 구입한 박람회 로고가 새겨진 모자와 티셔츠를 착용하고 있다.

오전 10시, 정문에서 경쾌한 팡파르가 울리면서 개장을 알린다. 회장 내 스피커에서는 주기적으로 박람회장의 정보를 비롯해 미아발생 공지나 특별행사 또는 공연 일정이 방송된다. 입장권을 소지한 관람객들은 개찰구를 통해 입장하고, 입장권이 없는 사람들은 입구 광장의 매표소에 줄을 섰다. 관람객들은 박람회장에 입장하자마자 출입구 광장에서 보이는 다양한 전시관과 공연 및 퍼포먼스들을 가리키며 흥분을 감추지 못한다. 많은 관람객은 출입구 근처의 물품보관소에 그들의 소지품을 맡긴다. 공중 화장실을 이용하기 위해 서두르는 관람객도 보인다.

관람객 서비스 구역에서 장애인용 휠체어와 유아를 위한 유모차를 대여하는 사람들도 있다. 가이드 투어를 하는 그룹은 출입구 광장에서 만나 계획된 활동에 관한 오리엔테이션을 받는다. 박람회장으로 들어가기 전에, 많은 관람객은 다양한 볼거리와 이용 가능한 서비스를 설명하는 지도와 가이드북을 구입한다. 대형 지도는 출입구 근처의 광장에서 박람회장의 관람을 위해 오리엔테이션을 할 때 관람코스를 설정하는 목적으로 활용할 수 있다. 일부 관람객들은 개최국 화폐로 환전을 하거나 신용카드로 현금을 인출하기 위해 광장에 설치된 자동 현금입출금기를 이용한다. 라이브 공연을 중계하는 대형 프로젝션 화면을 보기 위해 잠깐 걸음을 멈추기도 한다. 광장을 지나면 바로 눈에 띄는 위치에 세계박람회 주제관이 있다. 주제관은 규모와 상징적인 디자인으로 모든 곳에서 볼 수 있는 세계박람회장의 주요 명소이자 상징이다. 관람객들은 변화무쌍한 영상이 투사되는 벽면의 터널을 통과해 관람객들을 안내하는 움직이는 보도에서 환영을 받는다. 음악은 극적인 힌트와 풍부한 경험을 제공한다. 터널이 끝나면 관람객들은 특정 하위 주제를 반영한 다양한 작은 영역이 포함된 한 무리의 사람들이 극장에 입장할 때까지 기다리는 동안 짧은 라이브 프레젠테이션을 보고 있다. 바로 옆에는 우주공간처럼 쾌적한 정원이 있고, 정원의 테라스에는 관람객들이 모닝커피를 마시며 여유를 즐기고 있다. 2층에 있는 풀 서비스 레스토랑에서는 점심식사 준비가 한창인지 맛있는 냄새가 풍겨져 나온다. 출구에는 관람객들이 관광, 산업, 그리고 사업을 위한 지역정보와 다양한 주제에 관한 책자들을 구할 수 있다. 전시관 관람은 음식 서비스를 제외하고 약 20~30분 정도 걸린다. 근처에는 여러 개의 기업관들이 있다. 전시관 앞에 줄이 늘어나기 시작하면서 관심이 있는 전시관을 보려는 관람객의 발길도 빨라진다.

각 전시관은 다양한 영상과 실연으로 주제에 대한 특별한 해석을 전달하는 전시를 보여 준다. 일부 전시관의 경우 아이맥스(IMAX) 시스템 및 3D 또는 4D 방식의 비디오와 같은 최첨단 영상기술을 사용하여 바다, 그리고 육지에서 극적인 모험을 즐기는 체험을 할 수 있다. 관람객이 버튼을 누르거나 헤드폰을 쓰고 소리를 듣는 등 다양한 미디어와 상호작용하는 모습도 보인다. 다양한 방법과 체험을 제공해 교육적이면서 즐겁게 정보를 얻을 수 있다.

전시관을 두 개정도 관람하다 보면 어느새 오후 1시가 다 되어 간다. 박람회 가이드북은 스낵과 패스트푸드 외에도 야외 매점부터 풀 서비스 레스토랑까지 다양한 음식과 음료를 즐길 수 있는 식음료 구역이 운영되고 있음을 알려준다. 시장기를 느낀 관람객은 자신의 취향에 맞춰 식당을 찾아 발걸음을 옮기고, 국제관에서는 개인 오찬을 하고 있다. 이런 오찬에는 재계 인사들과 고위급 인사들이 참석해 각국 대표들과 만나 상호 관심사인 문화교류, 무역, 관광, 투자 기회, 그리고 다양한 주제에 대해 논의할 수 있는 기회를 제공한다. 오찬 시간 동안 섭외해 가까운 사무실, 공장 또는 시와 마을을 방문하여 상호 관심사에 대해 더 자세하게 논의할 수 있다.

오후

점심식사 후, 관람객들은 주변을 둘러보기로 결정하고, 스카이카나 또는 모노레일을 타고 이동한다. 중앙광장에서 승객을 운송하는 스카이카나 모노레일을 타면 박람회장과 멀리 떨어진 주차장까지 이동할 수 있다. 강과 바다 같은 대규모 수변구역이 근처에 있다면 배를 타고 이동하는 시원한 여행을 즐길 수도 있다. 외국에서 온 관람객들은 그들 나라의 국가의 날에 유명 아티스트의 야외공연을 관람하고 놀이공원을 방문해서, 화려하고 아찔한 롤러코스터를 타는 등 다양한 경험을 할 수 있다. 전통 악기를 만드는 장인들의 실연과 과학 발전에 관한 세미나와 토론, 다이빙, 수영, 수상스키 등을 포함한 야외 수상 쇼 등이 곳곳에서 벌어져 관람객의 발길을 사로잡는다.

인파가 집중적으로 몰리는 오후, 피크타임에 관람객을 분산시켜 관람동선을 원활하게 하기 위해 세계박람회 주제를 반영한 퍼포먼스이며 박람회장 야외 행사의 핵심이라 할 수 있는 화려한 퍼레이드를 매일 오후와 야간에 실시해 관람객을 매료시킨다.

관람객들은 해안가를 따라 대형 플로팅 플랫폼으로 건설된 여러 개의 기업관을 관람할 수 있다. 일부 전시관에는 환경 친화적인 기술을 전시하여 공기와 물을 정화하는 첨단시스템을 시연하고 있다. 떠 있는 전시관 중 하나는 대형 건물인 주제관이다. 또한 해안가를 따라 물놀이 공원이 있어 물놀이를 즐길 수 있다. 물론 소정의 추가요금을 내야 하지만 미끄럼틀, 분수, 그리고 레크리에이션 풀까지 갖춰져 있을 뿐만 아니라 세계박람회 로고가 새겨진 선글라스와 파라솔을 구입할 수도 있다. 물놀이가 부담스러운 관람객은 인접한 공원에 마련된 야외 천막 휴게시설에서 가벼운 음악공연을 즐길 수 있다. 기존의 호수와 정원은 더 많은 인파와 벤치, 차양 그리고 야외 다과점을 운영할 수 있도록 개조되었다. 늦은 오후, 많은 관람객은 잠시 휴식을 취하고, 저녁에 박람회장에 재입장할 준비를 하기 위해 숙소로 돌아간다. 관람객은 되돌아가기 전에 출입구 근처의 기념품점에서 친척들에게 선물할 특별한 기념품이나 자신을 위한 기념품을 구입한다. 그들 중 일부는 기념주화나 우표 등 특별한 기념품에 더 큰 흥미를 갖고 있을지도 모른다.

저녁

해질 무렵, 세계박람회장은 다양한 체험들을 위한 극적인 장소로 바뀐다. 조명이 하나 둘 켜지면서, 밤하늘은 눈부신 색채와 조명으로 장관을 연출한다. 저녁 8시 국제관 개관을 기다리는 관람객은 틈새시간을 이용해 친구나 다른 관람객이 추천한 전시관을 관람한다. 국가관 중 일부에서는 본국에서 자주 전시하지 않는 역사적인 유물을 전시하기도 한다. 전시관 중 적어도 하나는 관람객들에게 미래에 개최될 예정인 세계박람회를 미리 살펴볼 수 있는 기회를 제공할 것이다. 저녁에는 라이브 공연을 위한 특별한 기회가 제공되며, 관람객들은 그날의 주요 볼거리 중에서, 유명한 가수 또는 세계적으로 알려진 교향악단 공연을 선택할 수 있다. 관람객들이 놀라움과 기쁨을 느낄 수 있도록, 국가원수의 방문과 스포츠 스타나 영화배우들이 발표회를 하고 무대 인사를 하기도 한다. 다른 관람객들은 박람회장에 있는 풀 서비스 레스토랑에서 식사를 하기로 결정했을 것이다. 며칠 전에 예약을 해야 하는 경우가 많은, 레스토랑들은 박람회장의 특이한 광경을 제공한다.

많은 관람객은 해안가의 불꽃놀이와 미디어 파사드 쇼에 매료되어 밤늦게까지 박람회장에 머문다. 프로그램은 몇 주 간격으로 바뀐다. 관람객들은 해안가에서 이 쇼를 볼 수도 있고, 해안가가 보이는 식당 중 한 곳에서 쇼를 보는 특권을 누릴 수도 있다. 불꽃놀이가 끝난 후, 관람객 대부분은 숙소로 돌아가겠지만 그들 중 일부는 박람회장에 남아 밤늦게까지 운영하는 작은 식음료 서비스 구역에서 춤과 라이브 클럽의 여흥을 즐길 것이다. 관람객들이 퇴장하면, 하루 종일 근무한 청소 및 운영요원은 마지막 활동을 마치고 그들의 업무를 교대한다. 많은 관람객은 한밤중에 개최도시와 주변지역에 있는 그들의 집과 숙소로 돌아갈 것이다. 다른 도시에서 온 관람객들은 집으로 가기 위해 더 오랜 시간 동안 버스, 기차, 배를 탈 것이다.

국제박람회기구(BIE)

국제박람회기구(BIE: Bureau des International Expositions)는 세계박람회 역사에서 중요한 역할을 수행했다. 국제박람회기구는 정부간 국제기구로서 민간기구인 국제올림픽위원회(IOC), 국제축구연맹(FIFA)과는 전혀 다르다. 국제박람회기구는 1928년 파리에서 국제외교협약에 의해 창설되어, 1931년부터 활동을 시작했다. 국제박람회기구의 임무는 세계박람회의 품질을 보증하고 주최자와 참가자의 권리를 보호하는 것이다. 거의 수십억 달러의 세계적인 비즈니스를 통해 상업적인 조직이라는 비난을 받는 국제올림픽위원회(IOC)와는 달리, 국제박람회기구는 '세계박람회라는 브랜드' 가치를 강화하려는 어떠한 조치도 취하지 않고 있다. 이런 미덕이 발휘하는 권위 때문에 국제박람회기구는 상업적 기구로 전환이라는 유혹에 완강하게 저항하고 있다.

기구 개요

국제박람회기구는 3주 이상 개최되며 비영리적인 특성을 지닌 모든 박람회를 감독하고 규제하는 정부간 기구다. 오늘날 네 가지 유형의 박람회가 국제박람회기구의 지원으로 개최된다. 해당 박람회는 세계박람회, 전문박람회, 원예박람회와 밀라노 트리엔날레다. 국제박람회기구의 임무는 이러한 세계적인 행사의 품질과 성공을 보장하고, 주최자와 참가자의 권리를 보호하며, 세계박람회의 핵심 가치인 교육, 혁신, 협력을 권장하는 것이다. 국제박람회기구는 다음과 같은 업무를 수행한다.

① 미래의 세계박람회 개최국 선정
② 후보국과 주최국에게 세계박람회의 관리, 국가브랜드 및 공공외교의 전문지식 제공
③ 세계박람회의 무분별한 개최를 규제하고 주최국과 모든 참가국에게 국제박람회기구 협약과 세계박람회 규정의 준수여부 확인

1928년 국제박람회기구를 창설할 당시 31개국에서, 세계박람회의 성공과 매력의 결과로 조직은 182개 회원국으로 성장했다. 회원국은 국제박람회기구의 모든 의사결정에 참여하며, 세계박람회의 품질을 지속적으로 개선하기 위해 노력한다. 국제박람회기구 본부는 파리에 있으며, 이에나 34번가 75116에 위치한다. 프랑스는 협약의 수탁국이다.

전화: (33) 1-4500-3863 팩스: (33) 1-4500-9615
웹사이트: www.bie-paris.org 이메일: bie@bie-paris.org

명칭의 유래

1931년 국제박람회기구의 명칭은 세계박람회의 개최와 참가에 관련된 영역에서 전 세계의 회원국에 본질적인 행정 서비스를 제공하는 초기 역할에서 유래되었다. 오늘날 국제박람회기구의 활동은 행정의 범위를 초월한다. 세계박람회 주제에 대한 전문지식의 제공과 홍보를 적극적으로 지원한다. 세계박람회의 핵심인 혁신을 제공하고 유지한다. 그리고 대화와 국제협력의 요소로 그것들의 관련성을 보장한다.

역할

국제박람회기구의 역할은 관할권 아래에 있는 세계박람회의 개최 빈도를 규제하고, 품질을 보장하며, 국제법을 준수해 개최되도록 보증하는 것이다. 이러한 박람회에는 3주 이상의 기간(미술전시회 제외)과 비상업적 성격의 모든 국제박람회가 포함되며, 국가가 주최하고, 초청장은 외교채널을 통해 다른 국가에 보낸다. 일반적인 박람회는 포함되지 않으며, 국제박람회기구의 지원으로 개최되는 세계박람회에서는 상업적인 활동이 주의 깊게 규제된다.

업무방식

현재, 182개국이 국제박람회기구의 회원국이다. 각 회원국은 자국 정부가 임명한 최대 3명의 대표로 구성된다. 그들은 총회와 4개 위원회를 통해 국제박람회기구의 의사결정 과정에 참여한다. 사무총장의 권한 아래 사무국이 국제박람회기구 운영을 담당한다.

공용어

국제박람회기구의 공식 언어는 프랑스어다. 국제적인 대화를 원활히 하기 위해 영어도 널리 사용되며 제2 언어의 지위를 가지고 있다.

재정확보

국제박람회기구는 회원국의 회비와 세계박람회 개최 시 총 입장 수입 중 관람객 총 입장률에 근거한 수수료로 재정을 확보한다. 신입 회원국의 연간 분담액은 회원국 정부와 합의해 국제박람회기구 총회에서 결정된다.

세계박람회의 등록

세계박람회의 등록은 국제박람회기구의 협약에 명시되어 있다. 협약은 그들로부터 무시되기를 원하지 않은 회원국들이 서명한 문서 내용에 대한 존중에 관한 것이기 때문에 장점에 관한 것은 아니다. 파리협약의 규정에 따른 국제박람회의 등록은 경험이 풍부한 전문가들의 지원과 조언, 그리고 진지한 모니터링을 보장한다.

조직구성과 업무

국제박람회기구는 현재 182개 회원국으로 구성되어 있으며, 각 회원국은 자국 정부가 공식적으로 최대 3명의 대표를 임명할 수 있다. 모든 국가는 1928년 협약과 그 후속 규정을 준수함으로써 국제박람회기구의 회원국이 될 수 있다. 회원국들은 총회와 4개 위원회를 통해 국제박람회기구의 의사결정 과정에 참

그림 1-6 국제박람회기구(BIE) 총회 장면

여한다. 사무총장의 권한 아래 사무국이 국제박람회기구 운영을 담당한다. 총회는 회원국 대표들과 옵서버가 참석하며 1년에 두 번 개최된다. 국제박람회기구 총회에서 선출된 의장이 주도하는 토론 중에, 대표단은 새로운 프로젝트에 대한 제안을 검토하고 국제박람회기구 활동에 관한 4개 위원회의 의장이 제시한 보고서와 진행 중인 세계박람회에 대한 보고서를 검토한다.

총회

총회는 국제박람회기구의 의사결정 기구이며 대표기구다. 각 회원국은 1표의 투표권을 가지며 심의는 투표권이 있는 회원국 3분의 2가 출석한 경우에만 유효하다. 총회는 1년에 2회 개최된다. 주요 기능은 다음과 같다.

① 미래의 세계박람회 주최국 선정

② 세계박람회의 개최과정에 관한 규정 논의와 채택 및 발표

③ 국제박람회기구의 예산, 커뮤니케이션 전략과 내부규정 승인

④ 각 위원회의 위원과 위원장 선출

⑤ 국제박람회기구 사무총장 임명

⑥ 필요한 경우 1928년 협약 개정

총회는 회원국 대표들 중에서 비밀투표로 선출된 위원이 2년 임기의 의장을 맡는다. 의장은 연임이 가능하며 임기는 2년이다. 현재 총회 의장은 최재철(한국)이다.

위원회

국제박람회기구의 회원국 대표는 4개 위원회에서 1년에 두 번 회의를 한다. 위원회는 국제박람회기구의 활동과 관련된 다양한 문제를 다루고 총회에 보고한다. 위원회의 모든 제안은 총회에 제출해 승인을 받아야 한다. 각 위원회의 위원장은 회원국 대표로 2년 임기로 선출된다. 위원장은 연임이 가능하며 임기는 2년이다. 또한 위원장은 국제박람회기구 총회 부의장을 겸임한다.

위원회 위원

집행 및 규칙위원회 위원은 12개 회원국으로 구성되며, 행정예산 및 정보통신위원회 위원은 9개 회원국으로 구성된다.

집행위원회

집행위원회는 총회에서 선출된 12개 회원국의 대표로 구성된다. 주요 기능

은 다음과 같다.

① 세계박람회를 유치하려는 후보국들의 모든 신청서를 검토
② 다가오는 모든 세계박람회의 추진을 감독하고 추진팀에 조언
    2년 임기로 지명된 12명의 회원국: 그리스, 프랑스(위원장), 인도네시아, 이
    탈리아, 일본, 뉴질랜드, 한국, 러시아, 세네갈, 스페인, 스위스, 터키

규칙위원회

규칙위원회는 총회에서 선출된 12개 회원국의 대표로 구성된다. 주요 기능
은 다음과 같다.

① 참가국과 주최국에 세계박람회 개최를 위한 모든 필수규정에 대한 지침
    을 제공
② 세계박람회의 규칙과 규정을 검토
③ 사무국의 내부 규칙을 제정
    2년 임기로 지명된 12명의 회원국: 앙골라, 벨기에(위원장), 콜롬비아, 체코
    공화국, 아이티, 이스라엘, 몰타, 파키스탄, 루마니아, 태국, 아랍 에미리
    트, 미국

행정예산위원회

행정예산위원회는 9개 회원국 대표로 구성된다. 주요 기능은 다음과 같다.

① 국제박람회기구의 연간 예산편성

② 예산준수 보장

　　2년 임기로 지명된 9명의 회원국: 오스트리아, 방글라데시, 중국, 가봉, 독
　　일(위원장), 리투아니아, 멕시코, 시리아 아랍 공화국, 토고

정보통신위원회

정보통신위원회는 9개 회원국의 대표로 구성된다. 주요 기능은 다음과 같다.

① 국제박람회기구의 커뮤니케이션 전략 수립
② 세계박람회 주최자에게 커뮤니케이션 계획 자문

　　2년 임기로 지명된 9명의 회원국: 앤티가 바부다, 카메룬, 키프로스, 엘살바
　　도르, 카자흐스탄(위원장), 모로코, 카타르, 산 마리노, 우즈베키스탄

국제박람회기구 사무국

사무국은 조직을 관리하며, 주요 기능은 다음과 같다.

① 회원국에 전문지식과 기술지원 제공
② 세계박람회 주최국과 유치 신청국들에 자문과 협력 보장
③ 위원회 활동준비 및 위원회 회의와 총회 개최
④ 총회의 결정을 실행

　　사무국은 총회에서 임명된 사무총장이 총괄한다. 사무총장은 국제박람회기
구의 법적 대표이며 총회와 위원회의 지시에 따라 사무국의 현재 활동에 참석
할 책임이 있다. 현재 국제박람회기구 사무총장은 디미트리 케르켄테즈(그리
스)다.

역사적 배경

국제박람회기구는 1928년에 창설되어, 1931년부터 활동을 시작했다. 국제박람회기구의 임무는 세계박람회의 품질을 보증하고 주최자와 참가자들의 권리를 보호하는 것이다. 국제박람회기구는 창설 이래, 교육, 혁신 및 협력을 세계박람회의 중심에 두고 있으며, 시대의 변화에 따라 존재의 이유를 변경했다. 산업혁신의 전시에서, 인류의 가장 큰 도전과제에 대한 해결책을 모색하기 위한 세계적인 토론의 장이 되었다. 50개 이상의 세계박람회가 국제박람회기구의 지원으로 개최되었으며 세계박람회의 성공 사례로 인해 매년 새로운 회원국이 가입하고 있다. 현재 182개국이 국제박람회기구의 회원이다.

1851~1928년: 세계박람회의 이미지와 품질을 위협했던 박람회의 난립

세계박람회가 국제적인 전시회였음에도 불구하고, 각 개최국은 다른 국가들과 협의도 하지 않고, 독단적으로 행사규칙을 결정했다. 이로 인해 세계박람회의 품질과 이미지를 위협하는 3가지 중요한 문제를 야기했다.

① 개최국에 유리한 자국의 법률, 규정을 적용하거나 관세에 관한 투명성과 정보가 부족한 경우가 간혹 있었다.
② 각 국가가 지난 세계박람회 성과의 지나친 과장으로 세계박람회가 증가했으며 이 비용은 개최국과 참가국에는 막대한 금액이었다.
③ 세계박람회의 성격과 일치하지는 않았지만 동일한 명칭으로 개최된 식민지와 지역 또는 그보다 훨씬 작은 박람회와 같은 새로운 유형의 박람회가 출현했다.

1928년 협약과 국제박람회기구:
세계박람회의 품질을 보장하기 위해 국제박람회기구가 창립됨

세계박람회의 공동적인 개최체계를 세우려는 구상은 이미 1867년 파리세계박람회의 영국관 대표가 오스트리아, 프로이센, 이탈리아, 러시아, 미국 등 그의 동료인 각 국가관의 대표들이 서명한 성명서를 발표하면서 부각되기 시작했다. 성명서는 3가지 주요 목표를 설정했다. 세계박람회의 규모와 기간을 규제하기 위해 국가 간 순회시스템을 설정하고, 다양한 유형의 박람회를 명확히 규정하여, 전시의 품질을 보증한다는 내용이었다. 그러나 이것은 1928년이 되어서야 현실화되었다. 독일정부는 1912년에 이 문제와 관련한 국제회의인 베를린 외교회의를 개최하여 중요한 조치를 취했으나 제1차 세계대전의 발발로 이러한 논의가 중단되었다. 각국 정부는 1920년대에 다시 이 문제를 논의했고, 1928년 11월 22일 파리에서 31개국이 국제박람회 개최를 규제하는 국제협약에 서명했다. 1928년 협약은 비상업적이며 미술전시회가 아닌 3주 이상 개최되는 모든 국제박람회에 적용되었다. 이 기준에 부합되고 협약체결 당사자가 개최하는 모든 박람회는 그 규정을 존중해야 한다는 것을 의미했다. 협약으로써 다양한 유형의 세계박람회(비독점적)를 구별하고, 개최빈도를 설정하고, 주최 및 참가국에 대한 규제 절차를 설정하여, 협약의 적절한 적용을 보장하기 위한 전담 관리기구가 창설되었다.

세계박람회의 중심에 있는 지속가능한 발전과 교육

수십 년에 걸쳐 국제박람회기구는 끊임없이 변화하는 세계의 요구에 맞게 세계박람회를 적응시켜 왔다. 사회적 · 경제적 불평등과 새로운 환경인식에 대한 국제기구의 관심이 높아짐에 따라 단순히 산업발전을 보여 주는 것만으로는 충분하지 못했으며, 세계박람회는 국제적인 공동체를 하나로 모은 교육과 발전을 위한 독특한 플랫폼이 되었다. 1972년 교육을 세계박람회의 주요 목표로 설정한 후 국제박람회기구는 1994년 세계박람회가 우리 시대의 중요한 문제를 해결하고 환경보호 문제를 해결해야 한다는 결의안을 발표했다. 그 이후로, 세계박람회는 지속가능한 개발을 주요 목표로 설정했다.

세계박람회의 성공으로 국제박람회기구에 새로운 회원국이 가입했다

1931년 이후 국제박람회기구는 50개가 넘는 세계박람회를 개최하여 각각 수백만 명에서 수천만 명의 관람객을 유치했다. 2010년 상하이는 7,300만 명의 관람객으로 기록을 갱신했다. 세계박람회의 성공과 새로운 국가의 독립으로, 세계화 시대는 아시아, 중동 및 아프리카에 세계박람회 시대를 열었다. 현재 182개국이 국제박람회기구의 회원국이다.

오늘날 국제박람회기구는 4가지 유형의 박람회를 감독한다

협약과 국제박람회기구의 창설은 세계박람회의 개최에 진정한 변화를 가져왔다. 그러나 1928년은 국제박람회기구가 주도한 세계박람회의 특성과 규정의 재확립, 명확화, 구체화라는 긴 과정의 시작에 불과했고, 협약은 각 국가의 해석에 개방적이었다. 이전의 많은 협약 개정 후, 1988년의 개정은 국제박람회기구의 역사상 중요한 과정이었다. 1928년 이후 여러 차례 개정된 일반 및 특별, 두 가지 유형의 세계박람회 차이점을 명확히 하여 세계박람회 및 전문박람회로 구분했다. 세계박람회는 최대 6개월간 개최되며, 규모에 제한이 없고 참가자는 자체 전시관을 건설할 수 있으며 주제는 전 세계적인 관심사라야 한다. 전문박람회는 규모를 25ha로 제한하고, 3개월간 개최할 수 있으며, 보다 구체적인 주제를 제시해야 하며, 주최자는 참가자들에게 전시관 내부의 공간을 제공한다. 이러한 규정들은 주최자와 참가국의 개최비용을 절감하기 위해 만들어졌다. 이 두 가지 국제박람회 외에도 국제박람회기구는 국제박람회의 특성과 일치하는 두 개의 다른 국제전시회 개최를 국제적인 참가와 기간을 규제한다. 밀라노트리엔날레는 1933년부터 국제박람회기구에 의해 관리되었고 원예박람회는 1959년부터 국제원예생산자협회와 공동으로 개최했다.

세계박람회: 172년의 역사

최초의 세계박람회는 1851년 런던에서 개최되었다. 많은 다른 도시가 그 뒤를 따랐고 파리, 비엔나, 시카고 또는 브뤼셀 등에서 인상적인 세계박람회를 개최했다. 산업혁명과 밀접하게 연계된 이 박람회들은 세계박람회로 알려져 있으며, 각국이 자국의 문화와 국력을 과시하고 건축과 기술력을 보여 주었다. 또한 전구, 전화기, 타이프라이터 또는 엘리베이터와 같은 발명품들과 에펠탑, 자유의 여신상과 같은 최신 건축기술을 전시했다.

1928년 파리협약

1928년 국제협약은 개최국 및 참가국들의 권리와 책임을 규정하고 개최빈도를 규제함으로써 국제박람회의 영역에 질서를 부여했다. 이 조약의 적용을 확실히 하기 위해, 국제박람회기구가 창설되었다. 그 후 1948년에 첫 번째 서명된 규정과 1966년에 두 번째 서명된 규정으로 세계박람회 개최빈도의 중요 영역에 있는 협약을 개정하게 되었다. 국제박람회기구가 40년간 존속한 이후부터 경제적인 새로운 자산(진행속도의 가속화, 여행 시간의 단축, 국제무대에 신흥국 등장)에 따라 적합한 법적인 쟁점을 고려하기 위해 1928년 협약의 세부적인 개정이 시급해졌다. 이 개정은 1965년에 착수하여 1972년 11월 30일에 규정의 서명과 함께 채택되었고 1980년 6월 9일에 발효되었다. 마지막으로, 협약을 갱신하고 세계박람회 범주를 재정의하기 위해, 두 가지 새로운 개정이 필요하게 되었다. 1982년 6월 24일과 1988년 5월 31일에 서명되었다. 다른 규정에 의해 개정되고 수정된 1928년 파리협약은 현재 세계박람회의 개최에 적용되고 있다.

세계박람회 유치와 개최과정

세계박람회를 개최하기 위해서는 유치신청부터 행사종료 후 유산에 이르기까지 수년간의 계획이 필요하다. 세계박람회 또는 전문박람회를 개최하는 과정은 7단계가 있다.

유치신청

세계박람회를 개최하려는 국가의 정부는 주제와 개최도시, 날짜와 개최기간, 주최자의 법적인 지위를 명시한 유치신청서를 국제박람회기구에 제출해야 한다. 유치신청서에는 정부의 전폭적인 지원을 보장해야 한다. 세계박람회의 유치신청국들은 세계박람회 개최 예정일로부터 6~9년 전에 신청서를 제출해야 한다. 전문박람회의 유치신청국들은 전문박람회 개최 예정일로부터 5~6년 전에 신청서를 제출해야 한다. 한 국가가 신청서를 제출하면 국제박람회기구는 6개월간 카운트다운을 시행하며, 동일한 기간에 세계박람회를 개최하려는 다른 국가는 6개월 이내에 신청서를 국제박람회기구에 제출해야 한다. 6개월간의 신청 단계가 끝나면 국제박람회기구는 신청을 마감한다. 동일한 국가에서 개최되는 두 번째 세계박람회(세계박람회 또는 전문박람회)간에는 최소한 15년이 지나야 한다. 만약 신청서를 제출한 정부가 주최자가 아닌 경우 공식적으로 주최자를 선정하고 의무이행을 보장해야 한다.

프로젝트 검토

유치계획서　　6개월의 신청단계가 끝나면, 모든 신청국은 규정된 항목에 근거해 상세한 유치계획서를 제출하는 프로젝트 검토단계에 들어간다. 이러한 유치계획서는 신청국에서 실시될 국제박람회기구 조사단의 세계박람회 개최장소 현장 조사임무의 기본자료로 사용된다.

조사임무: 프로젝트 평가　　조사임무는 신청국별로 실시된다. 조사단은 국제박람회기구의 부의장 중 1명, 회원국의 대표 또는 전문가 1명 이상, 사무총장 등으로 구성된다. 이러한 조사임무는 세계박람회 프로젝트의 타당성과 실행 가능성, 신청국과 개최도시의 정치 및 사회적 분위기, 그리고 프로젝트에 대한 관련 당사자들(정부, 지방자치단체 관계자 및 시민)의 지지를 평가한다.

① 세계박람회의 날짜 및 기간 제안
② 세계박람회의 주제제안 및 주제개발
③ 세계박람회의 전반적인 목표와 예상 결과
④ 시민, 특수 이익단체, 정치단체 및 기업들의 세계박람회 지원 수준
⑤ 개발도상국에 대한 지원을 포함해 관련 정부가 취한 입법, 조직, 운영 및 재정 방안
⑥ 세계박람회 홍보를 위한 커뮤니케이션 전략

그림 1-7　2025년 오사카·간사이세계박람회 유치계획서

⑦ 세계박람회장 부지의 규모와 위치, 도시 및 지역

⑧ 전시관 및 프로그램 측면에서 세계박람회의 계획된 내용

⑨ 세계박람회 현장개발 및 사후 활용계획

⑩ 예상 참가자 수 및 참가 성격

⑪ 예상 관람객 수 및 방문객 프로필

⑫ 방문객 및 직원을 위한 계획된 숙박시설

⑬ 예산편성을 포함한 타당성 계획

⑭ 예상 참가비용

조사임무의 결과는 국제박람회기구 집행위원회의 검토를 거쳐 보고서로 작성되며, 집행위원회는 실행 가능하다고 판단한 프로젝트를 총회에 제출한다. 이 보고서는 국제박람회기구 회원국들의 평가 근거로 활용된다. 회원국들은 검토된 프로젝트를 승인하도록 요청받았고, 이는 최종 투표로 진행된다.

프로젝트 캠페인　　　세계박람회 프로젝트에 대한 지지를 받기 위해 유치신청국은 세계박람회 유치계획서를 제출하는 즉시 국제캠페인을 실시한다. 유치신청 발표와 최종 투표 사이에 개최되는 국제박람회기구의 각 총회에서 유치신청국은 회원국 대표들에게 세계박람회 프로젝트를 발표해야 한다.

선거

프로젝트 검토단계가 끝나면 국제박람회기구 회원국들은 1개국 1표 원칙에 따라 총회에서 비밀투표로 개최국을 선출한다. 회원국들은 조사단의 조사 결과, 제안된 세계박람회 주제의 매력, 그리고 그것이 세계박람회 참가와 관련이 있는지 여부와 유치후보국과의 상호관계를 고려해 결정한다. 회원국들은 세계박람회 개최를 위해 비회원국보다 우선권을 갖는다. 만약 어떤 회원국도 유

치신청을 하지 않은 경우, 비회원국의 유치 신청국은 세계박람회 개최권을 확보하기 위해 모든 투표에서 3분의 2 이상의 찬성을 필요로 한다.

투표 절차

① 후보국이 1~2개국일 경우, 찬성 또는 반대표의 단순 과반수를 득표한 국가에 세계박람회 개최권이 주어진다.
② 만약 유치경쟁국이 2개국 이상이면 1차 투표에서 선출되기 위해서는 3분의 2의 과반수를 득표해야 한다.
③ 만약 1차 투표에서 3분의 2의 과반수를 득표한 제안이 없을 경우, 최소의 득표를 한 제안은 탈락된다. 이 절차는 2개국의 유치신청국이 남을 때까지 계속된다.
④ 개최국은 간단하게 다수결로 선출된다. 한 국가가 세계박람회 개최권을 획득한 후에도 세계박람회 프로젝트를 공식화하기 위해 국제박람회기구와 긴밀히 협력해야 한다.

세계박람회 등록 및 인정

개최국 선출 후, 미래의 개최국은 세계박람회를 위한 완벽하고 명확한 실행계획을 제출함으로써 세계박람회 프로젝트를 공식화해야 한다. 이러한 공식화는 세계박람회는 '등록', 전문박람회는 '인정'이라고 한다. 세계박람회는 등록신청서를 최소한 개최일 5년 전에 국제박람회기구에 제출해야 한다. 전문박람회는 인정신청서를 최소한 개최일 4년 전에 국제박람회기구에 제출해야 한다. 등록 및 인정신청서는 다음 사항을 반드시 제시해야 한다.

① 특별법 제정 및 재정 대책
② 세계박람회 주최자의 법적 지위

③ 주제의 선정, 정의, 적용 등 주제개발 및 국제무대 홍보방안

④ 세계박람회 기간

⑤ 세계박람회에서 실시되는 문화 프로그램과 행사들

⑥ 박람회장 부지의 마스터플랜

⑦ 재정 계획

⑧ 사전홍보 및 커뮤니케이션 계획(국내 및 해외)

⑨ 세계박람회 사후 계획

⑩ 주최자의 상업적인 전략

신청서에는 세계박람회의 일반 규정, 미래의 국제 참가자들에게 제공될 참가계약서, 취소 시 보상을 설정하고 보장하는 서류, 주제에 관한 특별규정, 참가를 위한 재정적, 물질적 조건, 참가비용을 최소화하기 위한 조치 등이 제시되어야 한다. 국제박람회기구에 제출된 등록 및 인정신청서는 회원국에서 검토하고 국제박람회기구 사무국은 질문이나 수정사항에 대해 주최자와 조정한다. 모든 사항이 해결되면 집행위원회는 등록 및 인정신청서를 검토하고 총회의 승인을 권고한다. 총회의 승인을 받은 박람회는 공식적으로 세계박람회는 '등록'되고 전문박람회는 '인정'된다. 총회에서 공식적으로 승인되면 국제박람회기구의 세계박람회 깃발은 개최국에 상징적으로 전달된다.

그림 1-8 2025년 오사카·간사이세계박람회 등록신청서

세계박람회 준비와 실행

세계박람회 프로젝트의 등록 또는 인정 이후에, 개최국은 다음 항목을 포함한

준비에 본격적으로 착수한다.

① 세계박람회장 부지의 계획, 건설, 운영
② 외교채널을 통해 각국 정부와 국제기구에 세계박람회 참가 공식 초청장
　발송
③ 참가자와 함께 협력해 참가 안내서 작성
④ 세계박람회 참가를 최적화하기 위해 국제박람회기구 회원국들과 정기적
　인 교류
⑤ 주제개발 및 관련 활동 실시
⑥ 도시개발, 문화 및 행사와 관련된 프로그램 기획의 체계화
⑦ 특별규정 확정과 시행
⑧ 통신 및 홍보계획의 확정과 시행

이 단계에서, 세계박람회 개최국은 국제박람회기구에 정기적으로 보고해야
한다.

① 집행위원회에 세계박람회 준비 추진상황 발표
② 규칙위원회에 세계박람회 특별규정 제출
③ 정보통신위원회에 세계박람회 커뮤니케이션 전략 발표
④ 총회에 전반적인 진행상황 보고서 제출

국제박람회기구 회원국은 세계박람회 준비 및 개최의 원활한 진행을 보장
하기 위해 권고하거나 특정 조치를 요청할 수 있다. 국가와 국제기구는 참가를
확정하면 주최자와 참가계약을 체결한다. 계약서에는 전시관의 위치와 규모
에 대한 정보가 포함되어 있으며 참가자에 따라 주제개발을 명시한 주제 설명
서가 함께 제공된다.

참가국 정부는 또한 자국의 공식 대표로서 역할을 할 위원장(세계박람회의 경우) 또는 위원(전문박람회의 경우)을 임명한다. 실행단계 동안, 주최자는 국제박람회기구와 협력해 모든 국제참가자와 조정하고 모든 전시관의 원활한 전달을 보장하기 위해 정기적인 국제참가자회의(IPM)를 개최한다. 또한 각 세계박람회마다 국제박람회기구 회원국 중에서 선출된 참가국의 위원으로 구성된 운영위원회가 설치된다. 국제박람회기구와 함께, 운영위원회는 세계박람회 규정의 적용을 보장하고 준비단계와 행사기간 동안 세계박람회의 일상적인 운영을 용이하게 한다.

세계박람회 개최

세계박람회는 6개월 동안 개최되며, 전문박람회는 3개월 동안 개최된다. 매일 수만 명의 관람객이 출입구를 통과해 세계박람회 운영요원과 퍼포머들의 환영을 받으면서 입장하면 수십 개의 문화 및 주제성 행사를 체험한다. 세계박람회장 안팎에서 기억에 남을 관람객 체험을 보장하고 세계박람회의 원활한 운영에 필요한 긴밀한 물류를 제공하기 위해 수천 명의 세계박람회조직위원회의 직원, 자원 봉사자와 참가자 직원들이 개최기간 동안 세계박람회의 성공에 기여한다. 세계박람회 기간 동안 국제참가자들은 세계박람회 개최활동에 참여하는 것 외에도 자체 문화프로그램 및 행사를 실시한다. 각 국제 참가자들은 또한 그들의 세계박람회 참가를 축하하기 위해 자주 유명 인사의 방문과 특별한 행사를 포함한 국가의 날을 실시한다. 세계박람회 개최를 앞두고 준비하는 동안 세계박람회 참가자들은 물론 초청된 전문가들이 참여하는 주제관련 포럼, 컨퍼런스, 세미나 등이 잇따라 개최된다. 이러한 포럼의 결론을 세계박람회의 지적 유산의 일부로 활용하기 위해 자주 최종 선언문 또는 성명서로 작성된다.

세계박람회 이후

세계박람회의 폐막은 개최지역의 새로운 삶의 시작이다. 등록 및 인정신청서에 제시된 유산계획에 따라 개최도시 및 지역의 우선순위에 맞게 세계박람회 이후 경영계획을 수행한다. 국제박람회기구는 유산계획의 이행을 위해 세계박람회 이후 단계에서 개최국과 함께, 세계박람회 준비과정에서 제시된 유산계획이 제대로 이행되고 있는지 확인한다.

재정 및 비용

국제박람회기구의 세계박람회 재정지원 여부

국제박람회기구는 세계박람회에 재정을 지원하지 않는다. 그들의 임무는 세계박람회를 규제하고 이러한 대규모 이벤트의 성공을 보장하기 위해 세계박람회 주최자, 참가자 및 미래의 세계박람회 후보자들에게 자문하고 안내하는 것이다.

세계박람회의 재정지원

세계박람회는 대부분 개최국 정부가 재정을 지원한다. 스폰서들이 세계박람회의 재정지원에 참가하고 있다.

세계박람회 비용은 개최에 장애인가

세계박람회 비용은 항상 장단기적인 체계에서 평가되어야 한다. 비용은 일부 국가의 세계박람회 개최에 제약이 될 수 있지만, 전문박람회(국제인정박람회)는 모두에게 진정한 기회다.

평균 참가비용은 얼마인가

평균 참가비용을 일반적인 방식으로 계산할 수 없다. 각 참가국은 자국의 재정 능력에 따라 투자를 결정한다. 일부 국가는 국가관(국제등록박람회)을 건설하기로 결정하는 반면, 다른 일부 국가는 모듈 대여의 솔루션을 선택한다.

세계박람회 참가비용의 장애 여부

주최자들은 통상 개발도상국에 원조 및 특별조치를 제안하기 때문에 세계박람회 참가비용은 장애가 되지 않는다.

세계박람회의 재정적 이득과 개최 후 막대한 이익과 손실이 발생했던 사례

세계박람회의 재정적 이득 평가는 참가국과 관람객들의 입장으로 인한 단기적인 평가와 세계박람회 개최로 인한 경제적 파급효과들의 장기적인 평가로 이루어지며, 종종 관광사업의 활성화와 세계박람회 이후에 새롭게 세계적으로 인정받은 도시에서 비즈니스를 하려는 기업들의 결정과 관련이 있다. 세계박람회의 재정적, 상업적 요소는 과거에 가장 중요한 요소 중 하나였다.

그러나 시간이 흐르면서, 세계박람회의 수익이 운영비를 충당하더라도, 그런 계정을 유지하는 것은 점점 더 어려워졌다. 실제로 세계박람회는 또한 국가예산, 지방자치단체 및 민간부문의 복잡한 자금조달이 요구된다. 이러한 자금은 보통 세계박람회 부지의 건설과 직접적인 관련이 없지만, 도시와 지역의 인

그림 1-9 국제박람회기구(BIE)와 회원국 깃발

프라와 직접 연결된다. 2010년 상하이세계박람회의 최종 예산은 2008년 베이징올림픽보다 더 많은 것으로 추정되지만 도시의 기반시설과 삶의 질 향상, 부지의 경제적 가치에 대한 긍정적인 효과가 방대하고 추정하기가 불가능했기 때문에 손실을 봤다는 이야기는 없었다. 최종적으로, 세계박람회의 수익이 항상 경제적 가치로 표현되는 것은 아니다. 아마 우리는 1889년 파리에서 개최된 세계박람회가 재정적으로 가장 성공적이었다고 생각할 수 있을 것이다. 당시 벌어들인 750만 프랑 외에 현재까지 에펠탑을 관람한 관광객들이 지출한 돈을 모두 합산하면 엄청난 수익일 것이다.

회원국

2023년 현재 국제박람회기구의 회원국은 182개국이다. 회원국들은 국제박람회기구의 모든 회의에 참석하며 세계박람회의 정책과 규정을 결정한다. 회원국은 특히 세계박람회 개최승인과 관련한 논의에 처음부터 참여할 수 있으며, 각 회원국은 최대 3명의 대표를 임명할 수 있다. 또한 회원국은 총회에서 1표의 투표권을 행사한다. 그리고 매년 회원국의 수는 늘고 있다. 우리나라는 1987년 국제박람회기구에 가입해 회원국이 되었다.

회원국 가입

모든 국가는 1928년 협약과 후속적인 의정서 및 개정안을 준수함으로써 국제박람회기구 회원국이 될 수 있다. 가입 과정은 1928년 파리협약 제35조에 다음과 같이 명시되어 있다. 이 협약은 유엔 회원국, 국제사법재판소의 일원인 유엔 회원국, 유엔 산하기구의 회원국, 또는 국제원자력기구(IAEA) 회원국 등 모든 국가가 가입할 수 있다. 국제박람회기구 총회에서 투표권을 가진 회원국 2/3의 과반수 이상 득표에 의해 승인된다. 가입신청서는 프랑스 공화국 정부에 제출되며 회원국의 권한과 혜택은 가입비 입금일에 발효된다.

회원국의 혜택

국제박람회기구의 회원국이 되면, 세계박람회 개최와 관련된 모든 논의에 참여하고 관련된 문제에 대한 의견을 제시할 수 있다. 회원국들은 세계박람회 주최자(참가자 회의)와의 토론에 처음부터 참여하며, 참가하려는 세계박람회의 조직에서 제공하는 특권을 누릴 수 있다. 또한 세계박람회가 개최될 당시, 박람회 기간에 설립된 총괄 책임자 대학은 주최자와 공식 참가자 사이의 영구적인 대화의 모니터링을 보장한다. 국제박람회기구 회원국이 되는 것 또한 많은 특장점을 제공한다. 국제박람회기구는 세계박람회 주최자에 대한 엄격한 점검을 실시해 회원국 정부들이 특정 비용을 절감할 수 있도록 한다.

또한 국제박람회기구 회원국이 개최하는 세계박람회의 신청일 경우 등록 시에 받는 신청심사 수수료가 절반으로 감액된다. 마찬가지로, 특정 일자에

표 1-5 국제박람회기구 회원국

대륙별	회원국
유럽 42개국	그리스, 네덜란드, 노르웨이, 덴마크, 독일, 러시아, 루마니아, 리투아니아, 모나코, 몬테네그로, 몰타, 벨기에, 벨라루스, 보스니아헤르체고비나, 북마케도니아, 불가리아, 산마리노, 세르비아, 스웨덴, 스위스, 스페인, 슬로바키아, 슬로베니아, 아이슬란드, 아제르바이잔, 안도라, 알바니아, 에스토니아, 오스트리아, 우크라이나, 영국, 이탈리아, 조지아, 체코, 키프로스, 크로아티아, 타지키스탄, 포르투갈, 폴란드, 프랑스, 핀란드, 헝가리
아시아 25개국	네팔, 동티모르, 라오스, 말레이시아, 몰디브, 몽골, 베트남, 방글라데시, 북한, 브루나이 다루살람, 스리랑카, 아프가니스탄, 우즈베키스탄, 인도네시아, 일본, 중국, 캄보디아, 타지키스탄, 태국, 투르크메니스탄, 카자흐스탄, 키르기즈스탄, 파키스탄, 필리핀, 한국
오세아니아 14개국	나우루, 뉴질랜드, 마셜제도, 미크로네시아연방, 바누아투, 사모아, 솔로몬제도, 오스트레일리아, 키리바시, 투발루, 통가, 쿡제도, 팔라우, 피지
중동 15개국	레바논, 바레인, 사우디아라비아, 시리아, 아르메니아, 아랍에미레이트, 오만, 예멘, 요르단, 이라크, 이란, 이스라엘, 카타르, 쿠웨이트, 터키
미주 31개국	가이아나, 과테말라, 그레나다, 니카라과, 도미니카, 도미니카공화국, 멕시코, 미국, 바하마, 바베이도스, 베네수엘라, 벨리즈, 브라질, 세인트루시아, 세인트 빈센트 그레나딘, 세인트 키츠 네비스, 수리남, 아르헨티나, 아이티, 에콰도르, 앤티가 바부다, 엘살바도르, 우루과이, 온두라스, 칠레, 코스타리카, 콜롬비아, 쿠바, 파나마, 파라과이, 페루
아프리카 55개국	가나, 가봉, 감비아, 기니, 기니비사우, 나미비아, 나이지리아, 남수단, 남아프리카공화국, 니제르, 르완다, 라이베리아, 레소토, 리비아, 마다가스카르, 말라위, 말리, 모리타니, 모로코, 모리셔스, 모잠비크, 베냉, 부룬디, 부르키나 파소, 보츠와나, 상투메프린시페, 세네갈, 세이셸, 소말리아, 수단, 스와질랜드, 시에라리온, 알제리, 앙골라, 에리트레아, 에티오피아, 우간다, 이집트, 잠비아, 적도기니, 지부티, 짐바브웨, 중앙아프리카공화국, 차드, 카메룬, 카보베르데, 케냐, 코모로, 코트디부아르, 콩고, 콩고민주공화국, 탄자니아, 토고, 튀니지, 트리니다드토바고
계	182개국

자료: 국제박람회기구(BIE) 홈페이지(http://www.bie-paris.org/site/en)를 참조하여 저자 재작성.

세계박람회를 개최하려는 회원국은 비회원국의 다른 경쟁 유치신청보다 우선권이 부여된다. 회원국이 많을수록 권한은 더 실질적이며 회원국들에 더 많은 비용절감 효과를 줄 것이다. 따라서 1928년 협약을 준수하고, 국제박람회기구의 회원이 되는 것은 세계박람회를 개최하거나, 참가할 가능성이 있는 모든 국가의 정부에 이익이 된다.

세계박람회박물관

상하이에 있는 세계박람회박물관은 국제박람회기구의 공인을 받은 세계에서 유일한 세계박람회 전문 공식 박물관이자 문서센터이다. 1851년 런던에서 개최된 위대한 박람회 이후 세계박람회의 역사에 헌정된 세계박람회박물관은 국제박람회기구와 상하이시 인민정부간 협력과 협정의 결과물이다. 세계박람회박물관은 국제박람회(세계박람회, 전문박람회, 원예박람회, 밀라노트리엔날레)의 역사, 창조성, 주제들을 전시한다. 또한 '세계박람회 유산을 계승하고 세계

그림 1-10 상하이 세계박람회박물관 전경 및 심벌마크

박람회 개최효과의 본질과 지속성을 유지한다'는 취지로 그것들의 역사적인 영향력, 물질적인 중요성, 미래에 대한 꿈을 강조한다. 이 박물관은 2010년 상하이세계박람회 예전 부지, 황푸강 북쪽 기슭에 있다.

개요

위치: 중국 상하이 멩지 로드 818번지 200023

개장: 2017년 5월 1일

규모: 46,550㎡

대중교통: 상하이 지하철 13호선−세계박람회박물관역

웹사이트: www.expo-museum.org

페이스북: World Expo Museum

트위터: @expo_museum

시설: ① 상설 전시실 8개
　　　② 임시 전시실 3개
　　　③ 문서 및 연구센터
　　　④ 수장고

개념

세계의 창　　세계박람회는 인류문명의 현대적 단계를 대표하고 반영하며, 기술, 문화, 예술 분야에서 세계의 최신 성과를 수집하고 발표한다. 세계박람회는 성과의 수집가이자, 전시자일 뿐만 아니라 인류문명의 전달자이자, 촉진자이기도 하다. 본질적으로 세계박람회박물관은 세계박람회의 보편적 가치와 특성을 계승하고 있다.

교육　　세계박람회와 마찬가지로, 세계박람회박물관은 중국과 해외에서 대중을 교육하기 위해 노력하고 있다. 전시회의 학습가치 외에도 교육부서 및 기관과의 파트너십 구축, 문화발전 정책지원, 방과후 행사, 강연회, 전시회, 교류 등 다양한 교육행사 개최로 목표를 달성할 것이다.

연구　　박물관은 19세기 중반부터 현재와 그 이후까지 문명의 역사를 추적하면서 시간과 공간을 통한 주제별, 연대순 여행을 제공한다. 문서 및 연구센터는 과거와 현재의 세계박람회에 대한 지속적인 연구를 담당한다.

혁신　　박물관의 전시 및 연구 작업은 창의적인 아이디어와 혁신의 원천역할을 한다. 국제박람회기구 본부 외부에 있는 유일한 전문박물관 및 문서화센터인 세계박람회박물관은 세계박람회 연구를 위한 권위 있는 기관이다.

다차원적　　세계박람회의 연장선상에 있는 박물관은 단순한 유물 수집 이상의 것이다. 세계박람회의 가치를 매력적이고 상호작용적이며 다차원적인 방식으로 보여 주는 다양한 프로그램을 제공한다. 세계박람회박물관이 주최하는 전시회와 활동은 혁신과 기술, 무역과 외교, 건축, 예술, 도시계획 등을 포함해 국제적으로 관련된 광범위한 주제를 다룬다.

세계박람회 정책과 이해관계자

세계박람회 정책과 개최효과

박람회 시대

첨단 산업제품의 전시와 새로운 정보교류의 장이었던 세계박람회는 19세기부터 주요 국가정책이었다. 초기산업화 단계에서 산업구조와 생활양식 전반을 근대적 형태로 전환하는 데 국가 정책적으로 매우 중요하게 인식되었다. 세계박람회는 인접한 동일 문화권 중심의 제한된 국가관계에서 벗어나 광범위한 세계와 교류하고, 이를 통해 자국의 국가체제와 문화를 세계에 알리고 신기술을 이전할 수 있는 기회였다. 그런데 세계박람회에 대한 관점은 선진국과 개화 대상국의 입장에 따라 다를 수밖에 없었다. 선진국은 산업기계와 생산물의 판매를 위한 시장의 확보를, 그리고 개화 대상국은 근대화에 절실하게 필요한 새로운 기계와 기술을 접할 수 있는 유효한 통로로 인식했다. 또한 산업화를 매개로 하여 세계질서가 새롭게 재편되어 가던 상황에서 주도적인 위치를 선점하거나 그 질서 안에 새롭게 편입되기를 바라는 국가들 사이의 치열한 경쟁과 역학관계가 세계박람회를 더욱 활성화시키는 요인으로 작용했다. 박람회의 시대로 불릴 만큼 세계박람회가 빈번하게 개최된 19세기 후반, 서구열강들에 의해 식민지 개척이 경쟁적으로 이루어졌던 것은 이러한 사실과 무관하지 않다. 19세기 중반부터 오늘날까지, 172년 동안 실로 많은 세계박람회가 개최됐다. 또한 한국에서도 해방 이후 급속한 근대화 속에서 박람회라는 특별한 이벤트가 정착되었다. 그동안 세계박람회도 두 번이나 개최했다. 그러면 한국은 왜 세계박람회를 개최하는 것인가. 물론 그것은 세계박람회 자체에 일정한 의미와 역할이 있으며, 세계박람회를 개최하는 것이 상당한 가치가 있다고 판단했기 때문일 것이다.

안나 잭슨(Anna Jackson)이 『EXPO(International Expositions 1851~2010)』에서 강조한 것처럼 세계박람회는 그 규모와 개최 효과가 단연 최고이며 과거에 대한 이해와 미래에 대한 예측을 가능하게 해 주는 다방면에 걸친 노력의 산실이다. 평화의 시대에 가장 많은 관람객이 운집하는 행사인 세계박람회는 아름다운 건축물과 공원에 전 세계의 예술, 과학과 기술 분야의 최신 발전사항을 전시해 수백만 명의 관람객에게 교육과 엔터테인먼트의 장을 제공하고 있다. 세계박람회는 기껏해야 최대 6개월간 개최되는 행사지만 지속적이며 큰 영향력을 지닌다. 세계박람회는 건축, 도시계획, 교통, 매스컴, 소비문화, 과학, 기술, 예술, 산업디자인, 대중문화, 엔터테인먼트, 레저의 발전에 큰 영향을 미친다. 무엇보다도 사람들이 세상을 이해하고 자신이 세계 속의 일부라는 것을 알게 하는 데 큰 영향을 미쳤다.

세계박람회는 현대사회의 형태를 만들어 왔으며 현대성이 꽃을 피울 수 있도록 했다. 20세기에 접어들어 중소 규모의 세계박람회가 다수 개최돼 난립하자 문화장치로서의 세계박람회라는 의미는 유지하면서 기존과는 다른 의미와 역할이 요구됐다. 또한 세계박람회라는 명칭과 형식은 유지하면서 세계박람회 자체에서 개최 의의를 찾는 것이 아니라, 오히려 그 이상으로 일정한 목적을 갖고, 여러 가지 수단을 이용해 목적을 실현하기 위한 세계박람회가 개최되었다. 또는 세계박람회가 하나의 정책수단으로서 다른 목적을 위해 이용되는 경우도 생겨났다. 결국 세계박람회는 19세기부터 점차 '정책화'됐다.

정책으로서 세계박람회의 개최효과

20세기 제2차 세계대전 후의 세계박람회 개최와 일본의 1970년 오사카세계박람회 개최, 1981년 지방박람회 개최와 1989년 저팬엑스포 제도 시행, 한국의 1993년 대전세계박람회 개최, 1997년 지방박람회 개최와 2008년 국제행사승인심사 제도 시행에서도 그러한 움직임을 알 수 있다. 물론 박람회가 존재하는 한 그것은 '정책'으로서 세계박람회에만 국한되지는 않는다. 특히 국제박람회기구(BIE) 공인 국제등록박람회는 '19세기의 세계박람회' 정도의 비중은 아니더라도 그 시대의 사회와 문화를 반영하는 거울 역할을 해 왔다. 그러나 세계박람회의 개최 동기와 이상적인 주제, 회장계획과 전시는 별개로 하더라도, 세계박람회는 경제정책과 지역정책 또는 국가정책이 됐다. 도시와 박람회장 주변지역의 개발, 인프라 정비와 지역활성화 등을 목적으로, 관련 사업과 연계해 개최되는 세계박람회의 수는 계속 증가해 왔다. 또한 세계박람회 개최로 이러한 측면이 강조되어 온 것은 확실하다. 근대 경제사회 체제와 20세기 전반의 자유방임주의가 종말을 맞게 되고 경제와 사회생활에 대한 국가의 적극적인 개입이 가속화됐다는 맥락에서 세계박람회의 '정책화' 움직임은 결코 우연한 것이 아니었다. '정책화'된 세계박람회의 일정한 가치는 인정하더라도 세계박람회를 개최하는 의미는 다시 검토해야 한다. 동시에 세계박람회 개최에서 일정 가치를 창출하기 위해서는 세계박람회 자체뿐만 아니라, 그 이외의 것에서도 의미의 근거를 찾아야만 했다.

'정책'으로서의 박람회에서는 세계박람회 이념과 전시 내용만이 아닌 정책목적과 관련된 사업이 매우 중요한 의미를 갖게 됐다. 세계박람회 자체보다 박람회 계획이 의도하는 목적의 실현 가능성과 정책수단으로서의 유효성이 중요한 포인트였다. 그리고 이것들을 명확하게 제시하지 않으면 세계박람회를 개최할 수 없었으며, 보다 명확하게 제시할 수 있는 세계박람회 계획을 기획해야만 했다. 그리고 확실한 효과를 기대하고 실현할 수 있는 세계박람회를 개최하는 방향을 추구해 왔다. 단순히 박람회의 직접적인 효과뿐만 아니라, 관련된 여러 사업을 포함해 세계박람회 개최가 가져오는 경제·사회문화 효과에도 크게 주목하게 됐다. 그 배경과 요인에는 이러한 세계박람회의 전개와 그것을 둘러싼 환경 변화가 있었다.

세계박람회 개최효과의 관점

세계박람회를 개최할 때, 사전이든 사후든 '개최효과'에 이목이 집중된다. 그러나 이에 대한 분석구조와 평가기준이 명확하게 확립되어 온 것은 아니었다. 세계박람회 개최효과 중 특히 경제적 효과에 대한 분석·평가를 일반적으로 하게 된 것은 1970년대 후반 이후였다. 이는 제2차 세계대전 후의 세계경제가 저성장 시대를 맞이한 것에 큰 영향을 받았다고 생각한다. 예를 들면, 1975년 스포캔세계박람회와 1986년 밴쿠버세계박람회의 경제효과에 관한 계량분석 결과가 발표됐다. 그러나 이 보고서는 세계박람회장 주변의 지역개발을 포함한 세계박람회 사업이 어떠한 경제효과를 달성했는가에 대해 공공투자와 개발사업의 경제 파급효과에 관해 통상 실증적인 계량분석 방법을 응용해 분석한 것이며 세계박람회의 경제효과에 관한 분석으로서 특색이 있는 것은 아니었다. 비교적 제대로 정리된 것이 국제박람회기구(BIE)에서 조사·분석한「국제박람회의 효과분석조사 최종보고」(1998)였다. 그중에는 단순한 계량분석으로 얻을 수 있는 경제효과에 한정하지 않고 참가국을 대상으로 설문조사와 의견조사를 근거로 참가로 인한 효과, 개최국과 개최도시에서의 사회·경제적 효과와 개최 후의 문제에 대한 검토가 추가됐다. 또한 사례로서 1985년 쓰쿠바세계박람회에 관한 경제효과의 분석결과가 첨부됐다. 단, 참고는 될 수 있지만 분석·평가 기법이 체계적이지는 않았다.

일본에서도 1980년대 후반 이후, 지방박람회가 많이 개최되기 시작한 때부터 박람회의 '정책화'와 지역정책으로서 지방박람회 움직임이 활발했다. 이러한 움직임에 영향을 받아 사전의 기대효과와 사후의 개최효과 양 측면에서 개최효과에 관한 분석·평가가 실시되어 왔다. 경제효과에 대해서는 박람회의 경제활동이 지역경제에 어떤 효과를 줄 것인가라는 관점에서 박람회에 직접 관련된 공공투자와 소비지출을 최종 수요로 했다. 그것은 1차적 효과로서 그 지역에 어느 정도의 경제 파급효과를 가져왔는가를 지역의 산업연관표를 이용해 투입·산출 분석을 하는 것이 보편적이었다. 또한 금액으로 표시할 수 없는 장기적인 경제효과에 대해서는 관광, 지역산업 진흥, 기업 유치, 산업 인프라 정비 등의 요소로서 제시되었다. 지역경제정책의 방향성과 주요점을 시사한 개최 효과의 분석도 상당히 많았다. 그리고 경제 영역을 초월해 박람회의 사회적 효과와 문화적 효과가 중시되는 경우도 있는데, 경제와 밀접한 효과라면 모를까 그 외에 사회·문화적 효과에 대한 분석·평가를 하는 것은 매우 어렵다. 그러나 예를 들면, 〈표 1-6〉과 같은 저팬엑스포의 개최효과에 관한 분석·평가 체계는 세계박람회의 경우에도 많은 참고가 됐다.

한국에서는 1993년 대전세계박람회 개최 후 개최효과를 처음으로 분석했으며, 1990년대 후반에 본격적인 지방화 시대가 도래하면서 박람회의 '정책화'와 지역정책으로서 지방박람회 붐이 일어났다. 이러한 움직임에 영향을 받아 사전의 기대효과와 개최효과 양 측면에서 개최효과에 관한 분석·평가가 실시되어 왔다. 1990년대 후반에 개최된 지방박람회들의 경우 사전의 기대효과는 제시되었지만 사후 개최 효과분석은 상당히 미비했다. 국내 지방박람회에서 비교적 제대로 개최효과를 조사·분석한 것은 2000년 경주세계문화엑스포가 최초였으며 그 후부터 특히 경제적 효과에 대한 조사분석을 통상적으로 하게 되었다.

표 1-6 저팬엑스포의 개최 효과에 관한 분석 · 평가 체계

1. 개최 효과의 분류와 발현 프로세스
  ① 경제적 효과
  ② 사회 · 문화적 효과
  ③ 박람회 운영효과
  ④ 계획적 효과 → 창발적 효과 → 유발 효과

2. 개최 효과 체계
〈1차 효과〉
  ① 직접적 경제투자 효과
    • 박람회 투자비
    • 입장객 소비 지출
    • 관련 공공투자
  ② 경제적 파급효과
    • 인프라 효과
    • 생산 유발 효과
    • 영업 효과
    • 고용 효과
    • 지역산업 육성 효과
    • 산업 입지 효과
  ③ 사회 · 문화적 효과
    • 인재육성 효과
    • 정보 발신 효과
    • 관련 시설 효과

〈2차 효과〉
  ① 경제적 효과
  ② 사회 · 문화적 효과
  ③ 중장기적 생산 효과
  ④ 소프트적 생산 효과

자료: 일본이벤트산업진흥협회(2000). 「저팬엑스포 개최 효과측정에 관한 연구」를 참고하여 저자 재
    작성.

세계박람회의 경제효과

세계박람회의 개최효과라 해도 대부분은 경제효과에 크게 주목해 왔다. 그것은 정책화된 세계박람회의 성공이 확실하게 큰 경제효과를 가져왔기 때문일 것이다. 그러나 한편으로 1990년대 이후 경제효과에 대한 불안이 확산됐는데, 그 원인은 일정한 경제효과가 기대되지 않으면 개최할 수 없다는 쪽으로 세계박람회의 개최 방향이 바뀌었기 때문이다. 이러한 세계박람회의 경제효과에 대한 관점에 대해서, 최근 세계박람회를 비롯해 일본에서 몇 개의 새로운 움직임이 있었다. 첫째, 경제효과보다 사회·문화적 효과에 큰 관심을 갖는 경향이었다. 이것은 경제효과가 중요하지 않다는 것이 아니라, 이미 경제효과만으로는 세계박람회 개최의 필요성을 설명하는 것이 곤란해졌기 때문이다. 또한 그러한 의미에서 경제효과에 관해 사전과 사후에 보다 면밀한 조사연구가 요구됐다. 둘째, 비용 대비 효과 측면에서 비용에 적정한 경제효과를 기대할 수 있는가, 즉 세계박람회 사업과 지역개발 사회자본 정비 투자의 수익성이 문제가 됐다. 셋째, 세계박람회는 반드시 일정 규모의 개발이 수반되기 때문에 환경보존과 지속 가능한 사회조성 측면에서 세계박람회의 경제효과로 인해 발생되는 환경과 자연의 훼손에 대해 어떻게 생각하느냐가 개최효과에 대한 관점에서 요구됐다.

이러한 점들은 정책화된 실현 프로세스 중에서 가시적인 개최효과만을 추구하고 경제효과에만 큰 노력을 기울여 세계박람회를 개최하는 것에 대한 경종이었다. 그러나 그것만으로도 한국은 무엇을 위해 세계박람회를 개최하는 것인가에 대해 진지한 고민을 해야 한다. 또한 반대로 그러기 위해서도, 다시 한번 세계박람회의 개최효과에 대해 그리고 경제효과를 어떻게 분석·평가할 것인가에 대해 충분한 검토를 할 필요가 있다.

세계박람회의 이해관계자

세계박람회와 같은 세계적인 메가이벤트의 경우에는 관련된 이해관계자의 실체를 파악해야 한다. 여기서 말하는 이해관계자란 세계박람회 주최자인 국가와 개최도시, 세계박람회 사업에 직접 참가하는 참가국과 글로벌 기업, 개최지 주변지역의 주민 그리고 관람객 등을 말한다. 세계박람회 개최로 이익을 얻거나 손해를 보는 것이 무엇인지, 이해관계자를 파악하고 이해함으로써 이러한 세계적인 메가이벤트 시장이 그들에게 얼마나 관련이 있는지를 알 수 있다. 전 세계에서 개최된 다른 세계박람회의 사례분석을 통해, 파악된 세계박람회의 주요 이해관계자는 다음과 같다.

① 개최도시
② 참가자
  • 국제 참가자
  • 글로벌 기업
  • 지역
③ 언론과 미디어
④ 관람객

세계박람회에 대해 각자의 관심사를 살펴보자.

개최도시

세계박람회는 유치하려는 도시가 위치한 국가의 정부지원과 세계박람회를 관장하는 국제박람회기구(BIE)의 공인을 받은 도시에서 개최된다. 개최도시

그림 1-11 2015년 세계박람회가 개최되었던 밀라노 시내

와 지역이 세계박람회를 통해 궁극적으로 얻고자 하는 것은, 도시와 지역에 대한 국내외적 인지도를 포함한 관광수입과 사업증진, 그리고 지역 재개발과 업그레이드를 포함한 도시와 지역발전의 촉진이다. 세계박람회는 172년 동안 22개국에서 69회가 개최되었다. 가장 많이 개최한 나라는 미국으로 11회나 개최했으며, 프랑스 9회, 이탈리아 7회, 벨기에 7회, 일본 4회, 스페인 4회, 스웨덴 3회, 독일 3회, 영국 2회, 한국 2회 등 대부분 선진국에서 개최되고 있다. 이와 같이 선진국에서 앞다투어 세계박람회를 개최하고 있는 것은 그 효과가 메가이벤트 중에서 최고이기 때문이다. 또한 세계박람회를 많이 개최한 도시는 파리 7회(1855, 1867, 1878, 1889, 1900, 1937, 1947), 브뤼셀 4회(1897, 1910, 1935, 1958), 런던 2회(1851, 1862), 스톡홀름 2회(1936, 1949), 시카고 2회(1893, 1933), 바르셀로나 2회(1888, 1929), 밀라노 2회(1906, 2015)와 토리노 2회(1955, 1961) 등이다. 이러한 성과는 오사카 같은 향후의 개최도시들과 지역에서 인정받고 있다.

　세계박람회를 개최하기 위해서는 반드시 중앙정부의 지원을 받아야 하며,

3개 또는 그 이상의 경쟁 도시들과 차기 세계박람회 개최지로 적합한지 국제박람회기구(BIE)의 공인을 받아야 한다. 국제박람회기구는 현재 182개국이 회원으로 가입된 국제적인 조약기구다. 그리고 우리나라의 경우, 세계박람회를 개최하기 위해서는 반드시 중앙정부와 광역지방자치단체의 지원을 받아야 하며, 기획재정부의 타당성 조사와 국제행사 승인심사를 받아야 한다.

참가자들

세계박람회의 전시물과 전시관, 수많은 문화행사의 공연 대부분은 3가지 범주의 참가자가 후원(자금지원, 설계, 건설, 설치 및 연출, 운영)한다.

① 국제 참가자(참가국, 국제기구)
② 글로벌 기업
③ 광역지방자치단체와 개최도시

국제 참가자(참가국, 국제기구)

세계박람회 개최국은 정부의 외교 경로를 통해 국제박람회기구(BIE) 회원국과 비회원국들에게 세계박람회 참가를 초청하며, 초청받은 국제 참가자는 비용 대비 편익을 따진다. 세계박람회의 개최지가 판로나 상품무역으로 유망한지, 도시의 우호도와 비즈니스 기회 등의 측면에서 비용과 이득을 저울질해 본다. 그 후에 참가와 자원의 배분이 가치가 있다고 판단되면 참가를 확정한다. 2010년 상하이세계박람회의 경우, 많은 국가는 중국이 상품과 서비스 시장으로 위상이 점차 높아졌기 때문에 참가를 결정했을 것이다.

그림 1-12 2015년 밀라노세계박람회 한국관

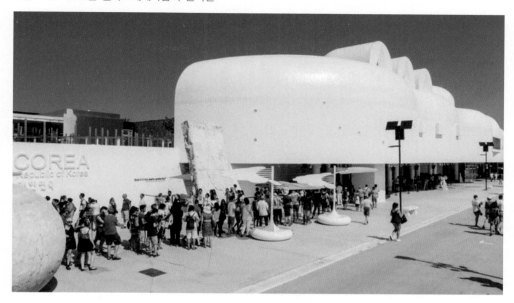

그림 1-13 2015년 밀라노세계박람회 국제박람회기구관

1992년 세비야세계박람회부터 나타난 새로운 현상은 국제 참가자 수가 100개국 이상으로 급격히 증가했다는 것이다. 지난 수십 년간 일부 세계박람회의 참가국 수는 100개국 미만이었다. 최근의 이러한 현상은 소비에트연방의 해체와 다른 정치적 변화로 인해 새롭게 탄생한 국가들이 국제사회에서 자신들의 위치를 확보하려 했기 때문이다. 이런 신생국들에게 세계박람회는 세계와 교류할 수 있는 중요한 무대이다. 또한 국제 참가자 중에서 세계박람회에 단골로 전시·참가하는 여러 국제기구를 언급한다. 적십자 같은 NGO들은 세계박람회에서 그다지 중요한 위치에 있는 참가자는 아니지만, 그들은 세계박람회를 통해 평소에는 그들의 이슈에 관심을 갖지 않는 많은 관람객에게 자신들의 메시지를 널리 전달할 수 있는 기회를 갖게 된다.

글로벌 기업

글로벌 기업의 경우, 국제박람회기구의 규정에 따라 전시 콘텐츠와 전시방법이 상업성을 노골적으로 드러내서는 안 된다. 이런 제약 때문에 세계박람회에 참가하는 기업들은 고위인사와 세계박람회에 참석하는 비즈니스 관계자들에게 회사를 소개할 수 있는 기회를 가질 수 있는 것에 참가 목표를 두고 있다. 장기적인 이익을 추구하는 것이다. 세계박람회는 대규모 커뮤니케이션의 공간인 동시에 20세기까지는 신제품과 기술혁신을 처음 공개하는 무대가 되기도 했다(과거에는 특히). 지난 몇십 년 동안 기업의 신제품을 전시소개할 수 있는 다양한 유형의 플랫폼이 생겨나 세계박람회의 유효성이 축소되기는 했지만, 많은 수의 글로벌 기업, 특히 일본 기업들은 2005년 아이치세계박람회를 통해 초고속 열차, 뮤지컬 로봇, 친환경 빌딩 건설 공법 등 미래기술의 쇼케이스를 가졌다. 정보통신기술(ICT)을 활용한 커뮤니케이션 수단이 넘쳐나는 세상에서 세계박람회는 얼굴을 직접 마주 대하는 접촉의 기회를 제공한다. 세계박람회장에서 글로벌 기업들은 세계 각국의 광범위한 사람들을 만날 수 있을

그림 1-14   2005년 아이치세계박람회 도요다그룹관

그림 1-15   2015년 밀라노세계박람회 코카콜라관

뿐만 아니라, 각국 정부의 고위인사와 다른 사업자들에게 자신들이 건설하고 운영하는 환경에서 명확하게 메시지를 전달할 수 있는 기회를 갖게 된다. 이것이 글로벌 기업이 세계박람회에 참가하는 목적이다.

광역지방자치단체와 개최도시

광역 및 기초지방자치단체의 지역 참가자들은 세계박람회에서 중요한 역할을 맡고 있으며, 그것을 최대한 활용한다. 2012년 여수세계박람회에서 여수시와 다른 지방자치단체들은 지역의 문화관광과 친환경적인 여건에 관한 그들의 정보를 전달하는 기회로 삼았다.

언론과 미디어

올림픽 같은 국가간 스포츠 경기의 극적인 드라마는 세계와 지역 언론의 주목을 거의 무제한으로 받는 반면, 세계박람회는 그리 주목할 만한 주제는 아니다. 개최지역의 언론은 계획 단계부터 오프닝에 이르기까지 충실하게 세계박람회의 추진상황을 다루어 준다. 한번 개최되면 적어도 3개월 내지 6개월 동안 지속되는 세계박람회가 언론과 미디어의 관심을 끌면서, 개최도시는 새롭게 떠오르는 관광지로 초점이 맞춰지고, 전시관의 새로운 건축 기술과 재미있는 인물의 에피소드가 기사화된다. 고위인사의 우연한 방문과 주목할 만한 퍼포먼스, 그리고 개막식과 폐막식은 지역 언론이나 때로는 전국 방송과 주요 신문의 관심을 끌기도 한다. 최근에 세계박람회를 개최했거나, 미래에 세계박람회를 개최하는 국가들과 도시들도 현재, 세계박람회 뉴스에 세심한 관심을 기울이고 있다. 특히 케이블TV에서는 과거 세계박람회의 독특한 전시, 문화행사, 기술혁신과 세계박람회의 역사에 중점을 두고 다큐멘터리를 제작, 방영하기도 한다.

그림 1-16　2015년 밀라노세계박람회의 TV 공개방송

그림 1-17　2012년 여수세계박람회 엑스포 디지털갤러리

최근 신문, 잡지, 라디오, TV 등 전통 매체의 영향력이 눈에 띄게 감소하고 있다. 그러나 이에 비례해 1인 미디어 등 뉴미디어의 영향력이 증대하면서 지역 공동체의 이슈에 대한 관심은 더욱 커졌고, 그들에 의한 세계박람회 취재는 더 활발해졌다. 뉴미디어의 이해관계자들은 완전히 새로운 방법으로 세계박람회를 취재할 수 있고, 전 세계의 세계박람회에 관심을 가진 다른 사람들과 세계박람회장의 관람객들이 상호 교류할 수 있다.

최첨단 유비쿼터스 IT 기술을 도입해 이전 세계박람회와 차별화했던 2012년 여수세계박람회는 엑스포 디지털갤러리를 설치해 관람객들이 박람회장에서 인터넷과 모바일로 직접 만든 메시지를 디지털갤러리에 접속해 공유하면 더 많은 개인에 의해 SNS로 전파되어 세계박람회에 대한 관심을 상승시켰다. 국제적인 특성상 세계박람회는 자연스럽게 글로벌 미디어와 세계박람회 주최자들을 대부분 잘 연결해 준다.

관람객

세계박람회는 기본적으로 국제무역전시회, 해프닝, 박물관, 공연 등을 상징적으로 결합해 일시적으로 대규모 관람객을 유치하는 명소다. 만약 세계박람회가 잠재 관람객의 상상력과 관심을 포착하지 못하거나 입장권 판매수량이 예상 관람객 유치 목표 기준을 밑돌면, 전시관, 식음료서비스 및 소매점에 투자한 모든 사람이 고통을 겪는다. 자신의 시간과 돈을 들여 참가하는 엔터테인먼트, 식사, 문화 및 공연 옵션의 확산에 직면한 유럽과 아시아 지역의 예상 관람객에게 세계박람회는 과연 적절한 선택인가?

관람객을 유치하는 측면에서 개최도시들의 경험은, 주최자 측에서 예상했던 목표를 훨씬 초과하는 관람객을 유치하거나 목표치보다 훨씬 적은 관람객도 환영해야 하는 경우까지 매우 다양하다. 이러한 경험들의 분석은 다양한 요인과 범위를 포함하지만 반드시 이것에 국한되지는 않는다는 것을 보여 준다.

그림 1-18 2015년 밀라노세계박람회장의 관람객

주요 인구밀집 지역과 인접한 개최지의 위치, 기후, 우연의 일치로(달리 말하면 시기) 바로 인접한 곳에서 또 다른 세계박람회를 개최하고 있는지의 여부, 문화적 선호도, 고민의 배경이 되는 시간, 돈의 가치(달리 말하면, 한 가족이 세계박람회장에서 하루에 쓰는 비용), 그리고 전시물과 문화행사의 매력도, 부족하거나 잘못된 홍보 마케팅과 같은 것들이다. 대부분의 관람객은 개최국의 인접지역에서 온다는 것을 염두에 두는 것이 중요하다. 이전의 세계박람회들의 일반적인 형식과 국제박람회기구의 규정을 지키는 동시에, 개최예정인 세계박람회의 개최자들은 상당한 범위를 계획하고, 관람객의 경험을 예상해, 지역의 특성과 상황에 맞게 문화행사를 적절하고 재미있게 만들어야 한다. 많은 관람객을 유치하기 위해 스포츠 이벤트와 주제공원, 박물관용으로 개발된 대부분의 기술은 생산적으로 관람객의 경험을 향상시키기 위해 세계박람회에서 채택될 수 있으며, 세계박람회장에 입장한 많은 관람객의 체류 시간을 늘리거나, 1인당 관광비용을 늘리는 유인수단이다. 예를 들면, 밴쿠버, 세비야, 리스본, 밀라노는 저녁과 야간 프로그램에 볼거리를 집중시켜 관람객들이 오랜 시간을 체류하도록 해 지출을 증가시켰다. 자주 관람객에 의해 언급되는 세계박람회의 문제점 중 하나는 인기 있는 전시관일수록 긴 줄을 서서 기다려야 한다는 것이다. 2005년 아이치세계박람회에서는 주요 미술전시회와 일부 주제공원에 관람객의 흐름을 조절하기 위해 공통의 대중적인 접근 방식인 시간 예약 티켓 시스템을 채택해 이 문제를 해결했다.

이해관계자들은 무엇을 기대하는가

공공기관이 이벤트사업을 시행할 때 관련된 이해관계자들은 그 사업에 무엇을 기대하고 있을까. 여기서 말하는 이해관계자란 이벤트 주최자인 국가와 지방자치단체, 이벤트사업에 직접 참가하는 기업과 외국 정부, 개최도시와 주변 지역의 주민 그리고 관람객 등을 말한다. 이해관계자들 각자가 가지고 있는 해당 이벤트사업에 대한 기대는 주최자 측이 공식적으로 내세우는 주제와 목적 혹은 예상되는 효과와 전혀 다른 경우가 많다. 이것은 각각 다른 관점에서 이벤트사업을 바라보고 있기 때문이다. 그러나 이벤트사업을 평가할 때 이들의 기대를 무시할 수 없다. 왜냐하면 사전의 기대와 그것에 대한 결과가 이벤트 평가를 크게 좌우하기 때문이다.

주최자 측이 기대하는 효과

공공기관이 메가이벤트를 기획할 때는 그 배경에 반드시 기획자의 의도와 구상이 있다. 우선은 기획자와 주최자 측에서 조사한 이벤트에 기대하는 목적을 정리해 보자. 예를 들면, '자연의 예지'를 주제로 한 2005년 아이치세계박람회와 관련해 아이치현이 1996년 6월에 공개한『2005년 세계박람회의 개최효과』에서는 이 세계박람회 개최가 지역에 가져오는 효과로 다음을 들고 있다(아이치현, 1996).

① 지역만들기에 대한 효과: 이미지 상승효과, 산업 활력에 미치는 효과, 지역의 활력 기반 만들기에 대한 효과 등
② 지구시민 창조 효과: 외국과 지역간 교류촉진 효과, 지역의 주체성 육성 효과, 인재육성과 자원봉사 활동의 활성화 효과, 문화 · 예술의 진흥과 지역문화생활의 창조효과, 차세대를 이끌어 갈 청소년 육성효과 등
③ 세계박람회의 효과를 지역 전체의 자산으로 만들기 위해: 2005년을 기념적인 해로 삼아 지속적인 대응, 시민과 민간활동의 고조, 네트워크형 커뮤니티의 형성 등

그리고 계획 초기에 개최도시로 예정됐던 세토시에 대해서는 '새로운 세토 창조에 대한 효과'로서 다음과 같은 효과를 제창했다. 그것은 세토의 이미지 상승, 도자기산업 재생 · 발전과 새로운 창조, 국제화 · 문화진흥의 진전, 세토의 지역활성화와 주체성 확립, 인재 육성과 열린 시민의식의 육성, 장기적인 경제 파급효과 등이다. 다른 박람회 사례에서는 일본 국내의 지방자치단체에서 개최되어 온 '저팬엑스포'가 참고가 된다. 평가를 시행한 보고서에는 이벤트사업의 목적을 다음과 같이 정의하고 있다(일본이벤트산업진흥협회, 2000). 그것은 우선 ① 경제적 효과, ② 사회 · 문화적 효과, ③ 운영 효과 등 세 가지로 크게 구분했다(〈표 1-7〉 참조).

① 경제적 효과로서 기대되는 것은 지역산업의 육성과 진흥이며 지역 내외의 경제주체와의 경제 교류다.
② 사회 · 문화적 효과는 지역주민의 정신적인 충실을 목표로 한다. 구체적으로는 해당 지역의 지명도와 이미지 향상, 주민 의식의 고양, 연대감 육성, 전통문화의 보존 육성 등이다.
③ 운영효과로서는 이벤트 그 자체가 주제로 하고 있는 내용에 대한 교육적 · 계몽적인 효과와 주민 참가에 따른 직접효과다.

표 1-7 저팬엑스포의 개최 효과 분류

경제적 효과	사회 · 문화적 효과	운영 효과
• 경제 파급 • 지방거래상품과 특산물의 육성 진흥 • 관광 자원의 개발과 관광 산업의 육성 강화 • 도로 등 사회자본의 정비 충실 • 지역 경기 회복과 고용 촉진 • 철도, 버스, 공항 등의 교통망 정비 확충 • 산업 공장의 외부 유치 촉진 • 젊은층의 정주화 촉진, 후계자 육성 강화 • 지역개발과 도시 재개발 촉진 • 지역 산업계의 연대 • 현내 타 지역과의 경제 교류 촉진 • 국내 타 지역과의 경제 교류 촉진 • 해외와 경제 교류 촉진	• 현 지역의 지명도와 이미지 향상 • 현 전체의 활기 • 현민 의식의 고양, 연대감 육성 • 지역 역사, 예능 등의 전통문화 보존 육성 • 문화시설(도서관, 박물관 등)의 정비 충실 • 현의 장래 계획 정책의 방향성 명시 • 현, 시, 정, 촌 행정 서비스의 정비 향상 • 현민의 생활환경에 대한 안전의식 고양과 환경정책 정비 • 자원봉사 활동의 활성화 • 고령자의 삶의 보람 창출 • 이벤트의 기획 운영 노하우 와 정보 발신 노하우의 습득 • 현내 타 지역과의 문화 교류 촉진 • 국내 타 지역과의 문화 교류 촉진 • 해외와 문화 교류 촉진	• 박람회 개최 주제와 지역 환경 문제의 적합성 • 이벤트 내용에 대한 많은 사람의 관심과 흥미 • 사전 홍보 활동 • 박람회 계획과 운영에 대한 주민 참가 • 지방 기업의 출점 • 개최지의 위치 선정과 적절성 • 개최 부지 이용 방법의 적절성 • 박람회의 고령자 참가와 활동의 장 창출

자료: 일본이벤트산업진흥협회(2000). 「저팬엑스포 개최 효과측정에 관한 연구」를 참고하여 저자 재작성.

③ 운영효과는 주로 개최 기간 내에 국한된 한정적인 효과로 생각할 수 있지만 ① 경제적 효과와 ② 사회·문화적 효과는 한정된 기간의 효과라고 할 수 없다. 앞에서 기술한 것처럼 이벤트 개최를 계기로 영구적인 도로와 문화적 시설 등 사회 인프라가 정비된 경우 이러한 시설은 이벤트 종료 후에도 남는다. 마찬가지로 사회·문화적 효과로서 항목에 제시된 지역 주체성은 어느 정도로 장기적인 효과가 보증될지는 확실하지 않지만 개최 기간 종료와 함께 끝나는 것은 아니다.

개최지 지역주민이 기대하는 효과

한편 이벤트 회장 주변의 주민은 공공이벤트 사업에 무엇을 기대하고 있을까. 아이치세계박람회의 개최지 주변에 거주하는 상공업체와 일반 시민을 대상으로 한 설문조사 결과에서 다음과 같은 기대와 문제점이 나타났다(코이카와·코지마, 2000). 우선 상공업체의 회답을 중심으로 살펴보자.

① 상공업체의 60%가 지역경제에 플러스 효과를 기대하고 있다.
② 박람회 관련 사업을 하려는 사업체는 20% 정도로 그 내용은 관련 상품과 특산품, 선물의 제조·판매였다.
③ 건설·부동산 업체는 공공사업 투자와 관련된 직접적 경제효과를 기대했다.
④ 공공사업 투자에 대한 기대는 도로교통망 정비가 압도적이었다.
⑤ 도로교통망 정비 외에 기대를 갖고 있는 효과의 상위 항목은 다음과 같다.

• 지역경제 활성화
• 지명도 향상
• 지역산업 진흥

• 관광객 증가

한편, 일반 시민 회답의 특징은 다음과 같다.

① 도로 정비와 지역경제에 대한 파급효과에 대해서는 상공업체 정도는 아
니지만 높은 기대를 갖고 있었다.
② 지역 이미지 향상과 이것을 계기로 한 '지역활성화'에 대한 기대가 있었다.
③ 아이치세계박람회의 주제인 환경에 대한 의식향상에 대해서도 크게 지
지하고 있다.

그리고 세계박람회의 개최로 인해 발생하는 문제점으로는 다음 항목이 상
위에 올랐다.

① 재정부담이 큼
② 교통정체
③ 소음과 쓰레기 등에 따른 환경 악화
④ 자연경관 훼손

이렇게 보면 개최지역의 상공업체는 세계박람회 사업에 개발을 중심으로
한 직접적이며 경제적인 지역진흥을 기대하고 있는 것을 알 수 있었다. 그리고
환경과 정보 인프라의 정비에 대한 기대는 별로 크지 않았고 생활기반과 유통
인프라인 교통망 정비에 대한 기대가 압도적이었다. 이에 비해 일반 시민들은
자연과 환경을 배려한 거리 만들기, 관광도시 만들기, 예술·문화도시 만들기
와 같은 장기적인 도시계획에 거는 기대가 컸다.

개최지 지역주민의 사후적 평가

일본에서는 2001년에 경제산업성이 공인한 3개의 저팬엑스포가 개최됐다(후쿠시마현, 야마구치현, 기타큐슈시). 그다음 해에 관계자들을 대상으로 지방박람회 사업이 가져온 효과에 대해 설문조사를 실시했다. 설문 대상은, ① 협찬·출전·협력 기업, ② 현 산하 시·정·촌 및 행정 관련 기관, ③ 전시와 운영에 참가한 시민·시민단체다. 이 조사결과는 다음과 같이 요약할 수 있다(고바야시, 2002).

① 지역에 미치는 효과의 평가에 대해서는 경제적인 것보다 사회·문화적인 쪽이 높았다. 특히 정보발신, 이미지 향상, 시민참가, 타 지역과의 교류, 문화창조, 사회교육 등에 대해 높은 평가를 하고 있었다(모든 관계자).

② 경제적 효과로 기대했던 것은 관광객의 증가, 관광개발 및 지역경제의 활성화와 지역 산업의 진흥 등이었지만 실제로는 기대한 대로 되지 않았다(모든 관계자).

③ 지방박람회 그 자체에 대한 평가는 대체로 양호했지만 회장 외의 프로그램 관련 이벤트에 대한 평가는 높지 않았다(모든 관계자).

④ 협찬, 출전, 협력기업과 단체는 지방박람회에 대한 참가 목적으로서 기업의 광고·홍보 효과를 기대했으며 실제 효과에 대해서도 양호한 평가를 했다(이미지 향상·홍보·정보교류·환경 의식 고양 등이 실현).

⑤ 관련 지방자치단체는 지역에 미치는 사회·문화적 효과에 대해서는 긍정적인 평가를 했지만 그에 걸맞은 재정부담이었는가에 대해서는 우려했다.

⑥ 지방박람회에 참가한 시민은 박람회의 운영효과를 궁극적으로 평가했다. 특히 박람회의 주제에 대한 이해도는 높아서, 기대했던 대로의 이벤트였다는 평가를 했으며, 학습효과(65.9%), 자아실현(58.7%), 인적 교류

확대(54.5%), 능력개발(49.5%) 등 참가했던 자원봉사자는 모두 높은 평가를 하고 있었다.

이러한 평가결과는 박람회 사업이 종료되고 얼마 되지 않았을 때의 평가다. 그렇기 때문에 설문 회답자는 각 지방박람회가 제시한 주제와 콘셉트를 확실히 인식하고 있는 상황이었다. 그렇지만 박람회 사업이 종료되고 몇 년이 경과하더라도 이러한 평가가 정착됐는지에 대해서는 확실하지 않다. 오랜 세월이 지난 후에도 박람회 사업이 가져오는 효과로서 인식이 정착된 것은 어떤 것일까.

장기적으로 평가받는 효과

1988년에 개최된 브리즈번세계박람회에 대해 10여 년이 경과된 후에 시행한 인터뷰 조사에서 다음과 같은 효과를 확인했다(키후네, 2002).

① 개최지역의 재개발과 공원화가 시행됐다(세계박람회장이었던 지역은 이전에 노후된 공업시설로 방치돼 부랑자가 배회하는 슬럼가와 같은 지역이었다).
② 브리즈번시 전체 재개발의 계기가 됐다.
③ 브리즈번시가 국제적인 관광도시로 탈바꿈하는 계기가 됐다.
④ 브리즈번시의 국제적인 위상이 높아졌다.
⑤ 브리즈번시와 퀸즐랜드주에 인구 유입이 됐다.
⑥ 상업과 관광사업 등 산업진흥의 경제효과가 있었다.

1988년 브리즈번세계박람회 주제는 '테크놀로지 시대의 레저(Leisure in the Age of Technology)'였는데, 개최 10년 후의 평가에서는 주제에 맞는 회고는 물론, 주제에 대해서는 언급조차 되지 않았다. 이러한 사실로 인해 이벤트사업이 가져오는 장기적인 효과에 대해서 다음과 같은 것을 알 수 있었다.

그림 1-19 1988년 브리즈번세계박람회장 전경

첫째, 이벤트사업이 공식적으로 제시한 목적과 주제 혹은 효과는 장기적인 평가에서는 다르게 나타났다. 개최 후 10여 년이 지나면 이벤트사업이 내세웠던 주제와 목적은 잊어버리지만 이것을 계기로 한 개최도시의 변혁효과는 오랫동안 기억에 남는다. 브리즈번세계박람회의 경우 개최지역은 물론 시의 재개발과 국제적인 영향력의 향상, 산업 진흥효과에 대해 아직도 높은 평가를 받고 있다. 달리 말하면 이벤트 그 자체가 갖는 축제적인 요소는 극히 일과성의 것이며, 몇 년 후 사람들의 기억에 남는 효과는 이벤트를 계기로 후세에 남기는 유산이라는 것이다.

둘째, 이벤트사업이 물리적으로 개최도시의 재개발을 촉진한다는 것이다. 브리즈번세계박람회장은 브리즈번시의 중심지에서 도보로 5분 정도 거리로 교통이 편리한 장소였다. 현재 이 지역은 일대가 공원화되어 인접한 국제회의장에서는 여러 가지 이벤트가 일상적으로 개최되고 있다. 세계박람회가 개최되지 않더라도 머지않아 이 지역은 재개발이 되었을지도 모른다. 그러나 적어도 세계박람회가 단번에 그것을 앞당기는 기폭제가 된 것은 모두가 인정하고 있다.

셋째, 장기적으로 평가받는 요소는 지역경제와 지역사회에 변혁을 가져온 점이다. 시의 영향력 향상, 관광도시로의 이행, 지역 재개발의 계기가 됐다는 평가는 현실적으로 그것을 통해 실현되는 경제와 사회의 구조 변혁과 성장으로 연결됐다. 이것들이 인프라 정비가 가져오는 단기적인 경제효과로는 측정할 수 없는 장기적인 경제효과의 평가다.

비슷한 사례는 1985년 쓰쿠바세계박람회를 개최한 지 10년 후에 평가한 리포트에서 볼 수 있다(클로드 서번트 · 다케다, 1998). 쓰쿠바세계박람회를 계기로 쓰쿠바시가 연구학원 도시로 세계적으로 알려졌고, 지역주민과 연구자들의 자부심도 높아져 주체성이 확립됐다고 생각하고 있다. 또한 관람객 유치 측면에서 일반적으로 실패했다고 평가를 받는 2000년 하노버세계박람회도 다른 관점에서 보면 '성공한 세계박람회'로 평가할 수 있다. 왜냐하면 지리적으로 독일의 중앙에 위치한 하노버가 세계박람회를 통해 메세도시로서 세계적으로 알려졌고, 동시에 교통, 통신, 전시장 등의 사회적 인프라를 구축하는 계기가 됐기 때문이다.

이 장에서는 공공기관이 주최하는 세계박람회 사업의 정책과 개최효과를 살펴보았다. 여기에서 얻어진 결론은 다음과 같이 정리할 수 있다. 첫째, 첨단산업제품의 전시와 새로운 정보교류의 장이었던 세계박람회는 19세기부터 주요 국가정책이었다. 둘째, 설문조사 결과에 따르면 대부분의 개최지 지역주민이 세계박람회에 기대하고 있는 것은 이벤트의 오락성이 아니라 직접적인 경제 이익이다. 즉, 세계박람회를 계기로 지역의 재개발과 사회 인프라의 정비를 기대하고 있으며, 이것은 세계박람회가 아니더라도 공공투자 그 자체를 기대하고 있다. 셋째, 또한 세계박람회를 통해 지역의 이미지와 지명도 향상, 또한 세계박람회 자체가 갖는 교육적인 효과도 지역주민은 기대하고 있다. 공공투자가 갖는 한계효용의 하락상황을 인식하면 현실적인 성과로서 기대할 수 있는 것은 이러한 효과라고 할 수 있다.

세계박람회의 역할과 국가 브랜딩

세계박람회의 역할

지난 3년 동안 신종 코로나 바이러스가 갑자기 발생해 일상적인 상호교류에 충격을 주었고 거의 모든 것에 영향을 미쳤다. 이로 인해 2020년 도쿄하계올림픽과 같은 메가 이벤트와 MWC(세계모바일기기박람회), CES(세계가전·IT 제품전시회), SXSW(세계음악산업축제)와 같은 세계적인 국제산업전시회와 축제가 취소되거나 연기되었다. 아이들의 교육부터 마트에서 쇼핑하는 것까지 우리의 일상생활도 영향을 받아 전 세계에 공포를 불러일으켰다. 이 위기는 2020년 10월에 개최할 예정이었던 2020년 두바이세계박람회에도 영향을 미쳤다. 국제박람회기구가 발표하고 언론에 보도된 바와 같이 세계박람회 개최기간을 1년 연기했고, 2021년 10월 1일부터 2022년 3월 31일까지 성공적으로 개최되었다.

세계박람회는 세계가 직면한 문제에 대한 해결책을 찾고 매력적이며 몰입적인 활동을 통해 특정 주제로 여행을 제공하는 것을 목표로 하는 글로벌 이벤

그림 1-20 2020년 두바이세계박람회장의 휴게시설

트이기 때문에 세계박람회가 제공하는 가치를 설명하는 것이 중요하다. 전문박람회, 원예박람회 및 밀라노트리엔날레와 함께 4개의 박람회 범주 중 하나인 세계박람회는 우리 모두에게 영향을 미치는 보편적인 문제를 해결할 수 있는 국가들의 세계적인 이벤트다. 국제산업전시회와 달리 세계박람회의 독특한 점은 대중교육을 핵심으로 한다는 것이다. 따라서 이런 메가이벤트는 참가자, 글로벌 기업과 정치적 의사결정권자들에게 세계박람회의 주제를 소개한다. 이것은 글로벌 기업과 정부 관계자들에게 모범사례를 배우고 협업하는 동시에 관람객과 상호 교류하고 새로운 개념, 아이디어 및 해결책에 대한 반응을 측정할 수 있는 기회를 제공한다. 과거 세계박람회의 많은 성공사례는 세계가 함께 협력하는 힘을 보여 준다. 다음에서는 몇 가지 성공사례를 소개한다.

1986년 밴쿠버세계박람회: 교통의 혁신

　전문박람회였던 1986년 밴쿠버세계박람회의 주제는 "교통과 통신: 움직이는 세계, 맞닿은 세계"였다. 교통의 핵심 혁신적인 기술들이 세계박람회장과 국제관 곳곳에 전시되었다. 예를 들면, 고속철도의 선두주자인 일본은 고속지상운송(HSST) 자기부상 열차시스템을 스위스는 에어로 버스 오버헤드 트랜싯과 폰 롤/하베거 모노레일, 독일은 TAG 트램웨이를 전시했다. 또한 노인과 장애인을 위한 통신과 이동성, 교통수단을 위한 대체 연료와 동력시스템 등을 주제로 한 여러 회의와 세미나가 전 세계 교통의 혁신과 발전을 지원하는 데 기여했다.

그림 1-21　1986년 밴쿠버세계박람회장의 모노레일

1998년 리스본세계박람회: 환경문제 해결

1998년 리스본세계박람회의 핵심은 세계의 해양을 보호하는 것이었다. 세계박람회의 관람객들은 바다의 과거, 현재, 미래, 그리고 인류에 대한 바다의 중요성을 발견할 수 있었다. 예를 들면, 유럽연합관은 특히 지속가능성에 초점을 맞추고 오염된 해변과 깨끗한 해변을 극명하게 비교 전시했다. 미국관은 또한 깨끗한 바다에 대한 문제를 다루었으며, 미 해군은 바다에 대한 관리, 특히 바다에 있을 때 폐기물과 재활용이 처리되는 과정을 전시했다.

그림 1-22 1998년 리스본세계박람회 주제관(아쿠아리움)

1962년 시애틀세계박람회: 미래의 야망과 포부

1962년 시애틀세계박람회의 주제는 '우주시대의 인간'이었으며 관람객들에게 미래의 모습을 엿볼 수 있는 전시를 제공했다. 우주탐험이 급속도로 진행되면서 전 세계가 지구를 초월해 미래와 우주에 대해 큰 관심을 갖게 된 시기였다. 세계박람회는 상징물인 스페이스 니들(Space Needle)을 중심으로 개최되었지만 가장 혁신적인 기능 중 많은 부분이 다른 전시관에서 전시되었다. 예를 들면, '미래의 집'은 일회용 접시, 자동 창문, 변화무쌍한 색채 구성표와 같은 다양한 미래형 개념을 전시했다. 직원들이 서신을 전송하기 위해 '마이크로 메일' 기계를 사용해 통신할 수 있는 '미래의 사무실'로 관람객들을 데려갈 수 있는 자이로콥터(1인용 헬리콥터)를 선보였다. 오늘날의 관점에서 미래 지향적인 개념 중 일부가 어떻게 결실을 맺었는지 또는 지속적으로 발전했는지 살펴보는 것도 흥미롭다.

그림 1-23 1962년 시애틀세계박람회 미국 항공우주국(NASA)관의 관람 인파

1893년 시카고세계박람회:
아메리카 대륙 발견 400주년 기념 축하

1893년 시카고세계박람회는 크리스토퍼 콜럼버스의 아메리카 대륙 발견 400주년을 기념했다. 성장하는 세계적인 중심지로서 시카고 최초의 세계박람회는 우리 사회가 현재는 당연하게 여기는 다양한 제품과 혁신 기술을 세계에 소개했다. 우선 이 세계박람회는 전기를 대량으로 사용했던 최초의 세계박람회 중 하나였으며 전기 사용의 일상과 대중의 사용에 기여했다. 또한 크림오브휘트(아침 식사용 죽), 쉬레더드휘트(아침 식사용 곡물), 팹스트 맥주, 앤트 제미마시럽(팬케이크용 시럽), 쥬시 후루츠껌 등 다양한 소비제품을 대중시장에 소개했다. 전 세계의 많은 건축가가 세계박람회장을 둘러싼 건축과 도시계획, 특히 공원 및 해변가와 같은 오락과 휴식을 위한 공간을 고려했기 때문에 건축

그림 1-24 1893년 시카고세계박람회장 전경

과 공공계획은 1893년 세계박람회의 또 다른 공헌이었다. 마지막으로 대중 교육기관은 세계박람회의 핵심 유산이었으며, 세계박람회 종료 후 과학산업박물관과 시카고미술관과 같은 기관이 설립되었다.

2020년 두바이세계박람회에서 코로나19가 미친 영향이 논의의 주제가 되었다. 그리고 이 세계박람회에 참가한 국가들은 서로 교류하면서 배울 수 있는 기회를 제공했을 뿐만 아니라 인류가 코로나19 이후의 세계에서 어떻게 문제를 극복하고 지속적으로 번영할 수 있는지 보여 주었다. 두바이세계박람회의 세 가지 하위 주제인 기회, 이동성, 지속가능성은 그 어느 때보다 더 관련성이 높았다. 2020년 세계박람회는 처음 등록되었을 때만큼 인류에게 중요하다. 세계박람회가 언제 개최되었든 미치는 영향과 개최된 맥락은 역사 전반에 걸쳐 느낄 수 있다.

세계박람회와 국가 브랜딩

세계박람회는 각 참가국이 자국의 문화와 혁신을 홍보하기 위한 플랫폼 그 이상이다. 그것은 거대하고 세계적인 규모의 공공 참여를 위한 무대다. 세계박람회는 실질적인 만남을 통해 더 많은 대중에게 인식을 넓힐 수 있는 체험을 제공하기 위해 계획되었으며, 참가국의 외교활동에 중요한 요소다. 세계박람회를 통해 참가국들은 자국의 다양한 문화, 역사, 산업, 기술 등을 세계적으로 알리고, 홍보할 수 있으며, 국가 이미지를 개선하고 높이는 것이 가능하다. 이러한 홍보활동은 국가 브랜딩에 큰 역할을 한다. 이는 국가의 경제발전, 외교적, 문화적 목표 달성에 도움을 줄 수 있다.

세계박람회의 유형은 수십 년 동안 일관성 있게 유지되었지만, 현대의 세계박람회는 볼거리의 중심 무대에 있는 국가관을 통해 국가 브랜딩의 실행을 구현한다. 이 국가관들은 대표 국가들에 대한 설계와 전시전략에 브랜딩 실행을

세계박람회와 국가 브랜딩   **109**

그림 1-25 2015년 밀라노세계박람회 미국관

적용한다. 정형화된 국가관은 인지도와 공감대를 형성하기 위해 관람객들에게 '국가 브랜드'를 소개하고 전달하기 위한 사실상의 브랜드 공간이다. 실제로 세계박람회는 국가 브랜드의 생산과 소비의 현장이다. 이 장에서는 국가 브랜딩의 관점에서 세계박람회를 탐구한다.

국가관은 본질적으로 국가 이미지에 대한 긍정적인 내용을 확산하는 스토리텔링의 공간적 형태로 이 특별한 매체에서 국가 브랜딩 실행의 기회와 도전에 대해 논의한다. 디지털과 물리적인 공간의 연결로 점점 더 명확해지는 세계에서 관람객의 참여와 경험이 계속해서 확대되고 다양해짐에 따라 미래 세계박람회에 대한 관찰로 결론을 맺는다.

국가 브랜딩

세계박람회에서 국가 브랜딩의 실행을 탐구하려면 먼저 세계적인 무대에서 국가 이미지를 전달하는 브랜딩의 관련성과 중요성을 이해하는 것이 중요하다. 브랜딩의 개념에는 고유한 역사와 진화가 있다. 20세기 초반에 대량 판매 시장, 대중매체 및 대중광고의 증가와 함께 조직화된 실행으로 등장하여 성장했다. 브랜드는 일반적으로 "한 기업의 상품과 서비스를 다른 기업의 상품 및 서비스와 차별되는 이름, 용어, 디자인, 상징물 또는 기타 기능"으로 정의한다. 따라서 브랜딩은 소비자들의 인식으로 시작해서 감정적으로 느끼는 것이다. 소비자들은 특정 브랜드에 신뢰감, 충성도, 편안함 등의 감정을 느끼며, 그런 감정들을 갖게 하는 긍정적인 경험들을 통해 그 브랜드에 대한 가치와 이미지를 부여한다.

따라서 브랜딩은 경쟁사와의 차별화 및 고객과의 공감을 달성하기 위해 상품 또는 서비스의 차별을 정의하고 전달 및 유지하는 과정을 의미한다. 브랜딩의 핵심은 이러한 차별화의 원천을 만들고 전달하는 것이다. 브랜드의 차별화는 일반적으로 소비자의 구매 의사결정에서 기능적, 체험적, 상징적 또는 이러한 가치의 혼합과 같은 인식된 이점을 중심으로 구축된다. 현대적 용어로, 브랜드는 제품이나 로고 그 이상이다. 이는 시장에서 경쟁우위를 정의하는 일련의 속성 및 연관으로 구성된 지각적인 실체다. 소비자의 인지도와 호감도를 높이고, 구매행동을 유도하며, 고객 충성도를 달성한다.

소비자와 브랜드의 관계는 여러 가지 측면에서 브랜드가 '관계 동반자' 역할을 하는 개인 대 개인 관계와 유사하다. 실제로 소비자의 구매 의도와 행동의 중심이 되는 것은 이러한 감성적 측면이다. 간단히 말하면 브랜딩은 '인간을 대신하는 수단'이다.

국가 이미지를 효과적으로 전달하는 데 매우 중요한 브랜딩의 개념과 실행

브랜딩은 세 가지 주요 활동으로 구성된다. 즉, 브랜드의 정의, 브랜드 커뮤니케이션과 브랜드 관리다. 브랜드 정의는 소비가 추구하는 기능적, 상징적 또는 체험적 이점을 기반으로 제품 또는 조직의 정체성을 확립하는 것이다.

브랜드 커뮤니케이션은 "브랜드의 메시지와 기업이 생산하는 제품과 관련해 소비자와 대화할 수 있는 수단"을 의미한다. 여기에는 브랜드를 위한 주체성 시스템을 설계하고 내부적으로(예: 직원) 외부적으로(예: 고객) 다양한 플랫폼과 수단을 통해 커뮤니케이션 및 브랜드 참여를 전달하는 두 가지 기본 측면이 포함된다.

브랜드 관리에서 조직은 소개 자료에서 제품과 브랜드의 효과적이며 효율적

그림 1-26 2015년 밀라노세계박람회 이탈리아관의 영상 코너

인 조합과 브랜드간의 관련 구조를 결정할 뿐만 아니라 브랜드의 보호, 홍보 및 성장을 위한 구조, 과정과 자원을 배치해야 한다. 두말할 필요도 없이 국가들은 일반적인 제품 브랜드의 의미에서 '브랜드'가 아니며 그렇게 될 수도 없다.

그럼에도 불구하고, 브랜딩의 개념과 실행은 세계 정치와 경제의 경쟁적인 특성, 국가 역사와 정체성의 지속적인 중요성, 그리고 혼잡하고 상징적인 정보 생태계를 고려할 때 한 국가의 이미지를 효과적으로 전달하는 데 적절하고 중요하다. 따라서 국가 브랜딩은 외국 대중들 사이에서 국가를 투영하고 홍보하기 위해 브랜딩 원칙과 실행을 적용하는 것을 의미한다. 일반적인 브랜딩과 마찬가지로 브랜드 정의, 브랜드 커뮤니케이션 및 브랜드 관리의 세 가지 주요 노력이 포함된다.

국가 브랜딩 과정의 핵심은 국가의 브랜드 정체성을 정의하는 것이다. 그것은 '국제적인 이해관계자들의 마음속에 국가는 무엇을 의미하는가?'라는 기본적인 질문에 응답하는 것이다. 그런 다음 국가들은 국가 브랜드의 차별화와 반향을 효과적이며 효율적으로 전달할 수 있는 수단에 대한 전략을 수립해야 한다.

국가 브랜딩에서 민간부문과 같이 커뮤니케이션에 대한 중앙집중식 통제유형을 실행하는 것은 사실상 불가능하다. 특히 민주주의 사회에서는 그러한 시도가 항상 바람직하지 않다. 국가 브랜드 관리의 다중 목표는 국가 브랜드 커뮤니케이션의 일관성과 일관성을 촉진하기 위한 메커니즘 확립의 필요성과 노력에 다양한 주체의 참여를 수반한다.

세계박람회의 국가 브랜딩

세계박람회는 주로 국가관이라는 플랫폼을 통해 생생하고 다양한 방법으로 국가 브랜딩을 구현한다. 국가관은 국가에 대한 긍정적이며 독특한 정체성을 형성하는 것을 목표로 주제화된 공간으로 건설되었다. 국가관은 일반적으로 건축체계, 실내 전시, 이벤트 및 회의실, 소매점(예: 기념품 가게, 레스토랑)을 포함한 다기능 공간으로 설계되며 모든 것이 국가적 대표성을 위한 표현 가능성이 있다. 전시관의 물리적 특성에는 건축 설계, 물리적 배치 및 전시 연출이 포함된다. 전시관에 국가적인 이야기와 상징을 접목하면 평범한 물리적 공간이 구체화되고 문화적 의미와 중요성을 지닌 공간으로 탈바꿈한다.

국가관은 풍부한 상상력과 매우 독특한 문화공간

국가관은 풍부한 상상력과 고도로 구체화된 문화공간으로, 관람에 대한 대중의 호기심을 자극해 관람객의 체험을 전시된 국가에 대한 이해와 호감으로 전환하는 플랫폼이다. 각 참가국의 브랜드를 표현하는 국가관은 웅장한 규모로 국가와 문화에 대한 다양한 감각적 체험을 제공한다. 국가관은 일시적인 공유체험을 구현하는 감성적인 공간이다.

그리고 직접적인 접촉과 문화적 교류를 위한 환경을 제공한다. 이와 같이 세계박람회는 공공외교의 중요한 장소다. 또한 세계박람회는 체험할 수 있을 뿐만 아니라 기억하는 것이기도 하다. 국가관 관람은 일시적이지만 국가관

그림 1-27 2015년 밀라노세계박람회 모나코관   그림 1-28 2015년 밀라노세계박람회 이란관

에 대한 인상과 그것이 국가를 상징하는 것은 오래 지속될 수 있다. 이러한 기억은 관람객들의 국가관 체험을 구체화하고, 정보 전달 능력과 효율성을 보여준다. 세계박람회 체험은 대체로 여유로운 반면, 국가관은 정형화된 공간이며 국가 브랜드의 구현시설이다. 국가 브랜드의 주체성은 국가관의 물리적 공간을 통해 정의되고 표현된다. 국가관을 관람하는 과정, 즉 체험상품으로서의 전시관 소비는 관람객의 이중적 정체성인 소비자와 시민을 실현한다.

또한 세계박람회를 관람하는 것은 주제공원을 관람하는 것과 같은 재미있고 즐거운 활동이다. 다른 한편으로는 국가관을 통해 국가를 볼 수 있다. 실제로 국가의 대표성은 관람객들이 특정 국가관을 선택하고 관람하는 이유다. 관람객 자신의 국가적 정체성은 그 과정에서 차례로 활성화되고 두드러진다. 다른 나라의 관람객들과 발상이 연결되고 관련되는 것이 국가관의 공간이다.

문화적 불안정 시대의 국가 브랜딩

세계화와 디지털 기술의 근본적인 영향은 세계박람회의 국가 브랜딩 실행을 포함해 국제적인 의사소통을 재구성하고 있다. 국가적인 자기표현은 차치하고, 세계박람회는 국제적인 관계의 잠재적인 풍경을 반영한다. 국가 브랜딩을 위한 광범위한 지정학적 및 지리경제학적 환경은 급격한 변화를 겪고 있다. 중국을 비롯한 주요 개발도상국들의 부상은 세계정세에 지각변동을 일으키고 있다. 세계적인 정치 및 경제질서가 진화하면서 불확실성이 팽배해졌다. 지난 20년 동안 엄청난 이익과 긍정적인 영향에도 불구하고 세계화는 사회적 격차를 심화시켰고 더 많은 대중 사이에서 경제적 불안과 문화적 불안을 고조시켰다. 특히 서구의 많은 대중은 주로 단일 문화적 존재에서 점점 더 문화적으로 다양한 환경으로 전환하면서 이러한 변화에 압도당하고 지치고 있다고 느끼고 있다.

우리 일상생활의 일부가 된 복잡하고 분열되고 투명한 정보 환경

그러나 이러한 문화와 사람들의 만남은 지식과 경험을 공유할 수 있는 좋은 기회가 되지 못했다. 오히려 그들은 특히 현실적이거나 두려운 하향 사회경제적 이동성에 비추어 볼 때 우리의 기본적인 편견에 대한 충동을 불러일으켰다.

대부분의 사람은 급속한 세계화로 인한 이러한 변화를 해결할 자원과 역량이 부족하다. 세계의 많은 지역에서 일어난 독단적인 토착주의와 재국유화의 부상은 세계화의 부정적인 영향의 결과다. 이러한 복잡한 역학관계에 더해, 혼잡하고, 분열되고, 투명한 정보환경은 우리의 일상생활의 일부가 되었다.

잘못된 정보와 허위정보가 많은 디지털 공간의 정보 불협화음은 우리의 불신과 의심을 악화시켰다. 설상가상으로, 이러한 소통채널을 통한 과도한 정치적 수사는 대중의 실존적 공포를 더욱 생생하고 본능적으로 만든다. 민족주의가 세계화됨에 따라 대중의 감정과 여론은 정책과 국가 활동에 더 큰 제약을 가하고 있다.

디지털 기술의 가속화로 국내와 해외의 경계가 무너졌다

디지털 기술의 발전은 소통과 참여를 위한 플랫폼과 도구를 변화시켰다. 예를 들면, 선진국과 개발도상국에서 더 많은 사람이 뉴스와 정보를 얻기 위해 소셜네트워킹 사이트에 관심을 가지면서, 단편적이며 연동되는 플랫폼 기반 미디어 생태계를 형성했다. 디지털 기술로 권한을 가진 사용자는 이제 주도권을 쥐는 경우가 많으며, 이는 생산자에서 사용자로 권력이동을 의미한다. 그리고 청중들은 동시에 전달자가 된다. 가상현실과 증강현실 도구는 대중들이 그들의 삶의 세계를 경험하는 방법을 재정의할 준비가 되어 있다. 그리고 인공지능과 자동화는 정확한 표적화를 통해 전달 배치를 혁신하고 있다. 더구나 디

그림 1-29 2015년 밀라노세계박람회 일본관의 미디어 조형물

지털 기술의 가속화는 국내와 해외의 경계를 허물어 국가적인 관심사와 국제적 참여의 상호작용을 더욱 역동적이며 상호의존적으로 만들었다.

이 모든 주목할 만한 획기적인 발전으로 우리는 세계박람회를 포함한 국가 브랜딩의 현재와 미래의 실행에 근거가 되는 근본적인 가정을 재고하게 된다. 국가 브랜딩의 본질은 동일하지만 정보의 풍부함과 이동성의 시대에 투명성,

그림 1-30 2017년 아스타나세계박람회 라트비아관의 VR 체험

신뢰성, 배타성, 편리함과 속도를 포함한 특정 국가 브랜드의 속성은 기업 중심에서 감성적 연결을 형성해 더욱 부각되고 있다. 최근 세계박람회의 국가 브랜딩 체계를 검토하고 재구성의 중요성을 강조하기 위해 다음 6가지 새로운 방향을 제시한다.

국가 브랜딩을 위한 새로운 방향

디지털과 물리적으로 연결하는 스토리텔링

대중적인 매력이 있는 스토리텔링은 이러한 유형의 국가 브랜딩 활동의 근거로 남아 있다. 현재 이러한 활동은 새롭고 역동적이며 혼합된 미디어 환경에서 이루어지고 있다. 일반적인 브랜딩 활동과 마찬가지로 이런 경우에 호감을 형성하는 것은 일방적인 주장이 아니라 한 국가에 대한 설득력 있고 공감할 수 있는 이야기를 공유하는 것이다.

고도의 기술이 집약된 현재의 세계에서 세계박람회는 더 이상 통제된 물리

그림 1-31 2010년 상하이세계박람회 스페인관의 대형 아기 인형

그림 1-32 2017년 아스타나세계박람회 오스트리아관의 전기 자전거

적 공간이 아니라, 관람객 체험이 점점 더 미디어 융합화로 세계박람회장 외부에서 즉시 공유될 수 있는 유동적이며 확장적인 공간이다. 세계박람회장에서 이용할 수 있는 모든 잠재적인 셀카 촬영의 순간과 인스타그램에 올릴 수 있는 장소에 대해 생각해 보자. 이러한 정보생태계에서 스토리텔링은 점점 더 세계박람회라는 시공간을 초월하는 관람객과 콘텐츠 측면에서 브랜드 커뮤니케이션에 대한 폭넓은 시각이 필요하다. 디지털과 물리적인 것의 연결성이 증가해, 장소기반 체험으로 시작되는 국가 브랜딩에 관람객들을 참여시키기 위한 스토리텔링을 다시 구상하고 변형해야 할 필요가 있다.

국가 브랜드 공동창출

국가 브랜딩은 단순히 국가나 문화적 체험을 외국의 관람객들에게 판매하는 것이 아니다. 그것은 참가국이 체험을 어떻게 제공하는 것이 관람객들의 삶을 풍요롭게 할 수 있는지, 방법을 보여 주는 것이다. 세계박람회에서 기술은 관람객들에게 전시관 체험에 대한 자기만의 이야기를 만들 수 있는 도구를 제공해 몰입형 환경에서 국가 브랜드의 의미를 공동으로 창작할 수 있는 다양한 가능성을 열어 준다. 관람객이 이러한 스토리텔링에 참여할 수 있도록 하는 전략을 기획하려면 관람객의 관람 동기와 상상력에 대한 깊은 이해가 필요하다.

즐거운 놀라움의 중요성

예측 알고리즘의 시대에 뜻밖의 발견과 자발성의 가치는 급격히 증가했다. 국가 브랜딩 목표와 관련된 즐거운 놀라움을 제공하는 것이 그 어느 때보다 중요하다. 한편으로는, 관람객과의 관련성과 연결을 확립하기 위해, 친숙한 국가 상징물을 제시할 필요가 있다. 결국 국가 브랜딩의 많은 부분이 확인과 상기시키는 목적에 도움이 된다. 반면에, 국가 브랜드를 위한 스토리텔링이 너무 평범하고 친근하게 보일 때, 국가관은 관람객들에게 어떤 관심도 끌지 못하고, 어떤 상상력도 불러일으키지 못할 것이다. 따라서 전시관에서 체험과 전시물을 발표하고 전달할 때는, 놀라움의 요소가 필요하다. 그것은 전시관을 친숙하지만 예상치 못한 공간으로 만들어 관람객들에게 발견의 감각을 불러일으키는 균형을 이루는 행위다.

창조성의 놀이터 세계박람회

세계박람회는 관람객들에게 제한된 시간과 공간 속에서 세계와 관련된 광범위한 볼거리를 제공한다. 그 체험은 항상 교육적이며 오락적이었다. 국가관은 대표적인 국가와 문화에 대해 강조된 해석을 끌어내기 위해 노력한다. 한편 세계박람회장에 입장하는 관람객들은 이 특별한 행사에 재미와 감동을 기대하고 있다. 세계박람회장의 붐비는 환경은 공유하는 기쁨과 경이로운 추억을 만드는 데 도움이 되는 세계와의 만남으로 풍요롭다.

그것은 관람객들의 모든 감각을 살아나게 한다. 그리고 새로운 최신 기술은 생생한 체험을 향상시키는 데 핵심적인 역할을 한다. 놀이 감각은 관람객의 체험에 필수적이다. 국가관의 공공외교 목표는 비의도적인 방식으로만 실현될 수 있다.

"놀이 감각은 관람객 체험에 필수적"

신속한 커뮤니케이션

현대 세계박람회에서 첨단기술과 고품질의 전시물은 국가관 전시의 특징이다. 커뮤니케이션의 생산 가치는 점점 더 중요해지고 있다. 성장하는 글로벌

중산층(젊고, 도시적이며, 기술에 정통한)의 고품질 시각적 콘텐츠와 다중 감각적인 체험에 대한 기대치가 계속 높아지고 있다. 실시간 분석과 지리적 위치확인 기술을 통해 국가관은 이제 6개월 동안 반드시 고정된 전시물로 전시할 필요는 없으며, 최신 경향과 관람객의 반응에 따라서 전시내용을 상황에 알맞게 조정할 수 있다. 국가 브랜드를 위한 커뮤니케이션의 신속성을 제공하는 전시와 발표에 유연성을 구축하려면 맞춤형 콘텐츠 개발을 위한 실시간 데이터를 수집하는 정교한 방법뿐만 아니라 스토리텔링을 위한 보다 계층화된 전략이 필요하다.

글로벌 공동체를 위한 국가 브랜딩

모든 참가국은 당연히 세계박람회에서 자국의 최고 볼거리를 세계에 보여주려고 노력한다. 전시관과 매력적인 볼거리가 풍부한 세계박람회는 확실히

그림 1-33 2015년 밀라노세계박람회 쿠웨이트관의 전시

비교되는 경쟁적인 장소다. 참가국들의 '국가적인 경쟁과 화려함'은 결코 부족하지 않다. 브랜딩 실행에는 차별화 전략이 필요하지만, 세계박람회는 공동의 도전과제에 대해 논의하는 통합된 주제의 구조 아래에서 국가 홍보가 이루어지는 세계적인 공간이다. 편협하고 자기 표현적 형식이 아닌 세계화된 맥락에서 국가 주체성을 브랜딩하는 것은 상호의존적인 세계에서 집단적 공감을 육성하고 사회적 협력을 확장하기 위한 기반을 조성한다. 세계박람회는 문화와 혁신을 축하하기 위해 5년마다 6개월 동안 세계 각국이 함께 모이는 즐거운 글로벌 공동체의 순간을 상징한다. 국제무대에서 분열을 초래하는 불협화음 속에서 조화를 추구하는 정신은 그 어느 때보다 중요하고 절실하다.

한국과 세계박람회

근대박람회 경험과 세계박람회 참가

외국 박람회 관람과 박람회를 통한 조선의 개화

우리나라는 동아시아 삼국 중에서 가장 늦게 서구의 박람회에 참가했다. 우리나라에서 처음으로 박람회를 소개한 것은 『한성순보』로 1884년에 짤막하게 런던박람회에 대한 기사를 실었다. 그리고 1889년에 유길준은 『서유견문』에 박람회의 개념을 설명했다. 조선을 대외적으로 알리기 위한 여러 통로에 관심을 가졌던 고종은 1880년에 외교와 개화의 전담기구인 통리기무아문(統理機務衙門)을 설치했다. 또한 개화정책을 실시하면서 국제 정세의 실상을 파악하기 위해, 일본에 신사유람단과 청나라에 영선사를 보내는 등 근대 문물에 대한 지식을 얻고자 했다. 19세기 말 우리나라 사람 중에서 최초로 외국 박람회를 관람한 이들은 1881년 일본에 파견된 신사유람단이다. 시찰 담당이었던 내무성의 박정양과 농상무성의 민종묵 등은 4개월간 도쿄와 오사카를 중심으로 일본의 근대적 시설과 문물을 시찰하고, 도쿄에서 개최된 제2회 내국권업박람회를 관람하고 돌아왔다. 1882년 미국과 공식수교가 이루어졌고, 1883년에 조선 보빙사 일행이 미국 보스턴기업박람회를 관람했다. 박람회를 보고 자극을 받은 민영익은 1884년에 서울에서 국제산업박람회를 개최한다고 발표했으나 국내 여건의 미비로 무산되었다. 1893년 시카고세계박람회와 1900년 파리세계박람회에 참가한 것으로 보아 고종은 박람회를 국제 사회에 조선을 알리기 위한 목적으로 활용했을 뿐 아니라 산업과 기술진흥에 주요한 문물을 입수할 수 있는 행사로 인식했다고 볼 수 있다.

최초로 참가한 1893년 시카고세계박람회

우리나라가 세계박람회에 본격적으로 참가한 것은 1893년 미국 시카고에서 개최된 이른바 콜럼비아세계박람회(World Columbian Exposition, Chicago, 1893)였다. 이 명칭은 크리스토퍼 콜럼버스의 아메리카 대륙 발견 400주년을 기념하기 위해 붙인 것인데, 당시 세계 열강의 하나로 부상한 미국의 국력과 위세를 과시하는 계기였다. 1882년 미국과 수교를 맺은 뒤 조선은 미국에 상당한 호감을 가지고 있었고, 1883년 보빙사 사행 때의 경험도 있었기 때문에 박람회 참가를 위해 많은 노력을 기울였다. 또한 1873년 비엔나세계박람회 등에서 일본이 '자포니즘(Japonism)' 열풍을 불러일으킬 만큼 성공을 거뒀던 데에 착안해, 고종은 박람회를 우리나라의 독립국가로서의 이미지를 서구에 알릴 절호의 기회라 여겼다. 시카고세계박람회의 참가는 이러한 주체적인 외교 다변화 및 서양 문물을 도입하려는 고종의 적극적인 개화 정책의 일환이었다.

정경원의 활동과 초라했던 조선 전시실

세계박람회 참가는 1891년 5월에 시카고세계박람회위원회에서 임명한 고워드(Gustavus Goward)가 우리나라를 방문해 이를 공식적으로 요청함으로써 실현되었다. 그 후 게르빌(A. B. de Guerville)이 1892년 11월에 내한해 시카고세계박람회의 계획도 등을 설명했다. 고종은 1893년 1월 참의 내무부사 정경원(鄭敬源, 1841~?)을 출품 사무대원으로 임명했다. 정경원은 1893년 2월에 박용규, 이채연, 채문훈, 안기선(통역) 이외에 국악인 장구악사 이창업, 강재천, 이경용, 이지행, 최을용, 이수동, 안백룡, 신흥석, 정기룡, 이재룡 등을 인솔해 서울을 떠났다. 미국 주재 조선공사관원인 이승수, 장봉환, 이현직과 함께 제물포에서 출발해 일본에 도착, 벨기스호로 갈아타고 샌프란시스코에 상륙해 시카고에 도착했다. 숙소로 정한 곳은 라파이에트호텔이었다. 이들과 함께 당시 주한미국공사관의 부총영사이자 선교사였던 알렌(Horace Allen)이 조선의 전시출품과 행사 진행을 위한 명예 사무대원 자격으로 같이 가서 전시실 진열 등에 도움을 주었는데, 국악인들의 동행도 알렌의 주선에 의한 것이라고 알려졌다. 세계박람회 기간 동안 국악인들은 홍의(紅衣)를 입고 조선의 전통음악을 연주했으며, 알렌은 후일 이들 악사들의 연주가 "조선의 고전음악은 동양 고전음악 중에서도 가장 뛰어났다."는 찬사를 받았다고 기술했다.

정경원은 5월 1일 이승수, 알렌 서기관, 장봉환, 안기선 등과 같이 개회식에 참석했다. 개회식 당일은 폭풍우가 심하게 불고 비가 왔는데, 도로는 아직도 완성되지 못해 물웅덩이가 많았다. 아침 7시쯤 비는 그쳤다. 개회식장은 총무원의 앞뜰 공화국을 상징하는 여성상(像)이 있는 영예의 중정이었다. 행사장에는 미국 클리블랜드 대통령과 그레샴 국무장관이 참석했다. 정경원은 이승수 등과 같이 식장으로 가서 클리블랜드 대통령의 뒤에 자리를 잡았다. 개회식은 콜럼비아 행진곡 연주로 시작되었으며 곡이 끝나자 밀번 목사가 기도를 했다. 그 뒤를 이어 제시 쿠두이가 크로푸트의 축시를 낭독했고 낭독이 끝나자 바그너의 리엔지가 연주되었다. 이어 총무 데이비스와 클리블랜드 대통령의 연설이 있었다. 클리블랜드 대통령의 연설이 끝나고 헨델의 할렐루야 합창곡이 울려 퍼지는 가운데 콜럼비아 분수대에 물이 뿜어져 나오기 시작했다. 이어 제조와 교양관 남문 쪽에 있는 황금색의 공화국상을 제막하니 군중들은 '아메리카'를 연호하면서 전시관으로 발길을 옮겼다. 클리블랜드 대통령은 콜럼비아 분수대를 지나 다리를 건너 제품 전시관의 정문인 서문으로 들어갔다. 정경원은 미국관이 있는 북문 쪽에서 클리블랜드 대통령을 만나 악수를 하니 이때 국악사들이 국악을 연주했다. 이는 우리나라가 외국에서 국악을 최초로 연주한 사실로서 주목된다. 당시 연주된 국악을 들어본 서양인들은 그 소리가 심벌즈와 같다고 했다. 얼마 지나서 국악사들은 모두 귀국했고 정경원은 다음 날부터 외교와 관광길에 나섰다. 정경원은 워싱턴으로 가서 5월 24일에 클리블랜드 대통령을 다시 만났으며 6월 5일에는 워싱턴에 머무르면서 사진관 시엠빌(CM Bell)에서 사진을 찍었다. 6월 16일자 정경원의 일기를 보면 워싱턴에서

그림 1-34 출품사무대원 정경원

그림 1-35 출품사무대원 정경원, 악사 이창업 등 참가자 중 4인의 사진

그림 1-36　초라했던 조선 전시실

시카고로 돌아온 정경원은 독일 정부가 주최한 연회에 참석했다. 독일 정부의 연회 모습에 대해 "손님은 270여 명이었는데 그중에 터키인이 머리에 터번을 두른 모습을 보고 기이하다는 인상을 받았으며, 의관을 갖추어 긴 옷을 입고 움직이는 동작이 한결같은 사람은 자신뿐이었다."고 자세히 기록하고 있다.

　한편 시카고세계박람회를 참관한 윤치호는 다른 나라 전시관에 비해 너무나 작고 초라한 조선의 전시실에 가슴이 아팠다고 다음과 같이 일기에 썼다. "조반 후 나는 세계박람회장에 갔다. 모든 건물 위에 참가국들의 깃발이 휘날리고 있는데 조선 국기만이 없었다. 가슴이 미어졌다. 나는 오전 11시에 조선 전시실에 갔었다. 그리고 거기서 오후 5시까지 서 있었다. 왜 무엇을 위해 그랬었나, 설명할 수는 없다. 그러나 나는 다만 그 처참한 모습에서, 내 나라의 모습에서, 눈을 돌릴 수 없었기 때문이다." 한편 그는 대표인 정경원을 인색하고 완고한 위인이라고 판단했으며, 통역인 안기선도 타락한 조선인상의 전형적인 모습으로 누추하고 게으르고 멍청하며 불결하다고 했다. 반면, 박용규는 최선의 인물로 평가했다. 사절단에 대해 나쁜 인상을 가진 사람은 윤치호만이 아니었다. 존 코커릴(John Cockerill)은 《뉴욕 헤럴드》에 고종이 '싸구려 폐품'을 보냈다고 언급했다. 그의 말에 따르면, 조선 사절단들은 현금 부족으로 거의 굶어 죽을 지경이었으나 독일인 술집 주인의 호의로 쌀과 고추 등을 먹을 수 있었다. 그러나 세계박람회가 거의 끝날 무렵 정부에서 돈이 도착하자 정경원은 모든 빚을 갚고 같이 온 사람들을 모두 귀국시켰다. 9월 5일에 정경원은 시카고에서 가장 비싼 호텔인 오디토리움 호텔 9층 연회실에서 조선 정부 주최로 연회를 열었다. 많은 사람을 초대했는데 그 식사비가 무려 1,500달러였다면서, 조선인들의 터무니없는 경제 관념을 비판했다. 이것이 사실이라면 엄청난 돈을 연회 비용으로 썼다는 것을 의미한다. 정경원은 "시카고세계박람회 조선 출품대원 정경원과 주미 조선공사관 대리공사 이승수는 9월 5일 목요일 저녁 7시 오디토리움에서 귀하와 만찬을 같이 하는 영광을 갖고자 하니 참석의 영광을 베풀어 주십시오."라는 내용의 초대장을 각국 출품대원에게 보내고 참석자들에게는 태극기와 성조기가 그려진 기념품을 나누어 주었다(김영나, 2000).

"당시 디너 초청장에는 미국기와 태극기가 나란히 그려져 있었고 국호는 한글로 '조선(대조선)'이라 표기되었다. 연회를 베푼 것은 사실로서 그가 보낸 디너 초청장과 식사 메뉴가 시카고 공공도서관에 소장된 마이크로필름에 남아 있다고 한다. 그러나 필름의 상태가 워낙 희미해서 전채로 대합조개 요리가 나온 정도만을 알아볼 수 있을 뿐이었다. 이 외에도 이 도서관의 마이크로필름에 다른 여러 나라의 만찬 초대장 자료가 보존되어 있는 것으로 보아 각 국가 대표들이 이러한 연회를 주최했던 것은 하나의 관례로 여겨진다. 정경원에 대해서는 이러한 단편적인 기록밖에 남아 있지 않기 때문에 그가 어떤 인물이었는지는 판단하기 어려우나, 관복을 입은 모습이 사진으로 남아 있으며 시카고 히스토리컬 소사이어티(Chicago Historical Society) 자료 보관실에는 그의 명함도

그림 1-37 미국 잡지에 실린 조선사절단 스케치   그림 1-38 디너 초청장

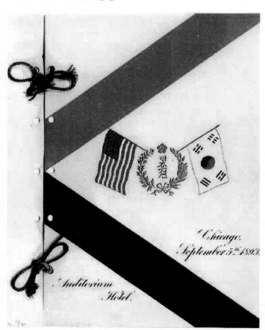

찾아볼 수 있다(김영나, 2000)." 정경원은 귀국 후 김홍집 내각의 회의원이 되고 이후 동학토벌의 호서선무사, 법무협판, 평양부 관찰사 등으로 활약했다. 시카고세계박람회에서 개화의 선구자 정경원이 펼친 활동은 우리나라의 전통문화를 서방 세계에 처음 알리는 계기가 되었다는 점에서 역사적 의의가 크다.

조선 전시실의 전시내용과 관련 기록

세계에서 47개국이 참가했던 시카고세계박람회에서 조선은 '제조와 교양관'의 한 코너를 차지했다. 서울대학교의 김영나 교수가 미국에서 확인한 공식도록에 따르면, "조선의 전시실은 '제조와 교양관' 남쪽에 위치했다. 일본의 전시 면적이 3만 9,542평방피트에 달했던 데 비해 중국은 6,390평방피트, 조선은

899평방피트(5평)에 불과했다. 시카고에 보낸 물품을 누가 선정했는지의 과정은 알려져 있지 않으나, 1893년 5월 3일에 25톤에 달하는 83개의 화물이 도착했으며 그중 68개가 제조와 교양관에 보내졌다는 기록이 남아 있다. 또한 시카고세계박람회의 공식 도록에는 제조와 교양관의 조선 전시실에 전시된 모든 품목이 기록되어 있다. 최근에 발견된 사진에 의하면 조선 전시실은 양면이 개방된 코너에 위치했으며, 입구에는 가마, 찬장, 식기, 구리로 된 탁자, 짚신과 가죽 신발, 화로, 장기판, 연, 도자기류가 전시되었고 전시실 안에는 자수병풍, 장군의 의복, 남성의 관복과 무인복 등이 보였다. 공식 도록에 의하면 조선은 농산물, 원예물, 수산물, 광산물, 교통과 운수, 공예와 제조품, 교육, 임산물 등의 분야에 출품했으며 가축, 기계, 전기, 미술관, 민족학 분야에는 출품하지 않았다. 따라서 곡물과 식품 등이 상당수로서 남녀의 의복과 같은 일상용품이나 수공예품이 주를 이루었다. 그런데 출품품목 중 흥미로운 것은 조총이나 무관의 투구와 갑옷, 그리고 400여 년이나 된 '호준포' 등이다. 세계박람회의 목적이 새로운 산업제품의 전시와 홍보라고 볼 때, 전시된 공예품들도 대부분 생존 작가들의 출품물이었다. 구식 대포인 '호준포'를 출품한 것은 아마도 세계박람회를 역사와 문화를 보여 주는, 박물관으로 잘못 이해한 것"이라고 말한다.

제조와 교양관은 가장 규모가 큰 전시관이었다. 이 전시관은 타이프라이터가 전시되어 있어 눈길을 끈 전시관이었다. 예술관에서는 우리나라 도자기가 유명했다고 알려져 있었다. 전기관에서는 프랭클린(Benjamin Franklin)의 조상을 설치하고 벨 전기회사가 전화를 전시해 독특했다. 시카고세계박람회의 많은 시설물 중에서 핵심이 되는 것은 총무원이었다.

총무원은 주요 전시관으로 둘러싸여 있었다. 동북쪽에는 제품 전시관, 동남쪽에는 농업 전시관과 기계류 전시관, 북쪽에는 전기 전시관과 광산물 전시관 등이 자리 잡고 있었다. 돔이 있는 팔각형의 건물로 뉴욕 출신 미국건축협회장 헌트가 설계한 것이다. 출입문이 4개이며 주문은 서문으로 건물 내 코너에 4개의 사무실이 있었다. A는 미국 공무원 사무실, B는 박람회 집행사무실,

그림 1-39   1893년 시카고세계박람회장 풍경

그림 1-40   조선 전시실이 있었던 제조와 교양관

그림 1-41   미드웨이플레잔스의 중국촌

그림 1-42   일본관 봉황전

그림 1-43　제조와 교양관의 조선 전시실 위치. 왼쪽 B지역 위에 스페인과 인도 사이에 콜롬비아, 실론 전시관과 함께 위치해 있다.

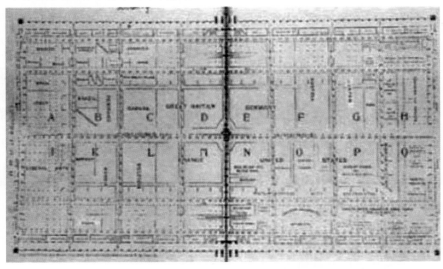

C는 홍보실, D는 외국부, 은행, 통운회사, 수위실이었다. 건물 가운데는 팔각형이 열주로 둘러싸여 있었다. 팔각형 홀에는 아치가 있었고 아치와 아치 사이에는 황금색의 16개 청동패널이 있었는데 그 위에 우리나라를 비롯한 47개국의 국가 명칭을 오스트리아부터 알파벳 순서로 기재해 놓았다. 우리나라는 29번째 'Korea'라고 기재했는데 동문 쪽으로 10번째 패널에 있었다. 중국은 12번째, 일본은 27번째 기재되었는데 중국은 수지타산이 맞지 않다고 하면서 중간에 철수했기 때문에 실제로 세계박람회 참가국은 47개국이었다. 국제적인 박람회에 우리나라 국호가 중국이나 일본과 대등하게 패널에 기록되고 출품되었다는 것은 역사적으로 중요한 의미가 있다 할 수 있다. 한미통상조약 체결을 계기로 종주권 약화를 두려워해 속방론을 폈던 중국과 정한론에 눈이 어두웠던 일본 사이의 갈등과 반목의 소용돌이 속에서도 시카고세계박람회가 중국, 일본과 똑같이 패널에 조선의 국호를 기재한 것에서 우리나라를 중국의 속국이 아닌 독립국으로 인정했던 미국 정부의 인식을 엿볼 수 있다. 또한 세계

박람회의 패널에 조선의 국가 명칭이 처음으로 기재된 것이니 이것은 세계무대에 조선이 첫발을 내딛는 계기였다는 의미를 부여할 수 있다. 조선 전시실은 제품관 관내의 서남쪽의 B군, C−D, 20−23에 위치했다.

A군에는 음식점, B군에는 여자화장실, C군 좌우에는 남자화장실과 음식점이 있었다. 조선 전시실의 동쪽에는 남아메리카의 콜롬비아, 서쪽의 길 건너에는 모스키토 연합(중앙아메리카 거주 아메리카 인디언), 남쪽에는 에콰도르, 북쪽의 길 건너에는 실론의 전시실이 위치했다. 조선 전시실의 면적은 43.29m²였다. 조선 전시실의 설치비용은 500달러였는데 개막일인 5월 1일에도 완공을 하지 못한 채 개관했다. 사실은 1893년 6월까지도 완성을 하지 못했다. 전시 품목은 세목별 분류(grouping) No. 87~No. 121 중에서 5개 품목을 전시했으며 출품자는 21명이었다. 분류된 품목을 소개하면 다음과 같다.

제품 전시관(H) 조선
No. 90. 조선정부 진주로 무늬를 박아 넣은 궤
No. 106. 조선정부 비단자수품 조선 정부 자수품
No. 101. 조선정부 삼베옷 돗자리
No. 104. 조선정부 옷
No. 121. 조선정부 대나무 창의 여러 종류 대나무 빗

당시 미국의 신문과 잡지에서 조선의 전시품에 대해 간략하게 설명한 기사들을 매우 드물게 찾아볼 수 있는데, 이 기사들은 전반적으로 조선을 이국적이며 신기하고 고립된 은둔국으로 보고 있다. 조선 전시실에 대한 반응을 종합해보면 다음과 같다. 밴크로프트(Hubert Howe Bancroft)는 장난감같이 작은 전시관에 전시된 조선은 '이상하고 고립된 나라'라고 평가했다. 그러면서 이 나라 사람들은 일찍이 도자기를 만드는 기술을 가지고 있었는데, 일본인들이 도공을 강제로 데려가 자신들에게 도자기 만드는 법을 가르치도록 했다고 서술

하고 있다. 프린(John J. Flinn)은 전시품인 찬장, 악기 등에 대하여 다음과 같이 서술했다.

출품은 국왕의 관리하에 이루어졌다. 목면, 삼, 명주실, 왕골로 짠 직물, 종이, 부엌용 도구, 찬장, 보석, 악기 등을 진열하고 있었다. 예술 전시관에서 조선은 매력적이고 값어치 있는 도자기를 갖고 있다고 소문이 나 있었다.

『시카고세계박람회 공식 도록(The Chicago Record's History of the World's Fair)』에 따르면, 전시관을 지키던 젊은 조선인은 관람객의 여러 질문에 일일이 대답하는 것에 지쳐 우리나라의 지도 옆에 다음과 같은 글을 쓴 종이를 붙여 놓았다고 한다. 그 글을 번역해 보면 다음과 같다.

Korea와 Corea는 둘 다 틀리지 않지만 Korea로 써 주기 바란다. 조선은 중국의 일부가 아니라 독립국가다. 조선인은 중국어를 사용하지 않으며 조선어는 중국어나 일본어와 다르다. 조선은 미국과 1882년에 조약을 맺었다. 여기 전시된 모든 물건들은 정부의 것들이다. 조선은 전기를 쓰고 있고 증기선, 전보를 사용하지만 아직 철도는 없다. 조선인들은 기와로 만든 지붕과 따뜻하게 데워지는 마루가 있는 편안한 집에서 생활한다. 조선의 문명은 오래되었다. 면적은 10만 m²고 인구는 1,600만 명이며 기후는 시카고와 비슷하다. 지리적 환경은 산이 많고 광산물은 아직 덜 개발되었으며 쌀, 콩, 밀 등의 농산물이 많다.

『사이언티픽 아메리카(Scientific America)』는 "조선의 왕은 중국의 제후인 동시에 그 나라에서는 절대적인 군주다. 그는 미신 때문에 수술을 받기보다는 죽음을 택할 것이다. 이 이상한 사람들은 그들의 문명 수준에 비해 많은 미덕과 훌륭함을 가지고 있다." 또 "비록 기계적 장치에 대해서는 제대로 교육을 받진 않았지만 이 전시 물품들은 조선인들이 훌륭한 공예가들이라는 것을 말해 준다."고 전한다. 미국은 폐막 3주 내, 참가국은 1894년 2월 24일까지 전시물을 철거하도록 철거령이 내렸기 때문에 우리나라도 2월 24일 전에 철거했다.

결과 보고와 출품물 처리

정경원은 10월 30일 세계박람회가 끝나고 귀국해 12월 18일 건청궁에서 고종에게 귀국 보고를 했다. 그는 우리나라의 출품액이 1,140달러였으며 1,000명에게 명함을 돌렸고 서병규, 박용규는 영어에 통달해 언어 소통에 불편함이 없었다고 했다. 우리나라 물건이 외국인들에게는 너무 신기하게 보여 관람객이 조선 전시실에 너무 많이 들어와 관리인이 일일이 대응할 수가 없어서 물품명과 용도를 종이에 써서 물품에 붙여 놓았다고 했다. 그는 우리나라의 전시실은 6~7칸 정도가 된다고 했다. 밴 크로프트와 더불어 시카고세계박람회 관련 권위자인 존슨(Rossiter Johnson)의 기록과 최근에 발굴된 콘케이사(W. B. Conkey Co.) 발행 제품 전시관의 배치도, 랜드(Rand, McNally)의 『시카고세계박람회 안내서』를 살펴보면 정경원의 보고와 일치한다(이민식, 2006). 『고종순종실록』(1893년 11월 9일, 음력)에는 정경원의 보고가 다음과 같이 기록되어 있다.

하교하기를, "미국의 물색(物色)은 얼마나 장관이던가?" 하니, 정경원이 아뢰기를, "매우 번창했습니다." 하였다. 하교하기를, "모두 몇 개 나라가 모였던가?" 하니, 정경원이 아뢰기를, "모인 것은 47개 나라였습니다. 일본에서는 대원이 와 있었으나 중국에서는 대원이 없이 그저 상민(商民)이 점포를 배정받았습니다." 하였다. 하교하기를 "우리나라에서도 집 한 채를 지었는가?" 하니, 정경원이 아뢰기를, "박물총원(제조와 교양관을 의미함) 가운데에 우리 식으로 집을 짓고 구운 기와를 덮었습니다." 하였다. 하교하기를, "몇 미터나 되던가?" 하니, 정경원이 아뢰기를, "그것이 몇 미터나 되는지는 자세히 알 수 없으나 우리나라 칸수로 논하면 6, 7칸은 된다고 할 수 있습니다." 하니, 하교하기를, "우리나라의 물품을 보고 어떻다고 하던가?" 하니, 정경원이 아뢰기를, "각국 사람들이 우리나라 물품을 처음 보기 때문에 구경하는 사람이 번잡하게 모여 들어서 관리자가 미처 응대할 겨를이 없었습니다. 그러므로 종이에 물품의 이름과 용도를 적어서 물품 위에 붙여서 응 대를 대신했습니다." 하였다. 하교하기를, "어떤 물건을 가장 좋아하던가?" 하니, 정경원이 아뢰기를, "옷감, 문발, 자리, 자개장, 수를 놓아 만든 병풍 등의 물건은 각국 사람들이 좋아하며 칭찬한 것들로 상패까지 받았다고 하나 아직 문적(文蹟) 이 채 완성되지 않았기 때문에 자세히는 알 수 없습니다. 돌아올 때에 박물원(博物 院) 총무관(總務官)을 만나니 악공(樂工)에 대한 상패와 물품에 대한 상패가 완성 되는 대로 추후에 미국 공관(美國公館) 알렌(安連: Allen, Horace Newton)에게 부 쳐 보내겠다고 했습니다." 했다. 하교하기를, "출품한 물품값이 미국 돈으로 얼마 나 되는가?" 하니, 정경원이 아뢰기를, "1,140불입니다." 했다. 하교하기를, "남은 물품은 박물원에 넘겨주는가?" 하니, 정경원이 아뢰기를, "각처의 박물원과 각처 의 학교에 나누어 보내고 사람들이 구경할 가치가 없는 것은 의정부(議政府)에 도 로 바치려 합니다." 했다.

서울대학교 김영나 교수의 논문에 따르면, "조선의 출품물들은 세계박람회 가 끝난 후 여러 박물관에 보내졌는데, 이것 역시 다른 나라의 경우에도 흔한 관례였다. 출품물들 중 해금, 대금, 옥저, 가야금, 장구 등 악기 9점과 의자 1점 은 1893년 12월에 생물학자이며 동양문화에 대한 관심이 많았던 피바디박물 관장 에드워드 모스(Edward S. Morse)를 통해 세일럼에 있는 피바디박물관에 기증되었다. 또 1894년 6월에 워싱턴 주미공사로 부임한 박용규는 화각함, 주 괴문 문갑, 자수보료, 과거시험용 시권 5매를 스미소니언박물관에 기증했으 며, 스미소니언박물관은 십장생무늬, 나전칠기장, 활과 화살, 발 등을 구입했 다. 우리나라 출품물이 가장 많이 남아 있는 곳은 시카고세계박람회의 출품물 을 중심으로 설립된 시카고의 필드뮤지엄이다. 이 박물관에 소장된 조선 물품 300여 점 중에서 38점이 정식 기증된 것으로 확인된다. 필드뮤지엄의 아시아

소장품을 담당하고 있는 브론슨(Dr. Bennet Bronson)에 의하면, 필드뮤지엄은
그 외에도 1894년 150여 점을 시카고세계박람회 기업위원장이었던 히긴바틈
(Harlow N. Higinbotham)을 통해 구입한 것으로 기록되어 있다고 한다. 그러나
앞에서 언급한 정식 기증품 38점 이외에는, 300여 점의 소장품 중 어느 물건이

그림 1-44 시카고세계박람회 참가 전시품 생활용품과 갑옷, 시카고 필드뮤지엄

그림 1-45 의자, 피바디박물관 세일럼

그림 1-46 도포, 시카고 필드뮤지엄

그림 1-47 방석, 시카고 필드뮤지엄   그림 1-48 누비저고리, 시카고 필드뮤지엄

1894년도에 구입한 물품인지 확인할 수 없다. 이것은 당시 세계박람회 출품대원들이 출품된 물품들을 여러 박물관이나 세계박람회 기간 중에 도와준 개인들에게 기부하기도 했고, 이들 개인이 다시 박물관에 기증하는 일 등이 많았기 때문이다. 또 이미 활동 중이던 아시아 미술 골동상들이 직접 아시아에서 가져와 개인에게 팔았던 물건들이 다시 기증되면서 원래 기증된 물건들과 섞여 버렸는데, 이에 대한 정확한 기록은 없다."고 한다.

세계박람회 후에도 각 나라 대표들이 개인적으로 가져온 물건들을 파는 경우와 기증하지 않고 파는 뒷거래가 매우 빈번했다고 한다. 시카고세계박람회는 우리나라의 문화를 서구 세계에 처음으로 알리는 계기가 되었으며 세계박람회에 최초로 참가했다는 점에서 역사적 의의가 크다. 이렇게 시작된 우리나라의 박람회 역사는 100년 뒤 우리나라가 개최국이 된 1993년 대전세계박람회로 이어졌다.

대한제국의 1900년 파리세계박람회 참가

우리나라는 1900년 파리세계박람회에는 보다 더 본격적으로 참가했다. 고종은 1897년 국호를 대한제국으로 변경하고 왕의 위상을 황제로 높였다. 이는 과거 동아시아의 패권자 중국과 새로이 부상하는 일본 사이에서 위태로운 조선이 독립국가로서 자국을 드러내려는 정치적인 의도였다. 파리세계박람회에서는 1893년 시카고박람회에서 '제조와 교양관' 일부에 전시실을 마련했던 것과는 달리 독립적인 국가관을 세워 그 위용을 과시했다.

대한제국위원회 구성

파리세계박람회 참가는 1893년에 조선주재 프랑스공사 콜랭 드 플랑시(Collin de Plancy)의 공식적인 참가 요청이 있었지만 결정이 늦어졌다. 1896년 1월에 외부대신 김윤식은 1900년 파리세계박람회의 참가 요청을 수락하고 공식 대표를 파견한다고 프랑스 정부 외무부에 통보했다. 1897년 1월 민영환이 유럽 공사로 임명되고 박람회 관련 업무를 전담하게 되었다. 그해 7월 파리세계박람회 개발 총국에서 대한제국의 대표인 민영환에게 1900년 파리세계박람회의 세계 육·해군회고전 개최통보와 대한제국의 참가 여부를 문의했다. 1898년 4월 민영환이 주불공사를 포기해 5월에 사업가인 루리나(C. H. Roulina)가 파리 주재 조선총영사로 임명되었다. 루리나는 글레옹(Baron Delort de Gleon) 남작이 대한제국관 건립 비용을 부담하는 것에 관한 승인을 요청했다. 고종황제는 5월 23일자 명령서에 의거해 수락했고, 글레옹 남작에게 대한제국관에 대한 전권을 맡겼다. 파리와 서울에 각각 위원회가 설치되면서 대한제국관 건립을 담당할 위원들이 임명되었다. 동시에 루리나와 의사이며 동양학자인 멘느(Edme Edouard Mene) 박사, 조선주재 프랑스공사관의 전직 통역 서기관으로 근무하고 있던 모리스 쿠랑(Maurice Courant)이 위원회에 포함되었다. 또한 박람회에 출품할 수집품을 준비하기 위해 특별사무소가 서울에 설치되었다.

사무소장은 정2품 외부대신 민병석으로 종2품 중추원 의관 고영근, 정3품 봉상사 부제조 윤덕영, 정3품 군부 외국과장이며 주한 프랑스공사관 1등 통역관인 이인영, 정3품 중추원 의관 이근배, 6품 정영두 등이 보좌하게 되었다. 동년 6월에 파리박람회 대한제국위원회 위원들의 임명장이 수여되었다. 대한제국 정부는 박람회위원회와 파리대표단을 인사발령하고 명단을 조선주재 프랑스공사관에 통보했다. 당시 국내에서 파리세계박람회에 출품할 물품접수와 참가자를 모집하는 광고가 『독립신문』에 게재되었다.

광고

내년 프랑스의 서울 파리세계박람회에 기이하고 희귀하고 좋은 각종 물품을 친히 가지고 가서 팔려고 하는 장사 사람이나 혹 물건 임자가 물건값을 정하여 보내려 하는 첨군자는 양력 6월 8일 내로 매일 오전 7시부터 저녁 8시 안에 진고개 파성관으로 왕림하여 상의하심을 부탁합니다. 프랑스 사람 트레뮬레. (『독립신문』, 1899년 6월 3일)

또한 파리세계박람회 대한제국 박람회위원회 파리대표단의 인사발령 기사가 『독립신문』에 보도되었다.

박물국 위원

프랑스 참령 비달을 파리세계박람회 사무위원을 시키는 일로 서울에 있는 프랑스공사에게 알아보았더니 프랑스공사가 말하기를 그가 물리를 터득하였으니 가히 박물국 보좌원을 할 터이요. 또 프랑스사람 모보가 있으니 가히 박물국 총서기를 할 터이라 하여쓴 적 그 두 사람으로 하여금 위임하야 사무를 잡게 하라고 하였다더라. 파리세계박람회 사무원 민병석 씨가 농공상부에 청원하기를 프랑스 포병

그림 1-49　프랑스공사관

그림 1-50　프랑스 최초의 한국학자로서 서울 주재 프랑스 공사관 통역사였던 모리스 쿠랑

참령 비달로 하여금 프랑스 세계박람회에 있어서 사무위원 노릇을 하게 되었다고 하였더라. (『독립신문』, 1899년 7월 5일)

대한제국관의 건립 과정

전시관 건립에 대한 모든 사항은 프랑스 측이 주도했다. 1898년 5월 파리 주재 총영사 루리나가 글레옹 남작이 대한제국관 건립비용을 부담하는 조건으로 대한제국관에 대한 전권을 맡았다. 대한제국관은 같은 해 7월 말~8월 초 사이에 착공될 예정이었다. 그러나 글레옹이 11월 9일 갑작스럽게 사망하자, 프랑스 정부 측은 글레옹과의 협약을 파기하고, 건립 중이던 대한제국관을 철거하기로 결정한다. 세계박람회 개막을 목전에 둔 다급한 상황에서 대한제국 정부는 전시관의 원활한 공사를 위해 민영찬을 파리로 파견했다. 총영사 루리나는 대한제국관의 새로운 건립 주체를 물색하던 중 명망있는 미므렐(Comte de Mimerel) 백작과 접촉해, 대한제국의 공식 전시관만을 건립하는 조건으로

사업을 인수해 달라고 요청했다. 미므렐 백작은 자신의 자금으로 대한제국관을 건립하기로 결정했으며, 대한제국관에 대한 글레옹 남작의 모든 권리를 인수하게 되었다. 그러면서 대한제국관은 글레옹의 초기 계획안보다 축소되어 건립되었다.

민영찬의 파견과 미므렐 백작의 등장

부총재대원 민영찬의 파견과 주요 임무

1899년 11월 9일, 글레옹 남작의 갑작스러운 사망으로 박람회 개막을 눈앞에 둔 대한제국관의 건립에 큰 위기가 닥쳤다. 다급해진 프랑스 측은 글레옹이 사망하자 외무성 장관이 직접 대한제국 주재 플랑시 공사에게 공문을 보내 대한제국 정부의 계획을 문의하는 등 새로운 대한제국관의 건설을 위한 일련의 조치를 취했다. 이에 대한제국 정부도 대한제국관의 건립 공사를 계속하겠다는 의사를 프랑스 측에 전달하고 파리 주재 대한제국 총영사 루리나에게 재공사를 위한 경비를 확인하고 대한제국 측 부총재대원인 민영찬을 파리로 파견해 대한제국관 건립에 적극적으로 참여하게 된다. 결국 글레옹 남작 사후, 그와 박람회본부 간의 계약이 해지되어 공사 중이던 전시관은 철거되었다. 그리고 1900년 1월 29일 대한제국관의 새로운 공사를 위한 부지가 축소 결정되면서 이전의 부지는 영국관과 프랑스관의 건축을 위해 임차되었다. 언급한 대로 박람회 개막을 목전에 둔 다급한 상황에서 대한제국 정부는 전시관의 원활한 공사를 위해 민영찬을 파리로 파견했다. 1899년 11월 29일 플랑시 공사가 프랑스 외무성 장관에게 보낸 공문에 따르면, 당시 민영찬의 임무는 파리 주재 대한제국 총영사 루리나와 함께 대한제국관의 공사 완공과 프랑스지부에 협조하는 것이었다. 이에 대해 대한제국 주재 프랑스공사관의 르 페브르(A. Lefevre)가 프랑스 외무성 장관에게 보낸 공문에 따르면 민영찬이 1900년 2월 28일 파리에 도착할 것임을 알리고 있다. 즉, 글레옹 사후의 대한제국관 건립은 대한제국 정부의 적극적인 참여하에 이루어졌다.

미므렐 백작의 등장과 새로운 조직구성

미므렐(August Mimerel) 백작의 이름이 프랑스 외교문서에 공식적으로 등장한 것은 1900년부터다. 미므렐 백작을 새로운 건립 주체로 추천한 사람은 파리 주재 대한제국 총영사 루리나였다. 그는 대한제국관의 새로운 건립 주체를 물색하던 중, 사회적으로 명망 있고 당시 프랑스 식민지인 콩고에서 식민지 관련 사업을 하고 있던 미므렐 백작과 접촉하게 되어 대한제국관의 새로운 주체로 대한제국 정부 측에 추천했던 것이다. 1900년 1월 12일, 조선 주재 프랑스 공사관의 르 페브르가 파리 주재 대한제국 총영사 루리나에게 보낸 문서에, 미므렐 백작이 대한제국관의 새로운 프랑스 측 총무대원으로 임명되었음이 보고되어 있다. 미므렐 백작의 임명과 역할에 대한 정확한 언급은, 1900년 2월 1일 박람회 프랑스 측 위원이자 상하이에서 무관으로 근무하던 비달소령이 프랑스 국방성 장관에게 보낸 공문에 자세히 언급되어 있다. 글레옹의 갑작스러운 사망으로 대한제국관의 공사계획에 상당한 차질을 빚고 있으며 글레옹에 의해 이미 여러 작업들이 시작되었고, 상당한 경비가 투입되었음을 알렸다. 그는 또한 대한제국관의 건립위원회가 미므렐 백작에게 대한제국의 주요 생산품을 전시할 공식 전시관만을 건립하는 조건으로 사업을 인수해 달라는 요청을

그림 1-51 미므렐 백작

그림 1-52 파리 주재 대한
제국 총영사 루리나

그림 1-53 부총재대원
민영찬

했다고 보고했다. 이후 미므렐 백작은 자신의 자금으로 대한제국관을 건립하기로 결정했으며, 글레옹 남작의 대한제국관에 대한 모든 권리를 인수했다.

1900년 2월 17일 대한제국 정부의 최종 승인을 받아 미므렐 백작이 총무대원으로 임명되었으며, 대한제국관은 글레옹 남작의 초기 계획안보다 축소되어 건립되었다. 그리고 미므렐 백작의 총무대원 임명 후 프랑스 측 위원회에도 변화가 있었는데 1900년 프랑스공사관의 르 페브르가 외무성 장관에게 보고한 공문에 따르면, 프랑스 측 위원인 비달 소령이 사임하고, 후임으로 당시 대한제국에 거주하고 있던 프랑스인 알레베크가 임명되었으며, 미므렐 백작의 보좌원으로 페레(M. M. Frret)와 르 블랑(Le Blanc)이 임명되었다.

대한제국관의 건립

파리에서 민영찬의 역할은 대한제국관의 공사 완결과 지부의 조직 재편을 위한 것이었다.이는 당시 건립 공사 기간이 절대적으로 촉박한 상황에서 조선 전통 건물에 해박한 장인들이 반드시 필요했으며, 대한제국 정부가 대한제국관의 건립에 일정 부분을 주도했음을 의미한다.

대한제국관 건립과 민영찬의 역할

당시의 상황을 감안해 볼 때, 파리로 파견된 민영찬과 파리 주재 대한제국 총영사 루리나, 그리고 박람회본부 측간에 전시관 형식과 디자인에 관한 의견 교환과 결정이 있었을 것으로 판단된다. 사망한 글레옹 남작이 박람회 총재와 맺은 협정서에는 박람회 전시를 위한 제반 작업의 설치가 1900년 3월 1일에 모두 끝나야 했다. 그러나 새로이 사업을 맡은 미므렐 백작과 박람회본부 간에는 구체적인 협약서가 없었으며, 그만큼 상황이 촉박했을 것으로 추측된다. 당시 대한제국관의 부지 위치는 상 드 마르스 구역의 슈프렌가에 접한 곳이었는데, 이 지역은 박람회 주 전시구역과 상당히 떨어진 장소였으며 당시 군중들에게도 상당히 소외된 곳이었다. 더욱이 부지가 축소된 것은, 상황에 따라서는 대한제국관의 전시가 불가능할지도 모른다는 우려가 반영된 결과였다. 민영찬의 파리 출발이 결정된 것은 1899년 11월 29일이었고, 이때는 이미 양국 간에 민영찬이 파리에서 해야 할 임무가 협의되었다. 따라서 미므렐 백작의 대한제국관 공식 설계가 있기 이전에, 전시관 규모와 공사 진행 방식이 어느 정도 결정되었다고 볼 수 있다. 즉, 글레옹 남작 때와는 달리, 프랑스와 대한제국 간에 전시관에 대한 구체적인 협의 후 미므렐이 설계를 진행하였다는 점이 주요 특징이라 할 수 있다. 상하이 주재 무관 비달 소령은 자국의 국방성 장관에게 보고하는 공문에서 파리로 떠나는 민영찬과 함께 서울에서 상하이까지 여행했다는 사실과 민영찬에 대한 상세한 인물 소개, 그리고 그가 급하게 파리로 파견되면서 통역 및 보좌관으로 살타렐(M. Saltarel)이란 프랑스인과 건립공사에 필요한 조선인 장인 2명을 데려갔다는 사실도 보고했다. 당시 민영찬의 파리 도착이 1900년 2월 28일이었으므로 양국간 협의에 근거해 대한제국관의 공사는 적어도 1900년 2월 28일 이후부터 착수되었을 가능성이 높다. 민영찬은 이미 합의된 전시관의 건립 모델대로 구체적인 건물을 재현하기 위해 조선의 목수들을 대동하고 파리로 출발했다. 이는 당시 건립공사 기간이 절대적으로 촉박한 상황에서 조선 전통 건물 건립에 해박한 장인들이 반드시 필요했으며, 결과적으로 대한제국 정부가 파리박람회의 대한제국관 건립에서 일정 부분을 주도했다고 할 수 있다.

대한제국관 설계와 미므렐 백작의 역할

민영찬과 함께 상하이까지 동행했던 비달 소령의 보고에 따르면, 프랑스 측 위원회는 미므렐 백작에게 그의 비용으로 전시관에 한정해 건립해 줄 것과 전시관 운영을 포함한 사업을 맡아 줄 것을 제안했으며 미므렐 백작도 그러한 방법이 가장 좋은 해결책이라고 했다고 한다. 미므렐 백작은 프랑스 측 위원회의 제안대로, 글레옹 남작의 거창했던 초기 계획안 중에서 주 전시관 부분만을 채택했고, 비교적 단순한 전시관의 설계에만 집중했다. 당시의 정황상 미므렐 백작이 전시관 모델을 결정할 상황은 아니었음이 명확하며, 건축 모델의 결정은 대한제국의 민영찬을 포함한 프랑스·대한제국위원회에 의해 결정되었을 가능성이 매우 높다고 할 수 있다. 이와 같이 대한제국관의 설계에 대한 사항이 결정된 후, 미므렐 백작은 신속하고 열정적으로 대한제국관 건립 작업에 임했다. 당시 파리와 베트남에서 활동하고 있던 건축가 유진 페레(Eugene Ferret)를 고용해 대한제국관 설계를 의뢰했으며, 글레옹 남작의 보좌원이었던 트레물레를 해고하고 새로이 페레와 르 블랑을 보좌원으로 임명했다. 또한 전시물을 수집하는 작업에도 박차를 가해 대한제국 정부, 플랑시 공사, 비달 소령, 의사 멘느에게서 전시품을 유치했고, 1866년 강화도에서 가져온 조선의 고서적을 전시하는 등 조선의 다양한 물산을 전시하는 데 상당한 공헌을 했다.

그림 1-54 1900년 파리세계박람회의 대한제국관 배치도

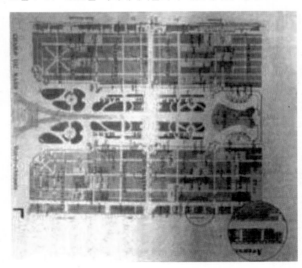

그림 1-55 1900년 파리세계박람회의 대한제국관 설계도면

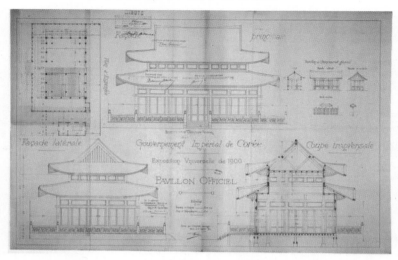

대한제국관의 전시

　20세기 벽두인 1900년 4월 14일 파리세계박람회가 개최되었다. 당시 유럽은 바야흐로 벨 에포크(Belle Epoque, 아름다운 시대, 1880~1900)의 절정기를 맞고 있었다. 대한제국 정부는 파리세계박람회에 민영찬을 특파대사로 파견, 대한제국관을 설치했다. 1897년 대한제국 수립 이후 자주적으로 근대화 노력을 했던 당시 상황을 보여 주듯 대한제국 정부는 세계박람회장 중심가 부근의 슈프렌가에 별도의 국가관을 마련했다. 사각형 건물에 기와를 얹은 당당한 구조의 대한제국관은 경복궁 근정전과 비슷한 모양이었다. 내부에는 철제 용(龍) 조각, 비단, 도자기, 장롱, 그림, 책, 악기, 의복 등이 전시됐으며, 역시 박람회가 끝난 후 여러 박물관에 기증되었다.

그림 1-56 1900년 파리세계박람회장 전경

그림 1-57 파리세계박람회 연구서 1900년(자료: 폴 제르, En 1900)

그림 1-58 파리세계박람회 연구서 『En 1900』에 게재된 대한제국관 소개 및 관련 인물

대한제국관 전시 내용과 관련 기록

새로운 밀레니엄을 기념하기 위한 이 세계박람회에는 약 5,000만 명의 관람객이 몰렸고, 그들은 지난 100년간 이루어 낸 인류의 눈부신 발전을 관람했다. 당시 『황성신문』에 파리세계박람회 개최 기사가 보도되었다.

파리박람회 개시

런던 15일 전보를 접수한바, 즉 법국 파리의 대박람회는 대통령이 입장한 후 개회를 거행하였더라. (『황성신문』, 1900년 4월 24일)

파리세계박람회의 '대한제국관' 사진은 자료 수집가인 오영교 씨가 수집해 2008년 1월에 공개한 20세기 파리세계박람회 연구서인 『1900년』[폴 제르(Paul Gers), En 1900)]에 실려 있는 것으로 확인되었다. 이 책에 실려 있는 사진은 대한제국관의 외부 모습과 내부에 전시된 철제 용(龍) 조각과 악기, 무기, 의상 등이다. 또한 당시 고종황제의 특사였던 대한제국관 명예위원장 민영찬과 러

시아, 프랑스, 오스트리아 겸임 공사 이범진을 비롯해 파리총영사 루리나, 대한제국관 재정후원자 미므렐 백작과 건축가 유진 페레 등의 인물 사진도 수록되어 있다. 프랑스 건축가 유진 페레가 설계한 대한제국관은 세계박람회의 중심가인 샹 드 마르스(Champ de Mars)에서 떨어진 슈프렌가에 위치한 것으로 알려졌다.

당시의 전시관 모습은『르 프티 주르날(Le Petit Journal)』1900년 12월 16일자에 전면삽화로 실려 있는데, 일본의 단오절 풍습인 잉어깃발과 중국인 복장

그림 1-59 대한제국관(자료: 폴 제르.『En 1900』)

그림 1-60 대한제국관 내부 전시 광경

그림 1-61 대한제국관 삽화(자료 《르 프티
주르날(Le Petit Journal)》 1900년 12월 16일)

그림 1-62 대한제국관 기념엽서

을 한 사람들이 등장한 것을 보아 조선을 일본과 중국 그 중간 어딘가에 위치
한 나라로 인식하고 있음을 알 수 있다. 높직한 기단 위 이중지붕을 한 웅장한
건물로 삽화의 위쪽에는 태극기가 묘사되었으며 앞쪽에는 조선인들의 모습을
끼워 넣어 조선의 풍물을 소개했다.

『르 프티 주르날(Le Petit Journal)』에서는 삽화와 함께 다음과 같은 기사로 대
한제국관을 묘사했다.

> 극동에서 가장 베일에 가려져 있으며, 또한 이웃이 가장 탐하는 나라, 그리고
> 외부 세계에 노출을 꺼려 왔던 조선의 세계박람회 참가는 놀라운 일이다. 독특한
> 건축 양식으로 세워진 대한제국관에 전시된 특산물들이 새로운 교류를 갈망하는
> 듯 보였다. (『르 프티 주르날(Le Petit Journal)』1900년 12월 16일)

전시관 내부에는 사방으로 청룡(靑龍), 백호(白虎), 주작(朱雀) 등이 그려진
오방색의 깃발이 장식물로 꽂혀 있었고 실내는 단청으로 마감되었을 것이다.

당시 대한제국관 관련 기사 중에는 "전체가 목재로 만들어졌으며 화려한 색깔이 입혀져 있고 동아시아 건물의 특징인 하늘을 향해 치솟은 처마끝과 커다란 지붕의 대한제국관은 관람객들의 시선을 끌었다."고 소개한 것도 있었다. 분명 고종이 외국 사신들을 접견하던 근정전 모양의 건물과 기둥과 방의 단청 색깔 등은 서구인들에게 색다르게 다가왔으며 대한제국관은 대한제국이 독자적인 문화를 가진 나라라는 인상을 주었을 것이다. 그러나 대한제국관의 전시는 1893년 시카고세계박람회보다 규모는 커졌지만, 대한제국을 전 세계인들에게 어떻게 알릴 것인지에 대한 철저한 계획은 없었다. 대한제국의 참가 신청목록에는 정부에서 수집해 보낸 것으로, 비단, 도자기, 장롱, 자개장, 병풍, 금속제품, 몇 점의 그림, 책 등 수공예품 중심이었다. 또한 대한제국 정부가 출품한 것 외에 파리세계박람회에 관여했던 프랑스 공사 콜랭 드 플랑시와 기술자 그리유, 멘느박사, 중국과 대한제국 주재 공사관 무관 비달 등의 개인 소장품들도 출품되었다. 조선은 농산물 가공식품으로 대상을 받은 것을 비롯해 2개의

그림 1-63 『르 프티 주르날(Le Petit Journal)』에 게재된 대한제국관 관련 기사(자료: 『Le Petit Journal』 1900년 12월 16일)

금메달(야생작물과 의류), 10개의 은메달(가구, 도자기, 자수, 의복, 종이 등), 5개의 동메달, 3개의 장려상을 받았다.

2012년 '2012여수세계박람회조직위원회'는 우리나라가 세계박람회에 참가해 처음으로 전시관을 건립했던 1900년 파리세계박람회에 대한 자료를 5월 10일 공개했다. 조직위가 공개한 자료는 당시 현지 신문인 『르 프티 주르날(Le Petit Journal)』에 실린 대한제국관 소개 기사로, 당시 방한한 로세르탈레스 국제박람회기구(BIE) 사무총장이 조직위에 기증한 것이다. 특히 『르 프티 주르날(Le Petit Journal)』의 페도(F. Faideau) 기자는 전시관의 외관과 내부 장식, 전시품은 물론, 조선의 식생활과 의복·신발·장신구·악기 등 생활문화, 한지·나전칠기·서적·신문·미술품 등 특산품과 문화예술에 이르기까지 극동의 작은 나라 문물을 상세하게 소개했다.

대한제국관에 대한 그의 총평은 이러했다. 우선 "몇 년 전(1894년) 청일전쟁의 원인이 되었던 대한제국은 면적 21만 8,000km^{2}인 반도이며, 인구는 1,200~1,300만 명이 되는 독립국"이라고 소개했다. "국왕이 세계박람회 참가를 허가한 것으로 보아 러시아, 일본과 밀접한 이 '조용한 아침의 나라'가 마침내 진보의 길로 들어서기로 결심한 것 같다." 또 프랑스 건축가 페레가 지은 대한제국관 건물에 대해선 "극동의 미를 살려 가장자리가 살짝 들린 큰 지붕을 덮은 목재 건물의 매력은 지나가는 행인들의 시선을 사로잡는다."고 평가했다.

특히 우리나라 출품작을 소개하면서 이를 통해 19세기 구한말의 풍습을 흥미롭게 묘사했다. 식생활에 대해 "한국인의 식생활은 중국인보다 다채롭다."면서 "주식은 밥이지만 북쪽에서는 메밀죽을 먹는다."고 했다. 또한 음료로 '쌀 끓인 물'과 '일종의 쌀맥주'를 즐겨 마신다고 했는데, 이것은 숭늉과 막걸리를 의미하는 것으로 보인다. 또한 "한국인은 동물의 젖은 절대 마시지 않고, 소에서 우유를 짤 줄 모른다."고 했다.

당시 대한제국관에는 일반 실내복과 관복 등 의복과 부채, 담뱃대, 머리띠와 같은 생활용품, 나전칠기, 병풍 등 가구 등이 전시됐다. 특히 불경과 『팔만대장경』『삼국사기』등 목판인쇄물을 전시해 눈길을 끌었다. 의상을 소개하면서 "의상에서 가장 독창적인 부분은 모자이다. 원추형의 이 모자(갓)는 12~15cm 높이에 가장자리가 넓게 퍼져 있는데, 밖에서는 이 모자를 절대 벗지 않는 반면, 다른 사람과 대화 시 벗지 않으면 결례가 된다"고 설명하고 있다. 그리고 "여자는 남자처럼 풍성한 바지 위에 치마, 저고리, 가운 같은 긴 드레스를 입는데 외출시에는 얼굴을 완전히 가린다"며 신기해했다.

담뱃대는 신분이 높을수록 길이가 긴데, 어찌 보면 아편을 피울 때 쓰는 아편대로 착각할 수 있지만, "한국에서는 이런 마약이 엄격히 금지돼 있다"고 썼다. 또 '가려움증용 빗'이라고 소개한 참빗에 대해 "너무 긁으면 괴로울 게 분명하다"라며 재미있게 소개하기도 했다. 다른 진열대에는 아름다운 도자기들을 가득 진열했는데, "전통을 믿는다면 극동에서 도자기를 발명한 것은 한국인"이라는 평을 했다.

서적 진열대에는 불경(1361년)과 『팔만대장경』(1368년), 『삼국사기』(1644년) 등 고서가 진열됐다. 신문은 "한국의 목판 인쇄술은 아주 오래전으로 거슬러 올라가며 9세기부터 서적이 널리 배포되었다. 특히 『삼국사기』등에 주목할 만하다"고 소개했다. 신문은 이어 "조선의 언론이 프랑스보다 더 오래되어 1577년까지 거슬러 올라간다"면서 "이것에는 왕의 명령과 그 일자, 제사의 종류가 실렸다"고 전했다. 이 신문이 말하는 '조선의 언론'은 무엇일까. 바로 1577년(선조 10년) 민간업자들이 조정의 허가를 얻어 정부가 발행한 조보(朝報: 조선시대 승정원이 주요 소식을 필사해 관서에 배포한 관보)를 매일 발간한 뒤 독자들에게 구독료를 받고 배포한 것을 지칭한다.

전시 평가와 출품물 처리

1890년 5월부터 1년 10개월 동안 조선주재 프랑스 외교관을 지내고 파리세계박람회 대한제국관에 애정을 가졌던 한국학의 선구자인 모리스 쿠랑의 참관기는 대한제국관의 전시가 조선 문화의 섬세함을 보여 주었다고 평가하고 있다. 그는 "유럽은 이 나라를 야만으로 취급하려 했다. 이번에 처음으로 우리 눈앞에 여러 가지 측면에서 우리를 앞선, 특히 현대 세계의 영광이라 할 만한 인쇄술에서 섬세하고도 복잡한 문화유산을 전시해 조선은 최초로 유럽인들에게 국위를 선양하게 되었다"고 썼다. 정작 파리세계박람회의 부총재대원 민영찬은 귀국 보고에서 우리나라 물품들이 초라해서 거의 팔 수 없었고, 되가져오려 하니 운송비가 과다하게 들어 여러 곳의 박물관에 기증하고 프랑스 학부대신에게 일부 사례한 뒤, 관계위원 라베의 영수표를 받아 농공상부에 반환했다고 보고했다. 그것은 아마도 눈부시게 발전한 선진제국의 산업물품과 비교할 때 아직 수공예 단계에 머물러 있는 조선의 산업에 대한 반성이었을 것이다. 출품물은 프랑스 공예예술박물관과 국립음악원의 악기박물관에 각각 기증되었다.

박람회가 끝난 뒤 1901년 5월에 대한제국 정부는 미므렐 백작과 사무원 멘느에게는 2등 8괘장, 사무원 총령 루리나에게는 3등 8괘장, 건축기사 페레, 사무원 르 블랑, 참사관 닌스와 살타렐에게는 4등 8괘장의 훈장을 수여했다. 8월에는 대한제국 정부가 플랑시, 멘느, 알레베크에게 레지옹 도뇌르 훈장 2등급에 추서할 것을 프랑스 정부에 제안했다. 그 후 미므렐 백작은 프랑스 정부 외무장관에게 대한제국 지부 프랑스인 대원의 훈장목록을 접수받았음을 통보했다. 또한 1902년 10월에 고종황제는 "프랑스 공사 콜랭 드 플랑시에게 일찍이 조약문을 교환한 전권공사이기 때문에 이미 훈2등에 서임(敍任)했지만, 파리세계박람회 때 도와준 공로가 있으니 특별히 훈1등에 올려 서임하고 태극장(太極章)을 수여"했다.

세계박람회 참가와 서구의 시각

서구에서 개최된 세계박람회에 두 차례의 참가는 외국에 조선을 알릴 수 있는 기회가 되었다. 또한 세계박람회 참가 경험은 기술과 품질, 규모 등 모든 면에서 조선의 산업수준이 매우 낙후되었음을 절실히 인식하는 계기가 되었다. 고종은 이러한 관심을 보다 구체화하기 위해 박람회와 관련된 법률과 제도를 제정했다. 특히 박람회 경험이 없었던 조선이 세계박람회에 참가하기 위해서는 조선 주재 외국공사관과 영사관의 도움이 컸다. 이러한 외국인의 도움은 전시물과 전시관 구성 등 여러 부분에 오리엔탈리즘과 이국적인 취향이 가미되었으리라 추측된다.

조선관 전시에 대한 서구의 시각

구한말 조선 정부가 19세기 말과 20세기 벽두에 개최되었던 두 세계박람회에 공식적으로 참가한 것은 당시로서는 정치적으로나 경제적으로나 어려움을 무릅쓴 일이었다. 세계박람회 참가로 조선은 당시까지 '금단의 나라(Ernst Jacob Oppert)' '고요한 아침의 나라(David Wark Griffith)'로 표현되었던 은둔의 나라 이미지를 벗는 데에는 어느 정도 성공했던 것으로 보인다. 그러나 새롭게 발돋움할 산업과 능력을 지닌 근대적 국가로 인식되었는지는 알 수 없고 전시품들의 선정과 전시에도 명확한 계획이 있었던 것은 아니었다. 아직 세계박람회에 효과적인 전시를 할 만큼 세계를 잘 알고 있지 못했다. 이 두 세계박람회에는 각각 '조선 전시실'과 '대한제국관'이 비록 작은 규모지만 독자적으로 설치되었는데, 선보인 전시물들은 전통적인 공예품 위주였다.

세계박람회 속에서 조선관은 서구가 바라보는 시각에 따라 배치되기 마련이었다. 개최국의 신문과 잡지에 기록된 조선관의 모습은 대부분 이국적이고 신기하며 고립된 '은둔국'으로 보도되고 있다. 이러한 서구의 오리엔탈리즘적 취향은 전통적인 공예와 수공예품 중심의 전시물을 통해서 더욱 증폭되었으리라 여겨진다. 조선에 장기간 체류해 누구보다도 조선 문화 전문가였던 모리스 쿠랑조차도 파리세계박람회에서 조선관을 관람한 후 남긴 글 속에서 이와 비슷한 시각을 보이고 있다. 쿠랑은 세계박람회 중심가에서 떨어진 슈프렌가에 위치한 대한제국관의 위치를 두고 조선의 '은둔'적 성향이라고 평가하기도 하고, 금은 세공품의 정교함을 여성적이라고도 했다. 세계적인 문명과 진보라는 대세로 볼 때 조선은 문명이 이식되어야 할 힘없는 '미개지'의 하나였던 것이다. 특히 박람회 경험이 부재했던 조선이 세계박람회에 참가하기 위해서는 조선 주재 외국공사관과 영사관의 도움이 컸다. 시카고세계박람회는 고종의 어의이면서 후에 미국 공사관 서기가 되는 알렌의 협조가, 파리세계박람회는 프랑스공사 플랑시가 협력했다. 이러한 외국인의 개입은 출품물과 전시관 구성 등 여러 부분에 서구인의 동양에 대한 오리엔탈리즘과 이국적인 취향이 가미되었을 것이라 추측된다.

이와 같이 19세기에 근대적 전시 공간으로 등장한 세계박람회는 동서양의 정치, 경제, 문화가 충돌하는 장이었다. 그리고 해외 정보, 기술, 전시의 모든 면에서 불충분했던 우리나라가 세계박람회에 참가해 얻은 성과는, 이것이 이후 우리나라의 자주적 근대화를 위한 노력과 의식의 변화를 추진하는 계기를 마련해 주었다는 데 있었다. 그러나 이러한 노력도 결국 밀려오는 제국주의의 압박과 정치적 격변을 이겨 내기에는 역부족이었다.

세계박람회 개최

개발도상국 최초로 개최한 1993년 대전세계박람회

세계적인 국제무역박람회로 인정받았던 서울국제무역박람회의 개최경험과 축적된 노하우로 세계박람회 개최기반을 구축해 조선 말기 1893년 시카고세계박람회에 최초로 참가한 이래, 우리나라는 100년 만에 아시아에서는 일본에 이어 두 번째로 국제박람회기구(BIE) 공인 세계박람회인 1993년 대전세계

그림 1-64 개발도상국의 저력을 보여 준 1993년 대전세계박람회

개요

공식 명칭: 1993대전세계박람회

기간: 1993년 8월 7일~11월 7일(93일간)

주제: 새로운 도약의 길을 향한 도전

범주: 전문박람회

주최자: 1993대전세계박람회조직위원회

관람객 수: 14,005,808명

면적: 90.1 ha

참가자: 141개(108개국, 33개 국제기구)

박람회를 성공적으로 개최했다.

1993년 8월 7일부터 11월 7일까지 93일간의 장정을 마친 1993년 대전세계박람회는 과학기술, 경제, 문화, 환경, 지역발전 등 여러 분야에서 두루 긍정적 성과를 거둔 것으로 평가되었다. 국제박람회기구도 대전세계박람회의 성과를 압축하여 전문박람회인 대전세계박람회가 행사규모와 질적인 면에서 여느 세계박람회보다 우수해 사실상 종합박람회와 다름이 없었고 더욱이 새로운 장르를 개척, 미래 세계박람회의 시범적 모델이 되었다고 평가해 이러한 시각을 뒷받침해 주었다. 대전세계박람회는 짧은 준비 기간과 경제적 상황으로 인한 예산 부족 그리고 개최배경의 정치적 성격 등이 논란이 되면서 대다수 국민의 회의적인 전망과 소극적 참여 의식 등 많은 어려움 속에서 출

발했다. 이 같은 어려움 속에서 추진된 대전세계박람회는 88서울올림픽에 이어 두 번째로 치러지는 국제 규모의 행사일 뿐만이 아니라 준비와 운영에 소요되는 재정 규모가 약 2조 원에 달해 세계박람회 개최가 각 분야에 미칠 파급효과에 대해 많은 논쟁을 불러일으키기도 했다. 이에 조직위원회는 대전세계박람회가 한국사회에 미치는 구체적인 영향을 파악하기 위해 전문기관인 산업연구원에 의뢰해 두 차례에 걸쳐 개최효과를 분석했다. 경제 파급효과는 4조 4,000억 원에 달했다. 전문박람회 사상 최대인 108개국과 33개 국제기구가 참가했을 뿐만 아니라 관람객 수는 유치목표를 40% 초과한 1,400만 5,808명이었다. 과학, 경제, 문화, 행정의 폭넓은 참여와 다양한 볼거리를 제공하여 전문박람회로서는 획기적인 성공을 거두었다. 이와 아울러 상업적인 무역박람회로 시작된 세계박람회가 문화예술, 환경보존, 개척정신 등으로 기업과 국가의 이미지를 제고하고 인류의 번영을 위한 축제라는 새로운 인식을 국민들에게 심어 주는 계기가 되었다.

소도시에서도 성공할 수 있다는 선례를 남겼던 2012년 여수 세계박람회

2012년에는 남도의 미항 여수에서 '살아 있는 바다, 숨 쉬는 연안'이란 주제로 1993년 대전세계박람회 개최 후 20년 만에 국제박람회기구(BIE) 공인세계박람회인 여수세계박람회가 개최되었다. 93일 동안 계속되었던 화려한 대장정은 여수 앞바다에서 아쉽게 막을 내렸지만 바다를 주제로, 바다를 무대로 했던 여수박람회는 '바다로부터의 녹색성장'을 제시하는 '여수선언'을 인류에게 선물로 남겨 주었다. 아울러 글로벌 메가이벤트를 지방 소도시에서 성공적으로 개최함으로써 대한민국의 국가적 역량을 대내외적으로 과시할 수 있었다. 무엇보다 여수박람회는 전시에 국한하지 않고 인류의 미래를 위해 해양환경과 보전, 기후환경 변화, 지구온난화 등 환경을 생각하고 실천하는 박람회였

그림 1-65 소도시에서도 성공할 수 있다는 선례를 남겼던 2012년 여수세계박람회

개요

공식 명칭: 2012여수세계박람회

기간: 2012년 5월 12일~8월 12일(93일간)

주제: 살아있는 바다, 숨쉬는 연안

범주: 국제인정박람회

주최자: 2012여수세계박람회조직위원회

관람객 수: 8,203,956명

면적: 25ha

참가자: 114개(104개국, 10개 국제기구)

다. 또한 역대 박람회 중에서도 가장 돋보이는 풍성한 문화공연 콘텐츠로 관람객을 즐겁게 해 주었다. 보고, 듣고, 즐기고, 체험하는 오감만족의 감동은 관람객들에게 생생하게 전달되었고, 여수는 박람회가 개최된 93일간 아시아, 나아가 세계문화의 중심을 자임했다. 박람회의 본질적 측면에도 소홀하지 않았다. 바다라는 주제를 생생하게 구현한 높은 수준의 전시, 93일간 820만 명의 관람객들을 안전하게 책임진 박람회 운영 역시 여수시, 나아가 대한민국의 국가 브랜드와 이미지 제고에 크게 이바지했다.

2012년 5월 12일부터 8월 12일까지 여수 신항 일대에서 펼쳐졌던 여수박람회는 세계박람회 역사에서 가장 작은 도시에서 개최된 사례였다. 이에 따라 격

정과 우려도 작지 않았다. 하지만 흥행과 전시, 운영 등 모든 면에서 성공적인 기록을 남겼다. 우선, 흥행 정도의 척도인 입장객 숫자에서 800만 명의 목표를 달성해 냈다. 초반에 부진이 있었지만 점점 가속도가 붙어 상승그래프를 그려 나갔다. 개막 초기 21일 만에 100만 명이 입장했으나, 폐막이 다가오면서 6일 동안 100만 명이 입장을 했다. 개막 초기에는 최저 2만 명대에 머문 날도 있었으나 최대 일일 입장객 27만 명을 돌파하는 기염을 토해 내기도 했다. 이는 여수시 인구와 맞먹는 규모였다.

탄력적인 입장객 유치 전략에 따라 미래세대의 주역인 어린이, 청소년들을 적극적으로 박람회장으로 끌어들였고, 지자체의 날을 도입하여 남해안의 지역주민들, 나아가 수도권 관람객들을 적극적으로 유치한 것이 주효했다. 각 해당지역의 주민들이 단체관람을 많이 와 주었다. 결국, 폐막일 기준 입장객 820만 3,956명이라는 기록을 세웠다. 대한민국 남단의 소도시 여수의 쾌거로, 지리점 약점을 극복할 수 있다는 것을 증명했다. 물론 탄력적인 유치 전략의 기반이 박람회의 좋은 콘텐츠와 세심한 운영이었음은 두말할 나위가 없다.

전체 입장객 수 중 외국인 입장객 수는 4.9%를 차지하는 것으로 드러났다. 2005년 아이치세계박람회의 외국인 입장객 비율이 4.6%였던 것을 감안하면, 작은 도시 여수에서 국제행사로서 여수세계박람회가 이룬 성과는 실로 큰 것이라 할 수 있다.

또한 820만이라는 관람객 수는 박람회 개최지인 여수시 인구의 약 27~28배에 달한다. 2008년 스페인 사라고사세계박람회는 550만 명의 입장객을 기록했는데, 당시 사라고사의 인구는 약 70만 명이었다. 수치로 비교하면 약 8배에 못 미치는 수준이었다. 세계박람회가 대도시가 아닌 소도시에서도 성공적으로 개최할 수 있다는 뿌듯한 선례가 여수에서 싹트게 된 것이다.

제2부

세계박람회 개최동향

세계박람회의 핵심요소

국제박람회기구(BIE)는 1928년 창설된 이래, 95년 동안 축적된 경험과 세계박람회를 개최하는 과정에서 인류가 직면한 전 세계적인 과제에 대한 해결책을 모색하기 위해 추가적인 개정안을 발표했다. 현재 세계박람회를 이해하기 위해 제2차 세계대전 이후에 적용된 다양한 요소를 검토한다. 세계박람회의 변화, 참가자들, 개최 빈도, 개최기간과 계절 등 세계박람회 개최에 영향을 미치는 요소들을 제시한다. 또한 각 세계박람회는 다양한 주제를 선정했으며, 주제선정 때 참고할 수 있는 세계박람회 주제의 역사에 대한 논평을 제시한다. 세계박람회는 전 세계 여러 대륙의 국가에서 개최되었지만 제2차 세계대전 이후에는 유럽, 북미 및 아시아 국가들이 주도하고 있다.

세계박람회의 변화

국제박람회기구는 1972년에 10년마다 대규모 세계박람회를 개최하고 그 사

표 2-1 국제박람회기구 1972년 개정안 세계박람회 유형별 특성 비교

구분	세계박람회	
국제박람회기구 공인	제1종 일반박람회	제2종 전문박람회
사례	1992년 세비야세계박람회 스페인, 세비야	1986년 밴쿠버세계박람회 캐나다, 밴쿠버
개최 빈도	10년	5년
기간	6개월	3~6개월
참가자	회원국, 비회원국, 지자체, 기업, 스폰서	회원국, 비회원국, 지자체, 기업, 스폰서
부지 면적	80~240ha	28~60ha
관람객 수	4,000~6,000만	600~2,200만
계획 기간	10~15년	3~8년
전시공간	참가자가 건설	주최자가 건설/제공

자료: 국제박람회기구(BIE) 홈페이지(http://www.bie-paris.org/site/en)를 참조하여 저자 재작성.

이에 소규모 전문박람회를 개최하도록 개최빈도 규정을 변경했다. 세계박람회의 최소 개최간격은 국제박람회기구 회원국 3분의 2가 찬성하면 7년으로 줄일 수 있게 했다. 전문박람회도 박람회장 면적 규모에 제한없이 최대 6개월까지 개최할 수 있게 했다. 〈표 2-1〉과 〈표 2-2〉는 국제박람회기구가 국제정세의 변화에 따라 세계박람회의 유형과 개최빈도 규정을 개정해 적용했던 중요한 차이점에 대한 간략한 지침을 제시했다. 이 두 개의 표는 전후 세계박람회 시대의 두 번의 중요한 시기를 반영한다.

〈표 2-1〉 국제박람회기구 1972년 개정안 세계박람회 유형별 특성 비교는 1982년 녹스빌세계박람회부터 시작해 2000년 하노버세계박람회까지 적용된 유형을 제시했다. 1970년대부터 1980년대 말까지 주로 소규모 전문박람회들을 공인했다.

국제박람회기구는 1988년에 5년마다 대규모(세계, 등록)세계박람회를 개최하고 그 사이에 소규모(전문, 인정)세계박람회를 개최하는 개최빈도 규정을 개정했다. 등록박람회는 박람회장 부지 규모에 제한 없이 최대 6개월까지 개최할 수 있으며, 인정박람회는 박람회장 부지 규모는 25ha로 제한하고 최대 3개월까지 개최할 수 있도록 제한했다. 국제박람회기구는 세계박람회를 둘러싼 환경이 날로 악화됨에 따라 협약을 개정해 종류와 기간, 개최 간격을 변경하고 슬림화함으로써 생존을 도모했다. 결국 '가능한 싸게 하자!'라고 결정한 것인데, 그 판단은 합리적이었다고 해도, 한편으로 가장 근본적인 모순이라고 생각한다. 거리의 엔터테인먼트의 수준이 비약적으로 향상되고, 세계박람회 전시관의 상대적 우위가 점점 하락하는 상황에서 예산을 줄이면 어떻게 될까? 거리의 '미디어 공간'은 영구시설이며 세계박람회 전시관은 임시 가설이라는 것이다. 디즈니랜드의 경우 하나의 어트랙션에 1,000억 원 규모로 투자하고 있다는 사실이다. 세계박람회의 매력을 지탱해 온 것은 '놀라운 체험'과 '관람객 체험의 비일상성'이었다. 돈을 들이지 않고 그것을 손에 넣는 것은 역시 무리였다. 21세기에 접어들어 세계박람회의 약화가 결정적이 된 배경에는, 이 '최대한 싸게 하자'는 인식이 영향을 미쳤다고 생각한다.

〈표 2-2〉 국제박람회기구 1988년 개정안 세계박람회 유형별 특성비교는 등록박람회는 2005년 아이치세계박람회부터 인정박람회는 2008년 사라고사 세계박람회에 처음 적용된 유형을 제시했다. 그리고 1992년에는 스페인 세비야와 이탈리아 제노아 등의 세계박람회를 공인해 동시에 개최했다. 원래 세계박람회는 근대화와 패권경쟁을 겨루는 열강제국들이 만든 것으로, 생겨날 때부터 국가의 위신을 건 경쟁의 무대였다. 위정자의 머릿속에 있었던 것은 '국제사회에서의 존재감과 국위선양'이었다. 세계대전 후에는 여기에 이데올로기가 추가된다. 각 세계박람회에서 동서진영을 주도하는 미국과 소련은 최대 규모의 국가관을 건설해 우주개발의 성과와 삶의 질의 우위를 과시했다. 양국의 존재감은 특별했다. 그러나 1970년대에 접어들면서 세계정세는 긴장 완화

표 2-2 국제박람회기구 1988년 개정안 세계박람회 유형별 특성 비교

구분	세계박람회	전문박람회
국제박람회기구 공인	국제등록박람회	국제인정박람회
사례	2005년 아이치세계박람회 일본, 아이치	2008년 사라고사세계박람회 스페인, 사라고사
개최 빈도	5년	양 등록박람회 사이 1회
기간	6개월	3개월
참가자	회원국, 비회원국, 주/도, 기업, 시민단체	회원국, 비회원국, 주/도, 기업, 시민단체
부지 면적	제한없음	25ha
관람객 수	4,000~6,000만	600~1,000만
계획 기간	10~15년	3~8년
전시관	참가자가 건설	주최자가 건설/제공

자료: 국제박람회기구(BIE) 홈페이지(http://www.bie-paris.org/site/en)를 참조하여 저자 재작성.

가 되었고 1980년대 초반에 신냉전이라는 상황에 이르지만, 1980년대 말부터 냉전 종식으로 변화하기 시작했다. 이런 가운데 20세기 세계박람회를 주도했던 강자 미국의 세계박람회 개최열기가 급격히 식어갔다. 1980년대 말에는 세계박람회 참가에 연방정부가 예산을 동결하고 2001년 5월에 마침내 국제박람회기구를 탈퇴했다(2017년 5월에 재가입). 단독 우위가 확실했기 때문에 세계박람회에 굳이 큰 예산을 투입하는 것은 의미가 없다고 판단했을 것이다. 대조적으로 소련은 1991년 12월에 붕괴되었다. 미국의 세계박람회 참가경쟁 의욕 상실은 다른 선진국에도 전파되어, 크든 적든 그 심정은 공유되었을 것이라고 생각한다. 이어서 1992년 세비아에서 4,180만 명을 기록한 다음은 2010년 상하이의 7,300만 명을 제외하면 다시 2000만 명대에 머물고 있다. 제2세대 세계박람회가 태동한 것이 1940년대니까, 83년 전이었다. 이런 시대에 국가가 거

액의 예산을 투입해 자국의 우위를 과시하는 의미가 어디 있을까? 마찬가지로 국제정세의 변화 속에서 많은 국가가 이 문제를 자문자답하지 않았을까라고 생각한다. 여러 가지 문제가 노출되어 권위를 떨어뜨리며 생존하고 있는 제2세대 세계박람회가 구조개혁을 하지 않은 채 세 번째 상승기류를 탈 가능성은 없다. 세계박람회 역사의 흐름을 본다면, 이미 제3세대 세계박람회가 태동해야 하지만, 그 징후는 아직 나타나지 않았다.

참가자들

세계박람회 참가자들은 일반적으로 다음과 같이 네 가지 주요 범주로 분류된다.

① 공식 참가자: 참가국
② 기타 공식 참가자: 국제기구
③ 비공식 참가자: 기업
④ 비공식 참가자: 광역지자체와 개최도시

회원국(예: 참가국)에 중점을 두고, 참가국의 범주는 통상 '공식 참가자'라고 하며, '기타 공식 참가자' 범주에는 국제기구(예 : 유엔, 적십자, 세계은행 등)가 포함된다. 이러한 논리에 따라 기업 참가자는 '비공식 참가자'가 되며, 다양한 광역지자체와 지역의 정부기관도 이 범주로 분류된다. 주최국이 아닌 다른 국가의 광역지자체는 세계박람회에서 '독립적인' 참가자가 아니라, 참가국 전시의 일부가 되어야 한다. 도시도 마찬가지다. 그러나 이러한 상황이 발생한 사례가 있었다. 예를 들면, 2010년 상하이세계박람회의 '도시 모범사례' 구역에 여러 국가의 도시관이 포함되었다. 〈표 2-3〉 주요 세계박람회 참가자 현황

(1958~2020년)에 제시했듯이, 지난 수십 년 동안 세계박람회에 참가한 이들 다양한 단체의 수는 크게 증가했다. 소비에트연방 해체 1년 후, 1992년 세비야세계박람회는 참가국 수가 108개국으로 이전 최고 기록인 1970년 오사카세계박람회의 77개국보다 크게 증가했다. 2008년 사라고사에서 개최된 소규모의 세계박람회에도 108개국이 참가했다. 가능한 한 많은 참가국을 유치하려는 세계박람회의 관행은 노골적으로 '깃발 세기'라고 불려왔다. '깃발 세기'는 많은 국가를 세계박람회에 참가하도록 유도하는 것이다.

정치적 이유든, 국가적인 자존심 때문이든, 단순히 경쟁 때문이든, 세계박람회 주최자는 참가를 유도하기 위해 유치대상 국가에 다양한 인센티브를 제공해야 하는 경우가 많다. 따라서 특정 국가의 참가비용을 지원하기 위해 주최자 또는 다른 출처에서 유치대책이 나올 수 있다. 세계박람회의 참가국 증가는 고무적인 발전이지만, 실제 세계박람회장에서, 참가국의 전시 수준과 내용 측면에서 참가결과는 많은 새로운 참가자들에게 실망감을 안겨 주었다. 미래에는 부유한 국가와 빈곤한 국가 간의 격차를 해소해야 할 필요성이 계속 현실화됨에 따라, 세계박람회 주최자는 참가국들이 전시관을 준비하는데, 필요한 기술 및 재정적 지원을 받을 수 있도록 하고, 참가하기 위한 자금 부족을 극복할 수 있도록 참가국 유치에 적극적으로 대응할 필요가 있다.

국가 및 국제기구의 참가 외에도, 글로벌 기업의 참가도 세계박람회의 전반적인 내용에 중요한 역할을 한다. 앞에서 언급한 리스본과 세비야세계박람회에 기업이 전시자로 직접 참가하는 방식이 상당히 달랐다. 리스본세계박람회의 기업관은 스와치(시계회사)와 유니커(생수) 단 두 개뿐이었지만 세비야세계박람회에는 수십 개의 기업이 참가했다. 이러한 차이는 기업이 특정 장소에서 출품자로 참가하는 동기가 주로 시장 중심적이기 때문이다. 즉, 기업은 대중에게 메시지를 전달할 수 있는 기회를 가질 뿐만 아니라 '좋은 이웃'이 되는 것을 기반으로 세계박람회라는 활발한 대규모 시장에서 참가를 정당화할 수 있다. 소규모 시장에서는 이러한 명분을 설득하기가 더 어렵다. 또한 많은 기업

표 2-3 주요 세계박람회 참가자 현황(1958~2020년)

년도	개최도시	참가국	국제기구	참가 기업	지자체/ 기타	합계
1958	브뤼셀	39	7	89	22	157
1962	시애틀	49	2	158	1	210
1967	몬트리올	62	3	32	14	111
1968	샌안토니오	23	2	23	3	51
1970	오사카	77	4	40	9	130
1974	스포캔	10	2	86	7	105
1975	오키나와	35	4	14	1	54
1982	녹스빌	16	1	34	8	59
1984	뉴올리언스	15	3	41	16	75
1985	쓰쿠바	48	34	28	1	111
1986	밴쿠버	55	3	9	12	79
1988	브리즈번	36	3	26	12	77
1992	제노바	52	5	24	-	81
1992	세비야	108	7	38	17	170
1993	대전	141	5	24	14	184
1998	리스본	143	13	3	7	166
2000	하노버	174	12	9	–	195
2005	아이치	121	4	16	11	152
2008	사라고사	108	4	8	21	141
2010	상하이	246	56	18	50	370
2012	여수	103	10	7	23	143
2015	밀라노	139	3	35	18	195
2017	아스타나	137	22	6	3	168
2020	두바이	192	11	22	–	225

자료: 국제박람회기구(BIE) 홈페이지(http://www.bie-paris.org/site/en)를 참조하여 저자 재작성.

들이 국가관 내부의 전시를 통해 간접적인 방식으로 참가하기 때문에 두 가지를 모두 수행하는 데 필요한 자원을 확보할 수 없는 것이 현실이다.

개최빈도

국제박람회기구가 창립되었던 1928년으로 거슬러 올라가면, 회원국들이 세계박람회를 감독하는 기구를 만들면서 해결하고자 했던 주요 쟁점 중 하나는 세계박람회의 확산이었다. 세계박람회는 1851년 런던의 하이드파크 크리스탈 팰리스에서 최초로 개최되었다. 제2차 세계대전 전까지 런던, 파리, 뉴욕 등지에서 세계박람회가 개최되었고, 1931년부터 국제박람회기구가 존재했음에도 불구하고 세계박람회의 개최빈도는 평균 1년에 1개에 육박했다. 당시 국제박람회기구 회원국 대표들에 따르면, 세계박람회의 확산은 많은 문제를 야기했다고 한다. 만약 세계박람회가 너무 자주 개최된다면, 양질의 행사를 준비할 수 있는 시간이 부족하다는 사실이 밝혀졌다. 더 중요한 문제는 세계박람회 참가를 지속적으로 요청받는 국가들에게 세계박람회에서 수준 높은 전시를 기획, 설계, 건설 및 운영하는 비용이 정치인과 시민들의 관심을 끌기 시작했다.

세계박람회의 참가초청은 국가 대 국가라는 최고 수준의 외교관계로 이루어지기 때문에 한 국가의 세계박람회 참가 결정에는 국제 관계적 요소도 내재되어 있다. 만일 한 국가가 특정 국가의 행사에 참가를 거부할 경우 정치적 파장이 상당할 수 있다. 따라서 앞에서 언급했듯이 국제박람회기구는 1972년에 10년마다 대규모 세계박람회를 개최하고 그 사이에 소규모 전문박람회를 개최하도록 개최빈도 규정을 변경했다. 세계박람회의 최소 개최간격은 국제박람회기구 회원국 3분의 2가 찬성하면 7년으로 줄일 수 있게 했다. 전문박람회도 박람회장 면적 규모에 제한 없이 최대 6개월까지 개최할 수 있도록 했다. 이전에 국제박람회기구는 1982년 녹스빌, 1984년 뉴올리언스와 1986년 밴쿠버 등 2년 간격으로 세계박람회를 공인했다. 겉보기에는 세계박람회 개최빈도에 대한 신중하지 못한 정당성 중의 일부였지만, 국제박람회기구가 회원국의 역사에서 특정 연도 또는 날짜의 특별한 중요성을 인정했다는 것이며, 그 날짜가 세계박람회를 축하하거나 기념할 수 있는 요인이 될 수 있다는 것이다. 회원국들이 제시하는 특정 연도를 선정해 국제박람회기구의 공인을 요청하는 명분 중 일부는 국제적인 관점에서 볼 때 사소하거나 상대적으로 중요하지 않은 것으로 보일 수 있지만, 세계박람회 활동은 전적으로 회원국들의 지지에 기반하고 있으므로 특정한 일방적인 공인 요청을 인정하는 것은 국제박람회기구 존재 이유와 완전히 일치한다는 점을 명심하는 것이 중요하다. 1928년 국제박람회기구 협약에 따라, 새로운 세계박람회 유형이 제정되었으며, 국제박람회기구는 1988년에 5년마다 대규모(세계, 등록)세계박람회를 개최하고 그 사이에 소규모(전문, 인정)세계박람회를 개최하도록 개최빈도 규정을 개정했다. 등록박람회는 박람회장 부지 규모에 제한없이 최대 6개월까지 개최할 수 있으며, 인정박람회는 박람회장 부지 규모는 25ha로 제한하고 최대 3개월까지 개최할 수 있도록 제한했다.

주제

세계박람회 자체도 '이 세계박람회를 개최하려고 구상하게 된 목적이 무엇인가'를 설명하는 개념이 필요했다. 앞에서 소개한 국제박람회 협약도 '유형'이라는 개념으로 세계박람회가 '보여 주는 것'을 성격 부여하려고 했다. 이러한 정의가 채택된 이면에는, '무엇에 대해 전달할 것인가'를 생각하지 않는 세계박람회는 미래가 없다는 문제의식이 대두되었을 것이다. 국제박람회 협약 체결 5년 후 1933년 시카고세계박람회에 처음으로 공식주제가 등장했다. 주제 제1호는 '진보의 세기'였다. 지난 100년을 되돌아보고 향후의 100년을 전망한다는 제언이었다. 주제란 "이 문제에 대해 모두 함께 생각하자."라고 주최자가 호소하는 것이다. 기능적으로는 '참가자의 문제의식을 유도하는 공통의 열쇠'이며, '세계박람회를 하나의 개념으로 총괄하는' 역할을 했다. 그러나 이때 뿌려진 씨앗이 자라서 제2차세계대전 후에는 세계박람회 체제를 구조 수준에서 지탱할 정도의 존재가 되었다.

아무리 주제설정이 세계박람회의 기본방향이라 하더라도 그 의미를 이해하려면, 세계박람회 현실을 '주제'의 실현 가능성까지 냉철하게 분석할 수밖에 없다. 주제 또한 예전처럼 기능하고 있지 않기 때문이다. 오히려 없는 것이 '좋은 것 아닌가'라는 상황이 발생하고 있다.

국제참가자들은 적든 많든, 자국의 광고대행사 또는 전시회사에 의뢰할 것이며, 필연적으로 반복되는 전시를 보여 줄 것이다. 광범위한 개념을 선호하는 주제에 대한 열망 때문에 전시내용에 주제를 반영하기가 많이 어려워졌다. 많은 참가국이 개최국에서 제시한 주제의 성격이 너무 추상적이며 철학적이라고 불만을 토로하고 있다. 복잡다단한 전시관의 전시제작 진행상의 곤란을 겪는 것 말고도, 참가국들이 자국의 산업 또는 기술력과 문화관광을 널리 알릴 기회가 더 줄어든다고 볼 수 있다. 지금은 누구나 '세계박람회란 국경을 초월해 주제를 구현하는 이벤트'라고 생각하고 있다. 1933년 시카고세계박람회 이후 현재까지 수십 개의 주제가 등장했다. 내용의 좋고 나쁨은 있지만, 적어도 '현대사회의 요청에 부응할 수 있는 현실적인 주제'라고, 진지하게 생각하게 된 것이다. 국제박람회기구가 왜 그런 결의를 했는지, 솔직히 잘 모르겠다.

앞에서 언급한 '등록'과 '인정'이라는 용어가 시사하는 바와 같이, 국제박람회의 분류 시스템은 주제적 차원을 가지고 있다. 세계박람회(등록박람회)는 우리 시대의 보편적인 과제로 모든 포괄적인 주제가 적용되며, 전문박람회(인정박람회)는 보다 구체적인 주제가 적용된다. 현재와 미래 트렌드의 추세는 지속 가능성과 환경인식에 초점을 맞추고 있는 것으로 보인다. 일부 최근 및 향후 세계박람회의 주제는 다음과 같다.

- 2000년 독일 하노버: 인간, 자연, 기술
- 2005년 일본 아이치: 자연의 지혜
- 2008년 스페인 사라고사: 물과 지속가능한 개발
- 2010년 중국 상하이: 보다 좋은 도시, 보다 좋은 생활
- 2012년 한국 여수: 살아있는 바다와 숨쉬는 연안
- 2015년 이탈리아 밀라노: 지구식량 공급, 생명의 에너지
- 2017년 카자흐스탄 아스타나: 미래 에너지
- 2020년 아랍에미리트 두바이: 마음의 연결, 새로운 미래의 창조
- 2025년 일본 오사카 · 간사이: 우리의 삶을 위한 미래사회 설계
- 2027년 세르비아 베오그라드: 인류를 위한 놀이−모두를 위한 스포츠와 음악

기간과 계절

세계박람회 사례를 살펴보면 대부분 6개월 동안 운영되었으며, 늦은 봄과 가을 사이에 개최되었음을 알 수 있다. 이러한 전형적인 개최기간과 계절적 특성 외에도, 더 길거나 짧은 기간의 세계박람회도 있었다. 예를 들면, 제2차 세계대전 후의 세계박람회 시대 이전에, 1939~1940년 샌프란시스코세계박람회와 1939~1940년 뉴욕세계박람회는 2년에 걸쳐 6개월씩 두 계절에 걸쳐 개최되었다. 이후에 1964년과 1965년에 뉴욕에서 비공인 세계박람회가 개최되었다. 운영 기간이 더 짧은 세계박람회 사례로 1992년 제노바세계박람회와 1993년 대전세계박람회가 있다. 또한 전형적인 개최 계절에서 벗어난 것도 있었다. 아마 기후적인 이유로 1880~1881년 멜버른세계박람회는 10월부터 4월까지 개최되었다. 반대로 1988년 브리즈번세계박람회는 남반구의 전형적인 봄, 가을 일정을 고려해 4월에 개막하고 10월에 폐막했다. 세계박람회 개최에 적합한

계절을 결정하기 위한 전형적인 접근방법은 몇 가지 고려사항이 있는데, 기상조건을 포함해 가족과 어린이들을 위한 휴가 일정, 행사 운영에 필요한 학생(예: 비숙련 및 반숙련)인력의 확보를 필요로 한다.

첫 번째 요인인 날씨의 경우, 세비야와 리스본에서 개최된 세계박람회에서 많은 관람객이 겪은 극심한 더위는 상당한 불편을 초래하고 일부 의학적인 문제를 야기하는 부정적인 요인으로 작용했다. 반면에 세계박람회를 겨울에 개최하는 방안은 실내공간을 증가시켜야 할 필요성을 늘리고 관람객의 입장률을 현저히 감소시킬 것이다. 앞에서 언급한 고려사항 외에도, 국제박람회기구는 세계박람회 개최 비용에 대한 회원국의 우려를 해소하기 위한 노력과 함께 개최 기간을 제한하기 위한 노력도 기울여 왔다. 예를 들면, 1998년 리스본세계박람회는 5월 말부터 9월 말까지 약 4개월간 운영되었다. 소규모 인정박람회는 최대 3개월로 개최기간을 제한했다. 또한 경영의 관점에서 기간이 짧은 세계박람회는 식음료의 영업권 소유자와 상품판매 시설은 재정적으로 큰 어려움을 겪게 된다. 레스토랑과 가게를 만드는 데 들어간 고정비용을 회수하고 합당한 수익을 거두려면 6개월보다 짧아서는 무리가 있다.

개최지역

1851년 런던에서 최초로 개최되었던 세계박람회는, 대중의 욕망을 자극하면서 거대화하고, 사상 최강의 미디어로서 19세기 세계에 군림했다. 세계박람회는 국제상품전시회 모델을 기반으로 급속한 발전을 계속했다. 진열과 실연을 구동 원리로 '상품을 전시하는 박람회'였던 세계박람회는 점점 규모가 커지고 성장을 계속해 '세계박람회 중의 세계박람회'로 평가받았던 1900년 파리세계박람회는 드디어 5,000만 명이 넘는 관람객을 유치해 최초로 정점을 맞이했다. 두 번의 세계대전 사이에 자기혁신에 노력한 구조 개선이 주효해, 새로운 방식의 전환에 성공했다. 20세기에 접어들면 세계박람회의 중심이 유럽에서 미국으로 이동해 엔터테인먼트의 비중이 커지면서 예산을 아끼지 않는 거대기업이 인기를 누렸다. 예를 들면 1939년 뉴욕세계박람회에서 인기를 끈 기업관은 GM, 포드, 크라이슬러, 웨스팅하우스, GE, 듀폰, RCA 등이었다. 1970년 오사카세계박람회를 계기로 세계박람회의 중심이 미국에서 아시아로 이동했다. 이후 일본은 1975년 오키나와세계박람회, 1985년 쓰쿠바세계박람회, 2005년 아이치세계박람회까지 연이어 성공적인 개최로 아시아에 세계박람회 붐을 일으키는 선구자 역할을 했다. 2025년 오사카·간사이세계박람회 개최를 준비하고 있다. 한국은 1993년 대전세계박람회와 2012년 여수세계박람회를 개최했으며, 2030년 세계박람회를 유치해 부산에서 개최하기 위해 유치 신청국들과 치열하게 경쟁 중이다. 중국은 2010년 상하이세계박람회를 개최했다.

세계박람회는 전 세계 여러 국가의 도시에서 개최되었지만 제2차 세계대전 이후에는 유럽, 북아메리카 및 아시아 국가들이 주도하고 있다. 〈표 2-4〉대륙 및 국가별 세계박람회 개최현황(1851~2020년)을 살펴보면, 몇 가지 분석결과를 도출할 수 있다.

세계박람회는 19세기 1851년부터 21세기 2022년까지 총 69회, 6개 대륙, 22개 국에서 대규모 등록박람회는 35회, 소규모 인정박람회는 34회가 개최되었다. 대륙별로 유럽 42회 60.8%, 북아메리카 13회 18.8%, 아시아 8회 11.6%, 중동 3회 4.3%, 오세아니아 2회 2.9%, 남아메리카 1회 1.4% 순으로 개최되었다. 특히 아프리카에서는 세계박람회가 전혀 개최되지 않았다는 점에 주목해야 한다. 대부분 유럽과 북아메리카에서 개최되었으며, 아시아에서는 드물게 개최되었다. 또한 주로 선진국에서 개최되었다.

제2차 세계대전으로 인해 전후 13년간 중단되었던 세계박람회를 1958년 벨기에의 브뤼셀에서 개최한 이후, 유럽에서는 1992년 세비야세계박람회가 개최되기 전까지 34년 동안 세계박람회가 개최되지 않았다. 이러한 추세를 비추어 볼 때 의문이 생긴다.

표 2-4 대륙 및 국가별 세계박람회 개최현황(1851~2020년)

순위	대륙별	개최국	개최 횟수	등록 박람회	인정 박람회	대륙별 횟수	비율 (%)
1	유럽	프랑스	9	6	3	42	60.9
		벨기에	7	6	1		
		이탈리아	7	2	5		
		스페인	4	3	1		
		스웨덴	3		3		
		독일	3	1	2		
		영국	2	2	–		
		오스트리아	1	1	–		
		불가리아	3		3		
		핀란드	1		1		
		포르투갈	1		1		
		헝가리	1		1		
2	아시아	일본	4	2	2	8	11.6
		한국	2		2		
		중국	1	1	–		
		카자흐스탄	1		1		
3	북아메리카	미국	11	7	4	13	18.8
		캐나다	2	1	1		
4	남아메리카	아이티	1	1	–	1	1.4
5	중동	이스라엘	2		2	3	4.3
		아랍에미리트	1	1	–		
6	오세아니아	오스트레일리아	2	1	1	2	2.9
	계	22	69	35	34	69	

자료: 국제박람회기구(BIE) 홈페이지(http://www.bie-paris.org/site/en)를 참조하여 저자 재작성.

'세계박람회는 왜 이런 국가의 도시에서 개최될까?' 이 질문에 대한 가장 직접적인 대답은 모든 세계박람회가 국제박람회기구의 공인을 받아야 개최할 수 있기 때문이다. 따라서 다음 장에서 설명할 공인과정은, 기본적으로 개최도시가 정부의 지원을 받아 국제박람회기구에 세계박람회를 유치를 신청해 유치계획서 제출 및 총회에서 회원국들에게 발표하며, 프로젝트 검토와 국제박람회기구 조사단의 개최예정 도시 현장실사를 거쳐 회원국 투표로 개최도시가 선정되는 공인 절차가 세계박람회 개최지를 결정하는 수단이다.

1928년 국제박람회기구(BIE) 설립 이후 현재의 국제박람회 협약체제가 1988년에 개정된 후, 개최한 지역은 유럽과 북미, 오세아니아, 일본, 한국, 중국뿐이었는데, 최근 들어 상황이 달라졌다. 2017년 개최국은 아스타나(카자흐스탄), 2020년은 두바이(아랍에미리트)였다. 최근 러시아, 우크라이나, 사우디아라비아, 아제르바이잔을 포함해 20세기에는 생각지 못했던 국가들이 정식으로 국제무대에 등장하기 시작한 것이다. 더욱 놀라운 것은, '개발도상국, 최초 개최, 미경험'을 유치홍보 슬로건으로 주장하기 시작했다. 개발도상국이기 때문에 의미가 있다는 호소가 회원국의 득표에 유리하게 작용하는 상황이 된 것이다. 실제로 2017년 카자흐스탄은 벨기에를 더블 스코어로 이겼고, 2020년 아랍에미레이트와 경쟁한 러시아와 터키, 브라질은 개최경험이 없었고, 2023년 아르헨티나는 미국과 폴란드를 유치경쟁에서 이겼지만 COVID−19 대유행과 금융위기로 인해 2023년 전문박람회 개최를 철회했다. 2017년 카자흐스탄, 2020년 아랍에미레이트로 이어지는 라인업은 모두 최초의 개최였다. 세계박람회 역사상 유례가 없는 사례였다.

1928년 국제박람회기구 창설 시에 31개국이었던 회원국은 현재 182개국이다. 아프리카가 55개국으로 가장 많고, 유럽 42개국, 미주 31개국, 아시아 25개국, 중동 15개국, 오세아니아 14개국이다. 숫자상으로는 언젠가 세계박람회를 개최하고 싶다는 개발도상국이 과반수 이상을 차지하고 있다. '최초의 개최'는 개발도상국들이 공감하는 키워드다.

관광산업은 이미 세계에서 유망한 산업이 되었고, 많은 나라들이 점유율을 놓고 경쟁하고 있기 때문에, 새로운 세계박람회의 유력한 후보지가 나타나는 것은 이미 시간문제다.

세계박람회의 공인

국제박람회기구(BIE)의 세계박람회 개최를 하기 위한 유치 신청 및 공인 관련해, 국제박람회기구의 협약규정에 근거한 유치신청 자격과 조건, 공인과정, 국제 참가자 유치, 세계박람회 개최와 관련해 개최국의 국내 정치 상황이 미치는 영향에 대해 미국과 이탈리아의 사례를 제시한다. 국제박람회기구가 공인한 세계박람회는 가장 역사가 오래되었고 신뢰도가 높지만, 때때로 유사한 프로젝트를 수행하는 데 적용되는 다른 형식들도 소개한다.

국제박람회기구(BIE)의 세계박람회 공인

세계박람회를 개최하려는 국가의 정부는 주제와 개최도시, 날짜와 개최기간, 주최자의 법적인 지위를 명시한 유치신청서를 국제박람회기구에 제출해야 한다. 유치신청서에는 정부의 전폭적인 지원을 보장해야 한다. 한 국가가 신청서를 제출하면 국제박람회기구는 6개월간 카운트다운을 시행하며, 동일한 기간에 세계박람회를 개최하려는 다른 국가는 6개월 이내에 신청서를 국제박람회기구에 제출해야 한다. 6개월간의 신청 기간이 끝나면 국제박람회기구는 신청을 마감한다. 모든 유치신청국들은 규정된 항목에 근거해 상세한 유치계획서를 작성해 제출해야 하며, 국제박람회기구는 유치신청국의 세계박람회 프로젝트에 대해 검토단계에 들어간다. 유치계획서는 유치신청국에서 실시될 국제박람회기구 조사단의 세계박람회 개최장소 현장 조사임무의 기본자료로 사용된다. 조사임무는 신청국별로 실시된다.

세계박람회 프로젝트에 대한 지지를 받기 위해 유치신청국들은 유치계획서를 제출하는 즉시 국제 캠페인을 실시해야 한다. 유치신청 발표와 최종 투표 사이에 개최되는 국제박람회기구의 각 총회에서 유치신청국들은 회원국 대표들에게 세계박람회 프로젝트를 발표해야 한다. 프로젝트 검토단계가 끝나면 국제박람회기구 회원국들은 1개국 1표 원칙에 따라 총회에서 비밀투표로 개최국을 선출한다. 회원국은 세계박람회 개최를 위해 비회원국보다 우선권을 갖는다. 만약 어떤 회원국도 유치신청을 하지 않은 경우, 비회원국의 유치신청은 세계박람회 개최권을 확보하기 위해 모든 투표에서 3분의 2 이상의 득표를 해야 한다.

공인과정

세계박람회를 개최하기 위해서는 유치신청부터 행사종료 후 유산에 이르기까지 수년간의 계획이 필요하다. 등록박람회와 전문박람회를 유치 및 개최하는 과정에는 7단계가 있다.

7단계의 개략적인 내용은 〈표 2-5〉와 같다. 상세한 내용은 이 책의 '2장 국제박람회기구'를 참고하기 바란다.

표 2-5 세계박람회 유치 및 개최과정 7단계

단계	항목	세부내용	수행 기관
1	유치신청	• 유치신청서 작성 및 제출	유치신청국
		• 유치신청 기간 공표	국제박람회기구
2	프로젝트 검토	• 유치계획서 작성 및 제출	유치신청국
		• 조사 임무: 프로젝트 평가	국제박람회기구
		• 국제박람회기구 조사단 현장실사 준비	유치신청국
		• 조사단 현장실사 보고서 작성 및 제출	국제박람회기구
		• 프로젝트 캠페인 및 총회 발표	유치신청국
3	선거	• 회원국 투표	회원국
		• 개최국 선정 및 공표	국제박람회기구
4	세계박람회 등록 및 인정	• 실행계획 작성 및 제출	개최국
		• 신청서 검토 및 총회 승인권고	국제박람회기구
5	세계박람회 준비와 실행	• 준비 추진상황, 특별규정, 보고서 제출 • 국제참가자회의(IPM) 개최	개최국
		• 공식 대표 임명, 참가계약 체결	참가국
		• 운영위원회설치, 세계박람회 규정 적용	국제박람회기구
6	세계박람회 개최	• 주제전시 및 문화행사 실시 • 홍보마케팅 및 관람객 유치 • 세계박람회장 통합운영 및 서비스	개최국
		• 국가관 운영 및 문화행사 실시 • 국가의 날 실시	참가국
7	세계박람회 이후	• 유산 및 사후 활용계획 수행	개최국
		• 유산계획의 이행 확인	국제박람회기구

자료: 국제박람회기구(BIE) 홈페이지(http://www.bie-paris.org/site/en)를 참조하여 저자 재작성.

국제박람회기구가 세계박람회 유치신청을 공인하기 위해서는 유치신청국이 국제박람회 기구의 회원국이어야 하며, 유치신청자가 정부를 대표해 국제박람회기구에 신청서를 제출해야 한다. 세계박람회(국제등록박람회)의 유치신청국들은 세계박람회 개최 예정일로부터 6~9년 전에 신청서를 제출해야 한다. 전문박람회(국제인정박람회)의 유치신청국들은 전문박람회 개최 예정일로부터 5~6년 전에 신청서를 제출해야 한다. 유치신청국 정부의 승인과 지원이 없으면 유치신청자는 국제박람회기구에서 공식적인 지위를 갖지 못한다. 정부의 지원과 승인을 얻는 데 필요한 단계는 국가마다 다르므로, 이 장에서 유치신청국이 국제박람회기구에 신청할 때 직면할 수 있는 모든 조건을 포괄적으로 설명하는 것은 불가능하다. 그러나 북미, 유럽, 아시아 지역의 과거 세계박람회 개최사례를 살펴보면 전형적인 세계박람회의 프로세스는 국가와 도시 차원에서 지방자치단체와 관련 단체들의 조합이 경제적 발전을 촉진하기 위해 추진하는 것이 일반적이다. 왜냐하면 세계박람회는 일정한 장소가 필요하며, 핵심 조건으로 세계박람회를 개최하는 데 적합한 위치에 있는가는 성패를 좌우하기 때문이다.

세계박람회장 구성과 위치가 변경되는 경우도 종종 있지만 이런 중요한 동기는 지역공동체가 세계박람회 개최를 통해 도시의 일부분을 획기적으로 재개발하기 위한 기회가 된다. 오늘날과 같은 지방화 시대에 지역개발과 경제활성화의 기폭제로서 세계박람회의 역할이 더욱 커지고 있는 실정이다. 특정 도시에서 세계박람회 개최 프로젝트를 홍보하는 과정에서 또 다른 핵심요소는 타당성 조사를 준비해야 한다.

이 책의 제3부에서는 세계박람회의 개최 타당성 조사 준비와 관련된 단계에 대한 자세한 개요를 제시한다. 조사 결과가 긍정적이며 세계박람회 개최에 대한 지역의 열정이 강화되면, 이를 활용해 세계박람회 개최에 대한 추가적인 지원과 지지를 받을 수 있다. 지역사회의 추가적인 지원을 받기 위한 노력의 결과가 긍정적이면, 정부와 기업의 추가적인 지원을 받기 위해 접촉한다. 세계박람회 프로젝트가 해당 국가의 프로젝트로 추진할 수 있을 만큼 충분한 지지가 확보되면, 국제박람회기구와 보다 공식적인 유치신청 절차를 시작할 수 있다. 이 초기 단계에서 고려해야 할 주요 사항 중 하나는 세계박람회의 개최시기와 개최빈도다. 앞에서 언급한 바와 같이, 국제박람회기구는 세계박람회의 개최빈도 간격을 유지하기 위해 수십 년간 노력했으나, 실제로 개최빈도를 살펴보면 그 패턴이 상당히 정반대임을 알 수 있다.

올림픽과 세계박람회가 다른 이유 중 하나는 형식과 시기가 잘 정립된 올림픽과 달리 세계박람회는 독특한 기회를 창출하는 지역정책의 조합에서 비롯되기 때문이다. 예를 들면, 1992년에 스페인은 하계올림픽과 세계박람회를 동시에 개최했다. 올림픽의 개최 시기는 하계올림픽 개최 간격에 의한 국제적 합의에 따라 결정되었지만, 세계박람회의 개최 시기는 콜럼버스가 신대륙을 발견한 지 500년이 되는 해를 기념하는 것이었다. 따라서 이 역사적인 사건을 기념하는 기회가 세계박람회 개최 시기를 결정하는 근거가 되었다. 국제박람회기구는 지역적 또는 국가적으로 중요한 날짜의 시기가 중요하다는 점을 인식하고 세계박람회 사이에 이상적인 개최빈도에 대한 몇 가지 예외를 두었지만, 개최도시의 발기인들이 초기에 해결해야 할 기본적인 쟁점은 그들이 제안한 세계박람회 개최 일자다. 만약 발기인들이 세계박람회를 개최하려는 연도가 이미 다른 도시에서 개최되는 세계박람회로 국제박람회기구의 공인을 받았다면, 이는 국제박람회기구의 공인을 받는 데 있어 해결하기 어려운 상당한 장애물이 될 수 있다. 그러나 국제박람회기구의 세계박람회 공인을 받은 도시가 세계박람회를 취소해, 다른 도시가 개최할 수 있도록 기회를 만들어 준 사례도 있다. 예를 들면, 미국의 시카고는 1992년 세계박람회를 개최하기 위해 국제박람회기구의 공인을 받았으나, 이후 스페인의 세비야가 같은 해 세계박람회 유치를 신청해 공인받았다. 그러나 시카고는 나중에 취소했고, 세비야는 1992년에 일반박람회를 개최했다. 그 후에 이탈리아의 제노바 역시 1992년 전문박람회 개최를 공인받았다.

또는 유치신청한 세계박람회가 국제박람회기구가 원하는 개최빈도와 일치할 수 있으며, 하나 이상의 다른 도시가 세계박람회 유치를 신청할 수도 있다. 2005년 세계박람회의 경우, 캐나다의 캘거리와 일본의 아이치현이 동시에 유치신청을 했는데, 유치를 추진하면서 국제박람회기구의 공인을 받기 위한 경쟁이 치열했다. 반면에 동일한 연도의 세계박람회를 유치신청한 다른 도시가 없을 경우, 절차는 더 간단하고 국제박람회기구 회원국의 지지를 받기 위한 노력을 덜하기 때문에 공인 요청에 드는 비용도 더 줄어든다. 어떤 경우든, 한 국가가 세계박람회를 유치하기 위해서는 국제박람회기구의 세계박람회 프로젝트 검토와 유치신청국 개최도시의 현장조사를 실시하고 진행한다.

국제박람회기구가 유치신청서를 수락하면, 다음 단계로 유치신청국의 개최도시가 제안했던 세계박람회 프로젝트와 관련해 국제박람회기구 규정에 명시된 14개 장, 61개 항목으로 구성된 유치계획서를 작성해야 한다. 이 유치계획서는 국제박람회기구에 공식적으로 제출해야 하며, 유치신청국에서 실시될 국제박람회기구 조사단의 세계박람회 개최장소 현장조사 임무의 기본자료로 활용된다. 이들의 제안이 긍정적으로 평가될 경우, 국제박람회기구는 조사단을 구성해 제안한 유치신청국 개최도시의 세계박람회장 예정장소를 현장 조사한다. 조사임무는 각 유치신청국별로 실시된다. 조사단의 구성원은 국제박람회기구의 부회장 중 1명, 회원국의 대표 또는 전문가 1명 이상, 사무총장 등으로 구성된다. 이러한 조사단의 현장조사는 5일간 계속되며, 세계박람회 프로젝트의 타당성과 실행 가능성, 신청국과 개최도시의 정치 및 사회적 분위기, 그리고 프로젝트에 대한 관련 당사자들(정부, 지방자치단체 관계자 및 시민단체)의 지지를 평가한다. 지역주민들이 제안한 세계박람회를 위해 그들의 입장을 발표할 기회를 제공하며, 적절한 장소의 유용성, 지역 정치, 비즈니스 및 지역사회의 지지, 재정계획 등에 대한 다양한 질문에 응답한다.

현장조사를 마친 후에, 조사단은 조사결과 보고서를 작성해 국제박람회기구 집행위원회에 제출하며, 연중 2회의 총회에 권고안을 제출한다. 이 단계까지 모든 것이 순조롭게 진행되고 현지에서 논란이 없거나 유치신청국의 제안에 이의를 제기할 경쟁 제안이 없다면, 국제박람회기구는 총회에서 회원국 투표를 거쳐 제안된 세계박람회의 개최날짜와 개최도시를 공인한다.

회원국들은 조사단의 조사결과, 제안된 세계박람회 주제의 매력, 그리고 그것이 세계박람회 참가와 관련이 있는지의 여부와 유치신청국과의 상호관계를 고려해 결정한다. 공인을 받은 후에는 기획 및 실행단계로 넘어가는 과정에서 국제 참가자 유치, 세계박람회 개최 및 운영을 관리할 일반규정 및 특별규정 초안 작성, 기타 여러 가지 행정 및 운영활동 등을 진행한다. 세계박람회 개최지를 선정하는 이러한 절차적 수단 외에도, 세계박람회 개최지 선정에 기여하고 영향을 미치는 요인으로 언급될 수 있는 다른 요소는 다음과 같다.

① 정부지원: 국제박람회기구의 구조와 절차로 인해 세계박람회 유치신청국들은 최고 수준에 상당하는 지원을 정부로부터 받는 것이 필수적이다.
② 부지개발/재개발: 세계박람회가 개최되었던 도시의 많은 부지들은 지역사회에서 활용도가 낮거나, 황폐하거나, 낙후된 부지를 더 나은 용도로 활용하기 위한 수단으로 세계박람회 개최를 모색해 온 도시지역이었다. 세계박람회 개최 후 '더 좋고 더 나은' 용도로 국제무역박람회장, 주거지 개발, 공원 및 개방공간이 포함되었다. 다른 경우에는 주최자들이 과학기술공원과 같은 세계박람회와 함께 새로운 개발계획을 추진하려고 노력했다.
③ 관광 및 경제개발: 일부 개최도시는 세계박람회 개최과정을 통해 국제적인 관심을 끌어 위상을 높이려고 시도했다. 이러한 노력의 기대 효과는 관광효과를 창출하고 새로운 경제활동을 유치하는 것이었다.

국제 참가자 유치

국제박람회기구가 세계박람회를 공인하고 개최일을 확정하면, 이제 개최국은 시간과의 싸움을 벌여야 하는데, 국제박람회기구의 공인된 개막일은 변경할 수 없다. 등록박람회는 참가국이 자체 국가관을 건설해 6개월 동안 운영하며, 인정박람회는 주최자가 제공하는 전시공간에 전시물을 설치해 3개월 동안 운영하는 방식이다. 각 국가들에게 세계박람회 참가를 설득하는 것이 더욱 어려운 과제로 남게 된다. 어느 쪽이든 국제 참가자는 세계박람회 성공의 핵심요소이며, 개최국은 성공적인 세계박람회의 주요 벤치마크 중 하나인 수백만 명의 관람객을 유치할 수 있는 세계박람회를 개최하기 위해 참가자 수와 전시물의 질적인 측면에서 매력적인 전시를 보여 줄 수 있어야 한다.

국제박람회기구 회원국들이 세계박람회 공인을 위해 투표하는 과정과 마찬가지로, 개최국은 참가자들이 세계박람회장에 도착했을 때 전체 부지와 시설이 참가자들을 수용할 수 있도록 확고한 약속을 받기 위해 국제적인 캠페인을 전개할 의무가 있다. 참가자를 유치하고 계약하는 전반적인 과정은 기본적으로 무역전시회나 컨벤션에 참가하는 참가업체를 유치하는 것과는 달리 매우 간단하지만, 주최자와 참가자 양자 간의 정치상황과 같은 여러 요인이 참가결정과 조건에 영향을 미칠 수 있으며 실제로 영향을 미친다. 참가자가 처리해야 하는 여러 가지 어려운 결정 중에는 예산문제가 있다. 얼마를 지출해야 하며, 이를 통해 무엇을 얻을 수 있는가? 예산문제는 부유한 선진국이 아닌 전 세계의 국제박람회기구 회원국들에게는 특히 민감한 문제다.

제2차 세계대전 이후 모두 선진국이거나 세계박람회를 개최할 수 있는 상당한 경제력을 보유한 국가를 대표하는 세계박람회 개최국과 저개발국 간의 비대칭적인 재정상황을 고려해, 개발도상국에 다양한 형태의 지원을 제공하는 관행은 세계박람회에 상당수의 개발도상국을 유치하기 위한 수단으로 발전했다. 예를 들면, 1986년 밴쿠버세계박람회의 경우, 주최자가 제공한 공간을 사용하기 위해 참가자에게 임대료를 부과하는 오늘날 인정세계박람회의 전신인 전문세계박람회에서는 참가비용을 낮추기 위한 수단으로 일부 개발도상국에 전시관 임대료를 감면하거나 면제하는 방식으로 지원을 제공했다. 다른 형태의 지원에는 교통, 숙박, 현지 교통편의 등이 포함된다.

현재 국제박람회기구 회원국의 수는 182개국이며, 이들 국가 중 상당수가 개발도상국으로 세계박람회 참가를 위해 지원이 필요하기 때문에 주최자 측의 책임이 막중하다. 재정적인 문제 외에도 참가과정의 일환으로 주최자는 공인과 개최 사이에 일련의 기획회의를 실시한다. 이 회의에서는 일반적으로 각 회원국의 참가를 설득하고 매력적이고 잘 운영되는 세계박람회를 개최하기 위해 노력하는 주최자와 자국의 이익을 보호하려는 잠재적 참가자 사이의 역동적인 긴장감이 존재한다. 잠재적 참가자의 경우 '자국의 이익보호'에는 다음과 같은 사항이 포함된다.

① 참가국 정부의 투자가 세계박람회장 부지, 주제관, 공연장 등에 대해 주최자의 투자로 보완될 수 있도록 보장한다.
② 전시관을 건설하기 위해 부지를 확보하거나 세계박람회장에서 관람객의 눈에 잘 띄는 공동관에 위치해야 한다.
③ 주최자가 제공할 서비스에 대한 매력적인 조건을 협상한다.

세계박람회 개최국의 국내 정치: 미국과 이탈리아 사례

세계박람회와 관련해 개최국의 국내 정치상황은 매우 중요하다. 세계박람회와 개최국의 국내 정치상황 관련해 미국과 이탈리아의 5개 사례를 소개한다. 미국의 경우, 세계박람회가 개최되었던 1962년 시애틀, 1974년 스포캔,

1982년 녹스빌 등 3개 도시는 지역의 세계박람회 주최자와 중앙정부에 상당한 권한과 영향력을 가진 지역의 선출직 공무원 간에 좋은 관계를 유지해 세계박람회 개최 계기를 만들었으며, 중앙정부의 지대한 관심과 전폭적인 지원으로 성공적인 세계박람회의 성과를 거두었다. 그러나 미국의 1984년 뉴올리언스와 이탈리아의 1992년 제노바는 이러한 관계가 없어 중앙정부의 지원을 제대로 받지 못했으며, 국내 경제계와 대기업의 무관심으로 세계박람회에 대한 지원체제가 부족하여 세계박람회 주최자는 처음부터 끝까지 힘들었으며 결국 실패로 끝났다. 세계박람회 개최를 계획하는 국가(중앙정부)의 적극적인 지원과 경제계를 비롯한 국민 각계각층의 지지를 받는 전면적인 지원체제가 불가결한 조건이다. 세계박람회의 파급효과가 성공이냐 실패냐에 따라서 국가와 개최지역에 미치는 영향은 너무나 크다.

1962년 시애틀세계박람회

워런 매기 매그누손은 1936년에 주의회 의원으로 선출되었고 1945년에 연방 상원의원에 선출되었으며, 헨리 스코프 잭슨은 1956년에 연방 상원의원으로 선출되었다.

매그누손은 상원의원으로 상무위원회 의장이 되었고 나중에는 상원의 세출위원회 위원장이 되었다. 잭슨은 국방위원회 위원장이 되었다. 그들은 함께 일하면서, 전국에서 가장 영향력이 있는 상원의원이 되었다. 그 결과, 워싱턴주는 연방정부가 후원하는 개발과 국방비 지출로 수백만 달러를 지원받았다. 매그누손은 시애틀시가 1962년 세계박람회를 개최하려는 계획을 국제박람회기구에 유치신청할 때 상무위원회 위원장을 역임했다. 매그누손의 영향력은 시애틀세계박람회 개최계획에 즉각적인 신뢰를 주었다. 매그누손과 존 에프 케네디 대통령은 민주당에서 정치적 동맹이자 친구였다. 연방정부의 지원으로 시애틀세계박람회의 유치신청서는 국제박람회기구의 공인을 받았다. 매그누손은 잭슨의 도움으로 미국 국가관 건설예산을 포함해 시애틀세계박람회의

그림 2-1 1962년 시애틀세계박람회장 전경

주요 예산을 확보할 수 있었다.

세계박람회가 끝난 후 이 국가관은 매우 성공적인 과학센터가 되었다. 세계박람회를 지원하기 위해 도시 재생자금이 확보되었으며, 오래된 국가방위군 무기고를 포함한 건물의 부지 확보와 개조를 위한 자금이 포함되었다. 정치 전문가들은 매그누손과 잭슨이 태평양 북서쪽에 있는 프로젝트들에 대해 '지역개발사업' 자금조달을 하는 전문가라고 생각했다. 워싱턴주의 많은 시민은 보잉사를 '매그너손 항공회사'라고 불렀고, 다양한 군사시설들은 '잭슨센터'라고 다소 부적절하게 풍자했다. "우주시대의 인류"라는 세계박람회 주제는 잭슨의 정부 책임 포트폴리오에 매우 적합했다. 그는 국방위원회 위원장으로서 광범위한 정부기관 및 단체들로부터 이 세계박람회의 대중적인 주제에 대한 지원을 받게 되었다. 케네디 대통령은 개인적으로 세계박람회 개장식에는 참석할 수 없었지만, 백악관에서 세계박람회를 개장하기 위한 버튼을 눌렀다. 나중에

케네디 대통령은 시애틀로 가서 친한 친구인 매그누손과 잭슨에게 경의를 표하고 세계박람회를 폐회할 예정이었다. 시애틀세계박람회는 성공을 거두었으며 매그누손과 잭슨은 자금지원 능력을 인정받았고, 국제박람회기구의 공인을 받기 위한 정치적, 행정적 지원을 집중하고, 필요할 때 모든 지원을 받을 수 있도록 도와주었다.

1974년 스포캔세계박람회

세계박람회를 개최하려는 스포캔의 열망을 지원하기 위해 상원의원 매그누손과 잭슨은 세계박람회 개최를 현실화하고 필요한 연방정부의 지원을 받기 위해 다시 부름을 받았다. 그런데 불행하게도 상원의 외교위원회 위원장인 윌리엄 풀브라이트는 베트남전쟁을 둘러싸고 잭슨과 마찰을 빚고 있었다. 그래서 외교위원회는 스포캔세계박람회를 지원하는 것을 받아들이지 않았다. 그가 지지하지 않는다면, 세계박람회 구상은 무산되었을 것이다. 당시 상원의

그림 2-2 1974년 스포캔세계박람회장 전경

세출위원회 의장이었던 매그누슨은 풀브라이트와 아칸소주 선임 상원의원과의 짧은 만남을 가졌고 풀브라이트의 마음을 누그러뜨렸다. 위원회로부터 권한 위임장이 제출되었고 19표 대 67표로 통과되었다. 풀브라이트는 난상토론에서 "스포캔은 시애틀 다음 두 번째로 큰 도시재생 프로젝트"라고 했다. 이 법안은 그 프로젝트를 진행하기 위해 300만 달러의 예산을 확정했다. 이후 하원의장이 된 스포캔의 톰 폴리(Tom Foley) 의원은 하원에서 필요한 입법안을 지지받는 데 어려움을 겪지 않았다. 많은 연방도시개발활동 보조금(UDAG)을 지원받았으며, 여기에는 스포캔강을 정화하고, 중심가에 미래의 강변공원을 조성하기 위해 부지를 매입하고, 미국 국가관을 건설하기 위한 예산이 포함되었다. 이 연방기금은 인구 8만 5,000명의 작은 지역사회인 스포캔이 성공적인 세계박람회를 재정적으로 지원하는 데 중요한 역할을 했다. 1974년 세계박람회 개막 직전에 폴 크레이튼은 매그누슨 상원의원에게 세계박람회장을 비공개로 둘러보도록 안내했다. 관람 도중 매그누슨은 이렇게 말했다. "폴, 저는 내륙에서 일어난 두 가지 위대한 프로젝트에 참여하게 된 것을 자랑스럽게 생각합니다. 첫 번째는 그랜드 쿨리댐이고 두 번째는 이 세계박람회입니다. 세계박람회가 스포캔에 얼마나 큰 도움이 될지 상상이 되나요?"라는 말을 남겼다.

1982년 녹스빌세계박람회

녹스빌세계박람회는 연방정부로부터 상당한 지원을 받으면서 스포캔세계박람회 모델을 충실히 답습했다. 스포캔세계박람회의 회장이었던 킹 콜(King Cole)은 지역의 발기인들에 의해 녹스빌세계박람회의 총괄 컨설턴트로 채용되었다.

테네시주의 유력한 은행가이자 민주당 주지사 후보로 출마했다가 근소한 차이로 낙선한 제이크 버처(Jake Butcher)가 세계박람회추진위원장을 맡았다. 버처는 카터행정부와 매우 긴밀한 관계를 맺고 있었기 때문에 버트 랜스(Bert

그림 2-3 1982년 녹스빌세계박람회장 전경

Lance)의 도움을 받을 수 있었다. 랜스는 카터 행정부의 행정예산국 국장이었으며, 녹스빌을 대신하여 미 상무부가 국제박람회기구에 세계박람회 유치신청을 진행할 수 있도록 상원과 하원에서 법안 제정을 위한 득표를 하기 위해 노력했다. 고속도로 통행료 전용과 다양한 보조금 형태의 연방기금(UDAG)이 즉시 녹스빌에 할당되었다. 고속도로 기금은 시의 북쪽에 있는 주요 새로운 고속도로 입체교차로 '오작동 분기점'의 교통 혼잡을 완화하는 데 사용되었다. 다른 보조금과 기금은 부지 매입과 미국관 건설 및 운영, 시내 중심가를 정비하는 데 사용되었다. 로널드 레이건 대통령은 테네시주의 유력한 상원의원이었던 하워드 베이커에게 감사의 표시로 세계박람회를 개최하였고, 이 세계박람회는 어느 정도 성공적이었다고 평가받았다.

세계박람회가 끝나자 제이크 버처는 은행 사기혐의로 기소되어 유죄판결을 받고 연방 교도소에서 복역했다. 버트 랜스(Bert Lance) 역시 재정적인 어려움을 겪었고, 그 결과 연방기금과 관련된 여러 가지 부적절한 행위로 인해 직책을 사임했다. 그러나 이 세계박람회의 가장 중요한 과제는 세계박람회가 종료된 후 수년 동안 불확실한 상태로 방치되었던 부지의 사후 활용이었다.

1984년 뉴올리언스세계박람회

처음부터 난항을 겪은 준비작업

미국 루이지애나주의 뉴올리언스에서, 세계박람회를 개최하려는 구상이 태동하기 시작한 것은 1974년이었다. '루이지애나관광진흥위원회'는 1980년에 뉴올리언스에서 세계박람회를 개최하려는 구상을 발표했다. 그것을 받아들인 루이지애나주 에드워드 지사는 2,000만 명의 관람객 유치와 4억 달러의 수입을 올리는 것을 목표로 세계박람회 유치를 호소해, 1975년 말에 정·재계의 유력자를 모아 위원회를 발족했다. 이어서 주정부는 1976년 7월에 루이지애나주법에 근거해, 세계박람회 운영 주체로 비영리법인인 '루이지애나세계박람회공사'를 설립했는데, 공사에서는 1984년에 뉴올리언스시에서 세계박람회를 개최하기로 결정했다. 그것이 '뉴올리언스세계박람회'였다. 그 후 뉴올리언스세계박람회가 미국 연방정부 상무성과 국제박람회기구의 정식 개최공인을 받기까지는 오랜 세월이 필요했다.

당시 미국 내에서 세계박람회 개최를 경쟁하고 있던 테네시주 녹스빌시가

그림 2-4 1984년 뉴올리언스세계박람회장 전경

뉴올리언스를 제치고 1982년에 세계박람회를 개최하게 되었다. 같은 남동부 지역에서 연속해 세계박람회가 개최되는 것에 대한 저항감도 있어, 뉴올리언스세계박람회의 개최 실현에 이르기까지 관계자의 노력과 고생은 이루 말할 수 없었다.

당초 세계박람회 계획은 루이지애나 주정부의 주도로 추진되었기 때문에, 뉴올리언스시의 세계박람회에 대한 열정은 매우 희박했다. 루이지애나 주정부는 뉴올리언스시가 세계박람회에 협력을 하게 하기 위해 몇 가지 조건을 제시했다. 세계박람회장 예정 부지 내에 설치될 예정인 새로운 컨벤션 홀에 협력할 것과 시가 담당하는 회장 부지개발비용을 시에 상환하는 것, 새로운 미시시피 교량의 건설공사를 세계박람회를 계기로 촉진할 것 등의 요구였다. 계획 당초부터 개최지역의 주정부와 시의 협력체제와 연대의식이 희박했던 것도 뉴올리언스세계박람회가 실패로 끝나게 된 요인 중의 하나였다고 생각한다.

한편, 미국 연방정부 상무성은 1979년에 당시 1981년 개최를 계획하고 있던 뉴올리언스세계박람회를 일단 거절했지만, 지방 정·재계의 열정적인 활동으로 다음 해인 1980년에 개최년도를 1984년으로 연기해 개최하는 것을 승인했다. 또한 뉴올리언스세계박람회 개최를 승인하는 조건으로 지역에서 3,750만 달러의 사업자금을 조달할 것을 요구했는데 '루이지애나세계박람회공사'는 1981년 5월에, 승인 조건이었던 3,750만 달러의 자금 확보를 공표했다. 처음부터 주최자와 연방정부 간에는 긍정적인 관계가 없었다. 국가 차원에서 루이지애나의 민주당 주지사인 에드윈 에드워드(Edwin Edwards)는 레이건 행정부에 의해 조사를 받고 연방 기만혐의로 기소되어 무죄판결을 받았다. 몇년 후 에드워드는 도박 면허의 영향력 행사와 관련해 다시 한번 뉴스에 나왔다. 이후에는 공사를 중심으로 개최계획이 확정되어 1981년에 드디어 파리의 국제박람회기구에 1984년의 개최를 신청할 수 있었다.

국제박람회기구는 세계박람회의 재정계획에 불안감을 가졌으며, 지방의 경제계가 세계박람회의 사업예산으로 3,000만 달러를 조달하는 조건을 붙여서,

신청 1년 후에 세계박람회 개최를 공인했다. 이렇게 해서 당초부터 재정 기반 취약과 불안정 요인을 안고 출발한 뉴올리언스세계박람회는 그 후에도 재정과 자금조달을 비롯해 여러 가지 문제에 직면했다. 시 당국으로부터 연이어 터져 나오는 제안과 요구에 대한 대책과 절충, 출전참가 초청의 어려움 등의 문제가 계속 발생했다. 루이지애나세계박람회공사는 1981년 말에 세계박람회장 부지로 약 33ha를 임차했다. 연방정부가 안심하고 외국 정부에 참가 초청을 할 수 있도록, 재정 기반의 안정화를 기하기 위해 4,000만 달러의 은행 융자를 받는 데 성공했다. 사업 주체가 약체인 관계로 외국 정부의 출전 참가 초청에 난항을 겪었는데 참가 의사를 보내온 첫 국가는 일본 정부로 1983년이었다. 그 후 연방정부의 참가 요청 활동도 강화되어 오스트리아, 캐나다, 중국, 이집트, 프랑스, 이탈리아, 한국, 라이베리아, 멕시코, 페루, 필리핀이 단독 국가관을 출전했고, 기타 국가는 공동관으로 출전하게 되었다. 이러한 배경은 당연히 민간 기업의 출전 참가에도 영향을 미쳐 좀처럼 유치가 진행되지 않았다. 주최 측이 공표한 약 20개 기업의 전시관 중에 5개관은 정부기관의 출전이었고, 그 밖의 다수 전시관도 종교단체와 전문단체가 출전한 것으로, 순수하게 민간기업이 출전한 것은 10여 개 관에 지나지 않았다.

간신히 지불 불능의 위기를 넘기다

루이지애나세계박람회공사는 이러한 사면초가 상황에서 이 세계박람회의 인기를 높여 입장권의 사전판매를 증대하기 위해 뉴올리언스세계박람회 자체의 매력을 증가시킬 필요가 있다고 생각했다. 수상쇼를 하기 위한 '아쿠아 게이트'와 얕은 수영장으로 자유자재로 변하며 분수를 조합한 '워터가든'이라는 어트랙션 시설을 추가했다. 그 결과 당초 예정되었던 6,900만 달러의 건설예산이 1983년 말에는 8,700만 달러로 증액 수정되었다. 이로 인해 두 개의 은행에서 융자를 받은 세계박람회공사의 자금도 바닥이 나서 결국은 지불 불능 상태에 빠지는 위기에 직면하게 되었다. 1984년 2월 뉴올리언스시는 예매 입장권에 대한 세금 500만 달러의 징수를 유예함과 동시에 주차장 건설비로 300만 달러를 지원받기로 결정했다. 또한 지방의 선착장협회는 세계박람회장으로 사용되는 벼랑을 세계박람회 종료후에 원래 항만시설로 복구한다는 계약 보증금으로, 세계박람회공사가 차입했던 700만 달러를 반환하는 등의 지원조치를 강구해 재정난은 일시적으로는 해결되었다. 하지만 그것은 일시적인 조치였고, 근본적인 대책이라고 할 수 없었다.

개막을 1개월 후로 앞둔 1984년 4월에 이르러 또 다른 새로운 문제가 발생했다. 잔여 입장권 예매를 대행했던 여행사 등이 입장권이 남은 것은 주최 측이 홍보캠페인 실시 시기를 설정하지 못했기 때문이라며 남은 입장권에 대한 환불을 요구하기 시작했다. 이 문제는 루이지애나주로부터 1,000만 달러의 융자를 받아 해결되어 뉴올리언스세계박람회는 간신히 예정대로 개막할 수 있었다.

최초로 도산한 세계박람회공사

뉴올리언스세계박람회의 주제는 "세계의 강−생명의 원천인 신선한 물"이었고 세계박람회장은 미시시피강 수변에 위치했다. 아이러니하게도 미시시피강 정화를 위한 정부지원금은 전혀 없었다. 뉴올리언스는 역사적인 건물 보존을 위해 소액의 UDAG 보조금과 자금을 지원받았을 뿐이며, 고속도로나 시가지 개선에 대한 자금은 없었다. 미국에서 개최된 세계박람회에 연방정부가 미국관 건립에 자금을 지원하지 않은 최초의 사례였다.

뉴올리언스세계박람회에서는 주최 측이 건물을 짓고 연방정부가 전시물을 제공했다. 레이건 대통령은 개최국의 국가 원수로서 5월 12일의 세계박람회 개막식에 초대되었지만 참석하지 않고 조지 부시 주니어 부통령을 대신 보냈는데, 부시 부통령의 임무에 대한 열의가 부족하다는 것은 방문 당시 참석했던 모든 사람이 알 수 있었다. 세계박람회는 실패로 간주되어 폐막하기도 전에 파산했다. 주최 측이 세계박람회의 경영상 필요하다고 계산한 일일 평균 입장객 수 7만 명을 밑도는 6만 2,746명의 관람객으로 개막하게 되었다. 그 후 6개월의 개최기간 동안 관람객 수가 증가 추세로 전환되는 일은 없었고, 결국 11월 11일 폐막까지, 기간 중 일일 평균 관람객 수는 4만 명밖에 달성하지 못했다. 예상 관람객 목표는 1,200만 명이었으나 총 관람객 수는 730만 명에 그치는 결과가 되었다. 그 결과 뉴올리언스세계박람회는 세계박람회 사상 유례가 없는 재정파탄 기록을 세우며 폐회하게 되었다. 그리고 1억 2,000만 달러로 추정되는 누적적자를 떠안고, 루이지애나세계박람회공사는 도산을 신청했다. 그 후 도산 관련한 재판에서, 다시 630만 달러의 적자가 증가했다는 소문도 전해지고 있다. 그러나 세계박람회를 위해 건설된 310만 스퀘어 피트(Sq.Ft) 규모의 컨벤션센터와 120여 개의 상점, 레스토랑, 관광명소가 있는 쇼핑센터를 포함한 부지의 사후 활용은 성공적이었다. 이 세계박람회는 뉴올리언스의 도심을 되살리는 촉매제가 되었다.

1992년 제노바세계박람회

이탈리아 정부의 지원이 부족했던 제노바세계박람회

콜럼버스의 출발지인 스페인 세비야와 도착지인 미국 시카고가 신대륙 발견 500년을 기념해 세계박람회 개최를 계획한 것은 앞에서 언급한 바와 같다. 1985년 6월에 미국의 개최도시였던 일리노이주 주의회가 세계박람회 개최를 부결시키는 사태가 발생했다. 콜럼버스의 탄생지인 이탈리아 제노바에서 세계박람회를 개최하려는 계획이 세워져, 실현을 목표로 준비작업이 진행되었다.

리그리아주와 제노바시는 이탈리아 정부의 지원을 받아 1987년 12월에 국제박람회기구(BIE)에 국제박람회 협약에 근거한 전문세계박람회를 유치신청을 하는 데 힘을 기울였다. 이런 과정을 거쳐 1992년 제노바세계박람회는 1992년 5월 15일부터 8월 15일까지 93일 동안 개최되었다. 개최지인 제노바시는 유럽의 관광지로 유명한 지중해 연안 리비에라 해안의 중심지이며, 기원

그림 2-5 1992년 제노바세계박람회장 전경

전부터 항구마을로 영화로운 역사를 가진 도시로 당시 71만 명의 인구가 살고 있었다. 1992년 제노바세계박람회의 주제는 "크리스토퍼 콜럼버스: 선박과 바다"로 결정되었고, 제노바시 발전의 근거지인 구 항만지역의 약 6ha를 세계박람회장 부지로 사용했다. 구 항만지역의 세계박람회장에는 과거 지중해 교역의 중심이었던 때 사용되었던 4층의 목화창고와 보세창고가 남아 있었는데, 그 시설을 개조해 각국의 전시관과 레스토랑, 영빈관, 컨벤션홀 등으로 이용할 것을 전제로 세계박람회장 계획이 진행되었다. 제노바세계박람회의 주최자 조직은 리그리아주, 제노바시, 제노바상공회의소, 제노바항만국 등으로 구성된 '콜롬보협회=세계박람회협회'였다.

　세계박람회 준비 단계부터 개막 후의 운영단계까지 여러 가지 문제를 포함해 업무처리를 둘러싸고 각 참가국의 불만이 가중되었다. 주된 이유는 협회의 조직구조와 불분명한 책임소재로 인한 것이었다. 가장 큰 문제는 이탈리아 정부가 초기의 세계박람회 유치단계를 지나자 그 후의 실행부터는 완전히 손을 떼 버린 것이다. 즉, 국제박람회기구(BIE)에 대해, 주최국으로서의 공식적인 의무를 다한 후에는 급속히 세계박람회와 거리를 두는 태도를 보였다. 이러한 상황이 영향을 미쳐 세계박람회협회의 의사결정 원칙도 불명확했고, 긴급한 해결이 필요한 문제에 대해서도 신속한 대응이 어려운 상황이었다. 의사결정 기관은 세계박람회협회의 이사회였다고 추정되는데, 의원과 지방의 유력인사로 구성된 이사회는 여러 차례 이사들 간의 이해와 목적이 상반되어 대립이 발생했다. 따라서 명확한 진로와 방침의 지시, 강력한 리더십을 기대할 수 없었다. 그리고 조직의 업무 마비와 연약한 행동력만이 존재하는 결과를 피할 수 없었다.

세계박람회의 운영과 경영에서 드러난 문제

빈약한 세계박람회 주최 조직과 운영체제 속에서 시작된 제노바세계박람회는 인프라와 시설 정비뿐만 아니라 세계박람회 경영 측면에서도 여러 가지 문제가 발생되어, 이후의 과제를 남겼다. 특히 관계자의 회장 출입증 발급 수속은 세계박람회협회가 여러 가지 측면에서 준비 부족과 조직의 취약함을 드러낸 사례였다. 보통 개회 전 공사 기간 중의 관계자 '출입증'과 개회 후(기간 중)의 관계자 '출입증', 폐막 후의 철거 반출공사 관계자 '출입증' 등, 세 종류를 발급한다. 많은 관계자에게 필요한 날짜까지 출입증을 원활하게 발급 완료하는 것은 외부에서 생각하는 것보다 훨씬 어려운 작업이다. 게다가 이것에 수반된 '차량 통행증(회장 내의 출입증, 관계자 주차장의 주차 허가증 등, 두 종류가 있는데 반드시 동일하지는 않음)'의 발급과 전달도 포함된다. 따라서 발급신청과 발급 업무는 사전에 충분한 검토와 작업과정이 결정되어, 참가자에게도 공지해 둘 것이 요구된다.

그러나 제노바세계박람회의 경우는 신청수속 때문에 관계자들이 긴 줄을 서야 했음에도 불구하고, 개회 전날이 되어도 기간 중의 출입증은 발급되지 않았고, 개회식 당일에야 겨우 관계자에게 발급되는 상황이었다. 세계박람회 기간 중 상주하는 관계자들에게도 이러한 상황이었기 때문에, VIP와 국제회의 참가자, 강연자 등을 비롯해, 공연 출연자 등에 대한 단기 임시 출입증 발급에 대한 세계박람회협회의 방침 또한 전혀 결정되지 않았다. 이 때문에 입장 허가수속에 관한 마찰이 매일 발생했다. 또 다른 관점에서 이 세계박람회가 처한 상황을 살펴보면, 제노바에서 세계박람회가 개최된다는 사실을 개막 때까지 리그리아주에서 조금 떨어진 인접한 주에도 거의 알려져 있지 않을 정도로 인지도가 낮았다. 하물며 해외에서의 인지도는 매우 낮은 상태였다.

세계박람회협회의 광고 및 홍보활동과 집객활동 대책이 부족했던 것이 틀림없었다. 개회식 당일이 되어도 시내의 공공시설에는 세계박람회 개최를 고지하는 광고판과 현수막 등은 전혀 볼 수가 없었다. 홍보물들이 설치된 것이 개막 후 몇 주가 지난 뒤였다는 사실만 보아도 주최 측의 대응자세를 살펴볼 수 있었다. 같은 시기에 똑같은 신대륙 발견 500년을 기념해 개최된 세비야세계박람회와 상승효과를 거두려는 전략이었지만, 유럽지역을 중심으로 그 외의 지역에 대한 적극적인 유치활동 등의 노력을 소홀히 한 결과는, 당연히 관람객 수에도 영향을 미쳤다. 기간의 종반에 이르러 겨우 분위기가 고조되어, 세계박람회장에 관람객이 넘쳐나는 상황이 되었지만, 총 관람객 수는 예상 목표의 2분의 1 이하인 81만 7,045명에 그쳤다. 이것은 세계박람회협회에 심각한 재정적인 타격을 주었을 뿐만 아니라 각 참가국의 불만을 가중시키는 결과를 가져왔다.

제노바세계박람회에 대한 이탈리아 정부의 무관심과 국내 산업계와 대기업의 무관심은 구체적으로 세계박람회에 대한 지원체제 결여로 나타났다. 개막 6개월 전 세계박람회협회의 정원이 겨우 40명밖에 되지 않았다는 사실만 보아도, 세계박람회협회가 자유롭게 지출할 수 있는 예산과 인원 부족 등의 많은 문제를 안고 있었다는 것을 추측할 수 있다. 이러한 조직체제와 예산 실정을 보면 열악한 상태로 세계박람회가 강행되었다는 사실을 알 수 있다.

시사점

미국의 경우, 세계박람회가 개최되었던 1962년 시애틀, 1974년 스포캔,

1982년 녹스빌 등 3개 도시는 지역의 세계박람회 주최자와 중앙정부에 상당한 권한과 영향력을 가진 지역의 선출직 공무원 간에 좋은 관계를 유지해 세계박람회 개최 계기를 만들었으며, 중앙정부의 지대한 관심과 전폭적인 지원으로 성공적인 세계박람회의 성과를 거두었다. 그러나 1984년 뉴올리언스와 이탈리아의 1992년 제노바는 이러한 관계가 없어 중앙정부의 지원을 제대로 받지 못했으며, 국내 경제계와 대기업의 무관심은 세계박람회에 대한 지원체제 부족으로 처음부터 끝까지 세계박람회 주최자는 힘들었으며 결국 실패로 끝났다. 세계박람회 개최를 계획하는 국가(중앙정부)의 적극적인 지원과 경제계를 비롯한 국민 각계각층의 지지를 받는 전면적인 지원체제가 불가결한 조건이라는 것을 시사하고 있다.

다른 형식

국제박람회기구(BIE)의 공인을 받지 않고 개최한 미국의 1964~1965년 뉴욕세계박람회와 일본의 1981년 고베 포토피아와 같은 국제적인 박람회가 있었다. 또한 국제박람회기구 회원국들에게 인지도가 떨어져 탈락한 유치신청국의 도시가 세계박람회를 개최하려는 시도도 여러 번 있었다. 예를 들면, 국제박람회기구에 2000년 세계박람회를 유치신청했던 경쟁 도시는 하노버, 토론토, 베니스였다. 최종적으로 하노버가 선정되어 세계박람회를 개최했으며, 토론토와 베니스는 국제박람회기구의 공인 없이 독자적으로 세계박람회를 개최하려고 했지만 결국은 추진하지 않기로 결정했다. 마찬가지로, 일본의 아이치가 선정된 2005년 세계박람회의 유치경쟁에서 패배한 캐나다 캘거리도 국제박람회기구의 공인 없이 개최하는 것을 잠시 고려했지만, 그 구상을 포기했다. 캘거리는 일부 캐나다 정부 대표들이 2005년 유치경쟁 결과에 엄청나게 화가 나서 국제박람회기구 탈퇴까지 생각했다. 스페인 바르셀로나는 2004년을 국제박람회기구의 개최빈도에 맞추어야 하는 문제에 직면했을 때 또 다른 국제기구인 유네스코와 이례적인 제휴를 모색하고 다른 형식으로 개최했다. 약 4개월 동안 40개 이상의 국제회의, 공연 및 전시회가 포함된 세계문화포럼을 개최했다. 포럼 장소는 오늘날 호텔, 쇼핑몰 및 인기 있는 해변지역의 대형 컨벤션센터였다. 주최자들은 세계박람회 개최에 대해 심사숙고하기 때문에, '국제박람회기구 공인의 이점은 무엇인가?'라는 질문이 자주 제기된다. 몇 가지 고려할 사항은 다음과 같다.

① **전통**: 국제박람회기구는 95년 동안 세계박람회의 공인기관으로 활동했다. 이러한 전통에는 세계박람회를 개최하기 위해 주최국이 지켜야 할 특정 관행과 기준을 포함한 과정이 있다는 것이다.

② **회원국은 잠재적 참가자**: 국제박람회기구 회원국은 국제박람회기구의 공인결정에 따라 반드시 세계박람회에 참가해야 하는 것은 아니지만, 정치적 또는 경제적 이유로 참가할 수 없는 경우가 아니라면 참가를 '필수'라고 생각할 가능성이 높다.

③ **정치적 위험**: 국제박람회기구는 비공인 세계박람회의 주최자와 잠재적 참가자를 처벌할 경제적 또는 실질적인 정치적 권한은 없지만, 국제사회가 거부하거나 지지를 받기 위한 노력을 약화시킬 수 있는 무언의 위협은 할 수 있다.

세계박람회 관람 및 입장률 예측

세계박람회를 개최하고 운영하는 데 있어 중요한 변수는 관람객의 입장률일 것이다. 이것의 중요성에 대해 논의하고, '입장 대 관람객'의 문제는 그 차이가 무엇이며, 모든 이해관계자가 입장률 예측의 중요성과 활용을 이해하는 것이 왜 중요한지를 설명하기 위해 자세히 살펴본다. 그리고 서로 다른 세계박람회의 부지 영역을 제시하고 분석한다.

입장률에 영향을 미치는 주요 요인

언론과 매체에서 세계박람회를 보도할 때 자주 언급하는 중요한 내용 중 하나가 세계박람회의 입장률이다. 세계박람회는 기본적으로 대규모이며 한정된 기간 동안 개최되어 관람객들에게 매력적인 이벤트로 다가온다. 평균 6~8시간 정도를 체류하는 동안 교육받고, 즐기며, 먹고 마시는 등 다양한 방법으로 수많은 관람객을 수용할 수 있도록 설계된 물리적인 환경이다. 세계박람회를

표 2-6 주요 세계박람회 관람객 현황(1958~2020년)

연도	개최도시	종류	개최기간	회장 면적	관람객 수
1958	브뤼셀	세계	1958. 4. 17.~10. 19.	200ha	41,454,412
1962	시애틀	세계	1962. 4. 21.~10. 21.	30ha	9,000,000
1967	몬트리올	세계	1967. 4. 28.~10. 27.	400ha	50,306,648
1968	샌안토니오	전문	1968. 4. 6.~10. 6.	39ha	6,384,482
1970	오사카	세계	1970. 3. 15.~9. 13.	330ha	64,218,770
1974	스포캔	전문	1974. 5. 4.~11. 2.	40ha	5,600,000
1982	녹스빌	전문	1982. 5. 1.~10. 31.	29ha	11,127,780
1984	뉴올리언스	전문	1984. 5. 12.~11. 11 .	34ha	7,335,000
1985	쓰쿠바	전문	1985. 3. 17.~9. 16.	100ha	20,334,727
1986	밴쿠버	전문	1986. 5. 2.~10. 13.	70ha	22,111,578
1988	브리즈번	전문	1988. 4. 30.~10. 30.	40ha	18,560,447
1992	제노바	전문	1992. 5. 15.~8. 15.	6ha	817,045
1992	세비야	세계	1992. 4. 20.~10. 12.	215ha	41,814,571
1993	대전	전문	1993. 8. 7.~11. 7.	90,1ha	14,005,808
1998	리스본	전문	1998. 5. 22.~9. 30.	50ha	10,128,204
2000	하노버	세계	2000. 6. 1.~10. 31.	160ha	18,100,000
2005	아이치	세계	2005. 3. 25.~10. 25.	173ha	22,049,544
2008	사라고사	전문	2008. 6. 14.~9. 14.	25ha	5,650,943
2010	상하이	세계	2010. 5. 1.~10. 31.	523ha	73,085,000
2012	여수	전문	2012. 5. 12.~8. 12.	25ha	8,203,956
2015	밀라노	세계	2015. 5. 1.~10. 31.	110ha	21,500,000
2017	아스타나	전문	2017. 6. 10.~9. 10.	25ha	3,977,545
2020	두바이	세계	2021. 10. 1.~2022. 3. 31.	438ha	24,102,967

자료: 국제박람회기구(BIE) 홈페이지(http://www.bie-paris.org/site/en)를 참조하여 저자 재작성.

개최하고 운영하는 데에는 많은 비용이 들어 상당한 수의 유료 관람객들이 유치되지 않으면 자칫 적자가 날 수 있다. 〈표 2-6〉에서 볼 수 있듯이 1958년 이후에 개최된 주요 세계박람회 중 가장 적은 수의 관람객을 유치한 것은 1992년 제노바세계박람회로 81만 명이었다. 이에 비해 같은 해에 개최된 1992년 세비아세계박람회가 4,180만 명을 유치한 다음에는 2010년 상하이세계박람회가 7,300만 명이 넘는 사상 최대의 관람객 유치기록을 세웠다. 최저와 최대의 차이가 무려 90배의 차이가 났다. 그 후 다시 20세기의 전문박람회 수준인 2,000만 명대에 머물고 있다.

1998년 리스본세계박람회의 주최자들은 박람회장 주변의 다양한 출입구에 정교한 입장권 자판기를 설치해 출입 시간과 장소, 판매된 입장권 종류를 포함해 관람에 대한 다양한 정보를 축적했다. 그 정보를 살펴보면 세계박람회가 개최된 4개월 동안 1,000만 명이 넘는 관람객이 입장했다. 이 숫자를 1970년 오사카의 6,400만 명 또는 1974년 스포캔의 560만 명과 비교해 보자.

관람객 수는 무엇을 의미하며 왜 중요할까? 세계박람회 관람의 다양한 측면을 연구하기 전에 세계박람회 입장률에 영향을 미칠 수 있는 다양한 요인에 대한 배경을 제시하는 것이 유용할 것이다. 여러 세계박람회의 관람객 예측을 개발한 시장·경제 컨설턴트들에 따르면, 세계박람회의 관람객 유치 잠재력을 결정하는 주요 요인은 다음과 같다.

① 대규모 인구 거주 시장
② 주요 관광지와 극적인 장소
③ 주제와 오락 콘텐츠
④ 가격과 마케팅정책
⑤ 접근성과 외부요인

각각의 결정요인에 대한 간단한 설명은 다음과 같다.

대규모 인구 거주 시장

세계박람회를 대규모 인구가 거주하는 도시에서 개최했을 때, 소규모 인구가 거주하는 지역보다 더 많은 규모의 관람객을 유치할 수 있는 기회가 많다. 거주 인구는 세계박람회장과 가까운 이동 거리 내에 사는 것으로 정의된다. 1~3시간 정도의 여행 시간 내에 많은 인구가 거주할 경우, 이 거주인구를 유치하는 것이 먼 거리(또는 시간)에 있는 관람객들을 유치하는 것보다 효과가 더 크다는 것을 의미한다. 이전의 많은 세계박람회에서 관찰되고 측정된 이 원칙은 테마파크 및 엔터테인먼트센터와 같은 다른 관광명소에도 적용된다. 올림픽과 같은 대규모 스포츠 경기도 멀리 떨어진 국내외 지역에서도 많은 스포츠 팬과 관람객을 유치하지만, 지역 거주 인구시장에서 대다수의 관람객을 유치하고 있다.

주요 관광지

거주 인구시장 논의와 관련해 세계박람회장이 관광지의 범주인가 하는 질문이 있다. 몇몇 세계박람회가 관광산업이 잘 정비되지 않은 지역에서 개최되었다. 녹스빌, 스포캔, 일본의 오키나와와 같은 지역은 세계박람회가 개최되기 전에 비해 개최되는 동안 의심할 여지도 없이 관광활동이 눈에 띄게 증가했다. 그러나 세계박람회 자체가 관광객을 점차 증가시킬 것이라는 기대감은 대체로 실현되지 못했다. 반대로, 세계박람회는 관람객에게 더 많은 체험을 할 수 있다는 매력을 창출할 수 있기 때문에 관광산업이 잘 정비된 지역에서는 상당한 규모의 외부 관광객 유치를 기대할 수 있다. 1986년 밴쿠버세계박람회는 많은 관람객이 이 도시에서 계획된 관광을 세계박람회 관람과 결합함으로써 브리티시 콜롬비아주의 관광산업을 더욱 활성화한 좋은 사례다.

세계박람회장에 입장한 많은 관람객은 교육을 받고, 모든 전시관, 퍼레이드, 공연, 조형물을 보기 위해 하루 이상을 체류해야 했으며, 많은 관광객이 밴쿠버에 머물기 위해 여행계획을 변경했다. 이렇게 볼 때 세계박람회를 계획하는 도시의 입장에서 박람회 개최 자체가 거주 인구시장 외부에서 새로운 관광객들을 엄청나게 유치할 것이라 기대하는 것은 비현실적일 수 있다. 그러나 밴쿠버의 사례처럼, 광범위한 경제개발 프로그램과 같은 다른 계획들과 함께 개최 도시 외부에서 추가적인 방문을 유도할 수 있으며, 지나치게 과장된 표현만 하지 않는다면, 개최도시는 유·무형의 긍정적인 이익을 얻을 수 있다.

극적인 장소

지금까지 세계박람회는 다양한 도시에서 개최되었으며, 그중 다수는 세계박람회 개최 전에는 거의 국제적인 지명도가 없었다. 예를 들면, 미국에서 세계박람회가 개최되었던 워싱턴주의 스포캔, 테네시주의 녹스빌과 한국의 대전, 일본의 쓰쿠바와 같은 지역은 세계박람회 개최 이전에는 거의 알려지지 않았던 도시였다. 그러나 세계박람회를 개최하기 전에 비즈니스 또는 관광지로서 확실한 명성을 가지고 있는 도시들도 상당수다. 이들 도시는 마케팅 캠페인에 활용할 수 있는 지명도라는 무형의 실질적인 장점을 가지고 있었다. 몬트리올과 뉴욕 같은 도시가 대표적인 사례다. 이들 도시는 세계박람회 마케팅을 위한 중요한 플랫폼으로 활용할 수 있는 여러 가지 매력을 지닌 주요 중심도시로서 오랜 명성을 얻고 있다. 입장(관람객 수 또는 입장률)에 영향을 미치는 장소 요인의 또 다른 관점은 세계박람회의 실제 현장이다.

세계박람회장은 다양한 지역에 위치하고 있다. 하지만 관람객들이 선호하는 지역은, 그것이 자연적이든 인공적이든 사진이 잘나오는 장소다. 이 같은 관람객들의 장소 선호도를 마케팅 캠페인에 통합할 수 있다. 특히 강변과 해변에 위치한 수많은 세계박람회(예: 밴쿠버, 브리즈번, 뉴올리언스, 세비야, 몬트리올, 리스본 및 사라고사, 상하이)가 성공을 거둔 것에서 볼 수 있듯 수변지역은 관람객이 가장 선호하는 장소다. 자연적인 매력이 부족한 세계박람회는 기억에 남는 이미지를 만들기 위해 인공적인 시설물을 만들어 매력 요소로 활용했다 (예: 1958년 브뤼셀의 아토미움 조형물).

주제와 오락 콘텐츠

수많은 관람객을 유치하기 위해 세계박람회에는 흥미로운 주제를 제시하고 매력적인 관람객 체험을 제공할 수 있는 충분한 오락 콘텐츠가 필요하다. 세계박람회의 대중성을 높이기 위해서는 그 주제가 시의적절하고 논란의 여지가 없어야 한다. 대표적인 사례가 1962년 시애틀세계박람회의 주제는 "우주시대의 인류"였다. 이 박람회는 미국 최초의 우주인 업적을 망라한, 시의적절하고 대중적이며 공감할 수 있는 메시지를 제시했다. 때로는 1982년 녹스빌세계박람회의 주제 "세계를 변화시키는 에너지"와 같이 세계박람회의 개최시기가 특정 주제나 주제의 당시 인기를 반영한 경우도 있다. 녹스빌세계박람회가 개최되었을 때, 개최자는 물론 참가자와 관람객 모두, 1970년대의 '에너지 위기'가 지나갔고, 세계박람회의 주제가 한정되었다는 것을 알았다. 1993년 대전세계박람회의 "새로운 도약에의 길(The Challenge of a New Road to Development)" 과 같은 주제는 아마도 번역하기에 어려움이 있었을 것이다.

입장에 기여하는 요소로 세계박람회의 오락 콘텐츠는 관람과 체류 시간(관람객이 세계박람회장에 머무는 시간) 동안 관람객을 즐겁게 하는 세계박람회장의 수용 능력에 직접적인 영향을 미친다. 즉, 세계박람회장에 입장하는 잠재 관람객들은 다른 여가 기회와 비교해 세계박람회의 매력을 평가한다. 만약 볼거리와 체험할 거리가 많지 않거나 체험이 너무 학술적이라고 생각한다면 세계박람회 입장률은 낮아진다. 반면에, 관람객의 체험이 매력적이며 세계박람회장에서 일반적으로 4~6시간을 초과해 장기체류할 가치가 있다면, 많은 관람객을 세계박람회장에서 하루 이상을 보내도록 유도할 수 있다.

가격과 마케팅정책

간단히 말하면, 세계박람회 관람 비용이 너무 비싸다고 여겨지면 관람객 유치에 부정적인 영향을 미칠 것이다. '너무 비싸다'는 것은 입장료뿐만 아니라 관람객이 구매하는 식음료 또는 상품 등 여러 기타 비용과 숙박시설 및 운송과 같은 박람회장 외부 서비스와도 관련이 있다. 관람객이 세계박람회장에서 쓰는 하루의 전체 비용이 체험의 가치를 초과하면 관람객들은 입장하지 않을 것이다. 반대로, 세계박람회가 재미있으면 체험의 만족도가 높고 전반적인 가격이 '적절한' 것으로 판단되면 관람객들은 이 세계박람회를 지지할 것이다. 1992년 세비야세계박람회의 개막 몇 주 동안 관람객이 많이 입장했다. 그런데 어느 순간부터 관람객 수가 뚝 떨어졌다. 음식과 호텔 숙박비가 비싸다는 입소문이 퍼졌기 때문이다. 급격한 입장률 감소를 경험한 후에야 비로소 가격 조정이 이루어졌으며(주로 박람회장 외부에서), 그 덕분에 입장률이 회복되었다. 세비야세계박람회는 폐막 전 몇 달 동안 관람객이 급증해 성황을 이루었다.

접근성과 외부요인

예를 들면, 세계박람회장의 관람객 입장을 편리하게 하는, 주요 업무능력은 지정된 날에 5만~10만 명 이상의 관람객들을 유치하기 위한 필수조건이다. 세계박람회 대부분은 6개월 동안 개최되므로 관람객, 교통 서비스 제공업체, 대중교통 및 안전기관이 혼잡 문제와 기타 접근성 문제를 해결해야 하는 중요한 계기가 있다. 그러나 도로, 주차장 및 대중교통의 준비 부족 등의 문제점은 관람객이 한꺼번에 몰리는 날에 적나라하게 드러나므로 민간과 공공 서비스의 운영을 지원하기 위한 적절한 인프라가 갖추어져야 한다. 이 외에도 관람객 유치에 영향을 미칠 수 있는 수많은 외부요인이 있다. 이런 것들은 국제 및 국내 분쟁, 동일한 지역과 기간 중에 개최되는 다른 메가 이벤트와의 경쟁, 그리고 좋거나 나쁜 모든 언론보도 등이 포함된다. 예를 들면, 1992년 세비야세계박람회가 개최되기 2년 전인 1990년에 걸프전이 발발하자 세비야세계박람회에 참가를 계획하고 있는 국제 참가자들은 참가 여부를 두고 혼란을 겪었다. 다행히 전쟁 기간은 매우 짧았고, 주최자들과 참가자들 모두 낭비했던 시간을 재빨리 복구할 수 있었다. 덕분에 세계박람회는 나쁜 영향을 받지 않았다. 전쟁이 조금 더 후에 발발했거나 세계박람회 기간 동안에 일어났다면, 참가율은 틀림없이 저조했을 것이다.

다른 이벤트들과의 경쟁 역시 일부 세계박람회의 참가율이 예상보다 낮은 이유다. 역시 1992년 세비야세계박람회가 한 예가 된다. 1992년 스페인에서는 세비야에서 세계박람회가, 바르셀로나에서 하계올림픽이 개최되었다. 그뿐만 아니라 같은 해 이탈리아 제노바에서는 '크리스토퍼 콜럼버스−선박과 바다'를 주제로 세계박람회가 개최되었다. 결과적으로, 1992년 제노바세계박람회는 인접한 스페인의 메가이벤트들로 인해 각광을 받지 못했다. 마찬가지로 1984년 뉴올리언스세계박람회도 로스앤젤레스 하계올림픽과 동시에 개최되는 바람에 비운을 겪기도 했다.

세계박람회에 관한 언론 보도 또한 입장률에 영향을 미칠 수 있다. 1986년 밴쿠버세계박람회는 캘리포니아주를 겨냥한 매우 중요한 텔레비전 마케팅 캠페인 외에도, 세계박람회를 개최하기 전과 개최 초반에 매우 호의적인 언론보도 덕분에 큰 성과를 거둘 수 있었다. 언론의 호의적인 보도는 다른 곳에서 휴가를 보내려 했던 수많은 관광객의 발길을 밴쿠버로 돌리게 한 것으로 알려졌다. 그런가 하면 1984년 뉴올리언스세계박람회는 많은 전시관과 전시물들이 박람회 개막 후에도 여전히 공사 중이라는 언론 보도로 인해 피해를 입었다. 이는 심각한 재정적 문제가 증거로 드러남에 따라 각종 언론 보도는 명확히 부정적인 논조를 띠었다. 이는 결국 악재로 작용해 전체 입장률이 예상 목표의 절반을 겨우 넘는 결과를 초래했다(예상 목표 1,400만 명, 실제 관람객 수 733만 명).

관람 횟수 대 입장률

앞에서 언급한 관람객 수에 영향을 미치는 요인에 대한 일반적인 배경은 세계박람회의 중요한 부분인 관람객 수에 대한 보다 객관적인 측면을 살펴볼 수 있는 근거를 제시한다.

우선, 몇 가지 이해가 필요한 부분이 있다. 관람 횟수는 관람객 수와 동일하지 않다. 이 포인트는 매우 중요하지만 자주 간과된다. 총 관람객 수가 1,000만 명이라는 것은 1,000만 명을 의미하는 것도, 1,000만 장의 입장권이 팔렸다는 것도 아니다. 이것은 세계박람회장 출입구의 회전문이 1,000만 번 돌아갔다는 것을 의미한다. 동일한 사람이 박람회장에 아침에 입장했다가 오후에 퇴장하고, 다시 초저녁에 입장했다가 밤늦게 다시 퇴장하는 경우도 종종 있다. 세계박람회 주최자들은 이런 관람패턴을 이해하고 입장 시스템을 운영하는 적절한 방법은 테마파크 운영자와 마찬가지로 여러 번 입장할 수 있는 입장권을 판

그림 2-6 2015년 밀라노세계박람회 주 출입구

매함으로써 동일한 사람이 세계박람회장을 여러 번 입장하도록 권장한다. 가상의 입장권 판매에 대한 고려는 〈표 2-7〉 가상 세계박람회 입장권 판매 및 입장률 시나리오를 참조하기를 바란다. 예를 들면, 다양한 종류의 입장권이 발매되고 사용되며, 3일 이용권과 자유 이용권은 여러 번 입장하는 관람객들 사이에서 공유하지 않고, 각각의 입장권 구입자들은 입장 가능한 최대 횟수까지 입장권을 사용한다고 가정해 보자. 전체 관람 또는 박람회장 입장 횟수의 결과는 940만 명이다. 실제로 입장권이 팔린 숫자는 전체 입장의 절반인 502만 매다. 예를 들면, 1992년의 세비야세계박람회에서는 30만 장 이상의 자유 이용권 소지자들은 1장당 평균 64번 정도 박람회장에 입장했던 것으로 보고되었다.

관람객 한 명이 여러 번 입장하는 것과 한 번만 입장하는 것에 대한 의미있는 경제학적 분석이 있다. 한 번만 입장하는 관람객은 그들이 세계박람회에 한 번만 입장할 것을 예상하기 때문에 기념품을 여러 개 구입하고, 다양한 종류의 음식과 음료를 구입하려는 경향이 강하다. 여러 번의 입장을 예상하는 관람객의 경우, 이론적으로 티셔츠 같은 기념품을 구입하거나 좀 더 비싼 레스토랑을 이용하려는 경향은 약하다. 그러나 대부분의 경우, 여러 번 입장은 일반적으로 높은 개인당 소비를 의미한다. 만약 입장 횟수와 관람객 간의 차이점을 주최자와 개최 지역사회가 이해하지 못하면, 계획과 시설공급, 그리고 서비스에서 여러 가지 오류가 발생될 수 있다. 예를 들면, 개최지역의 산업계에서 예상했던 관람객 수요를 그대로 호텔 객실, 레스토랑 등의 수요에 반영한다면, 공

표 2-7 가상 세계박람회 입장권 판매 및 입장률 시나리오 (단위: 명)

입장권 종류	판매수량	입장권당 입장 횟수	총 입장객 수
1일 이용권	3,000,000	1	3,000,000
3일 이용권	2,000,000	3	6,000,000
자유이용권	200,000	20	4,000,000
합계	5,200,000		13,000,000

자료: Linden, G. & Creighton, P. (2011). 『THE EXPO BOOK』을 참고하여 저자 재작성.

급과잉이 발생한다.

이러한 잘못된 분석은 기업과 개인들에게 향후 큰 실망을 주게 되며, 과다한 투자와 지출로 어떤 경우에는 심각한 재정적 위기에 봉착할 수가 있다. 실질적인 예상 입장에 대한 이해는 지역사회에 미치는 여러 가지 영향에 대한 우려, 특히 교통체증에 대한 우려를 줄여 줄 수 있다. 반복적인 입장이 많을 경우에 관람객들은 세계박람회장을 오가는 경험을 하게 되며, 그로 인해 교통체증으로 야기되는 불편을 줄이고 정확한 코스를 정확한 시간에 갈 수 있다. 또한 관람객들은 세계박람회장에 입장하면서 비용을 최소화하려고 하기 때문에, 주차장 같은 교통 관련 서비스는 적절한 금액을 확정해야 하며, 그 때문에 한 번 입장하는 관람객들의 실망을 최소화해야 한다. 자유이용권을 구입한 관람객들은 대부분 개최지역 주변 거주자로서 자유이용권은 그들에게 좋은 가치를 지닌다. 지역주민들은 인근에 거주하기 때문에 매우 소액이나 거의 비용을 들이지 않고 특별한 이벤트가 있을 때마다 몇 번이고 세계박람회장에 입장할 수 있는 기회가 있다. 세계박람회의 자유 이용권은 1974년 스포캔세계박람회에 처음 등장했으며 이익을 창출할 수 있는 또 하나의 방법으로 1973년 가을부터 판매되었다. 관광 시장에서 관람객과 지역 주민 모두 경험한 것으로 동일하게 나타났다. 그러나 모든 조건이 동일해도, 세계박람회장과 가까이 거주하는 사람이 멀리 거주하는 사람보다 세계박람회를 관람하려는 경향이 더 강하다. 세계박람회장까지 이동하는 시간이 오래 걸릴수록 관람률은 감소한다. 재입장 역시 거리에 따라 감소한다. 거주자 시장을 구분하는 기준은 하루 동안에 관람을 할 수 있는가의 여부로 구분된다. 어떠한 관람객도 시간과 거리가 늘어나면 관광객으로 간주된다.

자유이용권

〈표 2-7〉에 제시된 정보와 관련해 추가 설명이 필요한 사항은 자유이용권

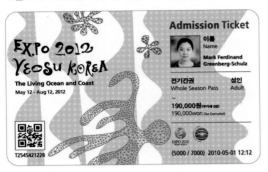
그림 2-7 2012년 여수세계박람회 자유이용권

문제다. 이 가상의 사례에서 볼 수 있듯이, 대부분의 세계박람회에서 개최 기간 동안 유효한 자유이용권 구입자는 이 입장권을 여러 번 사용한 것으로 확인되었다. 이러한 높은 사용 성향은 여러 가지 요인과 관련이 있다. 첫째, 자유이용권 구입자들은 거의 항상 개최지 지역주민이다. 그들은 세계박람회장 근처에 거주하며, 적은 비용 또는 무료로 여러 차례 박람회장을 관람할 수 있는 기회를 누릴 수 있다. 둘째, 세계박람회에는 다양한 전시와 공연 등 행사 프로그램이 있어 세계박람회 기간 동안 관람객들에게 색다른 체험을 제공한다. 대규모 세계박람회는 3일 이용권으로 모든 전시관을 관람하지 못한다. 따라서 매우 매력적이거나 재미있는 특정 전시관을 반복적으로 관람하거나, 첫번째 또는 두 번째 입장했을 때 놓친 전시물을 보는 것은 항상 매력적이다.

마지막으로 자유이용권에는 반복 입장에 대한 강력한 경제적인 혜택이 포함되어 있다. 가격정책에 따라 일반적으로 자유이용권 비용은 12회 정도의 입장으로 감가 상각된다. 입장권을 구입하는 모든 관람객들은 다음과 같은 간단한 계산을 할 수 있다. '가장 좋은 거래는 무엇일까?' 따라서 입장권 소지자에게는 '공짜로 무언가를 얻는 것'이라는 인식된 가치가 여러 번 입장하도록 동기를 부여한다. 역사적으로 자유이용권은 1967년 몬트리올세계박람회에서 처음 도입된 것으로 알려져 있다. 몇 년 후 1974년 스포캔세계박람회에서 1973년 가을부터 자유이용권을 판매하기 시작했다. 세계박람회 주최자 측에서 이런 유형의 입장권을 판매하는 가장 중요한 동기는 세계박람회가 개최되기 전에 급히 건설 및 기타 서비스 비용을 지불하는 데 필요한 재원을 확보하는 것이며, 입장권이 판매되면, 세계박람회장에 입장한 관람객의 지출이 시작된다.

입장 패턴

앞에서 언급한 바와 같이, 과거 세계박람회의 사례를 분석하면 관람객들은 거주자와 관광객 시장 모두에서 유입되는 것으로 나타났다. 또한 이 사례에 따르면 모든 조건이 동일한 경우, 멀리 떨어진 지역의 거주자보다 가까운 지역의 거주자가 세계박람회를 관람하는 경향이 더 큰 것으로 나타났다. 특정 도시의 세부 사항에 따라 달라지는 경향이 있지만, 이런 현상의 역학관계는 통상 다이어그램으로 많이 제시된다. [그림 2-8]의 다이어그램은 세계박람회장까지의 이동 거리를 표시한 일련의 동심원 고리를 제시했다. 동심원 안에 거주하는 인구 수를 계산하면 세계박람회의 잠재적인 시장 가능성을 파악할 수 있다. 왜냐하면 세계박람회를 관람하는 것은 멀리 거주하는 사람보다 세계박람회장과 가까운 곳에 거주하는 사람이 더 많이 자주 입장하기 때문에, 사례에 따르

그림 2-8 미국 노스캐롤라이나주 샬럿을 중심으로 한 100마일 간격 동심원 고리

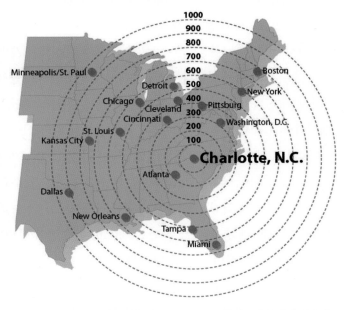

자료: Linden, G. & Creighton, P. (2011). 『THE EXPO BOOK』을 참고하여 저자 재작성.

면 각 동심원에 침투율을 할당해 잠재적인 관람객 수를 예측하는 데 활용할 수 있다. 과거 세계박람회에서 수집한 자료에 따르면, 이동 거리와 시간이 길어질수록 관람객의 입장률이 감소하며, 반복 입장도 거리에 따라 감소했다. 거주자 시장의 상향 경계는 당일 이동 거리 이내로 정의할 수 있다. 이보다 더 긴 시간과 먼 거리에서 오는 모든 관람객은 관광객으로 간주된다. 거주자 시장의 경우 자유이용권의 매력은 매우 분명하다. 반복 입장패턴이 세계박람회 운영과 수익에 미치는 영향은 종종 이해되지 않거나 충분히 평가되지 않는다.

입장률 예측의 중요성과 활용

세계박람회를 계획하고 개최하는 데 있어 입장률 예측의 필요성과 활용은 아무리 강조해도 지나치지 않다. 특정 범위의 관람객을 수용하는 데 필요한 요건을 합리적으로 이해하지 못하면, 박람회장 및 외부 시설과 서비스 모두 심각한 공급 과잉 또는 공급 부족으로 어려움을 겪을 수 있다. 세계박람회 개최를 준비하는 단계에서 지나치게 낙관적인 관람객 예상치를 작성해 세계박람회 홍보에 활용하는 것은 드문 일이 아니다. 이러한 예상치가 수립되고 널리 홍보된 후에는 주최자가 이를 하향 조정하기는 어렵지만, 실제 관람객 수를 초과해 예측한 많은 세계박람회의 사례에 비추어 볼 때 이는 경우에 따라 신중한 접근이 될 수 있다. 왜냐하면 경제적인 상황, 날씨, 국제적인 사건 등 주최자가 통제할 수 없는 여러 가지 요인이 궁극적으로 관람객 수에 영향을 미치기 때문에, 주기적으로 입장률 예측을 '실제 점검'하는 것은 유용한 기획수단이 될 수 있다.

세계박람회를 기획할 때 총 관람객 수만이 중요한 기준점이 아니다. 운영 측면에서 세계박람회 기간 동안 이러한 관람이 언제부터 시작될 것인지 파악하는 것도 중요하다. 따라서 계절별 입장 패턴은 중요한 고려사항이다. 텔레비전을 통해 전 세계에 방영되어 이목을 집중시키며 행사의 시작을 알리는 올

그림 2-9 1998년 리스본세계박람회장 관람 인파

림픽경기 개막식과 달리, 대부분의 세계박람회는 개막과 동시에 관람객이 많이 유입되지 않았다. 경우에 따라, 이에 상응하는 '개막식'은 주로 정치인들이 참석하는 비교적 조용한 행사로 진행되어 왔으며, 주로 개최국 방송사가 중계하고 해외언론들은 최소한의 관심만 기울였다.

개장과 함께 서서히 관람객이 늘어나고, 개학과 여름방학 일정이 다가오면 더 많은 관람객을 기대할 수 있다. 행사의 성패를 좌우하는 세계박람회에 대한 '입소문'에 따라 관람객은 남은 몇 달과 몇 주 동안 지속적으로 증가할 것이다. 개최 기간이 끝날 무렵, 대부분의 세계박람회는 '오늘은 여기서, 내일은 사라지는' 요소의 효과를 경험하게 된다. 세계박람회가 폐막하면 다시는 개최되지 않을 것이라는 사실을 인식함에 따라 일반적으로 입장률이 증가하며, 경우에 따라서는 상당히 높은 경우도 있다. 예를 들면, 포르투갈 리스본에서 1998년에 개최된 세계박람회의 사례는 주최자들이 직면할 수 있는 도전과제들을 보여 준다.

① 주최자 측은 4개월 동안의 세계박람회 관람객 수를 1,500만 명으로 예상했지만, 실제 관람객은 약 1,012만 명이었다.

② 개장 후 첫 주말인 1998년 5월 말에는 하루 관람객이 3만 명도 채 되지 않았고, 모든 전시관을 기다리지 않고 관람할 수 있었다고 한다. 식당과 상점도 마찬가지로 드물게 이용되었다.

③ 폐막하기 일주일 전인 9월 30일에는 일일 관람객이 10만 명에 육박했고 거의 모든 전시관에 줄이 길게 늘어섰으며, 일부 전시관은 최대 6시간 이상 줄을 서기도 했다. 식당은 물론 화장실에도 줄이 길게 늘어섰고, 저녁 시간대에는 여성용 화장실의 경우 대기시간이 한 사람당 20~30분 이상이었다. 상점은 장사가 잘되었지만, 기념품 판매업체들은 세계박람회 폐막 훨씬 전부터 상품 재고를 대량으로 확보하고 있었기 때문에 상당한 가격할인을 해서 판매하기 시작했다.

④ 세계박람회장 외부에서는 많은 외지 관람객을 수용할 필요가 있을 것으로 예상해 주최자 측에서 세계박람회 기간 동안 유람선 두 척을 호텔로 사용하도록 준비했다. 그러나 이 두 척의 유람선은 만석을 채우지 못한 것으로 보도되었다.

⑤ 1998년 세계박람회의 총 관람객 수를 1,500만 명으로 예상하고 대대적으로 홍보했지만, 실제 관람객 수를 매일 보고하는 과정에서 상당히 부족할 가능성이 있다는 사실이 드러났다. 언론의 질문이 쏟아지자 주최자 측은 이 차이를 설명하기 위해 끊임없이 방어에 나섰다.

세계박람회의 관람객을 예측하는 것은 정확한 과학이 아니라는 것은 분명한 사실이다. 수 년간의 운영을 통해 연간 관람객 수를 어느 정도 예측할 수 있는 테마파크와 달리, 세계박람회는 개막 첫날까지는 콘텐츠, 볼거리, 시장에서의 관람객 수를 예측할 수 없는 일회성 행사다. 또한 세계박람회는 테마파크처럼 브랜드화된 명칭과 시장에 출시된 경험이 없다. 그러나 앞에서 제시한 바와 같이, 주최자가 교육을 받은 입장률 추정치를 예측하기 위해 활용할 수 있는 사례가 있다.

세계박람회 장소와 시설의 규모

세계박람회 주최자들의 경우, 세계박람회장 부지, 출입구, 관람객 시설 등의 전체적인 규모는 개최기간 동안 수용할 관람객 수에 근거해야 한다. 이전 세계박람회에서 관찰된 추세를 근거로 다음과 같이 특정 일자에 수용할 인원수를 결정할 때 고려해야 할 몇 가지 요인이 있다.

① 입장률은 세계박람회 기간 동안 월별로 변동하는 경향이 있으며, 초반에는 상승했다가 그 후부터 매월 하락과 상승을 반복하고, 세계박람회 종료가 가까워질수록 다시 상승한다.
② 또한 입장률은 주말에 최고조에 달하며 주초에는 감소하는 경향이 있다.
③ 일일 총 관람객 수는 실제로 특정시간 동안 세계박람회장에 있는 사람들의 수보다 많다.

[그림 2-10]에서 보는 바와 같이, 세계박람회장에 일반 관람객의 도착 및 출발 패턴을 보면 개장 직후부터 일부 관람객이 퇴장하기 시작하는 오후 3시경까지 시간당 관람객 수는 크게 증가하는 것으로 나타났다. 이 패턴의 주된 원인은 국제 참가자들이 아침에 개관해서 초저녁에 폐관한다는 사실이다. 따라서 세계박람회의 야간 볼거리는 국제 참가자 전시관의 폐관을 감안해 관람객들이 머물 수 있도록 기획되어야 한다. 실황공연, 쇼, 불꽃놀이와 기타 특별행사는 세계박람회장에서 즐기기를 원하는 관람객들의 관심을 끌기 위해 실시된다. [그림 2-10]에 표시된 패턴은 많은 세계박람회에서 일반적으로 유효하지만, 라이프스타일 선호도와 날씨와 같은 여러 요인에 따라 분포가 크게 달라질 수 있다는 점을 유의해야 한다. 예를 들면, 1992년 세비야세계박람회 기간 동안 주최자들은 예정된 폐장시간에도 많은 관람객이 박람회장 안에 남아 있는 것을 발견하고 다음 날 이른 아침까지 운영시간을 연장해 관람객을 수용했

그림 2-10 세계박람회 관람객 입장패턴

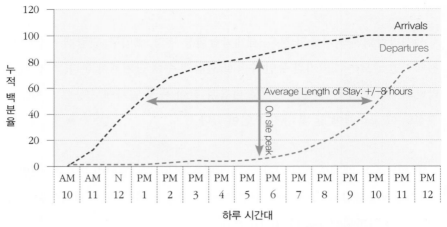

그림 2-10 세계박람회 관람객 입장패턴

자료: Linden, G. & Creighton, P. (2011). 『THE EXPO BOOK』을 참고하여 저자 재작성.

다. 이러한 야간개장 패턴은 스페인의 매우 더운 여름 날씨를 고려해 야간 사
회활동에 적응함으로써 수십 년 동안 영향을 받아 온 스페인의 문화적 상황과
일치했다.

세계박람회장 면적

〈표 2-8〉을 살펴보면, 제2차 세계대전 이후 세계박람회장의 면적은 상당히
다양했다. 200ha가 넘는 초대형 박람회장과 그 외의 소규모 박람회장의 일반
적인 구분은 역사적으로 범주 1 일반박람회와 범주 2 전문박람회의 차이에 있
었다. 현재 등록박람회는 박람회장 면적에 제한이 없지만, 인정박람회는 국제
참가자를 위해 25ha로 제한된다. 실제로 인정박람회의 전체 부지면적은 25ha
를 초과해 일부 배후 부지와 세계박람회 이후 유산계획과 관련된 더 큰 요구
사항을 수용했다. 또한 세계박람회장 규모가 클수록 관람객의 입장률이 더 높
았고, 당연히 주최자와 참가자 모두 더 많은 투자를 했다. 과거 2008년 사라고

표 2-8 주요 세계박람회 회장 면적(1958~2020년)

연도	개최도시	종류	개최기간	회장 면적
1958	브뤼셀	세계	1958. 4. 17.~10. 19.	200ha
1962	시애틀	세계	1962. 4. 21.~10. 21.	30ha
1967	몬트리올	세계	1967. 4. 28.~10. 27.	400ha
1968	샌안토니오	전문	1968. 4. 6.~10. 6.	39ha
1970	오사카	세계	1970. 3. 15.~9. 13.	330ha
1974	스포캔	전문	1974. 5. 4.~11. 2.	40ha
1982	녹스빌	전문	1982. 5. 1.~10. 31.	29ha
1984	뉴올리언스	전문	1984. 5. 12.~11. 11.	34ha
1985	쓰쿠바	전문	1985. 3. 17.~9. 16.	100ha
1986	밴쿠버	전문	1986. 5. 2.~10. 13.	70ha
1988	브리즈번	전문	1988. 4. 30.~10. 30.	40ha
1992	제노아	전문	1992. 5. 15.~8. 15.	6ha
1992	세비야	세계	1992. 4. 20.~10. 12.	215ha
1993	대전	전문	1993. 8. 7.~11. 7.	90,1ha
1998	리스본	전문	1998. 5. 22.~9. 30.	50ha
2000	하노버	세계	2000. 6. 1.~10. 31.	160ha
2005	아이치	세계	2005. 3. 25.~10. 25.	173ha
2008	사라고사	전문	2008. 6. 14.~9. 14.	25ha
2010	상하이	세계	2010. 5. 1.~10. 31.	523ha
2012	여수	전문	2012. 5. 12.~8. 12.	25ha
2015	밀라노	세계	2015. 5. 1.~10. 31.	110ha
2017	아스타나	전문	2017. 6. 10.~9. 10.	25ha
2020	두바이	세계	2021. 10. 1.~2022. 3. 31.	438ha

자료: 국제박람회기구(BIE) 홈페이지(http://www.bie-paris.org/site/en)를 참조하여 저자 재작성.

그림 2-11 2008년 사라고사세계박람회 2층으로 건설된 국제관의 관람 인파

사세계박람회와 2012년 여수세계박람회는 25ha 제한규정에 근거해 개최되었다. 제한규정에 따라 이 변화가 가져올 결과는 현재 완전히 파악되지 않았다.

6개월이 아닌 3개월로 개최기간을 제한하는 이 규정을 변경한 국제박람회기구(BIE)의 의도는 이론상으로 이러한 제한이 없는 등록박람회에 비해 부지

그림 2-12 2008년 사라고사세계박람회 국제관에 설치된 에스컬레이터

개발 및 시설비용이 제한되기 때문에 세계박람회 개최비용을 절감할 수 있다는 것이다. 새로운 부지면적 규정에 대한 사라고사의 사례분석에서 눈에 두드러진 특징 중의 하나는 국제 참가자들을 수용하는 대부분의 국제관이 2층으로 건설되었다는 것이다. 이 솔루션은 관람객을 주요 세계박람회장에서 2층으로 이동시키기 위해 에스컬레이터의 광범위한 사용이 필요했다. 그러나 사라고사는 주요 전시구역 외부에 넓은 면적의 정원과 개방 공간이 있었기 때문에 실제로는 25ha에 불과했다. 부지 면적 제한은 주로 국제 참가자 구역의 계획 및 배치에 중요했다.

제3부
세계박람회의 개최 타당성

타당성 조사와 위험 요소 분석

세계박람회 개최를 구상하는 초기 단계에서 주최자는 프로젝트의 물리적, 재정적 측면을 검토하기 위해 어떤 유형의 연구를 수행해야 한다. 세계박람회에 대한 시장의 정의, 세계박람회 개념, 세계박람회장 부지 개념, 마스터플랜, 경제·재정에 대한 정보를 수집하기 위한 일련의 연구과제를 파악하고 설명한다. 세계박람회 개최에는 다양한 유형의 위험 요소가 수반되므로, 위험요소를 분석하는 방법을 제시하고 설명한다.

이 중요한 사업의 타당성을 평가하는 데 필요한 기본정보를 수집하는 연구를 수행하는 것이 필수적이다. 제안된 세계박람회의 비용과 이점을 제대로 이해하지 못하면 의사결정권자는 지역주민, 사업의 이해관계자, 언론과 매체로부터 쏟아지는 질문에 답변할 수 없는 상황에 직면하게 될 것이다.

다음 단락에서는 세계박람회의 타당성 조사를 위한 접근방법에 대한 지침을 제시한다.

타당성 조사 과제파악과 진행방법

왜 세계박람회를 개최하는가? 대부분의 관람객이 말하듯이, 세계박람회는 교육적이며 재미있다. 하지만 이러한 명확한 매력과는 별개로, 지역사회가 세계박람회 개최를 추진하는 이유는 무엇인가? 여러 세계박람회의 사례를 고려할 때, 다양한 동기가 거론될 수 있다.

① 국가 또는 개최도시에 대한 이미지 확산 및 제고
② 주요 구역, 또는 지역들에 대한 개발 및 재개발
③ 대규모 관람객들을 유치해 세계박람회장 내·외부에서 입장료, 식음료, 기념품, 숙박시설 등을 포함한 재화와 서비스의 구매수요 창출
④ 일자리와 경제적인 기회 창출
⑤ 일반적인 상황에서 몇 년이 걸리는 사회 기반시설 및 기타 개선사항 구현의 가속화

주최자의 목표는 세계박람회마다 크게 다를 수 있기 때문에, 세계박람회의 규모, 국제 참가자 수와 유형, 관람객 수, 개최 비용에 따라 세계박람회의 최종 결과도 상당히 다를 수 있다. 대규모 투자가 필요한 모든 프로젝트와 마찬가지로 세계박람회는 주최자가 수립한 성공 요인을 충족하고 목표를 달성해야만 성공적이라고 평가할 수 있다. 주최자의 목표를 달성하지 못한 세계박람회 사례도 몇 개가 있다. 그러나 새로운 세계박람회에 유용한 모델이 될 수 있는 성공사례들도 있다. 다음 단락에 제시한 접근방식은 성공적인 세계박람회의 사례를 단계별로 논리적으로 타당성 조사과정에 반영해 새로운 세계박람회의 개발을 안내하는 역할을 할 수 있도록 설계되었다. 타당성 조사는 세계박람회 실행을 위한 기본 틀을 제공하고 물리적, 운영적, 재정적 특성을 자세히 설명

한다.

타당성 조사를 준비할 때 충분한 연구, 분석, 기획, 설계 및 기술, 예상 비용 추정, 일정 수립을 통해 프로젝트를 충분히 정의해 의사결정권자가 세계박람회 실행에 대해 정보에 근거한 결정을 할 수 있도록 한다. 연구를 수행할 때 해결해야 할 문제점과 일부 목록에는 다음의 내용이 포함된다.

(1) 시장이란 무엇인가

얼마나 많은 사람이 세계박람회에 매력을 느끼는가?

잠재적인 관람객의 사회 · 경제적 특징은 무엇이며, 인구통계학적인 특성은 어떠한가?

그들은 어디에서 얼마나 올 것이며, 연중 어느 시기에 가장 많이 관람할 것인가?

그들은 언제까지 세계박람회장에 있을 것이며, 얼마나 오래 체류할 것인가?

숙박, 식음료, 기념품 등을 위해 얼마나 많은 돈을 지출할 것인가?

개최도시의 다른 관광 명소는 어느 정도 경쟁력이 있거나 상호 보완적인가?

(2) 전반적인 개념은 무엇인가

어떤 종류의 전시, 볼거리, 오락, 식음료 서비스 및 상품판매점이 제공될 예정인가? 세계박람회에 포함될 특정 주제나 이미지는 무엇인가?

(3) 세계박람회는 다른 프로젝트와 어떤 관련이 있는가

세계박람회는 개최도시, 인접 지역, 국내 및 세계적인 관심을 끌기 때문에 관광, 상업 서비스 및 산업 관련 활동의 원동력이 될 수 있다. 어떻게 계획을 수립해야 세계박람회가 주변 지역사회의 미래 발전을 견인하는 전략적 수단이 될 수 있는가?

(4) 세계박람회는 어디에서 개최되는가

개최장소는 어디이며, 이 장소는 마케팅, 접근성, 토지 매입비 및 주변 토지 이용 요인에 어떻게 반응하는가?

(5) 물리적인 시설 요구사항은 무엇인가

필요한 특정 시설은 무엇이며 물리적 특성은 무엇인가?

어떤 지원 또는 보조 시설이 필요한가(예: 서비스, 관리, 유지보수 등)?

어떤 공공시설이 필요한가(전력, 수도, 통신, 오폐수 관리 등)?

어떤 교통시설이 필요한가(도로, 주차장, 적재/하역 구역 등)?

(6) 세계박람회장 건설비용은 얼마인가

도로 및 공공시설을 포함한 부지개발과 관련된 비용은 얼마인가?

건물과 구조물, 놀이기구와 볼거리, 가구, 집기와 장비 비용은 얼마인가?

그림 3-1 2015년 밀라노세계박람회장 부지 이용 분석도

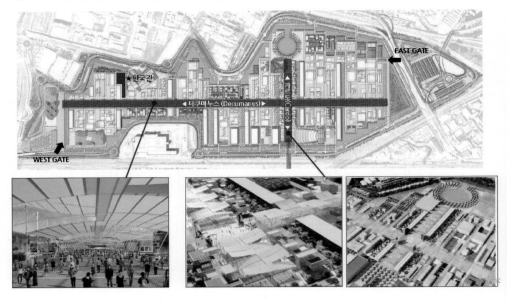

설계, 관리, 자금조달 등에 관련된 '소프트' 비용은 얼마인가?

(7) 세계박람회는 어떻게 운영되며 경제적으로 어떤 성과를 거둘 수 있는가
시설을 운영하는 데 필요한 인원은 몇 명이며, 운영 및 유지보수 비용은 얼마인가?
필요한 상품과 서비스를 구입하는 데 드는 비용은 얼마인가?
마케팅 비용은 얼마인지, 어떤 종류의 투자수익이 보장되는가?

(8) 조직 및 경영적인 관점에서 세계박람회를 어떻게 추진할 것인가
관련된 다양한 주체의 역할과 책임은 무엇인가?

이러한 질문에 답변하기 위해 필요한 정보를 수집하기 위해서는 다음 다섯 가지 영역에서 과제를 수행해야 한다.

① 시장의 정의
② 세계박람회 개념
③ 세계박람회장의 개념
④ 마스터플랜
⑤ 경제 · 재정적 문제

이 다섯 가지 과제는 다음 단락에서 자세히 설명한다.

(1) 시장의 정의
① 시장 영역의 사회 · 경제적 특성과 관광 및 레크리에이션 패턴을 검토한다.

그림 3-2 2012년 여수세계박람회 교통 및 접근성 개념도

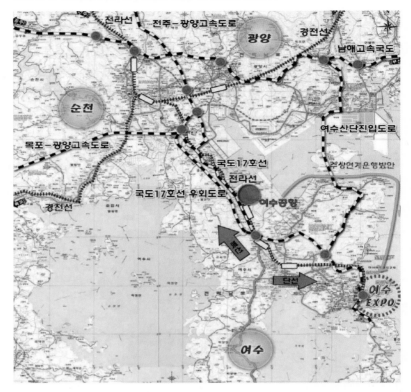

② 지역 시장, 지역 외부 거주자와 그 지역을 방문하는 관람객의 잠재적인
입장률에 영향을 미치는 인구 및 교통시스템 특성을 분석한다. 분석할
요소에는 계절성, 소득 및 지출 패턴, 활동 선호도 및 단체여행 구성 등이
포함된다.

(2) 세계박람회의 개념

① 잠재적으로 상호보완적이거나 경쟁적인 매력을 평가해 시장 반응을 파
악한다. 인접 지역의 다른 관광 명소를 방문해, 성공적인 구상과 마케팅
접근방법에 대한 통찰력을 확보한다.

② 시장 침투율을 기준에 따라 세계박람회의 잠재적인 관람객을 예측한다.

③ 주요 주제와 요소를 파악해 세계박람회의 전반적인 시장 목표에 어떻게 부합하는지 설명하는 종합적인 세계박람회 구상을 수립한다.

④ 여러 가지 목표를 달성할 수 있는 구상을 기획하기 위한 근거로 이전 세계박람회의 사례를 검토하고 분석한다.

- 지역 및 국가의 지원과 인정 획득
- 국제 참가자와 글로벌 기업, 스폰서 지원과 참가 유치 및 유지
- 세계박람회 개최의 전통과 실행에 긍정적인 기여

(3) 세계박람회장의 개념

① 자연적 특성(예: 지형, 수리학 등)과 접근성 요구사항(예: 기존 및 미래 공항, 고속도로, 기타 교통수단과의 접근성), 마케팅 요소(예: 지역 고속도로에서의 가시성), 환경적 사항(예: 주변 토지 이용, 잠재적 환경영향)을 고려해 시설의 구체적인 부지를 평가하고 선정한다.

② 현장에 제공할 주요 공공시설(예: 전기, 수도, 상하수도, 통신 등)의 위치와 특성을 조사해 문서화한다. 서비스 연결을 위한 기술 개념을 개발한다.

③ 교통량 예측 및 방법 분할을 포함한 지역 고속도로 개선 및 설계기준에 대한 현 정부계획을 검토한다. 세계박람회장의 주요 도로 접근성을 위해 고속도로 입체 교차로와 진입도로를 포함한 개념설계를 개발한다.

(4) 마스터플랜

① 시장분석 정보를 고려해 계절성 관람, 성수기 관람, 관람객의 도착 및 출발 패턴, 활용하는 교통수단, 엔터테인먼트 시설 및 지원시설 요구사항을 포함한 계획과 매개변수를 도출한다.

② 전체적인 부지면적 요구사항 프로그램과 시설 프로그램(수량, 유형, 지역, 공공 영역, 도로 등)을 개발하고, 지원 및 서비스 수요를 산출한다.

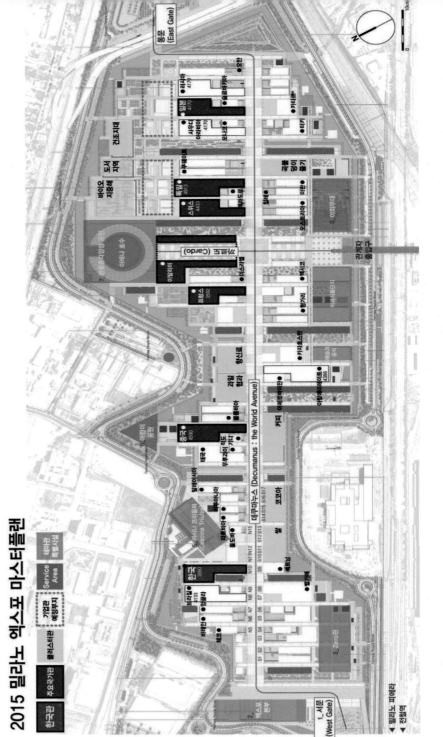

그림 3-3 2015년 밀라노세계박람회장 배치도

2015 밀라노 엑스포 마스터플랜

③ 주요 부지이용의 규모와 위치, 활동 지역, 주요 건물 및 기능, 공공장소, 운영 및 유지 보수 구역, 주차공간 등의 세계박람회장의 부지계획과 관련 면적을 산출한다. 이 현장 배치도를 근거로 다음 요소를 포함한 공학적인 정보를 준비한다. 세계박람회장 부지 입지조건, 악천후 배수 개념, 공공인프라 개념 및 조경계획 등 세계박람회장 내 특정지역의 물리적 특성을 제시하는 설명자료를 작성한다.

④ 필요한 인원의 수와 유형, 업무수행, 기능영역, 보고체계 등을 설명한 세계박람회의 운영을 위한 예상 조직계획을 수립한다.

⑤ 세계박람회 현장조사, 건축가의 설계 및 개요 사양, 공간 배분, 기타 기준에 따라 수집된 자료를 근거로 세계박람회장의 건설비용에 대한 예상 추정비용을 산출한다.

⑥ 현장 작업, 건축, 엔지니어링, 인테리어 디자인, 건축공사, 시공 및 장비조달, 가구, 비품, 장비 및 시운전 등과 같은 작업과 서비스의 모든 주요 측면을 수행하기 위한 예상 종합일정을 준비한다.

(5) 경제 및 재정적 문제

① 시장 특성, 지출 행태, 관람 가능성, 예상되는 관람객 구성, 시설 규모, 매력적인 콘텐츠 및 가격정책에 대한 분석을 근거로 세계박람회의 잠재적인 수입을 예측한다.

② 인건비와 자재를 포함한 운영비용을 절감할 수 있다. 현지 노동법과 고용조건의 영향을 조사해 인건비를 정확하게 반영한다.

③ 예상 수익 및 비용, 개발비용, 자금조달, 세금 처리, 기타 요인을 고려해 세계박람회의 가치를 추정하기 위한 기초자료로 다년간 자금 흐름의 전망을 예측한다.

세계박람회 주최자들은 이러한 연구를 수행하기 위해 세계박람회처럼 독특하고 역동적인 이벤트를 철저히 이해하고, 타당성 분석과 시장성 및 경제성에 관한 연구를 세계박람회와 유사한 규모의 메가이벤트와 관련된 실질적인 경험과 실적이 있는 전문가나 전문기관에 의뢰해야 한다. 아무리 다른 분야에서 검증되고 상업적이며 산업적인 벤처사업에 대한 타당성 연구 경험이 많아도, 세계박람회의 본질에 대한 이해를 하지 못하면 어렵다. 이러한 유형의 미래이벤트의 가능성에 대한 중요한 판단을 빨리해야 할 때 아무 자료도 없는 책장을 쓸데없이 뒤지게 되는 경우도 있다. 세계박람회 자체의 역동성 때문에 세계박람회에 대한 실질적인 경험만이 도전과 요청에 대해 신속하게 대응할 수 있다.

(6) 부지 선정

세계박람회를 위한 부지 선정은 규모와 면적에 대해 어떤 것이 적합한 것인지에 대한 국제박람회기구(BIE)의 규정은 없다. 그러나 과거의 사례를 분석해보면 세계박람회장 부지를 선정하는 데 중요한 몇 가지 요소가 있다.

① 유용성: 세계박람회를 개최하기 위해 의도된 목적에 사용할 수 있는 기획, 건설, 운영 및 철거에 걸친 전체 기간 동안 조직이 통제할 수 있는 부지가 있어야 한다.

② 위치: 부동산에서 일반적인 법칙의 으뜸인 '위치'는 세계박람회장 부지에도 그대로 적용된다. 적절한 대중교통 수단의 가용성은 상당한 비용절감 효과를 가져온다. 많은 세계박람회의 부지가 수변(해변 또는 강변)에 위치했던 것은 멋진 경치, 조망, 쇼의 개최 예정지 등에 다양한 기회를 제공하기 위해서였다.

③ 면적: 국가나 기업뿐만이 아니라 세계박람회장에 입장하는 관람객들의 수에 필요한 크기를 결정하기 위한 정량화의 근거를 제공해야 한다. 주차 수요는 종종 과장되는데, 관람객들은 세계박람회를 관람할 때 비용 측면에서 효율적인 방법을 찾으며 비싼 요금의 야외주차장은 피하게 된

다. 2005년 아이치세계박람회는 최소한의 주차공간을 제공하는 대신 거의 모든 관람객들이 이용할 수 있는 대중 교통수단을 운영해, 전체적인 부지에 들어가는 비용을 획기적으로 절감했다.

정부의 조정

초기 세계박람회의 구상은 때로는 지방자치단체나 기업 또는 지역의 사회단체가 주도한다. 앞에서 설명한 기술적인 업무 외에도 주최자는 세계박람회의 설계 및 개발을 지방자치단체와 정부기관 및 전문 대행사와 조정할 필요가 있다. 타당성 조사 결과와 관련된 조정 및 논의 분야는 다음과 같다.

① 장소, 설계 특성과 일정, 지역 고속도로와 사회기반시설 개선
② 경우에 따라서는 프로젝트에 정부 차원의 지원이 제공될 수 있다. 여기에는 인프라와 시설의 제공, 세금우대 혜택, 직원을 위한 교육 프로그램 등이 포함된다.

다음 단계

타당성 조사가 완료되면, 예비 주최자는 자본과 부채 요구사항, 세계박람회 준비기간을 포함해 세계박람회의 전반적인 타당성에 대해 정보에 근거한 결정을 내릴 수 있는 충분한 정보를 이용할 수 있다. 대부분의 경우, 최종 타당성 조사보고서가 완료되기 전에 잠재적인 금융기관과 협의를 시작하고, 잠재적인 후원사와 참가자를 파악할 수 있으며, 적절한 시기에 장기 재사용 계약을 협상하고 체결할 수 있다. 필요한 환경평가를 포함한 규제 절차에 착수할 수 있다.

위험 요소 분석

세계박람회는 규모가 크고 복잡한 행사이기 때문에 여러 가지 유형의 위험 요소를 수반한다. 여기에서 주요 세계박람회가 직면할 수 있는 몇 가지 위험 요소를 살펴보자.

주제

논란의 여지가 있는 주제는 잠재적인 참가자들이 세계박람회에 참가하는 것을 막을 수 있다. 성공적인 세계박람회로 평가받은 1974년 스포캔세계박람회의 주제는 "미래의 신선한 새로운 환경 축하"였는데 세계박람회와 관련된 환경문제에 대해 여러 차례 공동체의 토론을 거쳐 도출했다. 마찬가지로 주제가 전달하는 메시지가 혼란스럽거나 불투명하면 관람객들이 관람을 포기할 수도 있다.

시기

만일 세계박람회가 개최되고 있는 기간 중에 다른 대형이벤트가 바로 근처에서 개최되고 있다면, 참가자들은 영향을 받을 가능성이 있다. 1998년 리스본세계박람회는 프랑스 월드컵과 함께 개최되었는데, 일부 전문가들은 이것이 세계박람회 입장률에 부정적인 영향을 미쳤다고 분석했다. 마찬가지로, 1992년 세비야세계박람회는 바르셀로나올림픽과 동시에 개최되었는데 세계박람회에 대한 관심을 최소화시켰다.

정치 및 경제적 상황

비록 주최자들의 통제를 넘어선 것들이지만, 경기침체, 무력충돌, 국가적 비극 같은 경제적, 정치적 상황이 세계박람회에 극적인 영향을 미칠 수 있다. 예를 들면, 1968년 샌안토니오세계박람회가 개최되고 있던 중에 마틴 루서 킹 목사가 암살당했고, 그 때문에 마케팅 프로그램이 30일가량 늦어지면서, 주최자들은 이것이 입장율에 상당한 영향을 미쳤다고 믿었다. 1992년 세비야세계박람회가 계획되고 있던 도중에, 걸프전이 발발해 사우디아라비아, 이스라엘 같은 몇몇 참가국이 참전하면서, 그들의 참가계획은 불투명해졌다. 다행스럽게도, 전쟁이 오래가지 않아 모든 부분이 원만하게 진행되었다. 1997년 아시아의 경제위기로 필리핀이 개최할 예정이던 2003년 세계박람회는 정책상의 이유로 취소되었다.

재정

세계박람회를 개최하는 데에는 다양한 영역의 재정적인 위험 요소가 있다. 가장 주요한 위험 요소 중 하나는 관람객 수가 예상했던 것보다 미달되는 것이다. 낮은 입장률은 입장 수익과 관람객 지출에서 얻는 이익의 하락을 가져오고, 주최자들과 영업권 소유자들의 재정적 결과에 영향을 미치게 된다. 참가자의 관점에서 보면, 재정적 위험 요소의 발생은 주최자들에게 부족한 자원으로 성공적이며 높은 수준의 세계박람회를 운영해야 한다는 부담을 준다. 잠재적 위험 요소의 또 다른 주요 요인은 부지와 시설의 사후 활용계획에 관한 것이다. 세계박람회는 상당한 경제적 이익을 시설과 부지의 사후 활용에서 얻게 되는데, 이것을 구체화하는 데 실패하면 예상한 틀에서도 당연히 벗어나게 된다.

주요 이벤트들이 점점 더 중요한 스폰서와 공식 공급자들을 유치하는 데 익숙해지면서, 그들로부터 후원받은 현금이나 물품들, 서비스 등에도 세계박람

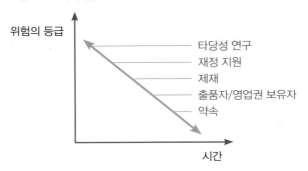
그림 3-4 세계박람회 프로젝트 위험 요소 감소 프로세스

회 주최자들이 감당해야 하는 위험 요소가 생긴다. 세계박람회 주최자들은 스폰서들의 이익과 주어진 예산에 반해 기대만큼의 수익을 올려 주어야 한다. 좀 더 타산적인 접근을 하자면, 스폰서의 관심은 그들이 스폰서를 했을 때 얼마나 비용이 절감될 것이냐다. [그림 3-4]는 세계박람회를 계획하고 실행할 때 위험 요소를 줄일 수 있는 프로세스를 설명한 것이다. 여기에 구체화된 기본적인 개념은 세계박람회 주최자들을 위해 적절한 순서로 정리된, 실질적으로 위험 요소를 줄일 수 있는 이정표가 될 수 있을 것이다. 수직축은 위험 요소의 정도를 나타내고, 수평축은 앞에서 말한 이정표의 진행을 가리킨다. 단 하나의 이정표도 달성하지 않으면, 주최자에게는 위험 요소가 100%다. 즉, 주최자들은 프로세스 초기에는 아무런 자산이 없기 때문에 100%의 위험 요소를 가지고 있다는 의미다. 타당성 조사 없이는 계획에 대한 수많은 중요한 질문, 이를테면 실질적인 관람객의 수라든가 비용과 수익의 기준, 위험 요소를 어떻게 줄일 것인가 등의 질문에 답변할 수 없다.

주최자들은 자산과 지식을 가지고 재정적 후원과 안정된 부지를 찾는 더 어려운 일을 추진해야 한다. 이런 요소들이 완전히 주최자들의 통제 아래 있는 동안, 제안된 이벤트는 다른 사람들의 지원 그리고 참가 조건이 된다는 것이다. 다른 사람들의 참가는 세계박람회가 주최자들에 의해 완전히 통제되는 단순한 축제나 주요 스포츠 이벤트와도 구별된다. 왜냐하면 세계박람회는 다른 참가자들의 참가에 좌우되며, 이것이 조직의 일원들이 참가를 확정하는 데 이론적으로는 도움이 될 수 있기 때문이다. 그래서 국제박람회기구나 기획재정부와 같은 정부 조직의 승인 또는 허가를 받아야 하는 중요성이 있다. 또한 승인을 받았다고 해도, 개별 참가자들의 확정된 계약이 있어야 세계박람회의 개최 담보성을 확보하고 위험 요소를 줄일 수 있다.

주제선정

타당성 조사를 진행하는 과정에서 주최자 측의 세계박람회 주제선정은 불가피하다. 이 장에서는 주제 선정 및 평가에 활용해야 할 다양한 기준에 대한 지침을 제공한다. 국제박람회기구(BIE)가 1972년 협약의 규정을 개정해 일반(범주 I) 및 전문(범주 II) 분류시스템을 세계박람회에 적용한 결과, 주최자는 개별 세계박람회에 대한 적합한 주제를 구분해 선정할 필요가 있었다. 앞에서 이미 언급했듯이 일반 세계박람회는 보다 일반적인 주제를 선정한 반면, 전문 세계박람회는 보다 구체적인 주제를 선정했다. 1988년 협약의 규정을 개정해 등록과 인정 분류시스템을 채택함에 따라, 미래의 세계박람회 주제는 일반적으로 보다 시사적이며 전문화되었다. 이러한 추세에도 불구하고 주제를 선정하는 것은 어려운 작업이며, 외부가 아닌, 내부적으로 많은 논쟁의 대상이 된다고 할 수 있다. 일반적으로 세계박람회 개최계획안을 작성하는 과정에서 주최자는 다음과 같은 주제에 관한 여러 가지 질문에 직면하게 될 것이다.

① 주제란 무엇인가(세계박람회를 위해)?

② 어떤 종류의 주제가 가장 성공적인가?

③ 주제는 어떻게 선정해야 하는가?

이러한 질문에 답변하기 전에 주제를 선정하고 구현하는 데 과거 세계박람회의 사례를 참고하는 것이 유용할 것이다.

세계박람회의 주제선정 및 적용사례

1958년 브뤼셀세계박람회

① 주제: 세계관: 새로운 인본주의(A World View: A New Humanism)

② 전반적인 개념

'새로운 인본주의'는 전후 시대의 중요한 측면으로 여겨졌던 과학과 문화의 융합으로 인식되었다. 주제 상징물인 아토미움은 원자력의 평화로운 사용을 표현했다.

③ 해석

이 주제의 두 가지 측면은 과학과 미술이라는 2개의 국가관에서 강조되었다. 개별 전시관에서도 두 가지 개념을 반영했다. 미국은 원자력 시대의 휴식과 여가를 강조한 반면, IBM관은 인간의 규모로 작동하는 컴퓨터를 보여 주기 위해 노력했다.

④ 평가

주제는 모든 전시물을 수용할 수 있을 정도로 광범위했다. 그러나 이 주제가 세계박람회 참가를 유도하는 데 중요한 역할을 했는지는 명확하지 않다. 오늘날 브뤼셀세계박람회는 주제 상징물인 아토미움으로 기억되지만 주제는 기억되지 않는다.

그림 3-5 1958년 브뤼셀세계박람회 광경과 상징 조형물 아토미움

1962년 시애틀세계박람회

① 주제: 우주시대의 인류(Man in the Space Age)

② 전반적인 개념

　　1960년대 초, 소위 '우주경쟁'으로 인해 유인 우주비행에 관한 세계적인 관심이 매우 높았다. 상징조형물인 '스페이스 니들(Space Needle)'은 주제를 상징하기 위해 건설되었으며, 미국 우주비행사들은 우주비행을 마친 직후 세계박람회장을 방문했다.

③ 해석

　　주요 주제는 우주탐사가 활발한 국가들이 자국의 기술과 성과를 전시할 수 있도록 했다. 미국관은 우주 관련 자료를 전시하는 주요 전시관이었으며 이후 영구적인 과학관인 태평양과학센터로 개조되었다. 우주개발 프로그램이 없는 국가들은 미래 발전의 중요한 물결에 동참하고 싶다는 열망 때문에 참가했다. 하위 주제는 세계박람회의 다양한 영역에 대한 정체성을 창출하는 데 반영되었다.

그림 3-6 1962년 시애틀세계박람회장 전경과 상징 조형물 스페이스 니들

④ 평가

순전히 '우주'라는 주제는 우주개발 프로그램이 없는 국가의 효과적인 전시를 방해할 수 있지만, 하위 주제 개념은 거의 모든 유형의 국가 전시를 수용하기에 충분히 보편적이었다. 또한 하위 주제라는 아이디어는 개별 출품자가 특히 매력적인 분야에 위치할 수 있는 흥미로운 모델을 만들었다. 그러나 대부분의 국제 참가자들은 국제상업 및 산업 구역에만 참가했다는 점을 인정해야 한다. 시애틀의 주제 상징 조형물은 세계 박람회의 가장 유서 깊은 이미지 중 하나로 남아 있으며, 현재는 전 마이크로소프트 공동 창업자 폴 앨런이 자금을 지원해 프랭크 게리가 설계한 '익스피리언스 뮤직 프로젝트' 시설을 포함한 주요 도심 재개발 지역의 중심이 되었다.

1967년 몬트리올세계박람회

① 주제: 인간과 그의 세계(Man and His World)

② 전반적인 개념

　일반적인 개념은 인간과 환경의 상호작용이었다. 특히 이 주제를 강렬하게 표현한 것은 예술과 조각뿐만 아니라, 새로운 건축과 건축 기술을 전시하려는 진지한 시도였다.

③ 해석

　이 세계박람회는 벅민스터 풀러(Buckminster Fuller)의 반구형 돔(미국관), 오토 프레이(Otto Frei)의 천막구조(서독관), 모셰 사프디(Moshe Safdie)의 해비타트와 영국관의 헨리 무어(Henry Moore) 조각 전시 등 인상적인 건축 및 예술작품이 전시되었다.

④ 평가

　몬트리올세계박람회에서는 선정된 주제들을 둘러싼 독특한 논쟁이 있었다. 프랑스어로 표현된 공식 주제는 프랑스 작가 생텍쥐페리의 시를 인용한 '인간의 대지(Terre des Hommes)'였다. 영어 버전으로는 '인간과 그의 세계(Man and His World)'로 번역되었다.

　두 가지 언어 버전의 주제는 모든 참가자에게 선택의 자유를 허용했지

그림 3-7 1967년 몬트리올세계박람회장 전경과 모셰 사프디의 해비타트

만, 프랑스어 버전은 특히 프랑스 언론들에 인기가 많았고 '엑스포'라는 용어와 혼용되어 사용되었다. 영어 버전은 이러한 호평을 받지 못했고, 일부 비평가들은 프랑스어의 시적인 단순함이 긴 영어 버전에서 손실되었다고 느꼈다.

1970년 오사카세계박람회

① 주제: 인류의 진보와 조화(Progress and Harmony for Mankind)
② 전반적인 개념
　이 주제는 세계박람회 후원사들이 일본만의 독특한 특징이라고 느낀 것을 표현하기 위한 것이었다. 현대 기술이 전통과 관습의 우아함과 양립할 수 있다는 것을 보여 주었다.
③ 해석
　참가국들과 기업들은 산업 기술과 문화를 전시하기 위해 최선을 다했다. 예를 들면, 미국관은 기술과 예술에 대한 주요 전시를 선보였다. 세계박

그림 3-8 1970년 오사카세계박람회장 전경과 상징 조형물 태양의 탑

람회장의 배치는 화려하게 건설된 전시관 구역과 대비되는, 넓고 고요한 일본식 정원을 설치해 주제를 더욱 돋보이게 했다.

④ 평가

일부 건축 평론가들은 오사카세계박람회의 주제를 모순이라고 평가했는데, 많은 사람이 이 세계박람회가 '조화'보다는 다양한 구조물 간의 일반적인 미적 비호환성으로 더 두드러진다고 느꼈기 때문이다. 그럼에도 불구하고 이 주제는 개별 참가자의 창의성을 제약하지 않았고, 오사카세계박람회는 상업적으로나 평가 면에서 모두 성공적이었다.

1982년 녹스빌세계박람회

① 주제: 세계를 바꾸는 에너지(Energy turns the World)

② 전반적인 개념

녹스빌세계박람회를 계획하는 동안 1979년 이란의 국왕 샤(Shah)가 해외로 망명하고 1980년 이라크가 이란을 침공하면서, 이란의 석유생산이 중단되어 연료공급이 제한되자 자가용 차량이 주유소에 길게 늘어선 이른바 '에너지 위기'로 인해 에너지는 특히 미국에서 광범위한 대중의 관심을 끌었던 주제였다. 이 세계박람회는 에너지 생산과 보존에 대한 새로운 접근 방식을 모색할 수 있는 기회로 여겨졌다.

③ 해석

거의 모든 전시관들이 주제를 반영하기 위해 많은 노력을 기울였다. 전시는 서독의 진지한 과학적인 전시부터, 중국이 기본적으로 소매업의 일시적인 장소에서 주제를 주변적으로 다루는 것에 이르기까지 다양했다. 미국관에서는 에너지 관련해 중요한 전시를 발표했다.

④ 평가

이 세계박람회가 개최될 무렵에는 '에너지 위기'가 완화되어 시의적절한

그림 3-9 1982년 녹스빌세계박람회장 전경

문제가 아니었다. 에너지 문제를 탐구하려고 시도한 일부 참가국은 다른 관람객들이 오락이 주된 목적인 포럼에서 주제가 너무 심각하게 제시되었다고 느꼈기 때문에 비판했다. 어떤 사람들은 주제와 그에 대한 다양한 해석이 종종 논쟁을 불러일으킨다고 느꼈다. 예를 들어, 일부 기업 참가자들은 미국관에서 상영된 주요 영화가 원자력 발전에 편향되어 있다고 생각했다.

1985년 쓰쿠바세계박람회

① 주제: 주거와 주변환경–가정의 인간을 위한 과학과 기술
   (Dwellings and surroundings–Science and Technology for Man at Home)
② 전반적인 개념
   이 주제는 세계박람회뿐만 아니라 일본 전역에 기술 커뮤니티를 구축하는 프로그램인 일본의 국가적 '테크노폴리스 전략'의 시범 프로젝트였던 새로운 과학도시 쓰쿠바의 주변 개발을 세계적으로 홍보하기 위한 것이었다.

그림 3-10 1985년 쓰쿠바세계박람회장 전경과 인기를 끌었던 미국관의 스케치 로봇 아론

③ 해석

세계박람회의 거의 모든 참가자가 기술 전시물을 개발했다. 특히 가전제품을 전문으로 하는 일본 대기업들의 참가가 두드러졌는데, 일부 관람객들은 다른 국가관들의 전시발표를 압도한다고 평가하기도 했다.

④ 평가

이 주제는 일본과 쓰쿠바에는 효과적인 주제였다. 그러나 기술이 뒤떨어진 개발도상국들에는 어려움이 있었다.

1986년 밴쿠버세계박람회

① 주제: 교통과 통신: 움직이는 세계, 맞닿은 세계

(Transportation and Communication: World in Motion, World in Touch)

② 전반적인 개념

원래 주제는 '교통'이었으며 이 세계박람회의 명칭은 '국제교통박람회 86'

그림 3-11 1986년 밴쿠버세계박람회장의 모노레일

이었다. 이 주제의 제목이 혼란스럽고 다양한 관심을 불러일으키지 못한
다는 시장조사 결과에 따라 교통과 통신의 일반적인 분야로 주제가 변경
되었다.

③ 해석

많은 국가관에서 자국의 운송기술을 선보였다. 새로운 밴쿠버 고속 교통
시스템 자체는 분리된 2개의 세계박람회장을 물리적으로 연결해 세계박
람회장의 중요한 운송수단이었다.

④ 평가

많은 관람객은 교통이란 주제가 너무 제한적일 뿐만 아니라 궁극적으로
단조롭다고 느꼈다. 제한된 수량의 운송수단만 전시되었고 많은 전시물
이 서로 중복되는 것처럼 보였기 때문이다. 세계박람회 개최 전에 변경된
주제는 참가자가 필요로 하는 유연성을 더 많이 확보할 수 있도록 했다.

1988년 브리즈번세계박람회

① 주제: 기술시대의 레저(Leisure in the age of Technology)

② 전반적인 개념

브리즈번세계박람회의 주요 목적은 오스트레일리아를 세계적인 관광지로 홍보하는 것이었다. 따라서 전반적인 주제는 기술 자체가 아니라 기술적으로 발전된 사회에서 여가 기회의 다양성이었다.

③ 해석

브리즈번세계박람회의 많은 전시물, 특히 오스트레일리아 정부기관과 기업이 후원한 전시물은 호주의 레저 및 레크리에이션 기회를 강조했다. 오스트레일리아관은 원주민 신화를 재현했다. 일본관은 1788년과 1988년의 여가 시간을 대조해 보여 주었다. 영국관은 레저분야의 기술혁신을 전시했으며, 미국관은 스포츠 의학에 대한 특별전시를 통해 '스포츠와 의학'을 전시했다.

④ 평가

오스트레일리아가 전 세계에, 영화화된 오락, 청량음료 및 여행을 포함

그림 3-12 1988년 브리즈번세계박람회장 전경

한 다양한 제품을 판매하는 미국에 대한 오스트레일리아의 잘 알려진 매력 측면에서 '레저'를 주제로 선정한 것은 잘 고려한 것이었다.

1992년 세비야세계박람회

① 주제: 발견의 시대(The Age of Discovery)
② 전반적인 개념

이 주제의 가장 분명한 의미는 콜럼버스의 아메리카 대륙 발견을 기념하는 것이었으며, 콜럼버스가 탐험을 시작한 곳이 세비야였기 때문에 이 세계박람회는 세비야에 특히 중요했다. 공식적으로 이 주제는 1492년 이전, 1492년부터 현재까지, 그리고 미래의 새로운 시대에 걸친 인류의 발전을 탐구했다. 따라서 이 주제는 구세계와 신세계를 모두 묘사하고 표현할 수 있었다.

그림 3-13 1992년 세비야세계박람회장 전경

③ 해석

주최국인 스페인은 항해관, 스페인관, 콜럼버스가 탐험 중간에 일정 기간을 머물렀던 복원된 카르투하 수도원 등 역사적인 발견의 시기를 직접적으로 보여 주는 여러 대형 전시물을 전시했다. 콜럼버스의 탐험선인 니나호, 핀타호, 산타 마리아호의 복제품을 전시한 해상 전시관도 있었다. 스페인 지역관도 역사적인 전시물뿐만 아니라 미래에 대한 비전을 주제로 한 전시물도 잘 전시되어 있었다. 이탈리아와 같은 여러 유럽 국가도 역사적 주제를 표현했지만, 매우 현대적이고 미래지향적인 외관을 가진 국가관 내부에 전시되었다.

④ 평가

1958년 브뤼셀에서 개최된 이후 34년 만에 유럽에서 개최된 세계박람회였다. 스페인은 같은 해 바르셀로나에서 올림픽도 개최해 언론의 관심이 매우 높았다. 과거, 현재, 미래를 주제로 폭넓게 활용해 다양한 내용의 발표가 가능했지만, 주최자 측의 전시 발표는 역사적 시대가 가장 많았다. 결국 세비야에 특화된 주제이면서도 상상할 수 있는 거의 모든 소재를 전시할 수 있었기 때문에 현명한 주제선정이었다.

1998년 리스본세계박람회

① 주제: 바다, 미래를 위한 유산(The Oceans: a heritage for the Future)
② 전반적인 개념

이 주제의 기본 메시지는 바다의 미래에 대한 인간의 무관심이 심각한 결과를 초래하고 있으며 재앙을 피하기 위한 노력을 기울여야 한다는 것이었다. 포르투갈 정부는 유네스코가 1998년을 '국제 해양의 해'로 선언하면서 세계박람회의 메시지를 널리 알리는 데 유네스코의 지원을 받을 수 있었다.

그림 3-14 1998년 리스본세계박람회장 전경

③ 해석

주최자 측은 다양한 전시관의 전시, 라이브 공연 및 쇼에서 주제를 반영하고 전달하기 위해 모든 노력을 기울였다. 미래관, 바다의 지식관, 수족관과 같은 가장 큰 규모의 몇몇 전시관은 주제를 매우 충실하게 표현했다. 이 세계박람회는 기록적인 수의 국제 참가자들을 유치했기 때문에 제대로 된 전시를 할 수 있는 경험과 자원이 부족한 일부 국가에서는 실제로 주제를 반영하지 않고 여행 및 관광 위주의 전시소개 같은 보다 일반적인 방법에 의존했다. 기업관은 단 세 개에 불과했으며, 그중에 스와치와 유니서가 물을 주제로 재미있고 흥미로운 전시를 선보였다.

④ 평가

역사와 삶이 바다와 불가분의 관계에 있는 포르투갈 리스본의 경우 이 주제는 매우 적절했다. 스페인이 1992년 세비야세계박람회에서 신대륙 발견에 대한 역사적인 전시물을 많이 전시했기 때문에 리스본에서 선보인 주제전시가 다소 중복되는 인상을 받았다.

2000년 하노버세계박람회

① 주제: 인류, 자연, 기술(Humankind, Nature, Technology)
② 전반적인 개념

　　1992년 세비야세계박람회의 참가자 수를 능가하는 초대형 세계박람회를
　　개최하기 위해 하노버는 전 세계가 관심을 가질 만한 주제, 즉 인류가 번
　　영하면서도 환경을 보호할 수 있는 방법을 선택했다. 독일은 국제박람회
　　기구(BIE)의 총회 발표에서 포괄성을 장려하기 위해 개발도상국의 세계
　　박람회 참가를 지원하는 데 상당한 경제적인 기여를 했다.
③ 해석

　　주최자 측은 대부분의 세계박람회가 선정한 일반적인 주제를 초월해
　　1992년 리우데자네이루에서 개최된 지구정상회의에서 발표된 지속가능
　　한 개발에 관한 유엔의 의제21 선언에 명시된 내용을 수용했다. 또한 주
　　최자측은 주제와 관련된 2002 세계박람회 세계프로젝트 프로그램을 개
　　발했다.

그림 3-15　2000년 하노버세계박람회장 전경

④ 평가

주최자 측은 관람객 수를 4,000만 명으로 예상했으나 실제로는 1,810만 명에 그쳤으며, 이는 세계박람회 수익에 큰 영향을 미쳤다. 이 주제에 대한 관람객의 관심과 열의가 부족했고, 잘 구성된 즐거운 축제라기보다 교육적인 행사에 가깝다는 평가가 지배적이었다. 매일 일정에 문화 및 공연 프로그램을 추가하고 입장권 가격을 낮췄음에도 불구하고 개최기간 동안의 실수는 극복되지 않았다.

2005년 아이치세계박람회

① 주제: 자연의 지혜(Nature's Wisdom)
② 전반적인 개념

도요타자동차의 본사가 있는 나고야시가 소재한 아이치현은 일본 정부가 산업 및 기술개발의 중요한 거점으로 지정했다. 처음에는 세계박람회가 이러한 정체성을 홍보하는 수단으로 인식되었지만, 개발되지 않은 산림지역인 세계박람회장 부지에서 멸종 위기종 조류가 발견되면서 대규모 세계박람회 개최에 대한 반대에 부딪혔다. 이에 따라 '자연의 지혜'라는 주제를 선정하고 세계박람회 규모를 축소했으며 부지와 시설 건설에 환경친화적인 접근 방식을 적용했다. 이 세계박람회가 종료되고 대규모 공원이 유산으로 남았다.

③ 해석

세계박람회장 부지와 건물은 참가국, 국제기구, 대기업, 정부기관, 광역 및 기초지방자치단체의 참가자들을 수용하기 위해 매우 '친환경적인' 접근 방식을 적용했다. 관람객들이 쉽게 접근할 수 있는 넓은 녹지 공간이 있었는데, 이는 바닥이 딱딱한 산책로가 대부분인 다른 세계박람회와는 매우 대조적이었다. 많은 참가국이 다양한 방식으로 주제를 구현했다. 일

그림 3-16 2005년 아이치세계박람회장 전경

본 대기업의 참가는 대체로 '친환경'이라는 주제와 일치했지만, 일부 관람객들은 고비용의 기업관 전시소개를 통해 '평소와 같은 사업'으로 여겨져 국가와 정부 당국의 친환경적인 전시를 과도하게 가렸다고 평가했다.

④ 평가

예상 관람객 수인 1,500만 명을 초과한 2,200만 명이 입장하면서 이 주제는 관람객들에게 큰 반향을 불러일으켰다. 인기 전시관에서는 긴 줄을 서는 것이 일반적이었지만, 세계박람회장과 휴대폰 예약을 통해 구입할 수 있는 시간제 관람권이 처음 등장하면서 다소 줄어들었다.

2008년 사라고사세계박람회

① 주제: 물과 지속 가능한 개발(Water and sustainable development)
② 전반적인 개념

스페인은 1992년 세비야세계박람회와 바르셀로나 하계올림픽 같은 대규모 국제행사를 주요 인프라 및 시설개선의 수단으로 활용했다. 에브로강

을 가로지르는 새로운 다리건설, 마드리드와 바르셀로나를 연결하는 고
속열차(AVE) 노선을 포함한 사라고사의 프로그램과 시설개선도 예외는
아니었다. 물과 지속 가능성 문제에 대한 전 세계적인 인식은 시의적절
하게 주제와 잘 연결되었다.

③ 해석

주제관과 많은 국제 참가자는 물에 대한 흥미롭고 효과적인 전시를 발표
했다. 민물 수족관은 인기있는 전시관이었으며, 주요 강변에 위치한 세
계박람회장은 인간의 생활 속에서 물의 역할에 대해 끊임없이 상기시켜
주었다. 주최자와 참가자의 비용절감을 위해 박람회장 면적을 25ha로 제
한하고 전시기간을 3개월로 제한하는 새로운 국제인정박람회 형식이 적
용되었음에도 불구하고 108개국이 참가했다. 그러나 일부 개발도상국들
은 주제를 거의 반영하지 않았다.

④ 평가

아이러니하게도, 계절에 맞지 않는 엄청난 강우량에 따른 이 지역의 홍
수로 인해 에브로강에서 실시된 야간 쇼가 세계박람회 개막 후 며칠 동안

그림 3-17 2008년 사라고사세계박람회장 전경

취소되었다. 주제는 시사적이고 매력적이었지만, 총 관람객 565만 명이라는 수치는 이 세계박람회에 대한 스페인 국내 또는 국제적인 관심이 급증한 사실을 반영하지 못했다.

2015년 밀라노세계박람회

① 주제: 지구식량 공급, 생명을 위한 에너지(Feeding the Planet, Energy for Life)
② 전반적인 개념

밀라노세계박람회는 식량생산, 건강한 식습관, 인구증가, 폐기물 감소 및 천연자원의 효율적인 사용에 대한 의문을 제기하면서 현대의 주요 과제 중 하나에 도전했다. 주제인 '지구 식량공급, 생명을 위한 에너지'는 7가지 하위 주제로 분류했다. 또한 이 세계박람회에 대한 유엔의 임무는 '기아제로 도전'을 주제로 했다. '지속가능한 세계를 위한 단결'은 완전한 관람객 체험을 통해 세계박람회 전체에 수평적 존재감을 확립했다. 전시는 인간과 자연의 관계, 식량생산, 보존, 소비가 진화한 방식을 전시해 관람객들에게 세계박람회의 주제를 소개한 주제관인 파빌리온 제로에서 시작되었다.

③ 해석

밀라노시 중심가에서 북서쪽으로 15km 떨어진 곳에 위치한 110ha의 세계박람회장 부지는 폐허된 공장과 창고구역을 개발했다. 수변으로 완전히 둘러싸여 있고 나무가 우거진 이 부지는 수직축이 1.5km 길이의 데쿠마누스와 350m 길이의 카르도라는 전형적인 고대 로마의 병영에서 영감을 받았다. 상징조형물인 '생명의 나무'는 카르도의 맨 끝에 위치했으며 매일 밤 라이트 앤 사운드 쇼를 실시하는 엔터테인먼트의 원천이었다. 많은 참가국이 세계박람회 주제를 전시물에 구현했다. 영국관은 꿀벌이 식량생산에 중요한 역할을 하는 데 관심을 기울이는 몰입형 다중감각 경

그림 3-18 2015년 밀라노세계박람회장 전경

험인 '벌집(The Hive)'을 구축해 양봉장 생태계를 재해석했다. 베트남관
은 내구성이 뛰어나고 지속가능한 건축 자재인 대나무를 조립해 연꽃 모
양을 형성하였는데, 이는 낙천주의의 상징이자 식물의 일부가 낭비되지
않는 베트남 건축의 묘미였다. 쿠웨이트관은 사막의 모래와 바다의 소금
물이 특징인 나라의 이야기를 들려주는 '자연의 도전'을 전시했으며, 오
스트리아관의 '숨쉬기, 오스트리아'는 우리의 가장 소중한 자원 중 하나
인 맑은 공기 체험으로 관람객들의 많은 관심을 끌었다.

④ 평가

예상 관람객 수인 약 2,000만 명을 초과한 2,150만 명을 유치하면서 이
주제는 관람객들에게 큰 반향을 불러일으켰다. 주제와 관련해 이 세계박
람회는 영양, 지속가능성 및 보편적 권리에 관한 원칙과 목표를 제시하
는 밀라노 헌장의 제정으로 이어졌다. 이탈리아 정부가 시민사회단체와
공동으로 제안한 헌장은 2015년 10월 16일 반기문 유엔 사무총장에게 전
달되었다. 또한 밀라노 도시 식량정책협약은 전 세계 100개 이상 도시의
시장들이 서명했다. 국제식량기구(FAO)의 지원을 받았던 이 협약은 도
시들이 생물 다양성을 장려하고 음식 낭비를 줄이면서 지속가능하고 건

강한 식품시스템을 개발할 것을 촉구했다. 세계박람회가 끝난 후, 현재 박람회장 부지는 밀라노혁신지구(Milano Innovation District)'로 전환됨에 따라, 데쿠마누스는 유럽에서 가장 긴 선형공원 중 하나이며 지역사회의 중심지로 변화하고 있다. MIND는 생명과학, 의료, 생명공학, 제약, 농식품, 영양, 데이터 과학분야에서 활동하는 기업, 과학자와 연구원의 중심지가 될 것이며 밀라노대학 캠퍼스와 IRCSS 치료 및 연구의료센터가 입주할 예정이다.

주제 검토 및 결론

이전 세계박람회의 주제를 검토한 결과 다음과 같은 결론을 도출할 수 있다.

마케팅에서 주제의 역할

일반적으로, 국가와 글로벌 기업을 막론하고 잠재적 참가자의 관심을 끄는 데 있어, 주제 자체는 세계박람회의 성공적인 마케팅에 중요한 요소는 아니다. 실제로 많은 참가자는 세계박람회 참가에 대한 관심이 다음과 같은 요소에 더 크게 좌우된다고 말했다. 예상 입장률(즉, 예상 관람객 수), 주최자가 제공하는 조건 또는 인센티브(주로 재정적인 혜택), 개최국과 잠재적 참가국 간의 특별한 양자 간 관계 등이 포함된다.

관람객들이 세계박람회를 관람할지 여부를 결정하는 데 있어 가장 중요한 요소는 일반적으로 세계박람회 자체의 오락적 가치이며, 이는 주제보다 전시물과 볼거리의 수준과 더 관련 있다. 주제가 세계박람회를 마케팅하는 데 중요한 요소였던 상황에서는 다소 아이러니하게도 주제가 참가국에 어려움을 야기한 경우도 있었다.

'환경'과 같은 일부 주제는 논란의 여지가 있었다. '에너지'와 같은 다른 주제는 세계정세의 변화로 인해 시의적절하지 않은 것으로 평가되었다. 또 다른 사례는 1984년 뉴올리언스세계박람회의 '강의 세계'와 같이 너무 구체적인 주제는 자국의 상황과 주제의 중요성이나 관련성을 파악하지 못한 참가국들에게 어려움을 야기했다.

주제선정

이전 세계박람회의 사례는 주제를 선정하고 구현에 대한 매우 다양한 접근방식을 보여 주었다. 각 세계박람회는 고유한 정치적, 사회경제적, 문화적 상황이 존재하기 때문에 주제를 선정할 때 여러 가지 요소를 고려해 접근해야 한다. 세계박람회 주최자는 주제를 개발하기 위해 다음과 같은 다양한 기법을 사용했다 (예: 전문가패널 채용, 마케팅·광고대행사 참여, 대중공모, 경품행사 등).

어떤 절차의 조합을 활용하든 주제선정은 비교를 허용하는 특정 기준과 매개변수를 기반으로 해야 한다. 주제를 선정할 때 고려해야 할 평가기준 목록을 다음과 같이 제시한다.

① 세계박람회 현장에 적합해야 한다.
② 간단하고 유연해야 한다.
③ 지나치게 기술적이거나 학술적인 설명이 필요 없으며, 프레젠테이션 기술에 막대한 투자를 할 필요가 없어야 한다.
④ 다른 언어로 번역하기 쉬워야 한다.
⑤ 독창성: 최근 세계박람회에서 사용되지 않아야 한다.
⑥ 인간의 지식을 향상시키기 위한 유익한 시도를 구현한다.
⑦ 전 세계적으로 호소력이 있어야 하며, 모든 참가국에서 적용될 수 있도록 개념이 충분히 보편적이어야 한다.

⑧ 참가국에는 세련된 방식으로 자국을 소개할 수 있는 기회를 제공해야 한다.

⑨ 유치신청서 제출 시점과 세계박람회 개최 시점 사이에 변경될 수 있는 정치적 환경에 좌우되지 않아야 한다.

사업모델

재정적 모델링

　세계박람회를 위한 재정적 모델은 전체 사업에서 구성된 상호 연관성이 높은 두 가지 단계로 이루어진다. 첫 번째 단계는 세계박람회에 타당한 모든 비용과 수익의 개발 및 운영과 관련된 것이며, 두 번째 단계는 세계박람회 이후의 기간과 관련된다. 이때 주최자들은 전체 계획에서 완성된 조감도와 함께 두 가지 단계를 구상하는 것이 중요하다. 단기적 관점에서 오로지 세계박람회 비용과 수익에만 중점을 둔 프로젝트로 기획하면 몇 가지 중요한 손실이 발생할 수 있다. 장기적으로 세계박람회장의 재개발을 계획에 포함한다면 전체적인 프로젝트의 경제적 이득은 현저할 것이다. 예를 들면, 1986년에 개최된 밴쿠버세계박람회는 철도 야적장과 제재소를 포함한 강변의 여러 부지를 확보해, 세계박람회를 개최하기 위한 임시 건물과 기반시설을 건설하고, 새로운 주택과 상업 활동을 수용하기 위해 해당 부동산을 재개발하는 과정이 포함되었다. 세계박람회의 개최비용과 수입에만 초점을 맞춘 이 프로젝트는 주정부의 복

그림 3-19 국제무역센터로 활용되고 있는 1986년 밴쿠버세계박람회 캐나다관

권 수입에도 불구하고 상당한 손실을 초래했다. 그러나 세계박람회장 부지의 장기적인 재개발을 고려하면 밴쿠버시의 중요한 지역이 재개발되고 획기적으로 개선되었다는 사실은 두말할 필요도 없이, 전체 프로젝트의 경제적 이익은 매우 두드러졌다. 이런 장기적인 결과를 세계박람회 유산이라고 한다. 이러한 관점에서 볼 때 사업모델은 모든 세계박람회에 매우 중요하다. 세계박람회의 유산은 1889년 파리세계박람회의 에펠탑부터 2015년 밀라노세계박람회의 혁신지구에 이르기까지 거의 모든 것이 될 수 있으며, 부지조성의 경제성과 장기적인 개발과 운영은 세계박람회 사례별로 크게 다를 수 있다. 따라서 세계박람회의 사후 활용계획을 위해서는 독특한 재정적 모델이 필요하다.

앞에서도 말했듯이 세계박람회의 재정적 모델은 다른 프로젝트들처럼 비용과 수익을 고려한 계획수립을 기반으로 한다. 비용 측면에서는 대규모 관람객을 수용할 수 있는 세계박람회를 개최하기 위해 부지를 확보하고 필요한 시설, 장비, 서비스 및 볼거리를 제공하는 데 필요한 모든 비용이 포함된다. 수익 측

면에는 다양한 수익원이 모두 포함된다. 다음 세부 내용에서 비용구성 요소는 다음과 같이 세 가지 기본범주로 분류한다.

① 건설
② 설비투자
③ 운영

건설

세계박람회장 부지 정비와 관련된 비용에 대한 논의는 잠시 접어 두고, 국제박람회기구(BIE)가 적용한 인정박람회의 규정에 따라 개최되는 세계박람회를 위해 세계박람회조직위원회가 부담하는 건설비용의 전형적인 예산 항목을 〈표 3-1〉에 5개 주요 항목으로 제시했다. 크게 전시와 영업권 소유자들의 시설(예: 전시관, 식음료 시설 등)을 제공하는 데 소요되는 비용은 크게 달라질 수 있다. 만약 기존의 구조물들이 이런 목적들을 위해 손쉽게 사용할 수 있는 경우라면, 비용은 절감될 것이다. 마찬가지로 세계박람회장을 위한 장기적 계획에 의해 구조물을 국제무역센터나 국제컨벤션센터 등의 목적으로 유지할 계획이라면 수년에 걸쳐 구조물에 대한 비용을 감가상각할 수 있다. 반면에 만약 구조물들을 오로지 세계박람회를 위해 일시적으로 사용하고 폐막 후 이전하거나 철거한다면 경제성은 크게 달라진다.

그림 3-20   2020년 두바이세계박람회장 건설공사

표 3-1 세계박람회장 건설비 주요 항목

항목	세부내용
현장 준비	부지 정리, 기존 구조물 철거, 기반시설 등
현장 복구	임시 건물 등의 철거를 포함해, 세계박람회 종료 후 영구적인 사용을 위한 현장 복구비용 등
현장 작업 및 기반시설	• 평탄작업, 포장 및 표면 처리 (도로, 보도, 주차장 등) • 야외 조명 • 부지와 가로 시설물 • 분수대 • 주변 울타리 • 조경 및 관개 시스템 • 토목 구조물 • 운송시설 • 공공시설 • 하수도 및 배수로

건물	• 운영본부 • 입구영역, 출입구 • 전시관 • 식음료 시설 • 기념품 / 상품 판매시설 • 관람객 서비스 시설 • 창고 및 공급시설 • 보안 및 응급시설 • 소방서 • 고형 폐기물 처리시설 • 직원 구역 • 오락 및 어린이 놀이구역 • 공연 시설
서비스	• 건축설계 / 엔지니어링 • 프로젝트 관리

자료: (재)2012여수세계박람회조직위원회(2012). 「2012여수세계박람회 운영실시계획」을 참고하여 저자 재작성.

설비투자

건설과 마찬가지로 세계박람회를 유치해 개최하기 위해 필요한 설비, 비품 및 장비 등의 실질적인 목록이 필요하다. 이러한 항목들은 사무용 가구와 장비, 출입구, 관람객 편의시설, 수많은 지원서비스 시설, 엔터테인먼트 시설과 그래픽 및 사인물 등이 포함된다. 필자가 현장 조사했던 세계박람회에 의하면, 장비구입 비용을 절감할 수 있는 방법들이 있다. 그중에 하나는 공식 스폰서십 제도를 활용하는 것이다. 이 제도는 참여업체의 지정에 대한 보답으로 다양한 제품과 상품의 구입 가격을 할인받는 대신 참여업체를 '세계박람회 공식 공급업체'로 지정하는 제도다. 이것은 공식 공급업체에 상당한 판촉효과를 제공하고, 세계박람회 조직에는 상당한 비용절감 효과를 가져온다. 또한 어떤 장비들은 구입하는 대신 임대하거나, 기업 스폰서에게 기증받는 것이 비용 효율이 훨씬 좋은 경우도 있다.

① 사무용 가구와 장비

세계박람회조직위원회와 각 전시관 직원들은 사무용 가구(예: 책상, 책장, 의자, 파일 캐비닛, 탁자 등), 집기(예: 깔개 및 카펫, 화분 등), 장비(예: 컴퓨터, 프린터, 팩스 및 복사기, 통신시스템, 시청각 장비 등)가 필요하며, 그리고 다양한 부서에서 필요한 장비가 있을 것이다.

② 출입구

각 출입구에는 입장권 판매소가 있으며, 가구(예: 책상, 의자, 캐비닛, 테이블)와 장비(컴퓨터, 통신시스템, 금고(현금, 수표 등의 보관용), 비품(선반, 애완동물 보호우리, 물품보관함, 유모차/휠체어)과 기타 물품들이 필요하다.

- 물품보관소
- 애완동물 보호소
- 유모차/휠체어 대여소

③ 관람객 편의시설

이 영역에는 가구(예: 책상, 의자, 캐비닛, 테이블, 침대 등), 비품(예: 홍보인쇄물, 선반, 물품 보관함, 구급약품, 완구류, 소모품 등)과 장비(예: 컴퓨터, 프린터, 통신시스템 등)를 다음과 같은 시설에서 사용할 수 있다.

- 안내센터
- 분실물보관센터

- 미아보호센터
- 보안 및 응급시설
- 식음료 판매점
- 기념품 판매점
- 은행업무 시설
- 공중전화와 인터넷 시설
- 우체국
- 공중 화장실

④ 지원서비스 시설

이 영역에는 가구(예: 책상, 의자, 파일 캐비닛, 작업대, 침대 등)를 포함해 비품(예: 선반 및 보관함 등), 장비(예: 컴퓨터, 프린터, 시계, 통신시스템, 지게차, 공기압축기와 도장장치, 소화기와 목공도구, 자동차, 트럭, 골프 카트 및 구급차 및 소방차와 같은 기타 특별한 교통수단, 가스저장 탱크와 펌프, 양방향 무선장비, 화재 및 보안 경보시스템, 쓰레기통, 핸드 카트, 쓰레기 압축기 등)를 다음과 같은 기능 영역에 사용할 수 있다.

- 창고 및 공급시설
- 보안 및 응급 의료시설
- 소방서
- 고형 폐기물 제거시설
- 직원 휴게실 및 회의실

⑤ 엔터테인먼트 시설

이 부문에는 가구(예: 좌석, 책상과 의자, 탁자 등), 소품(예: 무대 의상과 무대 배경세트 등) 및 장비(예: 음향기기 및 조명, 특수효과 시스템, 컴퓨터, 프린터, 입장권

체크기, 탈의실, 장비 등)가 포함된다.

⑥ 그래픽 및 사인물

이 부문에는 2개 국어 사인물, 깃대와 깃발, 배너 구조물 등이 포함된다.

⑦ 기타 사항

이 부문에는 거리 가구(예: 벤치), 조경 장비(예: 세척장비, 잔디와 잔디 유지관리 장비 등)와 시연센터 장비(예: 시청각 장비, 세계박람회장 모형, 전시 및 전시물 등)가 포함된다.

이전 세계박람회의 사례를 살펴볼 때, '공식 공급업체 제도'의 시행을 통해 일부 주요 장비의 구입비를 절감할 수 있을 것으로 예상한다. 이 제도는 관련 공급업체를 '공식 공급업체'로 지정하는 대가로 다양한 제품과 물품의 구입가격을 할인받는 것으로, 상당한 비용 절감 효과를 가져올 수 있다.

- 일부 장비는 구입이 아닌 대여 또는 임대할 수 있다.
- 일부 장비는 기업 또는 기관 후원자가 기부할 수도 있다.
- 세계박람회가 '공식 공급업체'를 지정하는 제도를 통해 세계박람회조직위원회로부터 지정을 받은 판촉효과에 대한 대가로 필요한 품목에 대한 비용을 대량 할인 또는 기타 방법을 통해 상당히 절감할 수 있다.

운영

운영비 항목에는 세계박람회를 준비하고, 개최기간 동안 운영하며, 마지막으로 기획 및 개최기간 동안 결정된 부지 및 시설의 장기적인 사용 전환과 관련된 다양한 비용이 포함된다. 세계박람회 운영과 관련된 다양한 업무에 적합한 조직 구조를 구상하는 것은 수많은 직원에게 책임과 비용을 적절히 배분하기 위해 필요한 작업의 중요한 부분이며, 대부분의 직원은 세계박람회 직전과 개최기간 동안에만 일시적으로 채용될 것이다. 세계박람회의 운영을 위해 직원들을 채용하고 훈련시키는 등 작은 조직에서 완전한 형태를 갖춘 실체로 발전한다. 모든 직원들의 급여 외에도 세계박람회조직위원회 사무실을 유지하는 다양한 비용이 세계박람회 자체에 드는 비용만큼이나 발생한다.

① 경영
② 법무
③ 재정
④ 관리
⑤ 기술
⑥ 운영
⑦ 행사 및 공연
⑧ 마케팅 및 홍보활동
⑨ 국제적인 업무
⑩ 현장설계 및 건설
⑪ 기반시설과 세계박람회 사후 활용

각 부서에 분담된 다양한 업무와 활동에 관한 내용을 〈표 3-2〉에 제시했다. 세계박람회 운영과 관련된 다양한 비용 중 세계박람회조직위원회에 채용된 직원들의 급여와 임금은 상당히 큰 비중을 차지한다. 세계박람회조직위원회 내부 직원 외에도, 컨설턴트와 계절별 직원들도 있다. 내부 직원과 컨설턴트의 수와 유형에 대한 결정은 사무실 공간, 가구, IT 등을 포함한 다양한 관련 비용에 상당한 영향을 미친다. 각 부서 단위에는 다음 업무를 포함하되, 이에 국한되지 않는 컨설팅 서비스에 대한 요구사항이 다를 수 있다.

① 국제적인 업무: 국제 참가자 유치 관련 사항에 대한 컨설팅

② 경영: 법률 컨설팅

③ 재정: 감사 구성

④ 마케팅: 홍보 및 마케팅 컨설팅

⑤ 세계박람회장 설계: 세계박람회장 운영 컨설팅

⑥ 행사 및 공연: 컨설팅만 제공(계약 대행은 포함되지 않음)

⑦ 운영: 조직 컨설팅, 효율성 및 교육 관련 사항

표 3-2 세계박람회 부서 및 업무 내용

부서	업무 내용
경영	• 전략적 계획 • 국제박람회기구(BIE)와 협의 • 정치적인 문제(국내 및 세계) • 전반적인 기능영역의 관리 및 통제 • 전반적인 참가국, 기업 및 언론매체 섭외
법무	• 계약서 및 계약체결 • 국제박람회기구(BIE) 등록 및 인정 업무 • 국내법 해석 및 특별 요구사항
재정	• 재정계획 평가와 경제적인 선택 • 재정관리 보고 • 재정정책(내부 및 외부) • 재무회계 • 자금 및 현금흐름 관리 • 수익 통제(현금 및 현물 출자) • 재정관리 및 건설공사 계약 • 기타 : 세금, 관세 및 보험 • 정부기관과 협의

관리	• 관리 절차 • 구매 및 자재 처리 • 가구, 집기 및 장비(공급 및 관리) • 전화, 팩스 및 사진 복사 • 사무실 배치, 운영 및 서비스 • 우편물(내부 및 외부) • 차량 및 주차(사무실 직원) • 국제적인 기획회의 • 인사(채용, 인사기록, 교육)
기술	• 중앙 컴퓨터시스템 • 네트워킹(사무실 및 현장) • 개인 업무용 장비 공급(예: 컴퓨터, 스캐너 등) • 서비스 기관과 연락 • 소프트웨어 개발 • 특수현장 시설(예: 터치 스크린)
운영	• 일반, 특별, 기타 규정 및 매뉴얼 • 일반적인 회장 운영(예: 주최자, 현장 대중교통) • 일반적인 외부 운영(예: 주차, 의료서비스) • 통제센터 설치 및 운영 • 승인, 오리엔테이션 및 교육 • 규정안 • 현장 클럽 및 공공시설 • 청소, 쓰레기 제거 및 회장 유지관리 • 회장 보안, 인파 통제 및 출입구 • 상품 판매, 식음료 관리 • 영업권 보유자
행사 및 공연	• 엔터테인먼트 전략 및 실행 매뉴얼 • 엔터테인먼트 시스템 및 통제 • 다른 출연진의 섭외 • 개막식과 폐막식 • 특별한 장소와 행사

	• 장소 결정 및 범위 • 스페셜 데이 • 대중 오락 • 기술 및 제작 지원
마케팅 및 홍보활동	• 전략개발 및 실행 매뉴얼 • 시장 조사 • 입장권 판매 방침 및 운영 • 후원 및 기타 기업참여 • 기업 참가자 유치 • 상품화 및 식음료 영업권 소유자 모집 • 기타 수익 창출 활동 • 공공 및 기업마케팅 • 판촉 및 인쇄물 자료 • 사전 홍보활동 • 사후 홍보활동 • 지역사회 홍보활동 • 특별 출판물
국제적인 업무	• 유치전략 수립 • 유치 섭외 출장 및 운영 • 일반 및 특별규정 작성 • 국제기획회의 작성 • 정부, 위원회와 유대관계 • 일반 및 개최국가 • 공식 참가자와 운영 관련 회의 및 연락
현장설계 및 건설	• 건축 경쟁입찰 • 설계 및 계획 • 프로젝트 관리 • 사전철거 및 토목공사 관리 • 건설공사 관리 • 조경, 구조물 및 부지조경 • 현장 유지관리 • 세계박람회 종료 후 철거 및 인계

기반시설과 세계박람회 사후 활용	• 개최도시의 기반시설 요구사항
	• 세계박람회의 기반시설 요구사항
	• 세계박람회 사후 활용자 요구사항
	• 세계박람회장 사후 활용 준비(건설 중)

자료: 이각규(2019). 『박람회프로듀스 II (2019년 개정판)』를 참고하여 저자 재작성.

기타 운영 관련 비용에는 접대, 차량, 출장, 개발도상국 지원, 임대(공간 임대), 사무기기, 사무용품, 우편물 등이 포함된다. 접대비는 세계박람회를 준비하고 운영하는 과정에서 각 부서 단위로 수행하는 여러 가지 식사와 접대 활동과 관련된 비용이다. 차량 유지비는 임대 차량과 자가용을 이용하는 직원에게 지급되는 유류비 등의 운영비가 포함된다. 세계박람회 개최 1~2년 전에 차량을 구입하는 것이 일반적이며, 이 항목의 비용은 운영비에 포함된다. 차량 비용은 관리 부문에 포함된 사무기기 비용 항목에 포함된다.

개최도시, 주변 지역, 국내와 해외여행 비용은 각 부서 단위로 할당된다. 일부 해외 출장비용은 일반적으로 개최도시에서 실시하는 통상적인 기획회의에 참석하는 기업뿐만 아니라 잠재적인 국제 참가자의 출장비용을 고려하기 위해 경영부서의 국제기획회의 항목에 포함된다. 경영부서의 중요한 항목은 개발도상국뿐만 아니라 비영리 국제기관을 유치하기 위해 양자를 유치하는 데 필요한 지원 수준이다. 이런 지원에 대한 추정치는 일반적으로 이전 세계박람회의 사례를 근거로 하지만 운송 및 상품과 같은 추가 형태의 지원은 주최국이 참가자에게 직접 제공했으므로 직접 보고되거나 세계박람회 사업계획에 포함되지 않는다. 모든 부서 단위의 공간 임대, 사무용 가구와 비품, 사무용품과 우편발송(전화 포함) 비용은 관리비 항목에 포함된다. 또한 청소 및 유지 관리비용과 보안 서비스 비용도 관리비 예산에 포함된다.

그림 3-21 2015년 밀라노세계박람회조직위원회 건물

표 3-3 인정(전문)박람회를 위한 주요 비용 추정예산 항목

순위	항목	비율

1	부지 준비 / 복구
	1) 주차 및 적재구역, 도로
	  ① 제거
	  ② 운송
	2) 철거(폐기물 포함)
	  • 건물들
	3) 부지 청소(가볍게)
	4) 부지 정지(울퉁불퉁한, 마무리)
		1%

2	부지 개선사항 1) 삭막한 풍경(광장, 산책로) 2) 온화한 풍경(조경 / 열린 공간) 3) 놀이 / 어린이 구역 4) 담장과 출입 통제 5) 격자 구조물	11%

	6) 특수 도로포장기계	
	7) 도보 /특수 포장기계	
	8) 야외 구조물	
	9) 기존 도로 개선	
	10) 주차장(부지 조명 및 출입 통제 포함)	
	11) 보행자용 다리	
3	전시시설 1) 주제(세계박람회에서 준비) 2) 그룹(기타 참가자가 준비)	31%
4	라이브 공연 • 원형극장	1%
5	상품 판매시설 1) 소매 2) 창고와 유통	6%
6	판매시설 • 식음료	8%
7	건물 뒤 1) 기타(보안, 의료, 소방 등) 2) 창고와 공급	3%
8	관람객 지원시설(화장실 등)	1%
9	사회 기반시설 • 공공시설(임시)	1%
10	주제	5%
11	1) 주제 타워/ 구조물: 3% 2) 스카이 카/ 라이더: 2%	5%
12	비상상황/ 예비비	14%
13	엔지니어링, 설계 및 프로젝트 관리	13%
	합계	100%

자료: Linden, G. & Creighton, P. (2014). 『THE EXPO BOOK』를 참고하여 저자 재작성.

고려해야 할 포인트

텔레비전과 미디어

그림 3-22   2015년 밀라노세계박람회 TV 공개방송

올림픽 같은 세계적인 스포츠 이벤트와 1998년 프랑스 파리에서 개최된 3테너 공연과 같은 독특한 공연은 TV방송을 통해 개최국을 비롯해 전 세계 시청자들에게 어필할 수 있는 기회로 엄청난 혜택을 받았다. 많은 전문가는 1984년 로스앤젤레스올림픽이 1980년 몬트리올올림픽에서 발생했던 재정적인 문제를, NBC방송이 지불한 중계권료로 수익을 창출한 주요 전환점이 되었다고 언급했다. TV방송이 세계적인 메가이벤트에 미친 근본적인 영향은 관람객 기반 체험에서 미디어 기반으로 전환되었다는 것을 의미한다. 이러한 변화는 이벤트의 재정적 결과에 큰 영향을 미쳤고, 관람객의 지출에서 비롯된 전형적인 '입장' 수입을 훨씬 능가하는 수익을 창출했다. 그러나 세계박람회는 기본적인 뉴스 보도와 가끔 국제적인 관심을 받는 인류의 관심사를 초월해 TV와 미디어

영역에서 많은 관심을 끌지 못했다. 세계박람회가 시청자들의 주목을 받는 데 필요한 기본적인 요소인 드라마성과 경쟁력이 부족했다.

세계박람회는 올림픽처럼 개회식과 폐회식을 비롯해 라이브 공연과 고위 인사 또는 유명인의 방문과 같이 TV 및 미디어의 잠재 관람객을 유치할 수 있는 다양한 행사가 있지만 이런 것들은 시청자들의 관심을 끌지 못했다. 제공되는 다양한 콘텐츠의 제한이 없는 미국이나 일본 같은 대규모 미디어시장의 경우, 올림픽 같은 세계적인 수준의 스포츠 이벤트조차도 프로 스포츠와 국가적으로 중요성이 다른 프로그램과 경쟁해야 한다(예: 농구, 골프 등). 이러한 대규모 시장에서 세계박람회 관련 TV방송은 1982년 녹스빌세계박람회에서 개최된 글렌 캠벨의 공연과 같이 간략한 뉴스 또는 간헐적인 특별 프로그램으로 취급되어 제한될 수 있다. 또 다른 경우, 1998년 리스본세계박람회의 개막식은 국영 TV방송에서 약 1시간 30분 동안 현장 중계되었으며, 참석자 소개와 외국 고위관료의 참석 등 다양한 행사에 관한 뉴스 보도 외에도 다양한 행사가 방송되었다.

세계박람회의 공연과 오락프로그램이 후원사를 유치할 가능성이 있으며, 간접적으로 세계박람회의 수익 잠재력을 끌어올릴 수도 있지만, TV 방송의 주된 강점은 마케팅 활동영역에 국한해 잠재적인 관람객을 유치할 수 있다는 것이다. 바로 이것이 세계박람회 TV방송의 주요 가치이며, 이는 세계박람회에 대한 대중의 관심을 불러일으킨다. 두 번의 세계박람회는 TV방송의 보도 효과를 높이기 위해 많은 노력을 기울였다.

1992년 세비야세계박람회는 세계박람회 이전 몇 개월 동안 스페인과 유럽의 여러 지역에서 방영된 퀴즈게임쇼를 제작해 세계박람회 관람여행 및 기타 상품을 참가자들에게 시상했다. 언론의 주목을 끌기 위해 마련된 또 다른 세계박람회 사전행사에서 세비야는 세계적으로 유명한 체스 선수인 카스파로프와 피셔의 체스경기를 후원했다. 또 다른 세비야의 TV방송은 '기타의 전설들'이라는 인기가 매우 높았던 콘서트를 제작하고 방송했다. 세계박람회 기간 동안, 보다 전통적인 행사와 고위인사 및 유명인 방문은 세계박람회의 일정이 끝나기 2주 동안 바르셀로나에서 개최된 1992년 하계올림픽과 관련한 뉴스와 경쟁이 불가피했다. 1998년 리스본세계박람회조직위원회는 라이브 콘서트, 뉴스와 특집방송을 포함한 다양한 프로그램 콘텐츠를 방송하기 위해 모바일 기능을 갖춘 완벽한 TV방송 스튜디오를 박람회장에 설치하고 직원을 배치했다. 포르투갈 전국에 TV방송을 통해 세계박람회 개최전과 개최기간 동안 세계박람회 프로젝트의 다양한 측면에 대한 정보와 교육 프로그램을 발표했다. 또한 언론 및 미디어센터와 같은 현장의 다양한 장소에서 실시하는 일일 프로그램을 제작했다. 세계박람회조직위원회는 올림픽 관행에 따라 TV, 영화 및 방송 시설 서비스 사용을 위한 '요율표'를 적용해 공인된 프리랜스 언론 및 미디어 담당직원에게 일정한 수수료를 제공했다. 세계박람회에서의 취재 활동에 대해 여러 참가국의 영화와 홍보 담당직원의 요청에 따라 스튜디오와 시설이 제공되었다. '국가의 날'에 대한 요금은 부과되지 않았으며, 연장 사용은 요율표에 확정된 요금이 지불되었다. 세계박람회가 끝나고 케이블TV 운영으로 전환

그림 3-23 2012년 여수세계박람회 국제미디어센터

되면서 미디어센터의 건물과 장비에 대한 막대한 투자가 감가 상각되었다.

2012년 여수세계박람회는 2011년 4월 KBS를 주관방송사로 선정했다. 주관방송사는 여수세계박람회 관련 TV · 라디오 프로그램 기획과 홍보 협조 등의 업무를 맡았다. 또한 주요 행사의 국제신호 제작과 분배, 참가 방송사 관리, 외국 방송사에 대한 아카이브 서비스와 송출 지원, 인터넷 방송과 뉴미디어 서비스 시행 · 운영, 모바일 웹 서비스 등도 담당했다. 주관방송사를 통한 주요 내용은 기념 행사 · 신년 특집 · 개막식 · 폐막식 등의 주요 계기 방영, 특별 생방송(여기는 여수엑스포 현장입니다)과 정규 프로그램(굿모닝 대한민국) 방영, 광주 · 순천의 지역 방송국을 통한 6개 특별 프로그램 방영 등이었다. 국제미디어센터를 2012년 5월에 개관하고 사무실은 회견장, 국제미디어센터, 보조센터 (SMC)의 3개소로 구성했다.

참가자의 투자 수익률(ROI)

국제기구, 글로벌 기업 또는 정부 기관 등의 잠재적인 참가자는 차기 세계박람회 참가의 장점을 검토하기 시작하면 곧바로 다음과 같은 질문이 제기된다. '우리가 여기서 무엇을 얻을 수 있는가? 투자 대비 수익률은 얼마인가?'

전반적으로 볼 때, 세계박람회는 선정된 주제의 탐구를 장려하는 일반적인 교육 목적 외에도 참가자가 소비자, 업계 및 정부에 자신의 성과, 제품 및 매력을 선보일 수 있는 무역 및 관광홍보의 장이다. 전시관의 후원자는 해당 분야의 리더로 인식되며, 전시관은 개최도시 및 국가의 시장과 비즈니스, 정부 관계로 연결되는 관문 역할을 한다. 주최국의 입장에서 국가관은 해외 파트너십과 시장 개척을 위한 관문이다. 최고의 양방향 무역 및 관광진흥이라고 할 수 있다. 보다 구체적으로 참가의 가치를 측정할 수 있는 몇 가지 방법은 다음과 같다.

① 실제 관람
- 세계박람회 총 관람객 수
- 개별 전시관 관람객 수(전체 세계박람회 관람객 수 대비 백분율)

② 관람객 분석
- 개최도시 거주자
- 지역 거주자
- 호텔 숙박객
- 친구/가족과 함께 체류하는 관광객
- 특수 목적 관광객

③ 온라인 방문객

④ 기타 매체 노출(신문, TV, 라디오 등)

⑤ 특별 인정: 국가의 날(국제참가자)

⑥ 개최국 및 도시정부 평가

⑦ 국가와 업계 대표와의 네트워킹

⑧ VIP와 고객 이벤트

이벤트 참가 및 홍보캠페인의 후원에 대한 ROI를 결정하는 데 사용되는 다른 지표에는 전달되는 노출 수 또는 '메시지 포인트'의 수와 가치를 계산하는 것이 포함된다. 따라서 세계박람회 관람객이 일정 기간 동안 전시관을 관람하는 실제 관람은 노출기간으로 간주되며, 이는 인쇄매체나 웹사이트 방문자가 온라인을 통해 노출되는 것보다 더 가치 있는(더 큰 비중)것으로 평가된다. 다음 〈표 3-4〉 노출시간은 총 참가비용이 1,000만 달러인 잠재적 시나리오를 제시한다.

한 국가관에 100만 명의 관람객이 입장한다고 가정할 때, 국제인정박람회의 개최기간인 90일 동안 하루 평균 1만 1,000명, 하루 12시간 동안 시간당 약 925명이 관람하고 1회 관람에 약 30분이 걸린다고 가정할 때, 노출 5분당 1 '미

표 3-4 노출시간

접촉 유형	노출(100만)	노출시간(분)	미디어 포인트/ 5분 노출	메시지 포인트 (100만)
전시관 관람	1	30	5	6
온라인 방문	10	10	1	10
기타 미디어	30	5	0.5	15
합계	41	–	–	31

자료: Linden, G. & Creighton, P. (2014). 『THE EXPO BOOK』을 참고하여 저자 재작성.

디어 포인트'로 관람을 평가하면 전달된 '메시지 포인트'는 600만 메시지 포인트가 된다. 마찬가지로, 동일한 국가의 웹사이트가 온라인에서 1,000만 건의 조회수를 기록했고 각 방문이 약 10분 동안 지속되었으며 1분을 1 '미디어 포인트'로 평가한다면 온라인을 통해 전달된 '메시지 포인트'는 1,000만 개가 될 것이다. 마지막으로, 신문, 텔레비전 보도, 광고 등과 같은 기타 미디어를 통해 전시관이 일반 대중에게 평균 5분씩 3,000만 회 이상 노출된 것으로 볼 수 있다.

의도적인 온라인 방문이나 실제 전시관 관람보다 분명히 적은 이러한 노출의 가치가 5분 노출당 0.5라고 가정하면, 다른 매체 유형의 접촉은 약 1,500만 개의 메시지 포인트를 전달한다. 총 노출 횟수는 약 4,100만 회, 메시지 포인트는 3,100만 개가 된다. 이러한 지표(노출 및 메시지 포인트)를 참가 비용(이 사례에서는 1,000만 달러)으로 나누면 비용은 측정 단위당 24달러 및 32달러로 계산된다.

3개월 인정박람회와 6개월 등록박람회의 차이점

국제박람회기구(BIE)는 1988년에 5년마다 대규모(세계, 등록)세계박람회를 개최하고 그 사이에 소규모(전문, 인정)세계박람회를 개최하는 개최빈도 규정을 개정했다. 운영 기간이 최대 6개월로 박람회장 부지면적에 제한이 없던 전문박람회 형식을 없애고, 운영 기간을 3개월로 제한하고 국제 참가자를 수용할 수 있는 박람회장 면적을 25ha로 제한하는 인정박람회로 변경하면서 국제박람회기구는 주최자와 참가자의 세계박람회 운영비용을 절감하기 위해 노력했다. 이러한 비용절감 조치는 이론적으로 대규모 등록박람회를 개최하는 도시보다 규모가 작은 도시에서도 세계박람회를 개최하는 것을 가능하게 했다. 실제로 소규모 도시들이 인정박람회를 개최하는 데는 다음과 같은 몇 가지 요인으로 인해 상당한 어려움이 있다.

① 자원봉사자를 포함한 제한된 노동력
② 직원들을 위한 제한된 숙박시설 종류와 공급
③ 공급업체의 제한된 공급능력과 운송비용
④ 세계박람회 공식 음식 공급업체는 모든 음식을 주요 도시에 있는 공인 공급업체에 미리 주문한 후 트럭으로 세계박람회 현장까지 운송해야 할 수도 있다. 이런 경우 운송으로 인한 추가비용이 발생하며, 한 번 주문한 음식은 쉽게 변경할 수 없다.
⑤ 호텔 및 숙박시설의 품질과 공급이 고객의 요구 및 기대에 부합하지 않을 수 있다.
⑥ 항공, 철도, 도로를 통한 관람객의 개최도시 접근이 제한된다.
⑦ 식음료 및 기타 장비 대여 공급업체는 임대 기간과 비용 회수기간이 짧기 때문에 임대 가능한 장비의 종류가 제한적이다. 이로 인해 임대료의 상승을 초래한다.

인정박람회의 3개월이라는 짧은 운영 기간은 주최자와 참가자들에게 다음과 같은 여러 가지 결과를 초래한다.

① 소모품, 직원 숙소 등의 대량구매 기회가 감소한다.
② 소매 영업을 위한 판매기간이 짧아 대량 구매가 감소하고, 기념품 가격이 상승한다.

이로 인해 특화된 기념품 개발이 불가능하며 전반적인 위험이 증가한다. 기념품에 대한 최종 수요와 성공률을 평가할 수 있는 초기 판매기간이 짧아 추가 주문이 어렵다.

① 투자비용으로 인해 식품 및 음식점 운영자의 위험이 증가한다.
② 날씨, 학교 방학, 관광 시즌에 따른 세계박람회장 운영 시기가 관람객 입장률에 영향을 미친다.

관광 및 여행업계의 경우, 세계박람회 개최 기간이 짧으면 다음과 같은 문제가 발생한다.

① 기간이 짧기 때문에 관광 및 여행사는 정기적인 연간, 계절 프로그램에서 관광, 일정 등을 변경하기 위한 프로그램 변경, 투자비 등을 재정적으로 충당하기 어렵다.
② 세계박람회가 '성수기'에 개최될 경우, 기존의 숙박시설 공급이 세계박람회 개최로 발생하는 관광객 수요를 감당하지 못할 수 있다.

제4부

제3세대 세계박람회로 전환

21세기 세계박람회에 요구되는 것

세계박람회의 세대교체가 절실하다. 'GAFA(구글, 애플. 페이스북, 아마존)'로 대표되는 디지털플랫폼 거대 IT기업은 세계박람회에 전혀 관심을 보이지 않기 때문이다. 21세기의 혁신적 전시기술 개발과 함께 GAFA가 세계박람회에 참가할 수 있는 여건을 조성해 3세대 세계박람회로 도약할 필요가 있다. 2030년 세계박람회가 제3세대 세계박람회로 가는 전환점이 돼야 한다. 2030년 세계박람회는 등록박람회로, 인정박람회인 1993년 대전세계박람회와 2012년 여수세계박람회와 비교해 규모가 훨씬 크다.

디지털플랫폼(GAFA) 기업의 외면

최근 세계박람회장에서 글로벌 거대 IT기업관을 본 적이 있는가

세계박람회에서 주연이 되고 싶다면 볼 만한 전시를 해야 하며, 막대한 출전 참가비용을 각오해야 한다. 솔직하게 이야기하면, 세계박람회에서의 위상은 전시 참가예산에 비례하기 때문에, 인기 있는 화려한 존재는 항상 경제 대국과 대기업이었다. 특히 20세기에 접어들면 세계박람회의 중심이 유럽에서 미국으로 이동해 엔터테인먼트의 비중이 커지면서 예산을 아끼지 않는 거대기업이 인기를 누렸다. 예를 들면, 1939년 뉴욕세계박람회에서 인기를 끈 기업관은 GM, 포드, 크라이슬러, 웨스팅하우스, GE, 듀폰, RCA 등이었다. 또한 비공식 세계박람회였던 1964년 뉴욕세계박람회에서 가장 인기를 끌었던 GM관의 전시 참가예산은 당시 금액으로 1,960억 원이었다. 현재 가치로 따지면 9,800억 원이라는 엄청난 금액이다. 더구나 관람객 수는 1,330만 명이었다.

1970년 오사카세계박람회를 계기로 세계박람회의 중심이 미국에서 아시아로 이동했다. 이후 일본은 1975년 오키나와세계박람회, 1985년 쓰쿠바세계박람회, 2005년 아이치세계박람회까지 연이어 성공적인 개최로 아시아에 세계박람회 붐을 일으키는 선구자 역할을 했다. 한국은 1993년 대전세계박람회와 2012년 여수세계박람회를 개최했으며, 중국은 2010년 상하이세계박람회를 개최했다. 현재 일본은 2025년 오사카·간사이세계박람회 개최를 준비하고 있다. 1970년 오사카세계박람회는 도시바, 히타치, 마쓰시다, 산요, 리코 등의 전자제품회사, 미쓰비시, 미쓰이, 스미토모 같은 재벌그룹, 산와은행, 후지

그림 4-1 1939년 뉴욕세계박람회 GM관과 퓨처라마. 노먼 벨 게데스가 설계한 1960년대 미국의 도시풍경을 묘사한 디오라마

은행 등 은행계열이 대형 기업관을 건설해 흥미를 더했다. 1985년 쓰쿠바세계박람회는 소니, 후지쯔, IBM 등 새로운 기업들이 참가했다. 세계박람회에서의 위상을 보면 그 업종의 상황을 알 수 있다. 1992년 세비야세계박람회는 소니, 필립스, 파나소닉 등의 가전제품 회사, 알카텔, 지멘스 등 통신회사, 제록스, 올리베티, 후지쓰, IBM 등 사무기기 및 컴퓨터 회사가 참가했다.

최근에는 세계박람회 전체 관람객을 2,000만 명 유치했다고 하면 그저 그렇다는 분위기인데 세계박람회가 인기 있던 시절에는 단 하나의 전시관에 1,000억 원의 예산을 투입해, 1천 수백만 명의 관람객을 유치했다. 물론 영고성쇠가 있고 시대에 따라 챔피언이 되는 업종은 달라졌다. 20세기 후반까지의 주역은 자동차산업, 전자, 화학, 통신, 사무기기, 컴퓨터 등이었다. 21세기 초반의 주역은 20세기와 동일한 업종이지만, 항공, 금융, 에너지, 식품 등의 업종이 새롭게 등장했다.

2000년 하노버세계박람회는 다임러크라이슬러, 폭스바겐 등의 자동차회사, 지멘스, 소니 등 전자제품회사, 코카콜라, 맥도날드 등 식품회사, 도이치텔레콤, 루프트한자 등 다양한 기업들이 참가했다. 2010년 상하이세계박람회는 제네널모터스, 지멘스, 시스코, 코카콜라, 반케 등 다양한 기업들이 참가했다. 한국과 일본은 각각 기업연합관 방식으로 참가했다. 2012년 여수세계박람회는 삼성, LG, 롯데, 현대자동차, GS칼텍스, SK텔레콤 현대자동차 등 재벌그룹과 포스코, 등 다양한 기업이 참가했다. 2015년 밀라노세계박람회는 삼성, 피아트 크라이슬러, 반케, 인테사산파올로(은행), 알이탈리아항공, MSC크루즈, 페로비에 델로 스타토 이탈리아노 등 항공 및 운송회사, 코카콜라, 알기다, 페레로(식품) 등 다양한 기업이 참가했다. 2020년 두바이세계박람회는 닛산, 지멘스, 마스터 카드, 에미리트항공, 펩시코(식음료), 로레알(화장품), UPS(물류) 등 다양한 업종의 기업들이 참가했다.

그림 4-2 2010년 상하이세계박람회 GM관　　그림 4-3 2010상하이세계박람회 한국기업연합관

그림 4-4 2012년 여수세계박람회 기업관을 보기 위해 줄을 선 관람객들

　　그렇다면, 현재 21세기의 챔피언은 GAFA(구글, 애플, 페이스북, 아마존)로 대표되는 글로벌 디지털플랫폼 기업일 것이다. 그러나 인터넷 혁명을 선도하는 이러한 거대 IT기업들은 세계박람회에 전혀 관심이 없다. 기업관 출전 참가는 물론, 모든 후원·협력부터 거리를 두고, 확실하게 말하면 쳐다보지도 않는다. 인터넷을 통한 정보 혁명의 추진자이기 때문에 사실적인 이벤트, 사실적

인 공간에는 관심이 물론 다르다. 스티브 잡스가 프레젠터였을때 애플의 신제품발표회의 열기, 혹은 GAFA의 혁신적인 오피스 공간을 떠올려 보라. 디지털플랫폼의 사실적인 이벤트, 사실적인 공간에 대한 열정은 기존 산업에 비할 바가 아니다.

디지털플랫폼(GAFA) 기업은 왜 세계박람회를 무시하는가

그 이유는 복합적이라고 생각하지만, 그중 하나는 속도감 차이일 것이다. IT 업계는 확산속도가 생명이며, 개발부터 보급의 주기는 갈수록 짧아지고 있다. 하지만 세계박람회는 그러한 가혹한 속도경쟁을 따라갈 수 없다. 예를 들어, 전시관을 출전하여 세계박람회에 참가하려면 우리들이 생각하는 것보다 훨씬 긴 준비기간이 필요하다. 독립관을 건설할 경우, 출전참가 결정 개최 2~3년 전, 전시내용 확정 1~2년 전, 늦어도 6개월~1년 전에 착공해야 하며, 개최 후 전시내용을 변경하는 것은 허락되지 않는다. 즉, 전시콘텐츠는 1~2년 전에 기획된 것으로 정보의 변경도 여의치 않아, 디지털플랫폼의 비즈니스 감각으로 보면 있을 수 없는 환경이다. 무엇보다 제2세대 세계박람회의 경우, 기업관의 전시목적은 제품 그 자체의 프로모션이 아니라 기업 이념과 미래 비전의 소구였다. 그렇다면 디지털플랫폼 기업도 세계박람회에서 기업 이미지 향상을 도모하면 좋지 않을까? 그렇게 생각할지도 모른다.

세계박람회는 세계박람회에서만 할 수 있는 기능과 역할이 있으며, 그렇기 때문에 오늘날까지 살아남은 것이다. 그렇지만 세계박람회가 그런 특별한 위상을 유지하기 위해서는 일정한 조건을 명확하게 해야 한다. 그것은 세계박람회가 제공하는 관람 체험이 '비일상적'인 것이라야 한다. 일상생활에서 체험할 수 없는 특별한 공간체험은 세계박람회에서만 할 수 있는 단 하나의 매력이다. '전례가 없던 공간'과 '전례가 없던 체험'을 만들 수 있을까? 비일상의 수준이 세계박람회의 매력을 결정할 것이다. 실제로 과거의 세계박람회는 비일상

그림 4-5 1964년 뉴욕세계박람회 펩시콜라관의 월트 디즈니가 제작한 잇츠 스몰월드

그림 4-6 1964년 뉴욕세계박람회 포드관의 월트디즈니가 제작한 매직 스카이웨이

으로 가득했다. 퓨처라마(Futurama), 잇츠 스몰월드(It's a Small World), 매직 스카이웨이(Magic Skyway) 등 20세기까지는 세계박람회에 강점이 남아 있었다.

그러나 현재는 비일상적 체험의 창출은 절망적일 정도로 어려워지고 있다. 박물관과 백화점, 미디어아트 체험관 등 생활권 내의 시설들이 전시관형 공간연출을 적극적으로 도입하고 있으며 이에 더해 다양한 신종 체험공간이 사업기반으로 속속 생겨나고 있기 때문이다. 지난 수십 년간, 과거 디즈니가 이룬 것과 같은 기술혁신은 일어나지 않았으며, 공간연출 구상과 기술은 동시에 1985년 쓰쿠바세계박람회부터 답보 상태다. 실제로 최근의 대형 세계박람회인 2015년 밀라노세계박람회의 기술수준도 대체로 쓰쿠바세계박람회 수준이었다. 안타깝지만, 세계박람회 전시관의 표현기술은 37년 전부터 거의 발전이 없다. 거대 IT기업들이 세계박람회를 거들떠보지 않는 또 다른 이유를 파악할 수 있을 것이다.

이러한 상황이 벌어진 이유는 세계박람회에서 참신하고 혁신적인 기업 이미지를 어필하려고 해도 여건이 노후하기 때문이 아닌가 추측한다. 더욱이 세계박람회는 다양한 주체에 의한 잡다한 발표가 혼재하는 장소다. 자사의 세계관을 순수하게 주장하기에는 잡음이 너무 많아 적합하지 않다고 판단하고 있

을 것이다. IT기업들은 신제품을 독자적인 이벤트, 독자적인 프로모션 전략을 구사해 사회에 직접 투입해 왔다. 세계박람회를 좋아하는 사람으로서 억울하지만 그것이 현실이라고 인정할 수밖에 없다. 가장 큰 문제는 그런 퍼포먼스상의 이야기가 아니라 그들과 세계박람회의 '정보관의 차이'와 '대중의 욕망과의 차이'에 있다고 필자는 생각한다.

21세기의 정보감각

정보관의 차이

일부 반대론자들이 주장하는 '세계박람회 불필요론'의 대부분은 '정보는 인터넷에서 수집하는 시대'라는 것이다. 세계박람회는 필요없다. '포털 사이트에서 검색하면 순식간에 세계 정보에 접근할 수 있으니 굳이 세계박람회를 관람할 필요가 없다'는 것이다. 그런 측면이 있다는 것을 부정하지 않지만, 그것이

그림 4-7 2015년 밀라노세계박람회 주제관의 프로젝트 주제 영상

세계박람회 쇠락의 본질이라고 생각하지 않는다. 그런 논리라면, 인터넷과 세계박람회는 먹느냐 먹히느냐의 '약육강식의 상대'지만, 결코 그렇지 않기 때문이다. 음악 CD가 잘 팔리지 않는 시대가 된 지금, 음악전문 사이트에서 저렴한 사용료로 팬들을 늘리고 라이브 공연과 캐릭터 상품판매로 수익을 창출하는 비즈니스 모델이 주목받고 있다. 이런 현상을 보더라도 분명한 것은, 온라인 미디어와 집객형 미디어 · 체험형 미디어는 오히려 보완관계라고 할 수 있다. 디지털 혁명이 진행될수록 라이브 미디어의 의미와 역할은 증가된다고 생각한다. 그렇다고 세계박람회가 지금 이대로 세 번째 상승기류를 탈 수는 없다. 오히려 구조혁신을 하지 않고 방치한다면, 머지않은 장래에 몰락할 가능성이 높다고 생각한다. 물론 172년의 역사를 자랑하는 세계적인 메가이벤트가 그렇게 쉽게 없어지지 않을 것이라고 생각하는 것은 순진하다. 인류 역사상 유례가 없는 메가이벤트로 영화를 자랑했던 세계박람회가 쇠락해 버린 가장 큰 원인은 대중의 욕망과 차이가 날로 커지고 있으며, 그 차이를 지금까지 세계박람

그림 4-8 2015년 밀라노세계박람회 아프리카 기아 돕기 캠페인

회 관련 기관과 관계자들이 깨닫지 못하는 데 있다. 일상에서 할 수 없는 특별한 체험을 기대하며 비싼 입장권을 구입해 세계박람회를 보러 갔는데, 프로젝터 영상을 통한 '설명'뿐이었다. 흥미진진한 체험을 하고 싶었는데, '유빙 위에 남겨진 북극곰'을 소재로 설교만 들어 실망했다는 이야기를 2012년 여수세계박람회를 현장조사할 때 만났던 관람객들에게서 직접 들었다.

모처럼 세계박람회를 관람하기 위해 4인 가족이 1박 2일 동안 1,000유로나 들였는데, '아프리카 기아문제를 해결하려면 음식물을 낭비하면 안 된다' 같은 어두운 이야기뿐이었다.

2015년 밀라노세계박람회를 현장조사할 때 만났던 이탈리아 관람객들에게서 직접 들었던 이야기다. 시대가 바뀌었고 '미래'가 바로 오락이 되는 시대가 지났음에도 불구하고, 세계박람회는 아직도 탄생 이래의 사명을 고수하며, '국제사회에 도움이 되는 세계박람회' '지구적인 과제'를 논의하고 있다. 그 결과 관람객들이 요구하는 수준 높은 오락에서 멀어지고 있다. 그리고 문제의 핵심은 정보를 만드는 발신자의 정보관은 여전히 20세기에 머물러있다는 것이다. 세계박람회는 주최자인 발신자가 관람객인 수신자에게 전시와 문화행사를 통해 정보를 전달하는 메가이벤트다. 수신자의 정보감성은 급격하게 변하고 있는데, 발신자의 의식은 20세기 그대로이다. 이 차이가 점점 커지고 있다. 지금도 세계박람회를 지배하고 있는 것은 중심에서 말단으로 '지식의 전달'을 전제로 하는 매스미디어의 메커니즘이며, '중앙의 엘리트가 말단의 대중을 계몽한다'는 중앙집권적인 정보관이다. 인터넷에 의한 정보혁명은 단지 정보환경을 격변시켰을 뿐만 아니라, 우리의 정보감각을 크게 변화시켰다. 그것은 암세포처럼 천천히 잠식해 우리들 안에 돌이킬 수 없는 변화를 일으켰다. 정보에 대한 대중의 감성은 최근의 몇 년 동안 극적으로 변화했다. 그러나 세계박람회 주최자 측의 감각은, 극언한다면 20세기 그대로다. 어쩌면 이 차이가 치명적인 것이 아닐까? 그것이야말로 디지털플랫폼(GAFA) 기업이 외면하는 진정한 이유가 아닐까?

최근 20년 동안의 정보관 변화

크게 3가지가 있다고 생각한다. 첫째, '정보란 주어지는 것이 아니라 수집하는 것'이라는 감각이다. 매스미디어 시대의 말단에 있는 우리는 중심에서 보내는 완전히 포장된 정보를 받는 존재였다. 할 수 있는 것은 어떤 정보를 받을지를 선택할 뿐이었다. 포장해서 전달되는 정보를 '포장된 그대로' 받는 것에 저항은 없었고, 중앙에서 정보를 만드는 엘리트들에 대한 신뢰도 지금과는 비교할 수 없을 정도로 컸다. 그러나 지금은 달라졌다. 대중은 중앙에서 보내는 완전히 포장된 정보를 순진하게 받아들일 만큼 순수하지도 않고, 때로는 메시지 뒤에 숨겨진 사연을 파악하는 시도도 할 수 있게 되었다. 게다가 한 번 생산된 디지털화된 정보는 사라지지 않고 기록으로 보관된다. 정보는 언제든지 살아남기 위해 인터넷 속을 헤엄치고 있으므로 필요한 정보를 찾아서 건지면 된다. 이렇게 정보는 '선택'하는 대상에서 '수집'하는 대상이 되었다. 정보는 하늘에서 떨어지는 것이 아니라 주체적으로 탐색하거나 수집하는 것이다. '해답'은 중앙에서 보내 주는 것이 아니라, 스스로 찾아내거나 혹은 모두 함께 찾아내는

그림 4-9 2015년 밀라노세계박람회 오스트리아관의 숲속 맑은 공기 체험

것이다.

둘째, '정보란 딱딱한 것이 아니라 변형이 가능한 부드러운 것'라는 감각이다. 매스미디어에서 보낸 정보는 견고하며, 열쇠로 잠겨 있다. 신문이든 TV든, 독자와 시청자가 콘텐츠에 손을 댈 수도 없었고, 그런 것은 상상조차 할 수 없었다. 그러나 디지털 정보의 유통은 이 감각을 근본적으로 뒤집었다. 이제 우리들은 수집한 정보를 '소재'나 '부품'으로 인식하고 있다. 그것을 도마 위에 올려놓고, 스스로 요리해서 다시 사회로 돌려보낸다. 위키피디아(Wikipedia)와 나무위키에는 정보의 발신자라는 개념 자체가 없다. 정보에는 '소유자'도 없고 '생산자'도 없다는 기존의 상식으로는 생각지도 못한 상황이 현실이 되고 있다. 그렇게 되면 정보의 '발신자'와 '수신자'라는, 지금까지 정보유통의 근간을 지탱하던 구조는 의미가 없고, '정보는 끝이 없다' '정보는 완성되지 않는다'는 이미지가 일반화된다. 20세기까지 정보란 딱딱한 경질체(Solid)였다. 그러나 지금은 변형이 자유로운 유동체(Liquid)다.

셋째, '정보란 전달하는 것이 아니라 교환하는 것'이라는 감각이다. 배달되는 포장상자를 받기만 했던 시대와 달리 정보에 대한 현대의 기본태도는 '받으면 돌려준다'는 것이다. 즉, 연쇄와 교환이다. 저변에 깔려 있는 것은 '지식의 공유' '체험의 공유', 그리고 '집단지성의 기대'일 것이다. 어딘가 여행을 갈 때, 무언가를 살 때, 레스토랑을 고를 때, 우리가 참고하는 것은 고객의 리뷰나 소비자의 평가이지, 여행작가나 음식 칼럼니스트의 추천문이 아니다. 소수의 전문가 판단보다 일반 이용자의 체험정보가 더 솔직하고 도움이 된다. 그렇게 생각하기 시작한 것이다. 배후에 있는 것은 '권력을 가진 엘리트만이 정보 발신을 허락받아, 특권적인 입장에서 대중을 이끄는' 시대는 끝났다는 인식이다. '대중의 체험정보를 공유하고 연결하는 것이야말로 공동체의 이익이며, 정의롭다'는 감각이다.

21세기 세계박람회의 역할은 '계몽'이 아니다

세계박람회 주최자가 고려해야 하는 것은 정보를 관람객에게 '주입'하는 것이 아니라 '공유'하는 것이다. 공유란 상대방도 자신의 문제로 그 정보를 인식하는 상황이다. 그렇게 되기 위해서는 전달하는 것이 아니라 공감해 달라고 설득해야 하며 기억할 것이 아니라 "아, 알았어!"라고 이해해 주지 않으면 안 된다. 만약 메시지라면 '우리의 주장을 기억하고 돌아가라'가 아니라 '지금 이야기하는 것은 우리 생각인데, 당신도 관련된 것일지도 모르니까, 괜찮다면 같이 생각해 보지 않을래요?'라고 권유해야 한다. '이것이 정답이다'라고 목소리를 높여 이야기해 봤자, 상대방이 자신과 관련된 문제로 공감해 주지 않으면 무시당한 것과 마찬가지다.

필요한 것은 '공지'나 '전달'이 아니라 '공유'이며 '대화'다. 물론 제품설명이나 기업의 정보수집처럼 사실을 정확하게 전달하는 것이 목적인 경우도 있다. 혹은 영화처럼 완전히 패키지화하지 않으면 의미가 부여되지 않는 형식도 있

그림 4-10 2015년 밀라노세계박람회 미국관 전시 안내요원의 설명

을 것이다. 하지만 그것은 공간 미디어의 역할이 아니다. 설명을 전달하고 싶다면 관람객들에게 설명서를 배포하는 것이 좋고 '두 줄의 메시지'를 시연하고 싶다면 다른 미디어를 활용해야 한다. 세계박람회를 설득 대상에게 '메시지'를 전달하는 도구라고 생각하지 않는 것이 좋다. 설득 대상이 아닌 함께 생각하는 '파트너'이며, 메시지가 아닌 함께 이야기하는 '화제거리'이며, 전달이 아닌 '공유'다. 지향하는 '파트너와 화제를 공유하는' 상황인 것이다. 정보를 올바르게 전달하는 것도 중요하지만, 더 중요한 것은 그 정보가 촉매제가 되어 계속해서 정보가 재생산되는 것이다. '두 줄의 메시지'를 아는 것이 끝이 아니라, '그것이 자신에게 어떤 의미를 갖는지' '그것이 자신에게 가져오는 것은 무엇인지'라는 반응이 연쇄적으로, 다음의 행동에 계기가 되는 상황이다. 그렇게 생각한다면, '나는 ○○을 알고 있으니까 가르친다'는 접근법, 즉 '잘 아는 사람이 알지 못하는 사람에게 메시지를 전달한다'는 방식 그 자체를 재검토해야 한다. 세계박람회 주최자가 해야 할 일은 관람객을 설득하는 '강의'가 아니다. 큰 소리로 연설하고 관람객에게 전달하고 싶은 주장을 주입하는 것이 아니라 무언가를 깨닫게 해 공감을 얻어야 한다. '발견'에서 '공감'으로, 그리고 '감동'으로, 그것이 이상적인 프로세스다.

대중이 원하는 정보감각

감성이 변하면 '욕망'도 변한다

'인터넷 시대의 세계박람회'라면, 전시관의 전시 콘텐츠를 인터넷과 연동해서 연출한다든지, 전시와 스마트폰을 연결해서 콘텐츠 정보를 교환한다든지, 스마트폰을 사용해 모은 관람객의 반응을 실시간으로 전시에 반영한다든지 등의 이야기가 되기 쉽지만 일의 본질은 그런 것이 아니다. 정보의 디지털

그림 4-11　2015년 밀라노세계박람회 한국관의 주제영상

화와 인터넷의 출현은, 새로운 감성을 우리들에게 심어 주었다. 지금 진행 중
인 정보혁명이란, 기술혁명이자 동시에 의식혁명이며, 양자가 자동차의 양쪽
바퀴가 되어 일상생활의 모습을 바꾸고 있다. 감성이 변하면 당연히 욕망도 변
한다. 앞으로 세계박람회가 고려해야 하는 것은 대중의 새로운 욕망이 무엇인
지를 파악하고 이에 부응하는 메커니즘을 구상하는 것이다. 몇만 원의 입장료
를 지불한 관람객에게, '유빙에 남겨진 북극곰' 영상을 보여 주면서 환경보호
를 가르치는 기분이 들거나, 인터넷을 검색하면 나오는 수준의 '해결책'을 제
시하고 만족해 봤자 아무런 보탬이 되지 않는다. 21세기에 접어들어 관람객들
의 표정과 태도는 크게 달라졌다. 우리나라에서 최초로 개최된 1993년 대전세
계박람회장에서 본 관람객들의 표정을 나는 지금도 잊을 수 없다. 1988년 서
울올림픽에 이어 최초의 세계박람회를 성공시킨 상황에서 관람객들은 완전히
고조되어 있었다. 자랑스러운 표정으로 '좋은 후세의 선물이 생겼다'고 말해
준 할아버지의 웃는 미소가 생각난다. 그러나 20년 후 2012년 여수세계박람회
의 분위기는 전혀 달랐다.

그림 4-12 2015년 밀라노세계박람회 일본관의 미디어 조형물

박람회장을 돌아다니는 관람객들의 표정에 비일상의 기대감은 거의 보이지 않았고, 젊은이들은 전시관의 메인 영상을 보면서 휴대폰을 만지작거리며, 변함이 없는 과대한 연출에 실소를 하는 상황이었다. 두 번째라는 평계로 설명할 수 있는 차이가 아님은 분명했다. 현장에서 관람객들의 솔직한 반응을 접하고, 필자는 새삼스럽게 세계박람회가 처한 상황을 뼈저리게 느꼈다. 나중에 사진이나 비디오를 봐도 알 수 없는 관람객의 생생한 표정의 변화는 사실적인 현실이며 움직일 수 없는 사실이기 때문이다. 3년 후에 개최된 대형의 2015년 밀라노세계박람회는 규모, 등급, 품질 등, 어떤 것을 비교해 봐도 20세기의 전문박람회 수준으로, 2,150만 명의 관람객을 유치하고 끝났다. 당초 13억 유로를 예상했던 수입이 4.5억 유로로 끝난 것을 봐도, 대성공을 거둔 결과가 아닌 것은 확실하다. 왜 이렇게 되어 버렸을까? 해답은 '세계박람회가 점점 시시해지니까', 사실 간단한 이야기다. 19세기에 탄생한 세계박람회가 세기를 초월해 영향력을 발휘해 온 것은, 위정자의 의도와 대중의 욕망이 밀월관계를 맺고 있었기 때문이다. 그러나 지금 세계박람회는 주최자 측의 의도만 담겨 있으며, 대중의 욕망에 대한 준비가 현저하게 결여되어 있다.

대중은 무엇을 원하고 있는가

세계박람회는 지금까지 일관되게 '해답'을 제시해 왔다. '대중의 교육'을 위해 '미래의 전망'을 제시하는 것이 세계박람회의 사명이며, 무엇보다 관람객인 대중이 매력적인 '해답'을 요구하고 있었기 때문이다. 제1세대 세계박람회는 전시물이 '꿈같은 미래의 삶'을 유사체험하게 해 주었으며, 제2세대 세계박람회로 전환되면서, 공간을 활용해 '빛나는 미래의 비전'을 표현했다. 언제나 기대했던 '해답'을 제시했던 세계박람회는 '주최자'에게는 전달하고 싶은 메시지를 효율적으로 전달할 수 있는 획기적인 미디어였고, '관람객'에게는 최신 정보를 매력적인 오락으로 전달해 주는 비교 대상이 없던 미디어였다.

앞에서 19세기에 탄생한 세계박람회가 세기를 초월해 영향력을 발휘해 온 것은, '위정자의 의도와 대중의 욕망이 밀월관계를 맺고 있었기 때문이다.'고 말했는데, 그것이 가능했던 것은, 중심에 있는 권력층이 매력적인 '해답'을 제시하는 힘이 있었고, 그것을 말단의 민중이 쌍수를 들어 환영했기 때문이었다. 그러나 지금은 정보 엘리트들이 대중을 열광시킬 수 있는 희망에 찬 '해답'을 제시할 수 없고, 반면에 대중은 애초에 완전히 포장된 '해답'을 요구하지 않는 상황이다. '기술이 여는 꿈의 미래'라는 콘셉트로 연결되었던 행복한 결혼 생활이 바닥부터 흔들리고 있다. 이것은 3세기에 걸친 세계박람회 역사에서 처음으로 경험하는 사태이며, 세계박람회의 체계를 근본부터 뒤흔드는 환경 변화다. 그럼에도 불구하고 세계박람회는 미래를 표현하려고 한다. 뭐라 해도 '꿈같은 미래가 기다리고 있다.'고 말하기 어렵기 때문에 환경문제, 식량문제, 건강문제 등에 관한 '과제해결'을 주장하지만, 과거의 원자력과 우주개발처럼 대중을 열광시킬 힘이 없다. 분명히 말하면, 내용이 재미없고 설교적이다. 살아남기 위해서 더구나 '진화'하기 위해서는, 생물과 마찬가지로 환경변화에 적응하는 유전자 수준의 혁신이 필수적이다. 약 92년 전, 진열과 실연만으로는 국제사회의 요청에 부응할 수 없다는 것을 알고 제2세대 세계박람회로 도약했

그림 4-13 2012여수세계박람회에서 개최된 기후변화 심포지엄

을 때처럼 말이다.

　지금처럼 순진하게 꿈의 미래를 그릴 수 없다면 거기에서 벗어나 새로운 구동 원리를 찾으면 되지 않을까? 보통은 그렇게 생각할 것이다. 그러나 세계박람회는 오히려 시대에 역행하려는 것처럼 보인다. 그 전형이 1994년 총회 이후, 국제박람회기구가 내세우는 '세계박람회는 단순한 산업기술의 전시장이 아닌, 지구 규모의 과제를 해결하는 장이다.'라는 콘셉트로, 즉 '과제해결형 세계박람회'라는 개념이다. 고작 6개월간의 이벤트로 '지구 규모의 과제'가 '해결'될 리가 없지 않은가라는 '원론'은 제쳐 두고, 필자가 문제라고 생각하는 것은 발상의 저류에 있는 '대중에게 솔루션을 제시하고, 그것을 향해 행동하도록 지도한다'는 태도다. 정보를 가진 권력자가 대중에게 지식을 전수한다. 중심에 있는 정보 엘리트가 특권적인 입장에서 대중을 계몽한다. '해답'을 잘 아는 사람이 모르는 사람에게 알려 준다. 세계박람회는 지금의 메커니즘을 유효하다고 생각하고 있으며 이를 강화함으로써 현재의 난국을 극복하려고 한다. 이런 구도야말로 '세계박람회와 대중사회의 차이'의 본질이다. 앞으로 세계박람회의 가치는 '해답'이 아니라 오히려 '질문' 쪽에 있다.

세계박람회 주최자가 유의해야 할 사항

필자가 말하고 싶은 것은, 우리의 정보감각에 새로운 씨앗이 뿌려져 싹트기 시작했으며, 몸속에는 종래의 감각도 남아 있고, 매스미디어의 의의나 파워가 상실된 것도 아니라는 점이다. 새로운 가속도가 작동하는 것은 분명하지만 관성이 있기 때문에 갑자기 멈추지는 않고 급각도로 진로 변경을 하는 것도 아니다. 그러나 이 변화의 파도는 돌이킬 수 없으며, 앞으로 더욱 영향력을 강화해 나갈 것은 확실하다. 이러한 환경변화 속에서 공간이라는 미디어를 통해 정보교류를 도모하려는 세계박람회 주최자가 유의해야 할 사항은 무엇인가? 세 가지가 있다.

첫째, '정보를 덩어리로 만들어서 전달하지 않는다'는 것이다. 요컨대, '굳이 완전 포장하지 않는다'는 발상이다. 완전 포장이란, 발신자가 완성한 정보를 그대로 덩어리로 만들어 전달하는 것이다. 동일한 정보를 대량으로 동시에 안정적으로 공급하는 메커니즘이다. 매스미디어는 물론, 영화, 서적, 음악CD 등 일상에서 접하는 정보의 절반은 완전 포장으로 전달된다. 완성품을 대중에게 동시에 배급한다는 사상의 저류에 있는 것은 '중심에서 말단으로'라는 중앙집권적인 방향감각이다. 신문, TV, 영화, 서적 등은 완전 포장으로 할 수밖에 없고, 그것이 본래의 역할이기도 하지만 라이브 감각을 발동시킬 가능성을 내포한 세계박람회 전시관까지 그래야 할 이유는 없다. 중요한 것은, '완성된 정보를 전달한다' '준비한 내용을 이해시킨다'는 의도로 하지 않는 것이다. 정보는 소재로 취할 수 있는 것, 서로에게 반응하면서 연결해 가는 것, 인식되는 것을 전제로 정보를 유연하고 느슨한 상태로 유지하고 흔들림, 틈새, 놀이를 허용하는 것이 필요하다.

둘째, '전달하면 끝이라고 생각하지 않는다.' 즉, '정보의 연쇄 유발을 겨냥한다'는 것으로 연결된다. 현대의 관람객은 흡음재가 아니라 반사판 같은 존재다. 결코 '정보를 흡수만 하는 스펀지'가 아니다. 개개인이 받은 정보를 증폭하거나 변형시키면서 정보와 활발하게 교류하는 일종의 미디어이기 때문에 '전달하면 끝이 아닌 어떻게 다음 행동을 유발할까?'를 구상해야 한다. 그렇다면, 언제 관람객은 '수신자'에서 '미디어'로 바뀌는 것일까? 관람객이 정보를 공유하는 동기는 무엇인가? 생각해야 할 것은 대중광고와 반대다. '넓고, 얇고, 균일하게, 누구에게나, 동일한 메시지'가 아닌, 관람객에게 '자신을 위해, 자신이 수집한, 자신만의 특별한 것'이라고 느끼게 하는 것이다. 핵심은 정보와 밀도 높은 접촉을 통해 자신의 감성으로 내용을 파악하고, 자신과의 관계에서 의미를 발견했다고 관람객이 실감하게 하는 것이다.

셋째, '정보의 발신자와 수신자라는 틀에서 발상하지 않는다.' 그리고 '정보를 준다는 것으로 생각하지 않는다'는 태도다. 관람객이 '내가 수집했다'고 느끼는 체험공간을 만드는 데 결정적인 조건은 '정보 발신자가 하는 일은 관람객에게 메시지를 주입하는 것이며, 이쪽 주장을 확실히 각인하는 것이다' 등으로 생각하지 않는 것이 좋다.

해답이 아닌 질문으로

왜 '해답'이 아니라 '질문'인가

미래를 향한 가치 있는 '질문'을 던지고 전파할 수 있을까? 현재도 세계박람회에 의의가 있다면, 이 한 가지뿐이다. 그것이 필자의 생각이다. 왜 현재의 세계박람회는 재미가 없을까? 왜 과대한 연출에 관람객은 실소하는가? 왜 폐막한 후에는 아무것도 남기지 않는가? 한마디로, 현재의 세계박람회가 '왜 어려움을 겪고 있는가'와 '무엇을 알고 있는가'를 서로 이야기하는 것뿐이다. 그래서 재미도 없고 다음으로 연결이 안되는 것이다.

AI, 로봇, 자율주행, 빅데이터, 메타버스 등, 21세기의 기술은 확실히 대단한

지 모르지만, 과제해결에 대한 수단의 합리성을 말하는 것에 지나지 않는다. 세계박람회가 새로운 기술을 전시하고, 논리와 사실로 '과제해결'을 말한다면, 그것은 '수단의 변화'를 모두 보여 주고, 합리성을 논리적으로 '설명'하는 것과 다름없다. 의미가 없다고 할 수는 없지만, 다른 한편으로는 과연 '수단의 전시회'가 대중을 사로잡는 매력이 있을까? 4인 가족이 세계박람회의 하루 입장료와 식음료비를 포함해 관람경비 20~25만 원을 지출하고 싶을지를 생각해야 한다. 간단한 이야기지만, 지구 규모의 과제를 AI로 해결하자!는 주장에 우리들은 감동할까?

　부산국제영화제, 인천펜타포트락페스티벌, 자라섬재즈페스티벌 등 다른 장르로 눈을 돌리면 대중들의 지지를 받아 화제를 계속 제공하는 이벤트는 수없이 많다. 모두 인터넷상의 커뮤니케이션이 활발해 마치 인터넷과 호응하는 것처럼 존재감을 높이고 참가자를 늘리고 있는 것이 특징이다. 공감하는 팬과 마니아가 많은 것도 주목해야 한다. 이런 이벤트들의 공통점은 '완전 포장'된 정보의 방류에서 탈피하려는 것이다. 관람객이 스스로 정보를 검색·수집하고 발견하는 기쁨을 극대화하는 것이다. 무엇보다 '질문의 강도'가 있는 콘텐츠를 갖추려고 한다. 제작자는 '정보를 준다, 준비된 맥락을 이해시킨다' 등의 발상은 전무하며, 정보의 '주인'이라는 의식도 아마 없을 것이다. 현장에 가지 않으면 입수할 수 없는 자극적인 정보(체험)를 얼마나 축적할 수 있을까 하고 생각한다. 물론 정보의 위상은 '완전 포장'이 아니고 '소재'이며 '부품'이다. 제작자가 의식하는 것은 촉발적인 소재의 제공이며, 그것을 제공받은 관람객이 자신만의 '이야기'를 구상하고 표현하는 구도다. 현장을 체험한 사람에게 제공되는 '압도적인 정보격차'를 입수함으로써, 정보 공유의 동기부여가 일어날 수 있다. 그리고 비일상의 즐거움을 제공해 준 이벤트에 공감한다. 엄청난 참가자 수와 강렬한 지지의 배후에는, 대중의 욕망에 영향을 미치는 이러한 메커니즘이 있다. 중요 포인트는 성공한 이벤트가 모두 '양질의 질문'으로 가득 차 있다는 것이다.

　세계박람회는 지적인 엔터테인먼트로서 새로운 정보감성을 몸에 익힌 현대 대중의 공감을 불러일으키는 데는 '해답'보다 사정거리가 긴 양질의 '질문'이 훨씬 가치가 있다. 앞으로의 시대를 살아가는 데 중요한 것은 '과제를 발견하는 힘과 질문을 던지는 힘'이다. 우리는 이미 '해답을 쫓아가는 측에서 질문을 던지는 측이 되고 싶다'고 원하기 시작했다. 서서히 진행되는 정보관의 변화가 그렇게 만들고 있다.

'세계박람회 신세대'를 향한 새로운 노력의 시작

단발의 시도는 여러 번 있었다. 예를 들면, 2000년 하노버세계박람회의 스위스관에서는, 세계박람회 전시의 핵심이라 할 수 있는 '설명'의 개념에서 벗어난 창의적인 체험공간을 제안했다. 건축가 페터 춤토르가 설계한 스위스관에는 목재를 교대로 쌓아올려 벽면과 미로 같은 좁은 길이 있었을 뿐이었다. 주제는 신체의 음색이었다. 미로를 걷다 보면 스위스 고전 악기를 연주하는 퍼포머들을 만나고 퍼포머들끼리 만나면 콜라보레이션이 시작된다. 그뿐이다.

그림 4-14　2000년 하노버세계박람회 스위스관과 악기 연주 퍼포먼스

그림 4-15 2010년 상하이세계박람회 영국관 전경

전시는 전혀 없었다. 미로의 산책, 우연한 만남, 그리운 음색, 스며드는 빛, 이런 비일상적인 체험이야말로 현대의 세계박람회 전시에 제격이다.

　2010년 상하이세계박람회의 영국관은 더 자극적이었다. 건축가 토마스 헤더윅이 설계한 영국관은 건물 내외부를 6만 개의 아크릴 봉이 관통하고 있었다. 전시관 내부와 외부에 아크릴 막대가 노출되었다. 밤송이와 같은 독특한 건축물이었다. 더욱 놀랐던 것은 아크릴 막대 끝에 1개씩 다른 식물의 종자가 봉입된 것이다. 멸종된 것을 포함해 6만 종의 '생명의 근원'이 만들어 내는 흥미로운 공간이 관람객을 감싸는 전시연출이었다. 기존 개념으로는 분류와 설명도 할 수 없는 독창적인 건축물이 '노아의 방주'를 연상시켰다. 예술적인 건축물의 이름은 '종자 대성당'이었다. 이런 시도에 중국의 대중들이 공감했다는 생각은 들지 않는데, 그것은 제작진도 이미 알고 있었을 것이라 생각한다. 그런데도 굳이 이러한 접근법으로 도전했다면, '세계박람회를 의미 있게 하려면 무엇을 해야 하는가?'를 진지하게 고심했던 것은 틀림없다. 보수적인 영국이 돌연변이처럼 첨단의 전위적인 표현을 했다는 것에, 필자는 전율을 느꼈다.

그림 4-16 영국관 내외부에 6만 개의 아크릴 막대가 밤송이처럼 노출된 모습. 막대 끝에는 1개씩 다른 식물의 종자가 들어 있어 이 건물은 '종자 대성당'으로 불렸다.

2005년 아이치세계박람회에서 인기를 끈 공연과 전시는 '악기를 연주하는 로봇 쇼 전시' '거울의 반사 효과를 활용한 영상' '디오라마와 3D, CG를 조합한 자연의 여행 유사체험' '영상과 불꽃을 마술과 조합'한 것이었다. 줄거리도 '지구 온난화의 위기에 대응하는 인류의 예지' '생태계가 붕괴된 지구로 돌아온

그림 4-17 2005년 아이치세계박람회 도요타그룹관의 악기를 연주하는 로봇 쇼 전시

인간들이 다시 지구를 살린다'는 전형적인 세계박람회 전시였다. 기술, 사상, 스토리 등 어떤 것이든 37년 전의 1985년 쓰쿠바세계박람회와 2010년 상하이세계박람회 영국관의 문제의식과는 비교할 수 없다. 여기에 제시한 새로운 시도는 그동안 조금씩 발견된 수준이다. 더구나 이것이 '제3세대 세계박람회'의 시작이라고 할 만한 상황도 아니다. 그러나 이러한 혁신적인 전시관은 모두 '강도 있는 질문'을 무기로, 예술적인 접근으로 제작된 것만은 확실하다. 무엇보다 중요한 것은 '계몽'이 아닌 '대화'라는 것이다.

21세기 세계박람회가 해야 할 일은 미래의 해설이 아니다

관람객이 자신의 미래와 모두의 미래를 생각하기 시작하는 계기를 제공하는 것이다. '무엇을 알아야 하는가'를 강의하는 대신에, 관람객이 스스로 과제를 발견하고, 생각하기 시작하는 계기가 되는 양질의 강도가 있는 '질문'을 할 수 있도록 해야 한다. 미래를 '그림'으로 설명하는 것이 아니라, 관람객 각자가 미래에 대해 생각하도록 '촉발'해야 한다. 세계박람회의 사명은 더 이상 지식의 전달이 아니다. 기술의 진보가 행복한 미래를 연다는 이야기에 집착할 필요가 없다. 핵심요소는 과제해결 같은 표현과 수단의 이야기가 아니라 개인적으로 강력한 의지가 발로하는 문제의식이다. 물론 세계박람회의 사명은 '대중의 계몽을 위해서 미래의 전망을 제시한다'는 것이다. 국제박람회기구(BIE)의 국제박람회협약에 명시된 정의이기 때문에 벗어날 수는 없다. 그러나 그렇게 정의되어 있다고 해서 해결책을 반드시 그림으로 설명해야 할 필요는 없다.

2000년 하노버세계박람회의 스위스관과 2010년 상하이세계박람회의 영국관은 훌륭한 '장래의 전망'이다. 두 가지의 공통점은, '개인적인 문제의식'이 그대로 함축된 것이다. 관리들의 회의에서 그러한 아이디어가 나올 리 없기 때문에, 아마 토마스 헤더윅의 제안이 방해를 받지 않고 실현된 것으로 추측된다. 스위스관과 영국관은 모두 개인적인 문제의식과 강한 의지가 높은 수준으로 반영되었기 때문에 고도의 보편성과 질문의 강도를 획득했다.

　19세기 공업사회의 선도적 역할로 탄생한 세계박람회를 지탱해 온 것은 '생산'의 논리와 메커니즘이었다. 또한 근대 공업사회의 3대 사상, 즉 '공업사회의 진보관' '대중 계몽에 대한 열정' '주제에 의한 봉사'도 기원을 살펴보면 이런 배경에 의한 것이다. 그러나 구동 원리가 예전과 같은 추진력도 없고, 대중이 다시 '정보만 흡수하는 스펀지'로 돌아가지는 않는다. 다시 말하면, 각 전시관이 '개인적인 문제의식'과 '질문의 강도'로 승부하는 환경을 만드는 데는, 세계박람회가 금과옥조로 하는 '주제'의 실현 가능성까지 냉철하게 분석할 수밖에 없다. 주제 또한 예전처럼 기능하고 있지 않기 때문이다. 오히려 없는 것이 '좋은 것 아닌가?'라고 생각하는 상황이 발생하고 있다. 등록박람회의 경우 40~50%의 참가국이 참가하는 데만 의의를 두고 실질적으로는 주제를 반영하지 않거나 전시 및 공연 콘텐츠가 부실해 관람객이 실망하는 경우가 많다. 이런 사태를 개선하기 위해서는 그만큼 시간과 비용을 들여서 볼만한 가치가 있는 세계박람회로 만드는 것이 중요하다.

　'세계박람회란 주제에 대한 해답을 가지고 토론하는 장이다.'라는 공감대를 수정하는 것은 절망적일 정도로 어렵고 지루한 작업이며, 거의 현실성이 없다고 여길지도 모른다. 그러나 근본적인 것부터 논의를 시작하지 않으면, 세계박람회가 새로운 단계, 즉 제3세대 세계박람회로 도약할 수 없고, 그렇게 되지 않으면 머지않아 '쇠락'하는 것도 확실할 것이다. 우리는 '개인적인 문제의식'과 '질문의 강도'만으로 승부해야 하는 것을 알고 있다. 21세기 세계박람회는 '예술'의 논리와 메커니즘이 필요하다고 생각한다. 영국관 같은 뾰족한 전시관이 20개가 늘어선 세계박람회장을 상상해 보라. 가 보고 싶다고 생각하지 않겠는가?

13

대중은 왜 세계박람회에 열광했는가

세계박람회라는 이벤트

세계박람회는 어떤 이벤트인가

세계박람회는 세계 각국이 참가해 국제사회가 공동으로 운영하는 박람회다. 19세기 중반, 1851년 런던에서 최초로 개최되었으며, 이후 현재까지 172년에 걸쳐 변화했다. 세계박람회는 세계 최고의 국제행사로 세계 최대의 집객 미디어다. 세계박람회는 올림픽, 월드컵과 함께 세계 3대 메가이벤트에 속하는 대규모 국제행사지만, 올림픽은 1896년 창설 당시 세계박람회의 부대행사로 여흥에 불과했고, 월드컵은 세계박람회가 탄생한 후 80년이 지난 1930년에 창설되었다. 올림픽과 월드컵이 창설 초기였을 때, 세계박람회는 이미 메가이벤트 중에서 최고였으며 무엇보다 규모가 월등했다. 세계박람회는 기간이 불과 6개월임에도 불구하고 입장한 관람객 수는 1,000만 명 단위이며, 때로는 수천만 명에 달했다. 이런 이벤트는 인류 역사상 세계박람회밖에 없다. 실제로 올

그림 4-18 2020년 두바이세계박람회장 전경

림픽의 관람객 수는 전체 경기에서도 1,000만 명 정도이며 30억 명이 텔레비전을 관전한다는 월드컵도 관람객 수는 예선과 결승을 합해 300만 명대다. 세계박람회의 관람객 수와 월등한 차이가 났다.

말 그대로 세계 최대의 이벤트였다. 반면에 '세계에서 가장 오래된 것'이라고 한 것은 세계박람회의 등장 이전에는 국가와 국가가 바다를 건너 벌리는 이벤트는 전쟁밖에 없었기 때문이다. '국제이벤트'라는 새로운 개념을 탄생시킨 것도 세계박람회였다. 규모 측면과 의의 측면에서 현재까지 세계박람회를 대체할 이벤트는 없으며, 세계박람회는 인류 역사에 길이 남을 위대한 발명이라고 해도 과언이 아니다. 세계박람회가 탄생한 19세기, 열강제국들은 근대 산업국가로의 도약을 목표로 각축전을 벌였다. 범선시대에 1개월 이상 걸리던 리버풀~뉴욕 간 이동이 불과 10일로 단축되는 등 산업혁명의 성과가 사회를 획기적으로 변화시켰던 시대였다. 당시 산업에 대한 관점은 선진국과 개화 대상국의 입장에 따라 달랐다. 선진국은 자국의 기술과 상품을 다른 나라에 팔기를 원했으며, 개화 대상국은 선진국의 기술을 자국에 도입하기를 원했다. 또한 세계의 선진기술을 한 장소에서 한눈에 보고 싶어 했으며, 국경을 초월해 기술 정보를 교류하는 '도시'를 원했다. 공업화를 경쟁했던 위정자들은 그렇게 생각했으며, 매우 솔직하고 합리적인 소망이었다. 이 소망을 구체화한 것이 국제적인 '산업기술의 전시회'이며, 그것을 세계박람회라는 개념으로 제도화한 것이다.

1851년 런던세계박람회가 성공하자, 열강제국들은 경쟁적으로 세계박람회를 개최해 난립하는 상황이 되었다. 규모와 전시내용도 점점 웅장하고 화려해져 런던세계박람회부터 반세기만에 1900년 파리세계박람회는 관람객이 5,086만 명으로 급격하게 증가했다. 세계박람회는 가파르게 급성장했다. 그러나 똑같은 해에 세계 10개국에서 개최되는 상황이 계속되면서 과연 '이대로는 참가하지 못한다'고 걱정하는 상황이 되었다. 결국 국제사회가 합의해 세계박람회의 개최 빈도를 관리해야 한다는 의식이 싹트면서 세계박람회의 규정을 확정한 국가간 조약이 탄생했다. 그것이 1928년에 체결된 '국제박람회에 관한 파리협약'이다. 세계박람회의 정의와 이념, 개최 방법과 개최 빈도, 주최국과 참가국의 권리와 의무 등이 규정되고, 아울러 세계박람회 실무를 담당하는 정부간 국제기구인 '국제박람회기구(BIE)'가 창설되었다. 이로써 세계박람회는 명실상부한 국제사회가 공동으로 운영하는 이벤트가 되었다. 세계박람회는 국제박람회기구의 공인을 받아야 개최할 수 있으며, 유치 신청과 각 국가에 참가 초청을 할 수 있는 것도 회원국뿐이다. 참가 초청은 외교경로로 이루어지며, 모든 것은 각국이 파견하는 정부 대표의 합의로 결정된다. 올림픽은 '도시 이벤트'지만 세계박람회는 '국가 이벤트'다.

왜 세계박람회에 열광했는가

한마디로 반걸음 앞의 미래였다. 19세기 중반에 생겨난 제1세대 세계박람회에는 증기기관차, 타이어, 팩스기, 세탁기, 가스엔진, 타자기, 전화기, 전기 가로등, 축음기, 영사기, 수력발전, 교류전기, 전기자동차 등 혁신적인 발명품이 전시·소개되었다. 20세기 초반 제2세대 세계박람회로 전환해 X선 기계, 나일론, 텔레비전, 에어컨, 음성인식 기술, 컴퓨터, 우주선 모형, 휴대폰, 아이맥스 영상, 무선제어 시계, 터치 스크린, 점보트론, 고화질 HDTV 등 미래를 열 가능성을 내포한 신기술이 가득했다. '머지않아 실용화되어 일상생활을 바꿀 첨단기술'이며, 바로 반걸음 앞의 미래를 전시하는 것이었다. 혁신적인 전시물과 기술이 '반보 앞의 미래'를 전망했다. '첫 체험'은 대중을 매료시켰다. 한편, 아시아에서 최초로 개최된 세계박람회였던 1970년 오사카세계박람회에서 가장 관람객의 인기를 끌었던 전시물은 단연 미국과 소련의 우주개발 관련 우주선과 월석이었다. 1969년 7월에 인류를 처음으로 달에 보낸 미국은, 아폴로 사령선과 달착륙선의 실물, 게다가 전시된 적이 없는 '월석'을 전시해 가장 인기를 끌었으며, 대

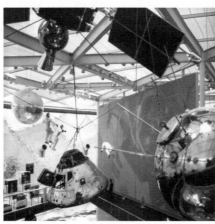

그림 4-19 1970년 오사카세계박람회 미국관의 월석과 아폴로11호 전시

그림 4-20 1970년 오사카세계박람회 소련관의 소유즈와 보스토크 우주선 전시

조적으로 소련도 소유즈와 보스토크 등의 우주선을 대형공간에 매달아 우주의 패자가 있다는 것을 과시했다. 동시에 우주라는 인류 공통의 개척지에 대한 개발 의욕과 기술 기반을 과시함으로써 '반보 앞의 미래'를 전망했다.

세계박람회장에는 '반걸음 앞의 미래'를 상징하는 아이콘이 준비되어 있었다. 이러한 '반보 앞선 기술'을 통해서 세계박람회가 전시한 것은 '바로 가까이 있는 미래'였다. 그림의 떡이 아닌 현실에 가까운 미래가 손을 뻗으면 닿을 수 있는 곳에 즐비했다. 공간체험을 통해 신체감각으로 반보 앞선 미래를 실감할 수 있었다. 즉, '가까운 미래의 유사체험'이었다. 이것이 세계박람회의 근간을 지탱하는 핵심 개념이며, 매력의 원천이다. 이 원리는 21세기인 지금도 전혀 변하지 않았다. 세계박람회는 '미래'와 '외국'이라는 두 개의 가상세계를 유사하게 체험시켜 주었다. 그것을 갑자기 세계박람회의 전시관에서 볼 수 있었기 때문에 얼마나 충격적인 이벤트였는지 알 수 있을 것이다. 관람객들은 '놀라운 물건과 체험'이 산재한 전시관들을 순회하면서, 미래와 외국을 신체감각으로 느꼈다. 이렇게 신나는 이벤트는 세계박람회밖에 없었다. '현실적으로 다가오는 미래'를 한눈에 보기 위해, 세계박람회장의 인기 전시관 관람을 하기 위해, 무더운 날씨에 몇 시간이나 줄을 서는 것도 당연했다. 핵심은 모든 것이 본 적 없었던 것이었다.

또한 관람객들을 무조건 설레게 하는 아이템이었다. 그리고 이 기회를 놓치면 두 번 다시 경험할 수 없다고 알고 있었다. 세계박람회장에서 기다리고 있던 것은, '최초'로 흥미진진했으며 '특별'한 체험이었다. 관람객들이 대거 세계박람회장에 몰려든 것은 이렇게 간단한 이유 때문이었다. 테마파크에서 비슷한 경험할 수 있는 수준 정도는 말도 안 되고, 설령 처음 보는 것이라도 즐거움을 주는 것이 아니라면 비용을 쓰지 않는다. 그리고 아무리 보기 드문 것이라도, 언젠가는 볼 수 있다는 희망이 있다면, '이번에는 무리하지 말고, 다음 기회를 기다리자'라고 생각할 것이다. 유일무이한 체험에는 유일무이한 가치가 있다는 것을 대중은 잘 알고 있었다. 무엇보다 '첫 체험'이 단순하고 즐겁고 재미

있었다. 세계박람회가 대중에게 논리와는 상관없이 매력을 끌 수 있는 저력을 가진 최강의 오락이었다는 것이다. '현실적인 가까운 미래'와 '현실적인 외국'이었다. 그것이 세계박람회의 열광을 낳은 원동력이며, 세계박람회라는 이벤트가 가진 힘의 원천이었다.

세계박람회의 체험

세계는 더 좋아진다. 인간의 가능성은 무한하다. 미래란 것은 멋지다. 인간은 대단하다. 1993년 대전세계박람회장에서 관람객들이 느낀 것은 이런 감개무량이었다. '빛나는 미래'를 접하면서, '진보'와 '미래'에 대한 긍정적인 감정이 솟아오른 것이다. 그리고 이런 생각을 했다. '대한민국은 대단하다. 이 시대의 대한민국에 태어나서 정말 좋았다.' 이것이 세계박람회라는 오락이 가져온 가장 큰 결과물이었다. 관람객들에게 미래에 대한 희망을 주는 것과 동시에, '빛나는 미래'를 보여 준 조국에 대한 자부심을 갖게 했다. 미래를 접촉했다는 실감은 정신을 고양하고 내일은 오늘보다 나아질 것이라는 확신은 심리적 안정을 가져오기 때문이었다. 실은 세계박람회가 권력의 측면에 중시된 가장 큰 이

그림 4-21 1993년 대전세계박람회 럭키금성그룹관의 대형 컴퓨터 모형을 살펴보는 관람객들

유 중 하나가 이것이었다.

대중의 정신에 영향을 미쳐 미래에 대한 동기부여와 동시에 현 체제에 대한 긍정적인 감정을 조성했기 때문이었다. '다시 말하면, 방식에 따라서는 대중의 의식을 바꾸는 계몽수단으로 사용되었다.' 나중에 이야기하겠지만, 실제로 19세기에는 이런 목적으로 활용되어 대단한 성과를 거두었다. 산업기술의 국제상품전시회로 공업화의 발전에 공헌하며, 대중의 의식에 작용해 미래에 대한 동기를 유발하고, 현 체제를 지지하는 여론을 조성했다. 그야말로 일석 삼조였다. 위정자에게 이렇게 고마운 프로젝트는 없었다. 모든 것은 일상생활의 반보 앞에 있는 물건과 비일상을 선행체험과 유사체험 시켜, 머지않아 다가오는 '행복한 미래'를 직감하는, 장치의 산물이었다. 19세기에 탄생할 때부터, 세계박람회는 이러한 기본 전술을 소중히 계승했고 근거로 했다.

세계박람회는 근대국가와 대중사회라는 새로운 사회구조를 반영한 정보교류의 새로운 플랫폼으로 등장했다. 동시에 대중에게는 비길 데 없는 오락이며 권력 측면에는 파격적인 효과를 약속해 주는 캠페인 미디어였다. 대중의 욕망이자 권력의 욕망이었다. 쌍방의 욕망이 밀월에 들어가는 데 성공함으로써 세계박람회는 폭발적인 힘을 얻었다.

'미래'라는 스펙터클

세계 최초의 1851년 런던세계박람회

'세계 최초 개최'의 영예를 안은 것은 영국이지만, 그것은 우연이 아니었다. 당시 영국은 압도적인 생산력으로 공업화 경쟁을 주도하고 7대양의 바다를 무대로 한 '해가 지지 않는 나라'였다. 산업혁명의 강점을 가지고 공업화로 전환하는 것과 동시에, 해운과 식민지 개척 등을 추진해 세계의 생산품을 유통시키고 있던 '대영제국'이었다.

실제로 당시의 빅토리아 여왕 재위 중, 자치령과 연방을 포함한 영국의 영토는 2배로 확장된 것으로 알려져 있다. 한편 곡물법 철폐에 이어 세계박람회 개최 2년 전인 1849년에는 항해조례를 폐지했다. 자유무역으로 단숨에 방향을 틀었다. 세계박람회는 국경을 초월해 생산품을 자유롭게 유통하는 활동이기 때문에, 그것을 옳지 않다는 정책은 성립되지 않았다. 당시 프랑스는 일찍부터 국내 산업박람회를 활발히 개최하며 박람회 메커니즘을 개발했지만, 보호무역주의에서 벗어나지 못했다. 영국이 선두를 달릴 수 있었던 것은 모든 측면에서 조건을 갖추고 있었기 때문이다.

1851년, 영국은 세계 최초의 세계박람회를 개최했다. 박람회장은 런던 하이드파크에 건축된 거대한 유리 전시관 '수정궁(크리스털 팰리스)'이었다. 164일 동안에 603만 명의 관람객을 유치했으며, 실행위원회는 30만 파운드를 투자했는데 총 수입은 50만 파운드에 달했으며 18만 6,000파운드의 수익을 올리는 대성공을 거두었다. 세계박람회라면 형형색색의 전시관이 늘어선 광경을 떠올릴 수 있지만, 창설 당시의 세계박람회는 코엑스와 같은 거대한 전시장 내부에 전시 부스를 구획해, 거기에 물건을 늘어놓는 방식이었다.

그림 4-22 1851년 런던세계박람회 크리스털 팰리스 내부 전시풍경

전시물은 10만 점에 달했다. 증기기관차, 소방차, 망원경, 현미경, 계산기, 제분기, 봉투접는 기계, 냉장고, 세탁기, 휠체어, 의수 등 모든 최신 공업제품과 시제품이 한 공간에 전시되었다. 가장 인기가 높았던 것은 기계 부문이었다. 증기기관은 물론 증기 망치, 윤전기, 유압장치 등 서민들이 쉽게 볼 수 없었던 동력 기계와 공작 기계가 즐비한 광경은 박진감이 넘쳤다. 윙윙거리며 구동하는 대형기계 전시에 대중은 경외감을 느꼈을 것이다.

그리고 세상은 더 편리하고 풍요로워진다. '기술의 진보가 인간을 행복하게 해 준다'라고 감동해, '영국에 태어나 정말로 좋았다'고 감사했을 것이다. 인류 앞에는 밝은 미래가 기다리고 있었다. 세계박람회가 발신했던 것은 이런 메시지였다. 그것을 가장 알기 쉬운 형태로 구현한 것이 전시관인 '수정궁'이었다. 길이 563m, 폭 124m, 바닥면적 7.18ha, 주요 중심부 높이 19.5m, 십자형의 본관 높이 41m였다. 강철과 유리로 된 전시관은 마치 거대한 온실 같은 건물이었다. 당시의 건축은 돌과 벽돌을 쌓아 올려 벽은 두껍고 창문은 작고 실내는 어두컴컴한 것이 당연했다. 그런 시대에 갑자기 찬란하게 빛나는 유리로 제작된 거대한 건축물이 출현했기 때문에 대중이 받은 충격은 헤아릴 수 없었다. 번쩍번쩍 빛나는 투명한 대형 건물을 앞에 두고 머지않아 다가올 '밝고 쾌적하며 풍요로운 내일'에 마음이 설렜던 것을 쉽게 상상할 수 있다. 바로 거기에서 '다가올 행복한 미래'를 이론이 아닌 현실을 실감나게 체험했다. 반걸음 앞선 기술을 보여 줌으로써 대중에게 기술이 여는 풍요로운 미래를 제시했다. 그것은 19세기에 등장했을 때부터 현재에 이르기까지, 일관되게 관철해 온 세계박람회의 콘셉트였다. 세계박람회는 '기술을 통해 미래를 제시하는 이벤트'로 탄생해 지금도 그 방침을 굳게 지키고 있다.

세계박람회에 전시된 '반보 앞선 기술'

런던에서 세계박람회가 개최된 지 2년 후인 1853년 뉴욕박람회에서는

E-G · 오티스가 안전장치가 설치된 엘리베이터를 실연했다. 단지 '판자'가 사람을 높이 끌어올리는 것만으로도 눈을 의심하는 광경인데, 높은 장소에서 오티스가 갑자기 로프를 끊었을 때는 탄성을 질렀다. 안전장치가 작동하고 정지한 후에는 우레와 같은 박수를 받았다. 1878년 파리세계박람회는 에디슨의 축음기가 화제가 되었다. 아무런 특색도 없는 '작은 상자'에서 '사람을 들어 올리는 판자'와 '사람의 목소리가 들리는 상자'는 신기하고 환상적이었다. 목소리가 들려오니까, 관람객들의 충격은 지금은 상상할 수 없을 만큼 컸을 것이다.

미국의 독립 100주년을 기념해 개최된 1876년 필라델피아세계박람회에서 최고의 인기를 끌었던 것은 조지 콜리스가 고안한 세계 최대의 증기기관이었다. 개회식에서 그랜트 대통령과 브라질의 페드로 황제가 시동 핸들을 돌리자 연결된 기계들이 일제히 움직이기 시작했다고 한다. 기계들을 연결한 벨트의 전체 길이는 무려 65㎞였다. 관람객들은 그 박력에 깜짝 놀람과 동시에 미국 기술력의 압도적인 규모를 실감하고 감격했을 것이다.

1889년 파리세계박람회에 마침내 에펠탑이 등장했다. 지금은 파리에 없어서는 안 될 랜드마크지만, 원래는 프랑스 정부가 세계박람회의 상징물로 건설

그림 4-23 1853년 뉴욕박람회에서 엘리베이터를 최초로 관람객들에게 실연한 오티스(상상도)

그림 4-24 1878년 파리세계박람회에서 화제가 되었던 에디슨의 축음기

한 것이다. 철골만으로 가볍게 서있는 실루엣은 평소 낯익고 무거운 석재 건축물과는 정반대였다. 올려다본 사람들은 '파리가 바뀐다. 새로운 시대가 온다'고 실감하고 고조된 것은 의심의 여지가 없었다.

그리고 '기술의 진보가 풍요로운 미래를 만든다'는 예감, 즉 '기술이 펼치는 찬란한 미래'의 이미지가 떠올랐을 것이다. 에펠탑은 산업사회로 문이 열렸음을, 그것이 '다가오는 행복한 미래'를 약속하는 것임을, 말뿐이 아니라 '수정궁'과 같은 실물로 실증해 보였다. 이 세계박람회에서는 거대한 제지공장을 가동해 실제로 종이를 생산했으며, 1915년 샌프란시스코세계박람회는 '교통관'에서 실제로 대중용 T형 포드 자동차가 제작되어 하루 18대의 완성 차를 최초로 공개했다. 전시물이 개별 '전시품'에서 '생산시스템'까지 확대된 것이다.

20세기 세계박람회의 콘셉트, 행복한 미래의 실감

20세기 중반까지 세계박람회 전시 콘셉트는 진열하고 실연했다. 그것이 20세기 세계박람회 전시의 기본원리였다. 규모는 현격히 다르지만, 전시원리는 국제상품전시회와 다르지 않았다. 지금은 전시관을 건설하는 것을 '출전 참가'라고 하지만 당시에는 '출품'이라고 했으며, 세계박람회에 참가한다는 것은 '상품을 전시하는 것'과 같은 의미였다.

세계박람회에 전시발표된 혁신적인 발명품과 기술을 살펴보면, 단단하고 유연한 고무제품(1851년 런던), 가사노동을 획기적으로 줄여 준 세탁기(1862년 런던), 맛있는 토마토 케첩과 타자기(1876년 필라델피아), 사람의 목소리가 들리는 축음기와 밤을 밝혀 준 가로등(1878년 파리), 세계 최대의 관람차(1893년 시카고), 움직이는 보도와 말도 없이 움직이는 전기자동차(1900년 파리), 의류 혁신을 가져온 나일론과 텔레비전 중계(1939년 뉴욕), 음성인식 기술(1962년 시애틀)등. 이 시대의 신기술은 한눈에 봐도 의미와 기능을 알 수 있었다. 세상이 얼마나 편리하고 풍요로워졌는가? 그것은 설명이 없어도 알 수 있었기 때문에, 학력이 낮은 대중에게도 쉽게 전달되어 놀라고 감동했다. 하지만 점차 상황이 달라졌다. 기술의 고도화가 진행됨에 따라, 단지 상품을 전시하는 것만으로는 사양과 기술혁신의 의미를 전달할 수 없는 문제에 직면했다. 이전에는 '말도 없이 움직이는' 것을 보여 주는 것으로 충분했는데, 주행 성능을 경쟁하는 시대가 되면서, 세계박람회장에서 주행을 실연할 수 없었다. 무엇이 대단한지를 '설명'하지 않으면 아무것도 전달되지 않는, 곤란한 상황에 처했다. 출전자 측의 동기도 변화했다. 자동차라는 단일 제품뿐만 아니라, '우리 회사가 중요시하고 있는 생산기술이 무엇인가, 어떤 자동차 사회를 목표로 하는가' 하는 기업이념과 '전국에 구축된 서비스망'이란 소프트한 가치까지 모두 알리면 좋겠다고 인식하게 되었다. 한마디로 말하면, 간단한 '제품전시'에서 '브랜딩'으로 이동했다. '처음에는 스스로 조종할 수 있는 놀라운 발명품'이었던 자동차가 '있으면 당연'하게 되면서, 갑자기 그렇게 되었다. 자동차 제조회사는 고도의 마케팅이 요구되며, 기업에 대한 신뢰와 공감을 얻지 못하면 살아남을 수 없다. 이렇게 되면 '진열과 실연'과는 전혀 다른 메커니즘이 필요하게 되었다. 종래의 국제상품전시회의 체계를 초월한 커뮤니케이션 구조란 어떠한 것인가? 세계박람회가 반복적으로 개최하면서 모색한 것은 '공간체험'이라는 콘셉트였다. '공간체험을 통해 이념과 메시지를 전달한다'는 새로운 메커니즘이었다.

세계박람회 메커니즘의 변화, '진열'에서 '공간체험'으로

'진열'에서 '공간체험'이라는 구조혁신은 두 차례의 세계대전 사이에 진행되었다. 새로운 전시체계는 1933년 시카고세계박람회에서 시작해 불과 6년 후 1939년 뉴욕세계박람회에서 획기적인 성과를 거둘 때까지 진화했다. 뉴욕세계박람회에서 가장 인기를 끌었던 전시는 GM(제너럴 모터스)관의 노먼 벨 게데스가 설계한 1960년대 미국의 도시 풍경을 묘사한 퓨쳐라마(Futurama)로 명칭한 모형전시였다. 20년 후인 1960년을 상상한 거대한 도시모형으로, 자동차

그림 4-25 1939년 뉴욕세계박람회 GM관 퓨처라마. 1960년대 미국의 도시풍경을 묘사한 디오라마

가 고속도로를 종횡으로 달리는 가까운 미래의 이동성 사회의 풍경을 조형화한 것이었다. 모형의 상공에는 원주형으로 배치한 552개의 객석을 회전시킨다는 대단한 볼거리였다. '퓨처라마'에 실물 자동차는 전시되지 않았으며 자동차 사양의 발표와도 무관했다. GM의 목적은 가까운 미래의 이동성을 중시해

그림 4-26 1964년 뉴욕세계박람회 월트 디즈니가 기획·제작한 펩시콜라관의 잇츠 스몰월드(왼쪽)와 포드관의 매직 스카이웨이(오른쪽)

자동차 생산을 하고 있다는 기업 이미지의 부각이며, 분명히 제품판촉보다 기업 브랜딩을 상위에 두고 있었다. GM은 기업의 자세와 의지, 즉 '생각'을 전달하기를 원했던 것이었다. 세계박람회 전시의 주역이 물건에서 개념으로 옮겨가는 순간이었다. 다른 말로 표현하면 전시의 메시지화이며 메시지의 체험화였다. 이 흐름은 비공인 세계박람회인 1964년 뉴욕세계박람회에서 단번에 가속되었다. 상징적인 사건이 월트 디즈니의 활약이었다. 월트 디즈니는 회사가 전부 이 세계박람회의 기업관 전시를 전담해, 4개 대형 전시관의 볼거리를 기획·제작했다. 핵심을 담당한 것은 '오디오·애니매트로닉스'라고 명칭한 혁신적인 자동제어 로봇이었다. '포드관'의 매직 스카이웨이(Magic Skyway)는 라이더를 탄 관람객이 공룡시대로 돌아간다는 내용이었다. 살아 있는 듯 움직이는 공룡의 생생한 모습에 관람객들은 감탄했다. '펩시관'의 이츠 어 스몰 월드(It's a Small World)는 그 후 디즈니랜드의 단골 놀이기구가 되었다. 모두 추구하고 있는 것은 첨단기술이 만들어 내는 환상적인 세계이며, 형태를 바꾼 미래의 표현이었다. '매직 스카이웨이'든 '잇츠 어 스몰월드'든 이미 포드와 펩시의

그림 4-27 1937년 파리세계박람회의 독일관(왼쪽)과 소련관(오른쪽) 풍경

기업활동과는 아무런 관련이 없었다. 자사 제품 기술의 홍보는 무시하고, 디즈니의 연출 기술에 통째로 편승해, 고도의 엔터테인먼트를 통해서 브랜드의 친근감을 형성하는 것이 최상책이라고 생각한 것이다. 대형기계가 즐비했던 19세기의 광경과 비교하면 격세지감이었다. '전시물에서 개념으로'라는 질적인 변화는, 물론 국가관에서도 일어나고 있었다. 그 전형이 1937년 파리세계박람회의 독일관과 소련관이었다. 히틀러의 나치 독일과 스탈린의 공산주의 소련이 에펠탑을 사이에 두고 서로 노려보는 모습은 세계박람회 역사의 명장면이었다. 나치의 파리 침공으로 3년 동안, 유럽은 진퇴양난의 상황에 처했다.

세계박람회가 이데올로기와 선전술의 전쟁터가 되었으며, 원인의 방향은 다르지만 전시 참가자가 자신의 가치를 '이야기'로 표현하고 미래를 향한 의견을 공개적으로 표명하려는 점은 '퓨처라마'와 별 차이가 없었다. 동기는 함께 '생각을 전달하는' 것이었다.

전시구조의 변화가 세계박람회의 본질에 미친 영향

결론을 먼저 말하면 본질은 전혀 바뀌지 않았다. 전시관의 역할이 변화되고, 커뮤니케이션의 메커니즘이 변화하고, 전시 표현의 기술이 변화했음에도 불구하고, 핵심을 지탱하는 사상과 구조는 아무런 변화가 없었다. 전시는 '진열하고, 실연한다.'는 것에서 '공간에서 소개하고, 체험으로 전달한다'는 것으로 구조만 바뀌었다.

그래서 이 책에서는 '상품을 전시하는 박람회'를 제1세대 세계박람회, '생각하는 박람회'를 제2세대 세계박람회로 명칭한다. 20세기 중반에 일어난 이 세대교체로, 세계박람회장의 풍경은 크게 바뀌었다. 하지만 세계박람회라는 제도가 핵심부에 포함된 유전자까지 변화된 것은 아니다. 세계박람회가 탄생할 때부터 계승되어 온 유전자였다. 그것은 '반보 앞선 기술'을 보여 줌과 동시에 대중에게 '행복한 가까운 미래'를 예감시킨다는 콘셉트, 즉 '가까운 미래의 유사

체험'이라는 아이디어였다. 앞에서 세계박람회에 대중이 열광한 것은 이 콘셉트의 결과였다고 말했지만, 세계박람회는 그 후에도 이 방침을 계승하고 있다. 환경과 건강을 주제로 한 최근 세계박람회에서도 말하는 것은 '이 기술이 환경문제를 해결하고 인류와 지구를 구한다.'는 이야기다. 증기기관이 환경기술로 대체됐을 뿐 '기술의 진보가 행복한 미래를 연다.'는 이야기는 변하지 않았다. 그것이 태어날 때부터 맥을 이어 온 유전자이며, 세계박람회라는 것이다.

1851년 런던세계박람회 이후, 세계박람회는 대중에게 '반보 앞선 미래' '바로 가까운 미래'를 제시해 왔다. 말하자면 영화의 예고편과 같은 것이었다. 예고편은 본 영화에서 캐치한 핵심 장면을 편집해 영화의 세계관을 상징적으로 드러낸다. 마찬가지로, 세계박람회는 반보 앞선 기술을 부각해 '행복한 가까운 미래'를 전시하는 행위다. 뛰어난 예고편이 본 영화에 대한 기대를 불러일으켜 관람객을 설레게 하듯, 뛰어난 세계박람회는 관람객들에게 '미래의 입구에 섰다.'는 실감을 나게 했다. 설레지 않을 수가 없을 것이다. 세계박람회가 예전부터 막강한 힘을 가질 수 있던 것은, '가까운 미래의 유사체험'이라는 콘셉트에 유래한 것이라고 필자는 생각한다. 미래라는 스펙터클, 그것이 세계박람회의 본질이며 매력의 원천이었다. 세계박람회는 '행복한 가까운 미래'를 보여 주는 마법의 장소였다. 그 흥미진진한 체험이 대중에게 즐거움을 유발해 꿈과 희망이라는 내일에 대한 긍정적인 감정을 불러일으켰다.

볼거리로서의 이국(異國)

세계박람회의 매력을 창출했던 또 하나의 콘셉트 '이국적인 정취'의 변천

앞에서 잠깐 언급했듯이, 세계박람회란 '국경을 초월해 기술과 물산을 자유롭게 왕래하는 행사'이기 때문에 탄생할 때부터 '국제적'이며, 유전자 수준에 '세계'라는 개념이 새겨져 있었다. 원래 세계박람회가 탄생한 배경에는 산업혁명의 성과로 지구가 좁아지고 있던 상황이었다. 1851년 런던세계박람회가 개최되기 13년 전, 최초의 정기 증기선이 대서양 횡단에 성공했다. 리버풀~뉴욕 간 이동이 10여 일 만에 가능하게 되었다. 육로도 마찬가지로, 과거에는 마차로 3일이 걸렸던 런던~리버풀 간이 1851년 런던세계박람회 때는 5시간으로 단축되었다. 말 그대로 혁명적인 환경변화였다.

거기에, 보호무역에서 자유무역이라는 흐름이 더해졌다. 오랫동안 지켜 온 보호무역에서 자유무역으로 크게 조류가 바뀌는 순간에, 세계박람회가 탄생했다. 공업입국을 추진하는 열강제국들에게 '세계'와 평화롭게 접촉하는 것은 국익에 직결된 과제였다.

'세계'는 자국 제품을 수출하는 시장인 것과 동시에, 자국에 없는 외래기술을 모방할 때는 귀중한 정보원이었다. 공업화 경쟁에서 이기기 위해서는 국제적인 규모로 사람·상품·정보를 교류하는 것이 불가결했다. 세계박람회라는 제도는 위정자의 소망을 지극히 합리적이며, 효율적으로 해결하는 수단이었다. 대중이 세계라는 개념을 갖게 된 것도 이 무렵이다. 세계의 존재를 알게 되면 다음은 전 세계를 바라보고 싶다는 욕망은 당연한 일이었다.

세계박람회는 대중에게 세계와 평화롭게 만나는 것의 의미와 기쁨을 가르쳤다. 예전부터 세계박람회가 막강한 힘을 가졌던 것은, '미래'와 함께 '세계'를 대중에게 보여 주었기 때문이다. 세계가 한 장소에 모이는 세계박람회는 권력자 측에는 거대한 시장과 대화하는 합리적인 산업정책이며, 대중에게는 지적인 호기심을 충족시켜 주는 새로운 오락이었다. 세계박람회는 세계와 연결되어 있다. 세계박람회는 세계를 모이게 한다. 세계박람회에는 세계가 있다. 세계박람회가 제공하는 '외국의 유사 체험'이 흥미진진한 오락이었던 것은 필자도 경험했다. 하지만 21세기는 그런 시대가 아니다. 예전부터 세계박람회의 매력을 지탱하고 있던 '세계'라는 상품은, 현재 가치하락에 직면했다.

19세기 세계박람회의 참가국

상품의 수출시장과 기술 정보의 교류 상대가 될 수 있는 것은 서양 선진국뿐이었다. 그러나 세계박람회가 보여 준 '세계'에는 반드시 선진국만 있었던 것은 아니었다. 비서양의 개발도상국도 당초부터 적극적으로 참가하고 있었기 때문이다. 그럼 도대체 그들은 어떤 역할을 맡고 있었던 것인가? 딱 잘라 말하면 흥미로운 특산물과 서비스를 파는 '매점'과 이국적인 정취를 내세운 구경거리였다. 1867년 파리세계박람회에서 이 구도가 확립되었다.

중동, 아시아, 중남미 등 비서양 국가들의 전시관을 거대한 전시장(팔레) 4개 모퉁이의 정원구역에 촌락처럼 배치했는데, 우연히 '오리엔탈 공원' 같은 경관을 조성해 큰 화제가 되었다. 파라오 신전을 모방한 이집트관, 아즈텍 신전이 모티브였던 멕시코관, 모스크와 터키 목욕탕의 터키관, 거인과 소인을 데려온 중국관 등. 이집트는 낙타 사육장까지 만들어 대상들이 카라반 사라이(숙소)에서 휴식하는 상황을 완벽히 재현했다. 일본도 예외는 아니었다. 1867년 파리세계박람회는, 도쿠가와(德川)막부 외에 사쓰마번과 사가번이 독립국처럼 위장해서 출전한 것으로 유명하지만, 그것들을 훨씬 능가하는 인기를 누린 것이,

그림 4-28 1867년 파리세계박람회 전경

아사쿠사의 상인 시미즈 우사부로(清水卯三郎)가 개인적으로 출점한 한 채의 찻집이었다. 거기에 일본에서 데리고 간 3명의 야나기바시(柳橋) 기생을 '전시'했다. 담배를 피우거나 팽이를 가지고 노는 것만으로, 일본 전통의상 차림의 일본 여성이 파리 시민을 사로잡았다. 이 작은 찻집은 막부관에 필적하는 매상을 올렸다고 알려져 있다. 현지 양식을 소재로 한 건물, 현지에서 가져온 물건들, 배치된 '원주민' 등 물건뿐만 아니라, 인간과 환경까지 포함해 '이국'을 연출하는 방법은, 현대의 테마파크와 동일했다. 증기기관과 공작기계가 즐비한 주 박람회장과는 대조적인 풍경으로, '행복한 가까운 미래'와는 다른 의미로 관람객의 마음을 사로잡았음을 쉽게 상상할 수 있었다.

그렇다 하더라도 기술력과 공업력을 경쟁했던 세계박람회에서, 개발도상국들은 왜 자국의 상품을 전시 소개하지 않았는가? 두말할 나위도 없이 열강제국들과는 절망적인 격차가 있었기 때문이다. 자국 상품을 진열해 봐야 어차피 바보 취급을 당할 뿐이었다. 그럴 바에는 차라리 이국적인 정취에 호소해 특산품을 파는 게 좋았다. 일본을 포함한 비서양 국가들이 취한 이국적인 노선은 낙후된 국가임을 호소하는 이른바 약자의 전략이었다. 보여 줄 상품이 없으니 볼거리로 승부했다. 개발도상국이 취할 수 있는 전략은 이국적인 정취의 발동밖에 없었다. 세계박람회의 주역은 어디까지나 선진국이었으므로 개발도상

그림 4-29 1867년 파리세계박람회 국제원형관 근처 오리엔탈 공원과 오리엔탈 구역

그림 4-30 1867년 파리세계박람회 중국관의 거인과 난쟁이 비교 전시와 서커스 공연

그림 4-31 1867년 파리세계박람회에 참가한 일본 사절단과 일본 찻집의 기생 전시

국은 들러리에 지나지 않았다. 아무리 미사여구를 써도, 그것이 세계박람회의
역사이자 현실이다. 지금까지 이 구도는 변하지 않았다. 국력이 작은 개발도
상국은, 지금도 '매점 없음' '극장, 레스토랑 없음'이라고 알리며, 위축된 생각
을 하면서 참가하고 있다.

19세기 세계박람회의 오락 콘텐츠로 이용했던 '비서양 세계'

1851년부터 20세기 중반까지의 제1세대 세계박람회는 당시의 산업혁명과 서구열강의 식민지 지배 야망의 영향을 강하게 받았다. 세계박람회의 핵심은 기술혁신에 기반한 물질적 진보였다. 그리고 서구열강들이 식민지의 이국적인 정취와 소위 '원주민'의 민족지학적인 특징을 보여 주었던 식민지관과 원주민촌은 당시 세계박람회의 훌륭한 볼거리였다.

1867년 파리세계박람회에 등장한 테마파크형의 '비서양 세계' 전시는, 그 후에 정식 콘텐츠로 채택되어 대단한 인기를 누리게 되었다. 그 대표적인 것이 에펠탑이 등장한 1889년 파리세계박람회 때 만들어진 '카이로 거리'였다. 술집과 볼거리 가옥이 북적거리는 번잡한 환락가에서 관능적인 벨리댄스에 남자들이 쇄도해 에펠탑 다음으로 인기를 끌었다. 이 세계박람회에서 '미개 전시'라는 콘셉트도 생겨났다. 아프리카, 아시아, 오세아니아의 미개사회의 환경을 재현해, 거기에 식민지의 원주민을 데리고 와서 사파리공원과 같이 관찰한다는 취향이었다. 소재는 식민지였다. 열강제국에 식민지는 국력의 상징이자 모국 번영의 증거였다. '탐험과 정복의 이야기'는 대중의 호기심을 충족시키면서 권력 기반을 호소할 수 있는 절호의 주제였다. 표면적으로는 학술적인 '민족학 전시'를 표방하고 있었지만, 실상은 대중을 위한 여흥이었다. 세계박람회는 인간을 구경거리로 만드는 것에 주저하지 않았다. 이 '민족학 전시'도 인기를 끌어, 정식 콘텐츠로 채택되었다.

또한 1900년 파리세계박람회에서는 '세계'를 주제로 한 다양한 여흥 프로그램이 출현했다. 세계 각지의 명소가 대형 파노라마가 되어 관람객의 앞에 펼쳐진 '세계여행 파노라마', 흔들리는 열차의 차창에서 보이는 풍경화가 흘러가는 '시베리아 횡단' 등 '외국의 유사체험'을 상품으로 한 '가상 세계여행' 형태의 체험 오락이었다.

특히 겉만 번지르했던 것은, 세계의 건축을 억지로 하나로 '합성'한 '세계의 탑'이었다. 인도의 사원, 일본의 오층탑, 중국의 궁전, 아랍의 모스크 등 세계의 상징적인 건축물들을 원주형으로 연결한 곡예적인 건축물로 '한 바퀴로 세계일주'를 그대로 조형화한 전대미문의 건축이었다. 토마스 쿡이 세계 최초의

그림 4-32　1889년 파리세계박람회 관람객이 몰려든 카이로 거리

그림 4-33　1889년 파리세계박람회에 전시된 식민지의 원주민과 관람객

그림 4-34　1889년 파리세계박람회 기간에 개장한 카바레 물랑루즈

그림 4-35　1889년 파리세계박람회 원주민의 공연

그림 4-36 1900년 파리세계박람회에서 인기를 끌었던 시베리아 횡단철도 파노라마

그림 4-37 1900년 파리세계박람회 세계의 건축을 하나로 합성한 세계의 탑

‘세계일주 관광’을 실현하고, 쥘 베르느가 ‘80일간의 세계일주’를 발표한 것이 대략 30년 전인 1872년이었다. 이 무렵에는 유럽의 대중과 ‘세계’의 거리감이, 이미 ‘여행지’라고 인식할 정도로까지 줄어든 것을 알 수 있다.

세계박람회가 미개사회 전시에 주력한 배경

아무리 국력을 과시하기 위해서라지만, ‘기술을 통해 미래를 제시하는 이벤트’인 세계박람회에는 맞지 않았다. 언뜻 보기에는 확실히 적합하지 않았지만, 자세히 살펴보면 하나의 가치관이 공통적으로 있었다는 것을 알 수 있다. 키워드는 ‘진보’였다. ‘기술의 진보가 풍요로운 미래를 만든다.’고 의도했던 세계박람회는, 탄생할 때부터 ‘진보의 정의’를 설파해 왔다. 주장했던 것은, ‘산업기술의 진보가 인류와 사회를 행복하게 한다.’라는 공업사회의 진보관이었다. 물론 진보 경쟁을 실제로 하거나, 경쟁할 자격이 있는 것도 서양 선진국뿐이었다. 낙후된 비서양 세계는 개화의 대상이며 근대사회로 탈피하려면 서양문명을 배우고 가르침을 청할 수밖에 없었다. 세계박람회를 주도하는 열강들은 그렇게 생각했다.

‘민족학 전시’의 출전자는 세계박람회 주최국, 즉 열강 제국이며, 비서양 국

가들이 '약자의 전략'이라며 발표한 이국적인 전시와 비슷했다. 압도적인 강자인 열강의 동기는 국위선양과 함께 '계몽'에 있었다. 근대사회의 의미와 정당성을 대중이 알기 쉽게 이해시키고 싶다고 생각한 것이다.

사파리공원에서 동물을 구경하듯 미개부족의 생활상을 들여다보는 '민족학 전시'는 1904년 세인트루이스세계박람회에서 정점을 찍었다. 부지 면적은 실로 수십 ha에 달했다. 놀라운 것은 재현의 정밀도로, 이전처럼 비슷하게 만드는 수준이 아니라, 현지에서 운송한 자재로 주거지를 짓고, 현지에서 '토박이 원주민'을 데려와 살게 했던 철저함이었다.

일본에서도 아이누족 두 가족이 바다를 건넜다. 세계에서 다양한 부족을 모았는데, 특히 주력한 것이 1898년 미국·스페인전쟁에서 승리하고 손에 넣은 필리핀이었다. 19ha라는 넓은 부지에 '필리핀 마을'을 조성해 운영했다. 6개 마을에 1,000명이 넘는 원주민을 살게 한 것이다. 살고 있던 것은, 다른 부족의 마을을 습격해서 사람의 목을 베어 종교적 의식을 행하는 풍습이 남아 있던 이고로트족과 개를 통구이하는 본토크족 등이었다. 진짜 '야만스러운 미개인'을 눈앞에 둔 관람객들의 놀라움과 흥분은 우리의 상상을 훨씬 초월했을 것이 틀림없다. 주목할 점은 미국 필리핀 총독의 교육에 의해 문명화된 같은 부족의 경찰들을 함께 살게 했다. 문명사회에 동참할 수 있었던 '준 문명인'과 '야만인'이었다. 양자를 동시에 보여 줌으로써, 근대 교육의 의미와 위력을 최대한 실감시키려고 했다.

아메리카 원주민의 거주지역에서도 민족의상을 입고 생활하는, 노인 세대와 서양교육을 받은 손자 세대를 상징적으로 배치했다. 문명화된 주민과 미개하고 야만적인 주민, 그 강렬한 대비는, 서양문명의 우위와 비서양 사회의 낙후를 가감 없이 보여 주었다. 근대 교육을 통해 '야만에서 탈출'을 달성하는 이야기는 제국주의와 식민지주의의 정의를 말해 주었다. 구미열강이 주도하는 세계박람회는 근대주의의 산물인 동시에 제국주의의 산물이었다. 서양과 비서양, 문명과 야만, 개화와 미개였다. 세계박람회는 19세기에 최초로 개최될

그림 4-38　1904년 세인트루이스세계박람회
필리핀 마을에 전시된 원주민 이고로트족

그림 4-39　1904년 세인트루이스세계박람회
일본 아이누족 전시

때부터 제2차 세계대전이 끝날 때까지, 100년 동안 이 대비를 보여 주었다. 서양의 근대 교육이 이들을 문명인으로 변화시켜 행복하게 한다. 세계박람회는 이 구제 이야기를 20세기 중반까지 기본사상으로 하고 있었다.

이와 같이 세계박람회는 다양한 형태로 '세계'와 관련되어 왔다. 오히려 산업과 문화를 중심으로 한 '현재의 세계'를 제시하는 것이야말로 세계박람회였다고 해도 과언이 아닐 정도였다. 대중이 세계라는 개념을 손에 쥔 시대에 시작된 세계박람회는 외국을 접할 수 있는 기쁨을 지속적으로 제공해 왔다.

첨단 공업제품부터 변방의 생활문화까지, 모두 지적 호기심을 충족시켜 주는 비일상적 체험이자 일종의 쾌락을 가져다주는 것이었다. 이 구도는 지금도 변함이 없다. 세계박람회는 세계와 만남의 장이며, 그것을 상품으로 한 대규모 행사다. 그러나 대중과 세계와의 거리감은 최근 들어 확연히 달라졌다.

세계박람회의 열광은 왜 식어 버렸나

국제정세 변화와 미디어 성능의 감소

세계박람회는 왜 사양길에 접어들었나

1851년 런던에서 최초로 개최되었던 세계박람회는, 대중의 욕망을 자극하면서 거대화하고, 사상 최강의 미디어로서 19세기 세계에 군림했다. 이것이 '제1세대 세계박람회'다. 19세기 중반에 탄생한 세계박람회는 국제상품전시회 모델을 기반으로 급속한 발전을 계속했다. 진열과 실연을 구동원리로 '상품을 전시하는 박람회'였던 '제1세대 세계박람회'는 점점 규모가 커지고 성장을 계속해 '세계박람회 중의 세계박람회'로 평가받았던 1900년 파리세계박람회는 드디어 5,000만 명이 넘는 관람객을 유치해 최초로 정점을 맞이했다.

1851년 런던세계박람회로부터 반세기 만에 유치 관람객 수는 8.4배가 되었다. 그 직후에 에너지가 떨어져 당분간 하락해, 2,000~3,000만 명에 그쳤지만, 두 번의 세계대전 사이에 자기혁신에 노력한 체질 개선이 주효해, 새로운

그림 4-40 '세계박람회 중의 세계박람회'로 평가받았던 1900년 파리세계박람회

방식의 전환에 성공했다. 그것이 '생각하는 박람회'라는 '제2세대 세계박람회'
다. 제2세대 세계박람회로 전환하자 다시 상승세로 돌아서고 1970년 오사카
세계박람회에서 6,420만 명을 유치해 두 번째 정점에 도달했다. 하지만 성장
은 여기까지였다. 세계박람회의 열기가 급속히 상실되었다. 실제로 1958년 브
뤼셀, 1962년 시애틀, 1967년 몬트리올, 1970년 오사카까지 잇달아 개최되었
던 수천만 명 규모의 대형 세계박람회는 오사카 이후 맥이 끊겨, 1992년 세비
아까지 22년 동안 개최되지 않았다.

국제박람회기구는 제2차 세계대전 이후 두 번째 단계인 1972년에 10년마다
대규모(종합, 범주 I종) 세계박람회를 개최하고 그 사이에 소규모(전문, 범주 2종)
세계박람회를 개최하는 개최빈도 규정을 변경했다. 세계박람회의 최소 개최간
격은 국제박람회기구 회원국 3분의 2가 찬성하면 7년으로 줄일 수 있게 되었
다. 전문박람회도 박람회장 면적 규모에 제한 없이 최대 6개월까지 개최할 수
있게 했다.

그림 4-41 6,420만 명을 유치해 두 번째 정점에 도달했던 1970년 오사카세계박람회

그러나 국제박람회기구가 이 규정을 엄격하게 적용하지 않았다는 점에 주목해야 한다. 세계박람회의 개최빈도를 무시한 규정을 위반해도 특정 세계박람회를 개최하도록 공인했다. 예를 들면, 국제박람회기구는 과거에 1971년 부다페스트, 1974년 스포캔, 1975년 오키나와, 1981년 플로브디프, 1982년 녹스빌, 1984년 뉴올리언스, 1985년 플로브디프, 1985년 쓰쿠바, 1986년 밴쿠버, 1988년 브리즈번 등 1970년대부터 1980년대 말까지 주로 소규모 전문세계박람회들을 공인했다. 1980년대에 전문세계박람회 난립에 따른 세계박람회의 모라토리엄(개최준비 중단)도 발생했다. 그리고 1992년에는 스페인 세비야와 이탈리아 제노바 등의 세계박람회를 공인해 동시에 개최했다. 이듬해 1993년 대전에서 세계박람회가 개최되는 동안, 1996년 부다페스트, 1998년 리스본, 2000년 하노버 등의 세계박람회 개최계획이 추진되었다. 원래 세계박람회는 근대화와 패권경쟁을 겨루는 열강제국들이 만든 것으로, 생겨날 때부터 국가의 위신을 건 경쟁의 무대였다. 위정자의 머릿속에 있었던 것은 '국제사회에서

그림 4-42 1970년 오사카세계박람회 미국 관은 우주개발의 우위성을 과시하기 위해 월석과 아폴로 11호를 전시했다.

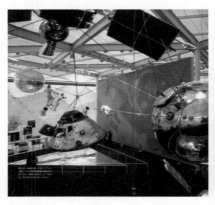

그림 4-43 1986년 밴쿠버세계박람회 소련관의 소유즈 우주선 전시

의 존재감과 국위선양'이었다.

세계대전 후에는 여기에 이데올로기가 추가되었다. 각 세계박람회에서 동서 진영을 주도하는 미국과 소련은 최대 규모의 국가관을 건설해 우주개발의 성과와 삶의 질의 우위를 과시했다. 양국의 존재감은 특별했다. 그러나 1970년대에 접어들면서 세계정세는 긴장완화가 되었고 1980년대 초반에 신냉전이라는 상황에 이르지만, 1980년대 말부터 냉전 종식으로 가기 시작했다. 이런 가운데 20세기 세계박람회를 주도했던 강자 미국의 세계박람회 개최열기가 급격히 식어 갔다. 1980년대 말에는 세계박람회 참가에 연방정부가 예산을 동결하고 2001년 5월에 마침내 국제박람회기구를 탈퇴했다(2017년 5월에 재가입). 단독 우위가 확실했기 때문에 세계박람회에 군이 큰 예산을 투입하는 것은 의미가 없다고 판단했을 것이다. 대조적으로 소련은 1991년 12월에 붕괴되었다. 미국의 세계박람회 참가경쟁 의욕 상실은 다른 선진국에도 전파되어, 크든 적든 그 심정은 공유되었을 것이라고 생각한다. 이어서 1992년 세비아에서 4,180만 명을 기록한 다음에는 2010년 상하이의 7,300만 명을 제외하면 다시 2,000만 명 대에 머물고 있다. 제2세대 세계박람회가 태동한 것이 1930년대니까, 92년 전

이었다. 이런 시대에 국가가 거액의 예산을 투입해 자국의 우위를 과시하는 의의가 어디 있을까? 마찬가지로 국제정세의 변화 속에서 많은 국가가 이 문제를 자문자답하지 않았을까 라고 생각한다. 여러 가지 문제가 노출되어 권위를 떨어뜨리며 생존하고 있는 제2세대 세계박람회가 구조개혁을 하지 않은 채 세 번째 상승기류를 탈 가능성은 없다. 세계박람회 역사의 흐름에서 배운다면, 이미 제3세대 세계박람회가 태동해야 하지만, 그 징후는 아직 나타나지 않았다.

세계박람회 미디어 성능의 상대적 감소

국제정세의 변화와 함께, 이 무렵부터 현저해진 마이너스 충격이 하나 더 있었다. 커뮤니케이션 환경의 진화, 엔터테인먼트의 발전, 대중의 체험수준 향상 등에 기반해, 세계박람회의 미디어 성능이 상대적으로 감소하기 시작한 것이다. 19세기에 등장했을 때, 세계박람회는 세계의 최신 사정을 전달하는 거의 유일한 미디어였다. 매스미디어가 발달되지 않았던 시대에, 새로운 발명, 선진기술, 신제품부터 지구 뒤편의 일상생활까지, 대중이 처음으로 만난 곳은 세계박람회장이었고, 세계박람회는 말 그대로 대중과 시대를 연결하는 유일한 '창'이었다. 더구나 제공하는 것은 '미래'와 '외국'이라는 최강의 콘텐츠였다. 세계박람회 기간은 6개월로 한정되어 희소가치도 충분했다. 처음부터 관람객은 고조되어 있었고 시선은 긍정적이다. 집객을 위해 특단의 노력을 하지 않아도, 1,000만 명 단위의 관람객이 강한 동기부여 아래 자신의 의사로 입장한다. 이렇게 좋은 조건이 갖춰진 미디어는 따로 없다. 세계박람회가 미디어의 왕자로 군림한 것은 당연하다. 그런데 시대가 갈수록 세계박람회는 특권적인 위치를 유지할 수 없게 되었다.

20세기 중반까지 설레며 세계의 정보와 처음 만나는 곳이었는데, 매스미디어의 발달과 상품의 접점기회가 증가하면서 점점 하류로 떠내려갔다. 첨단적인 상업시설과 신세대 박물관, 특수영상 시어터 등 수준 높은 미디어 공간이

거리에 넘치며, 대중의 소득 증가에 따른 체험수준의 향상 등 다양한 사태가 복합적으로 찾아 왔기 때문이다.

예를 들면, 우리나라에서 1973년 보잉 B747 점보제트기의 김포−로스앤젤레스 노선 취항으로 대량 수송시대의 막이 열렸다, 그 후 88서울올림픽을 성공적으로 치른 자신감과 올림픽을 통한 국제화가 해외여행에 대한 수요를 증가시켰고, 또한 1980년대 후반 우리나라의 경제성장과 국민의 생활수준이 향상되어 1989년 해외여행 자유화로 121만 명이던 해외여행자 수는 2019년 2,871만 명으로 30년간 23.7배로 급증했다. 가상적인 존재였던 '세계'가 현실적인 '여행지'로 바뀌었다. 1989년 롯데월드 어드벤처와 1996년 에버랜드가 개장하면서, 대중들에게 세계박람회 전시관을 훨씬 능가하는 고도의 공간연출이 눈에 띄었다. 이 둘을 본 것만으로, 대전세계박람회부터 30년 후 대중의 경험치가 비약적으로 향상되었음을 알 수 있었다. 솔직하게 말하면, 세계박람회가 자아도취에 빠져, 혁신을 게을리하는 사이에 주위의 상황이 크게 달라져, 정신을 차려 보니 추월당했던 것이다. 이렇게 되면 원래대로 돌아갈 수 없다. 자신의 내면에 있는 체험정보의 수준이 높아지면, 자연히 세계박람회의 기대감도 올라

그림 4-44 1989년 롯데월드 어드벤처 개장

그림 4-45 1989년 해외여행 자유화

간다. '놀라운 물건'과 '놀라운 체험'에 대한 기대치가 날로 높아져, 그것과 반
비례하듯이 세계박람회가 제공하던 콘텐츠에 대한 경이로움은 하락했다. 과
거 세계박람회만이 가지고 있던 압도적인 '비일상'의 빛이 점차 사라졌다.

전시기술의 답보와 대중 의식 변화

세계박람회 전시기술의 답보 상태

세계박람회도 분명히 여러 가지 대응을 해 왔고, 새로운 전시기술의 개발을
하지 않은 것은 아니지만, 유감스럽게도 급속히 진행되는 환경변화를 따라잡
지 못하고 있는 실정이다. 분명히 말하면, 전시구상·전시기술은 모두 1985년
쓰쿠바세계박람회 때와 거의 바뀌지 않았으며, 세계박람회 전시수준의 발전
은 38년 전에 멈춰 있다.

실제로 최근의 대형 세계박람회인 2015년 밀라노세계박람회에서도 혁신적
인 전시는 보이지 않았고, 연출기법과 전시기술 수준도 1985년 쓰쿠바세계박
람회와 동일한 수준이었다. 지난 반세기 동안, 예전에 월터 디즈니가 등장했

그림 4-46 1985년 쓰쿠바박람회 IBM관의 직
경 21m의 전천주돔 스크린

그림 4-47 IBM관의 전천주돔 스크린 35mm
영사기 7대와 70mm 영사기 1대가 사용됨

을 때와 같은 기술혁신은 되지 않고 있다. 앞에서 언급한 것처럼, 19세기 세계박람회: 제1세대 세계박람회에서 20세기 세계박람회: 제2세대 세계박람회로 전환한 것이 1930년대였다. 1939년 뉴욕세계박람회에서 노만 벨 게데스가 설계한 'GM관'의 '퓨처라마'가 상징하는 공간연출의 구상과 기술이 확립되었고, '메시지의 체험화'가 가능하게 된 것이 계기였다. 이러한 '이야기를 공간 체험으로 표현하는 기술'이 새롭게 도약한 것이 비공인 세계박람회인 1964년 뉴욕세계박람회였다. 월트 디즈니사의 '오디오ㆍ애니매트로닉스'를 비롯해 멀티영상, 전천주 영상, 라이더, 라이브 퍼포먼스 등 새로운 전시 연출기술이 세계박람회 전시관의 광경을 완전히 변화시켰다. 15개 면 멀티스크린, 360도 원형스크린, 영상과 인간의 콜라보레이션, 관람석의 리프트 업 등 시중에는 단면 스크린 영화관밖에 없던 시대에, 생각할 수 있는 다양한 영상표현에 도전했다.

　세계박람회는 전시기술의 실험장이며 기술혁신의 요람이었다. 현재 계속되는 제2세대 세계박람회 전시연출 기술의 기틀을 다진 것이 1964년 뉴욕세계박람회였다. 이 세계박람회부터 전시관의 스타일이 과거의 '박물관형'에서 '테마파크형'으로 바뀌었다. 1970년 오사카세계박람회는 물론, '영상박람회'라고 평가받았던 1985년 쓰쿠바세계박람회, 또한 21세기의 2005년 아이치세계박람

그림 4-48　2010년 상하이세계박람회 벨기에관의 디오라마와 360도 서클비전

그림 4-49　2010년 상하이세계박람회 스페인관의 미디어 퍼포먼스

회, 2010년 상하이세계박람회, 2015년 밀라노세계박람회 등도 원형을 거슬러 가면 이 세계박람회에 도달한다. 그래서 세계박람회 전시관의 연출을 지탱하는 사상으로 기술의 근간은 60년 전 그대로이며, 본질은 전혀 변하지 않았다.

지금은 생활권 내의 여러 시설이, 대형영상과 공간 엔터테인먼트 등의 전시관형 연출을 적극적으로 도입해, 노하우를 축적하고 있다. 새로운 스타일의 박물관, 전시관형의 테마파크, 신세대 쇼룸, 대형 쇼핑몰 등 고품격 미디어 공간이 대중사회에 침투하면서 세계박람회만의 독특한 기술이었던 공간연출이 일상에 확산되는 반면, 세계박람회의 전시표현 기술은 답보 상태다. 지금 일어나고 있는 사태는 세계박람회 전시관의 전시에서 '비일상'이 급속히 사라지고 있다는 것을 의미한다. 세계박람회의 가치를 지탱해 온 '관람 체험의 비일상성' 감소는 존립 기반과 관련되는 심각한 문제인데, 그것이 지금 돌이킬 수 없게 진행되고 있다. 하노버세계박람회까지는 세계박람회에 강점이 있었다. 그러나 그 후, 세계박람회의 우위는 눈에 띄게 후퇴해, 현재는 '예전에 없던 체험'의 창조는 절망적일 정도로 어려워지고 있다.

대중의 시선과 의식 변화

이러한 어려운 상황에 직면했을 때, 가장 먼저 떠올리는 것은 '비용 대비 효과'일 것이다. 물론 세계박람회는 국제사회가 공동으로 운영하는 국가간 프로젝트이기 때문에 이해득실만 가지고 참가하는 것은 아니다. '국제교류'도 중요한 목적이며, 국가와 국가간에 대여도 있다. 그렇다고 해도 참가국에게 최대의 동기는 역시 국가 브랜딩 홍보효과다.

관람객 수라는 '양'도 물론 중요하지만, 더 중요한 것은 '질'이며, 당연히 '개최국의 대중사회에 어느 정도의 파급효과를 거둘 수 있는가'가 중요하다. 가능하면 참가비용에 걸맞는 파급효과를 기대할 수 있는 세계박람회라면 좋을 것이다. 나중에 아무것도 남지 않은 세계박람회는 곤란하다. 또 하나는 개최국

그림 4-50　2015년 밀라노세계박람회 이탈리아관의　　그림 4-51　2015년 밀라노세계박람회 프랑스관의 영
거울의 반사 효과를 활용한 영상　　　　　　　　　　상을 배제한 각종 식재료와 주방도구 전시

의 시장가치다. 최근에 '의리상 교류'를 적당히 하고 있던 선진국들이 2010년
상하이세계박람회에 비교적 큰 예산을 투입한 것은, 분명히 중국이라는 거대
시장을 의식했기 때문이었다. 최초로 개최한 세계박람회에 열광하는 중국 사
회에 첫선을 보이는 의미와 효과를 계산한 것이었다. 세계박람회를 둘러싼 사
회 상황의 변화를 감지하고, 비용 대비 효과를 의심하는 사람은 세계박람회 관
계자들만이 아니었다.

　그동안 세계박람회에서 제공하는 오락을 천진난만하게 즐기던 시민들도 의
식변화의 조짐을 보이고 있다. 잘 모르는 사람은 놀랄지도 모르지만, 세계박
람회가 정식 공인 후에 개최 중지가 되는 것은 자주 있는 사태로, 결코 드문 일
은 아니다. 예를 들면, 1992년 세비아세계박람회와 동시에 개최하기로 정식
공인받았던 1992년 시카고세계박람회가 개최를 포기했다. 재정문제 등을 발
단으로, 현지에서 반대의 기운이 높아졌기 때문이었다. 1992년 시카고세계
박람회와 함께 가장 충격적인 취소는 1989년 파리세계박람회였다. 에펠탑의
1889년 파리세계박람회에서 혁명 100주년을 기념했던 프랑스가 1989년에 계
획한 혁명 200주년 기념 행사였다. 국제박람회기구의 공인을 받고 실무준비
가 진행되고 있음에도 불구하고 중지하게 되었다. 이유는 '신도심 개발'로 방

향 전환이었다. 가설의 세계박람회에서 '미래도시'를 전시 · 발표하는 대신에, 미래지향의 현실적인 신도시를 건설하는 정책을 선택한 것이다. 그리하여 그랑다르슈(신 개선문)를 상징으로 한 신도심이 생겼다. 또한 1995년에 2개 도시 동시개최가 결정되었던 비엔나와 부다페스트도 개최권 반납을 피할 수 없게 되었다. 재정문제, 환경파괴, 인플레 우려 등이 사회문제가 되어, 비엔나시가 주민투표를 실시했다. 결과는 찬성 35.1%, 반대 64.8%로 참패했다. 부다페스트도 뒤따를 수밖에 없었다. 2000년 하노버세계박람회도 주민투표를 할 수밖에 없었다. 시의회가 무시할 수 없는 만큼 시민의 반대 목소리가 커져 국제박람회기구의 개최 공인 2년 후 1992년에 주민투표를 실시했다. 60%가 넘는 높은 투표율로, 찬성 51.5%, 반대 48.5%라는, 박빙의 승부였다. 이렇게 되면 의기소침할 수밖에 없고, 계획도 대폭 수정하게 되었다. 그 후에도 2004년 센생드니세계박람회(파리 교외)가 개최권을 반납했다.

최근 2020년 10월에 아르헨티나가 코로나19 대유행과 그에 따른 금융위기로 인해 2023년 부에노스아이레스세계박람회 개최를 철회한다고 발표했다. 이처럼 하노버세계박람회 이후, 세계박람회의 열광이 크게 하락한 것은 된 배경에는, 복수의 나쁜 영향이 동시다발적으로 덮쳐, 세계박람회를 둘러싼 환경이 급격하게 악화했기 때문이다. 이런 상황이 세계박람회의 현실에 큰 영향을 미치게 된다.

세계박람회 메커니즘의 변화

개최 환경의 악화로 국제박람회 협약 개정

국제박람회 협약이 개정된 1988년은 세계박람회에 역풍이 불기 시작했을 때다. 1980년대 말부터 1990년대는 '세계박람회는 낭비이며 필요없다'는 시민의식이 대두되고 개최 여부를 묻는 주민투표와 개최권 반환이 잇따른 악몽 같은 시대였다. 1980년대 말에는 미국이 연방정부 예산을 동결하고 1989년에는 소련 해체의 서곡이라 할 수 있는 베를린 장벽이 붕괴되었다. 1989년 파리, 1992년 시카고, 1995년 비엔나와 부다페스트 등, 공인되었던 세계박람회가 차례로 취소되었다. 국제박람회기구는 세계박람회를 둘러싼 환경이 날로 악화됨에 따라 협약을 개정해 종류와 기간, 개최 빈도를 변경하고 회장 규모를 축소해 생존을 도모했다. 결국 '가능한 싸게 하자!'라고 결정한 것인데, 그 판단은 합리적이었다고 해도, 한편으로 가장 근본적인 모순이라 생각한다.

거리의 볼거리 수준이 획기적으로 향상되고, 세계박람회 전시관의 상대적 우위가 점점 하락하는 상황에서 예산을 줄이면 어떻게 될까? 거리의 '미디어 공간'은 영구시설이며 세계박람회 전시관은 임시 가설이라는 것이다. 디즈니랜드의 경우 하나의 어트랙션에 1,000억 원 규모로 투자하고 있다. 반복해서 이야기한 것처럼, 세계박람회의 매력을 지탱해 온 것은 '놀라운 체험'과 '관람체험의 비일상성'이었다. 돈을 투자하지 않고 그것을 손에 넣는 것은 역시 무리라는 것이다. 21세기에 접어들어 세계박람회의 약화가 결정적이 된 배경에는, 이 '최대한 싸게 하자'는 인식이 영향을 미쳤다고 생각한다.

여론악화로 '국제사회에 도움이 되는 세계박람회' 선언

국제박람회기구는 1990년대에 이념 측면에서 새로운 방침을 제시했다. 1994년 6월 총회에서, 세계박람회는 '현대사회의 요청에 부응하는 현실적인 주제라야 한다.'며, '자연과 환경의 존중'과 '자연 환경보호'의 관점을 반영해 결의를 채택했다. 당시에는, 생태환경, 지속가능성, 무배출 시스템이라는 새로운 개념이 보급되기 시작해 대중의 환경의식이 확산될 무렵으로, 환경문제는 가장 뜨거운 관심사였다. 국제박람회기구는 '세계박람회의 역할은 끝났다'는 부정적인 여론에 대응하기 위해 이른바 '국제사회에 도움이 되는 세계박람회'

를 선언한 것이다. '세계박람회는 낭비'라는 분위기에 민감하게 대응한 것이지만, 이 방침이 머지않아 세계박람회를 '과제해결의 장'이라고 표방하는 현재의 역할을 만들었다. '세계박람회는 단순히 산업기술의 전시·소개가 아닌 지구 규모의 과제를 해결하는 장'이라는 구상으로 '국제사회에 도움이 되는 세계박람회'의 위상을 이론적으로 설명하는 개념이었다. 솔직히 말하면 '이 노선으로 달린 것이 좋지 않았다. 세계박람회를 곤경에 몰아넣은 최대의 원인은 이것일지도 모른다.'고 생각한다.

현대사회의 요청에 부응하는 현실적인 주제

세계박람회에 주제가 있는 것은 당연하다. 여러분은 그렇게 알고 있지만, 실은 세계박람회에 최초로 주제가 등장한 것은 1933년 시카고세계박람회로 현재 90년 정도의 역사밖에 되지 않았다. 그전까지 82년간은 주제없이 개최했다. 그 이유는 간단한데, 필요가 없었기 때문이다. '반보 앞선 미래'를 실감시키는 물건을 전시하는 것만으로 최강의 미디어, 최상의 엔터테인먼트가 될 수

그림 4-52 세계박람회에 최초로 공식 주제를 설정한 1933년 시카고세계박람회

있었던 것은 앞에서 이야기해 온 대로다.

'물건으로 말하는 박람회': 제1세대 세계박람회에서는 물건이 전부이며, 생각해야 할 것은 '얼마나 획기적인 물건을 전시할 것인가'뿐이었다. 그러나 머지않아 '보면 알 수 있다'는 시대는 끝나고, 전시관 참가자 측의 동기부여가 간단한 '제품전시'에서 '국가 브랜딩'으로 전환했다. 세계박람회 자체도 '이 세계박람회를 개최하려고 구상하게 된 동기는 무엇인가'를 설명하는 개념이 필요했다. 사실 앞에서 소개한 국제박람회 협약도 '부문'이라는 개념으로 세계박람회가 '보여 주는 것'을 성격 부여하려고 했다. 이러한 정의가 채택된 이면에는, '무엇에 대해 전달할 것인가'를 생각하지 않는 세계박람회는 미래가 없다는 문제의식이 대두되었을 것이다.

국제박람회 협약체결 5년 후 1933년 시카고세계박람회에 처음으로 공식 주제가 등장했다. 주제 제1호는 '진보의 세기'였다. 지난 100년을 되돌아보고 향후의 100년을 전망한다는 제언이었다. 주제란 '이 문제에 대해 모두 함께 생각하자!'라고 주최자가 호소하는 것이다. 기능적으로는 '참가자의 문제의식을 유도하는 공통의 열쇠'이며, '세계박람회를 하나의 개념으로 총괄하는' 역할을 했다. 그러나 이때 뿌려진 씨앗이 자라서 제2차 대전 후에는 세계박람회 체제를 구조 수준에서 지탱할 정도의 존재가 되었다.

아무리 주제 설정이 세계박람회의 기본방향이라 하더라도 그 의미를 이해하려면, 세계박람회의 현실을 '주제'의 실현 가능성까지 냉철하게 분석할 수밖에 없다. 주제 또한 예전처럼 기능하고 있지 않기 때문이다. 오히려 없는 것이 '좋은 것 아닌가?'라 여기는 상황이 발생하고 있다. 무엇보다도 주제의 구현방식이 세계박람회의 국제참가자인 참가국과 국제기구, 글로벌기업의 전시관 전시 준비에 문제를 일으키고 있다는 것을 간파해야 한다.

등록(세계)박람회의 경우 40~50%의 참가국이 참가하는 데만 의의를 두고 실질적으로는 주제를 반영하지 않거나 전시 및 공연콘텐츠가 부실해 관람객이 실망하는 경우가 많다. 그리고 인정(전문)박람회의 경우 주제의 중복과 반복이

그림 4-53　우주시대의 인류를 주제로 개최된 1962년 시애틀세계박람회 랜드마크 스페이스 니들

빈번했다. 예를 들면, 해양을 주제로 한 것이 5개로 가장 많았다. 1954년 나폴리, 1975년 오키나와, 1992년 제노바, 1998년 리스본, 2012년 여수였다. 다음은 에너지를 주제로 한 것이 3개로 1958년 브뤼셀, 1982년 녹스빌, 2017년 아스타나였으며, 물을 주제로 한 것이 3개로 1939년 리에주, 1984년 뉴올리언스, 2008년 사라고사 등이었다. 시기적 간격을 두고 분석해 보면 상상력이 좀 부족했던 것 같다.

　주제의 전시표현에 있어 조직위원회의 방식은 변한 것이 없다. 국제 참가자들은 적든 많든, 자국의 광고대행사 또는 전시회사에 의뢰할 것이며, 필연적으로 반복되는 전시를 보여 줄 것이다. 광범위한 개념을 선호하는 주제에 대한 열망 때문에 전시내용과 형식을 반영하기가 많이 어려워졌다. 많은 참가국이 개최국에서 제시한 주제의 성격이 너무 추상적이며 철학적이라고 불만을 토로하고 있다. 복잡다단한 전시관의 전시준비 진행상의 곤란을 겪는 것 말고

그림 4-54 기술시대의 레저란 주제를 설정했던 1988년 브리즈번세계박람회

도, 참가국들은 자국의 산업 또는 기술력과 문화관광을 널리 알릴 기회가 더
줄어든다고 볼 수 있다.

지금은 누구나 '세계박람회란 국경을 초월해 주제를 구현하는 이벤트'라고
생각하고 있다. 시카고세계박람회 이후 현재까지 수십 개의 주제가 등장했다.
내용의 좋고 나쁨은 있지만, 적어도 '현대사회의 요청에 부응할 수 있는 현실
적인 주제'라고, 진지하게 생각하게 된 것이다. 국제박람회기구가 왜 그런 결
의를 했는지, 솔직히 잘 모르겠다.

필자가 훌륭하다고 생각하는 주제는, 예를 들면 1962년 시애틀세계박람회의
'우주시대의 인류', 1988년 브리즈번세계박람회의 '기술시대의 레저' 등이다. 뛰
어난 주제는 창조적인 해석과 콘셉트로 연결되며 참가자의 창조의욕을 자극한
다. 반대로 2010년 상하이세계박람회의 '보다 좋은 도시, 보다 나은 생활'처럼
아무런 촉발성도 없이 관청의 구호 같은 주제는 동기부여가 되지 않는다.

세기의 갈림길

역풍속을 헤쳐나간 세계박람회

세파에 시달리며 1990년대를 극복한 밀레니엄 이벤트가 동서 독일 통일 10주년을 기념하는 2000년 하노버세계박람회였다. 박빙의 근소한 차이로 주민투표를 거친 세계박람회였다. 기존 국제전시회 시설을 활용한 2000년 하노버세계박람회는 '효율적인 세계박람회'를 목표로 했다. 하노버는 하노버 메세(산업박람회)로 유명한 국제견본시(見本市) 도시다.

전시면적 50만m²에 달하는 세계 최대의 견본시 시설을 모두 수용해 전시관으로 사용한다는 합리화 계획을 제시했다. 두말할 것도 없이, 참가국의 전시비용 절감과 기존 인프라의 활용 등을 통해 '세계박람회는 낭비'라는 비판에 대응하기 위해서였다. 세계박람회장 면적 163ha 안에, 기존의 견본시 시설이 88ha이며, 신규 조성 부지가 75ha였다. 영국, 프랑스, 일본 등 일부 선진국

그림 4-55 2000년 하노버세계박람회는 효율성을 내세워 기존 국제무역전시장 시설을 활용하는 바람에 볼거리와 체험할 거리가 부족했다는 비판을 받았다.

들이 조성지역에 자체 국가관을 건설하는 한편, 개발도상국들은 빠짐없이 홀(hall)이라는 기존 견본시 시설에 있는 공동관 참가를 선택했다. 분명히 '효율적인 세계박람회 개최'를 실천했다. 그런데 문제는 중요한 요소가 빠져 버렸다는 것이었다. 화려한 축제의 분위기가 과거의 세계박람회에 비해 뒤떨어졌고 세계박람회의 매력을 지탱해 왔던 '비일상 체험지수'가 극단적으로 낮았다. 합리적이며 기능적으로 만들어진 견본시 회장의 풍광은 '축제장의 즐거움'과는 정반대였다. 놀아도 유머도 안 느껴지고 걸어도 설레는 기분이 들지 않았다. 성실한 독일인의 기질이 영향을 주었다고 해도, 역시 기업간의 거래(BtoB)인 견본시의 메커니즘을 그대로 세계박람회에 적용한 영향이 컸다고 생각한다. 마찬가지로 전시관의 전시도 '비일상 체험지수'가 부족했다.

특징적이었던 것은, 전시공간을 영상으로 채우는 기법이 범람했다. 대부분의 선진국이 이런 스타일이었으며, 좌우간 벽이라는 벽에는 찰칵찰칵 영상을 비추고 있었다. 바로 이 무렵, 액정 프로젝터의 기술혁신으로 급격히 소형화되고 밝아지고 저렴해진 것이 그 이유였다. 하지만 저예산으로 내용이 알찬 전시가 되었다며 만족하는 제작진은 거들떠보지도 않았고, 관람객들의 반응은 싸늘했으며 보기에도 지쳐 있었다. 각 전시관에서 모두 프로젝터 영상을 보여주었기 때문에 당연했다. 반대로, 관람객이 웃으며 즐거워했던 것은 땅바닥에 주저앉아 목각인형을 파는 아프리카의 아주머니와 대화하거나 카레를 먹으면서 보는 아시아의 민속무용이었다. '기념품 판매점 없음' '영상관, 식당 없음'이라고 무시했던 개발도상국의 국가관이었다.

효율적인 세계박람회를 목표로 개최된 2000년 하노버세계박람회 결과

2000년 하노버세계박람회는 개막 직후부터 입장률이 저조해, 당초 4,000만 명이었던 관람객 유치 목표를 개최 기간 중반에 무려 65% 축소한 1,400만 명

그림 4-56 2000년 하노버세계박람회 주제를 구현한 월드와이드프로젝트의 글로벌하우스

으로 하향 조정했다. 결국 목표의 절반 이하인 1,810만 명을 유치해, 20조 원의 적자가 난 것으로 추정된다. 21세기형 '환경박람회'의 원형이었던 하노버세계박람회의 참패는 '세계박람회의 무덤'으로 평가되었고 세계박람회계에 충격을 주었다.

'국제사회에 도움이 되는 세계박람회' 노선이 불발로 그치고 동요가 확산되는 가운데 폐막 반년 후 2001년 5월에 미국이 국제박람회기구를 탈퇴했다. 당시, 실패의 원인으로 항간에 떠돌고 있던 것은, '홍보 부족, 관람객 환대가 부족한 운영, 너무 비싼 입장료'라는 세계박람회 비판의 스테디셀러 메뉴였다. 그리고 일부 관계자들 사이에서는 '환경을 주제로 한 것 자체가 잘못된 것 아니냐.'는 의견도 나왔다. 또한 당초부터 기업후원이 좀처럼 유치되지 않았는데, '기업의 활동과는 반대의 메시지가 발신되는 것은 아닌가, 경우에 따라서는 나쁜 요인이 될지도 모른다.'라고 글로벌 기업들이 우려한 것이 그 이유였던 것 같다. '환경박람회'를 뒷받침하는 핵심 정책으로 국제환경단체의 참가를 추진했는데, 일부의 예외를 제외하면 출전 참가를 유치했다고 할 수 없었다. 국제

환경단체들의 입장에서는 '세계박람회 자체가 환경을 파괴하는 행위였다. 게다가 세계박람회는 환경파괴를 낳은 경제활동의 선봉장이었던 것 아니냐.'고 반응했다.

선진국들의 전시관은 좋게 말하면 진지하고, 솔직히 말하면 재미가 없었던 것도 일종의 가해자 의식이 작용했기 때문일 것이다. 주제가 주제인 만큼, 섣불리 오락 요소를 도입한다면 반감을 살지도 모른다. 그렇게 위축되었다고는 부정할 수 없다.

하노버세계박람회 후의 대규모 등록박람회는 2005년 아이치, 2010년 상하이, 2015년 밀라노, 2020년 두바이로 4차례 개최되었다. 7,308만 명이라는 관람객을 유치한 상하이를 별개로 하면, 아이치와 밀라노, 두바이도 2,000만 명대로, 하노버와 동일하게 과거의 전문박람회 수준으로 종료되었다.

세계박람회 유산과 사후 활용

세계박람회의 본질

제2세대 세계박람회로 세대교체를 하여 상황은 크게
바뀌었지만, 본질까지 변화된 것은 아니었다. 세계박람회의
본질은 무엇인가

전시물이 증기기관에서 환경 기술로 바뀌고, 전시기법이 '진열에서 체험'으로 진화했으며, 세계박람회의 세대교체로 상황은 크게 바뀌었지만, 세계박람회의 본질은 변하지 않았다. 그렇다면 세계박람회의 본질은 무엇인가? 필자는 크게 2가지라고 생각한다. '산업사회의 진보관'과 '대중 계몽에 대한 열정'이다. 이미 앞에서 얘기했듯이, 세계박람회는 '반보 앞선 기술'을 보여 줌으로써 대중에게 '행복한 가까운 미래'를 예감하게 하는 초대형 행사이며 축제다. 19세기 제1세대 세계박람회에 증기기관, 타이어, 팩스기, 세탁기, 가스엔진, 타자기, 전화기, 전기 가로등, 축음기, 영사기, 수력발전, 교류 전기, 전기자동차 등

이 전시·소개되었다. 20세기 초반 제2세대 세계박람회로 전환해 X선 기계, 나일론, 텔레비전, 에어컨, 음성인식 기술, 컴퓨터, 우주선 모형, 휴대폰, 아이맥스 영상, 무선제어 시계, 터치스크린, 점보트론, 고화질 HDTV, 태양광 발전 등 혁신적인 발명품이 전시·소개되었다. 세계박람회에서 전시·소개된 무수한 '놀라운 것'들은 실제로 그 후에 인간의 삶을 크게 변화시켰다. 놀라운 신기술을 눈앞에서 보면 자연스럽게 가까운 미래에 대한 꿈이 커지고 기술의 진보와 공업력의 발전을 기원하고 싶어진다. 그리고 '산업기술의 발전이야말로 행복의 열쇠다'라는 생각이 솟아오른다. 또는 근대교육 덕분에 원주민이 '문명인'으로 진화하는 과정을 보여 주면 인간도 진화하는 존재이며 서양문명을 활용하면 '야만인'도 구제할 수 있다고 믿음직하게 느꼈을 것이다. 모두 근저에 있는 것은 '문명과 인간도 진보하는 것이며, 그것을 구동하는 것은 근대적인 산업, 기술 그리고 교육이다'는 세계관이다. 인간은 진보하는 존재다. 진보가 꿈의 미래를 개척한다. 진보는 선(善)이자 정의였다.

세계박람회가 생겨날 때부터 지켜 온 부동의 신조였다. 그것이 '산업사회의 진보관'이다. 극단적 논의를 하자면, 세계박람회란 이 세계관을 대중에게 심어 주기 위해서 존재하고 있다고 해도 과언이 아니다. 세계박람회는 진보가 여는 '꿈의 미래'에 대중의 의식을 향하게 하고, 그것을 지향하는 열정을 북돋운다.

그림 4-57 1900년 파리세계박람회 기계관 광경

그림 4-58 1900년 파리세계박람회 기계관에 전시된 로너와 포르쉐가 발명한 전기자동차

열강 제국의 위정자들에게 그것은 매우 중요한 정책이었다.

'대중 계몽에 대한 열정'이란 무엇인가

처음부터 세계박람회는 산업진흥을 목적으로 한 정책이며, 국경을 초월한 '산업기술의 견본시'였는데, 독특한 것은 관람객이 처음부터 일반 대중이었다. 생각해 보니 조금 이상하지 않은가? 산업기술 분야에 관한 국제적인 컨벤션이라면 사업과 관련업계 관계자들을 대상으로 한 전문적인 무역전시회로 하는 것이 합리적이기 때문이다. 실제로 세계 최대의 가전전시회(CES)와 모바일월드콩그레스(MWC), 베를린국제가전박람회(IFA) 등 현재의 대표적인 국제산업전시회의 상당수는 '관계자로 한정'된다. 왜냐하면 정보교류나 상담과 관련이 없는 일반 관람객은 비즈니스에 방해가 되니까. 본래 취지라면 세계박람회도 일반 관람객을 배제한 기업 대 기업간 거래인 트레이드쇼로 해야 한다.

그러나 세계박람회는 결코 그렇지 않았다. 처음부터 대중사회에 문호를 개방하고 항상 대중을 살펴 왔던 것은 지금까지 봐 왔던 대로다. 세계박람회는 대중을 위해 존재했다. 이 방침은 흔들린 적은 한 번도 없다. 그렇다면 왜 위정자들은 세계박람회를 대중에게 보여 주려고 한 것일까? 신기술 개발에 공헌할 리 없는 농민들에게 무엇을 기대했는가? 의도했던 것은 대중의 '의식개혁'이었다.

농촌사회에서 공업사회로의 도약을 경쟁하던 서구열강 제국에 있어 대중의 보수적인 사고방식은 골치 아픈 문제였다. 보수적인 농민들은 중세의 가치관에 고정되어 있었고, 보호주의 아래 편안하게 있던 장인들은 향상심이나 경쟁심과는 무관했다. 전근대적인 상관습밖에 모르는 상인들은 장사의 비법으로 '비싸게 팔아넘기는 것'이라고 생각했다. 위정자에게 이런 상황은 심각한 문제였다.

그림 4-59 1900년 파리세계박람회 미술관을 둘러보는 관람객들

　대중들이 '진보'에 대한 높은 의식을 가져주지 않는 한, 공업사회로 도약할 수 없기 때문이다. 공업력을 발전시키기 위해서는 농민들을 도시의 공장에서 성실하게 일하는 '좋은 노동자들'로 바꿔야 하고, 생산된 제품을 기꺼이 구입하는 '좋은 소비자'로 만들어야 했다. 그들의 중세적인 사고방식을 바꾸지 않으면 소비시장 확대는 물론 노동력 확보조차 쉽지 않았다. 무식한 대중을 이치로 설득하기는 쉽지 않고 시간도 많이 걸린다. '편리하고 풍요로운 삶'을 실제로 체험하게 하는 것이 가장 좋은 방법이었다.

　세계박람회장에서 '놀라운 물건'을 보고 '놀라운 체험'을 한 대중들은 피부감각으로 그렇게 실감했다. 그리고 그것이 세계박람회의 중요한 임무였다. '양질의 노동력'과 '단순한 소비자' 확보를 위한 '대중의 의식 개혁'이었다. 주된 목적은 '대중의 교육'이며, 제시하는 것은 '진보' 또는 '장래의 전망'이었다.

　국제박람회기구(BIE)의 국제박람회협약 제1조에 그렇게 정의하고 있음을 기억하고 살펴보기 바란다. 세계박람회란 '기술의 진보가 행복한 미래를 연다.'는 산업사회의 진보관을 대중에게 계몽하는 장치이며, 그 전술로서 '가까운 미래의 유사체험'이라는 기법을 채택했다. 19세기에 개발한 메커니즘을 세계박람회는 지금도 계속 유지하고 있다.

그림 4-60 2015년 밀라노세계박람회 한국관의 전통 상차림과 식기를 살펴보는 외국 관람객들

세계박람회 유산

세계박람회 유산이란 무엇인가

'유산'이라는 용어는 2012년 여수세계박람회 유치가 본격화될 무렵부터 유행하기 시작한 것 같다고 생각하는데, 최근에는 보편화되었다. 독특한 것은 정치인과 관료들이 즐겨 사용한다. 세계박람회 사업을 헛되게 끝낼 수 없다는 것을 강조하는 키워드로, 소중히 여기고 있는 것이다. 사전적 의미는 '앞 세대가 물려준 사물 또는 문화'라고 하는데, 'xx를 세계박람회의 유산으로'란 구상에는 '후세에 평가되는 것을 목표로 계획되며 영구적인 활용을 전제로 한 계승되는 프로젝트'이다. 그럼 대체 세계박람회는 후세에 무엇을 남기는 것인가? 우선 단순하게 생각할 수 있는 것은, 인기있는 세계박람회를 폐막 후에도 그대로 운영을 계속하는 것이지만, 이것은 할 수가 없다. 세계박람회는 개최기간 종료 후에는 철거하는 것으로 규정되어 있기 때문에, 아무리 인기가 있었어도,

질질 끌어 세계박람회 개최기간을 연장할 수 없도록 되어 있다.

따라서 세계박람회 자체를 유산으로 계승할 수는 없다. 다음으로 생각나는 것은 인프라일 것이다. 두말할 필요도 없이 세계박람회와 올림픽, 월드컵 등, 세계적인 메가이벤트는 인프라 정비가 한꺼번에 가속화된다. 세계박람회 유치를 추진하는 지역의 개최 동기 우선 순위 1위는 단연 이것이다. 그러나 인프라들은 모두 관련 공공사업이지 세계박람회가 만들어낸 것이 아니기 때문에 '세계박람회 유산'이라고 할 수 없다. 세계박람회가 끝난 후에 다음 세대에게 물려줄 유산은 어떤 것인가? 지금까지 살펴봤던 세계박람회의 역사속에서 답을 찾을 수 있다. 대표적인 사례 3개를 들어보자. '에펠탑, 미드웨이 프레잔스, 새로운 상업관습'이다.

세계박람회 유산의 종류

세계박람회의 유산은 크게 세 종류라고 생각한다. 예를 들면, 모뉴먼트(기념물), 프로토타입(시제품/원형), 카타리시스(촉매작용)라고 할 수 있다. 모뉴먼트의 대표적인 사례는 물론 프랑스 파리의 에펠탑이다.

프랑스혁명 100주년을 기념한 1889년 파리세계박람회의 상징 조형물로 건설된 에펠탑은 건축기술의 정수를 모은 획기적인 건축물인 동시에 대중의 호기심을 사로잡은 최강의 엔터테인먼트였다. 지금은 파리의 상징으로 없어서는 안 되는 관광명소지만, 건설이 시작되면서 그 당시에는 '파리의 미관을 해친다'며 문화예술인들이 반대운동을 벌인 것은 이미 잘 알려져 있다. '파리를 모독하고 더럽히는 것이며, 추악하다'는 가차 없는 비판이 계기가 되어 국론을 양분하는 대논쟁으로 비화된 것이다. 그러나 원래는 20년의 한시적인 계약기간으로, 철거를 전제로 건설되었다는 것은 별로 알려져 있지 않다. 물론 계약만료 기한인 1909년이 되어도 에펠탑이 철거되지 않았다. 표면상의 존치이유는 '군사 무선의 전파탑으로 도움이 되니까'라는 것인데, 압도적인 영향을 프

그림 4-61 1889년 파리세계박람회의 상징 조형물로 건설된 에펠탑

랑스 사회에 미쳤기 때문에 철거하려고 해도 철거할 수 없었다고 생각하는 것이 자연스러울 것이다. 세계박람회의 추억을 이야기하고 계승하는 존재로서는 물론, 그것을 훨씬 초월한 문화적·예술적 가치를 갖춘 것은 누가 봐도 분명했다. 에펠탑은 후세에게 물려줄 모뉴먼트로서 만들어진 것이 아니라 사회에 수용된 이후에 모뉴먼트가 된 것이다.

에펠탑의 성공은 '세계박람회에는 상징적인 조형물이 필수'라는 상식을 세계박람회 관계자들이 인식하게 되었다. 모뉴먼트란 말 그대로 세계박람회에 등장한 기념물 그 자체가 후세에 남겨지는 것이다. 1893년 시카고세계박람회의 미술관을 활용한 세계 유수의 박물관 '시카고과학산업박물관', 1900년 파리세계박람회의 미술관으로 건설된 파리의 명소 '그랑팔레' 등 세계박람회의 모뉴먼트는 지금도 개최도시의 관광명소로 제일선에서 활약하고 있다.

그림 4-62　1900년 파리세계박람회의 미술관으로 건설된 파리의 명소 그랑팔레

프로토타입은 무엇인가

'프로토타입'은 세계박람회에 공식 발표된 전시물은 아니지만, 세계박람회에서 실행된 프로젝트 모델이 '프로토타입'이 되어, 개최 후 일상생활에 정착·확산되는 것이다. 아이디어와 메커니즘이라는 소프트한 유산이 계승된다는 의미로, 당연히 세계박람회 유산의 하나다. 예를 들면, 1893년 시카고세계박람회의 놀이공원 '미드웨이 프레잔스'다. 이 세계박람회에서 운영했던 놀이공원은 '코니아일랜드' 등 현대 도시형 놀이공원의 원형이 되었다. 이것을 본 관람객이 촉발되어 아이디어를 확대해 새로운 업종을 개발한 것이다. 이 세계박람회에 등장한 '페리스 휠'은 오늘날 대관람차의 원형이다. 또는 디즈니랜드의 '잇츠 어 스몰월드(It's a small world)'였다. 1964년 뉴욕세계박람회에 출현한 월터 디즈니의 사상과 기술은 그 후 세계박람회 미디어 공간의 연출에 지대한 영향을 미쳤으며, 20세기 주제공원의 모델이 되었다. 이런 의미에서, 당시의 디즈니 사례는, 그 후의 오락과 전시 공간의 상황을 결정짓는 획기적인 프로토타입이었다. 물론 세계박람회는 시연과 실험의 장이다.

그림 4-63 1893년 시카고세계박람회 놀이공원 미드웨이 프레잔스

그림 4-64 1893년 시카고세계박람회 대관람차 페리스휠

그림 4-65 1964년 뉴욕세계박람회에서 미디어 공간의 연출에 지대한 영향을 미친 월트 디즈니

　세계박람회가 '반보 앞선 기술' '반보 앞의 미래'를 제시하는 장이라는 성격에 따른 것이지만, 또 하나 잊지 않아야 하는 것은 세계박람회가 '일시적' 행사이며 '가설'이라는 것이다. 6개월이면 반드시 끝난다. 세계박람회만이 가능한 이 조건이 일상적인 활동과 사업에서는 좀처럼 할 수 없는 실험이나 시도를 가능하게 하고, 그 성과가 프로토타입이 되어 사회에 환원되는 것이다.

흔히 '세계박람회, 뭐 이래저래 일과성'이라는 비판이 있다. 순식간에 끝나는 불꽃같은 이벤트에 매몰되어도, 결국은 그 자리에 있다. 분명히 일면의 진리이지만, 한편으로는 일과성이기 때문에 할 수 있는 것 또한 사실이다. 세계박람회의 역사를 살펴보면, 세계박람회에서 시도된 모험적인 아이디어가 그후 없어서는 안 되는 것으로 사회에 정착된 사례가 무수히 많다는 것을 알 수 있다. 생각하면, 개개인의 출품물 자체가 그러한 역할을 담당했다. 엘리베이터, 축음기, 전화, 세탁기, 전기자동차, 휴대폰 등 세계박람회에서 전시·실연된 프로토타입이 나중에 제품화되어 일상생활을 변화시켰으며, 세계박람회는 탄생이래, '프로토타입의 종합전시장'이었다. 세계박람회는 개별 제품 이상의 '프로젝트'나 '계획'의 아이디어 메커니즘을 프로토타입으로 사회에 제공하는 기능을 담당하고 있다.

카타리시스는 무엇인가

카타리시스는 촉매작용을 말한다. 세계박람회에서의 체험이 관람객을 자극해 촉발하고 감동시킨 결과, 그것이 계기가 되어 새로운 가치관과 생활습관이 사회에 확산되고 정착된 사례를 말한다. 달리 말하면, 계승되는 것은 모뉴먼트(기념물)와 프로토타입(시제품/원형)도 아니고, 새로운 생활습관과 생활문화이며, 정신에 대한 무형의 효과다. 앞에서 이야기한 '새로운 상업관습'이 그것의 한 사례다. 세계박람회가 등장했듯이, 쇼핑이란 비싸게 팔고 싶은 가게 주인과 싸게 사고 싶은 손님의 흥정을 의미한다. 우선 가게 주인에게 이야기를 하고, 선택사항은 가게 주인이 안쪽에서 꺼내 오는 상품뿐이다. 정가가 없기 때문에 거기서부터 구입 가격을 둘러싼 흥정이 시작된다. 이러한 상업관습을 의심할 수도 없었던 대중 앞에 세계박람회는 대량의 제품을 전시하고 소개했다. 비싸게 강매당할 부담 없이 자유롭게 전시물을 둘러볼 수 있었다.

대중에게 이런 상황은, 그 자체가 놀라운 매력이었지만, '정가'가 명시되었던 것에 크게 놀랐을 것이다. 앞에서 언급한 것처럼, 세계박람회에는 초기부터 우수한 제품에 메달을 수여하는 포상제도가 있었고, 가격을 심사항목에 포함시키는 동시에, 관람객이 가격을 물어봤을 때에는 '정가'를 답변하도록 의무화했다. 선진적인 기술정보를 세계가 공유하고, 자유무역 상황에서 공정한 경쟁을 하는 것이 품질향상과 저가격화를 추진해 근대적인 공업사회를 만들었다. 1851년 런던세계박람회 때부터 세계박람회의 저류에 있던 이념이다. '공정한 경쟁환경'을 중시하는 세계박람회는 중세적인 밀실의 상대거래에서 근대적인 정가 판매라는 흐름을 가속시켰다. 무수한 상품에 고정된 스펙터클은 대중의 욕망을 자극했다. 이런 상황에 힌트를 얻어 생겨난 것이 백화점이었다. 세계 최초의 백화점은 1852년 프랑스인 부시코(aristide Boucicaut)에 의해 파리에 설립된 봉마르셰(Au Bon Marche)였다. 봉 마르셰가 등장하기 전까지 상업은 같은 상품이더라도 고객에 따라 각기 다른 값에 팔렸고, 상점에 들어온 고객은 무엇인가를 사지 않고는 나오기 어려울 정도로 강매가 성행했다. 부시코는 '정찰제'를 실시하고, 백화점 내부에서 누구든 '자유로운 관람'을 할 수 있도록 했다.

이러한 원칙은 전통적인 상관습을 깨는 것으로서 새로운 형태의 쇼핑문화

그림 4-66 1852년에 설립된 세계 최초의 백화점 그림 4-67 봉마르셰 백화점 내부
파리 봉마르셰   (1880년경)

를 창출했다. 이처럼 세계박람회가 제공하는 새로운 체험이 대중을 촉발하고, 새로운 생활습관을 사회에 정착시키는 것과 같은 현상은 결코 드물지 않았다. 예를 들면, 1970년 오사카세계박람회에서 자주 화제에 올랐던 에피소드는, 패스트푸드가 보급되는 계기가 되었다는 것이다. 오사카세계박람회장에 입점한 켄터키 프라이드치킨이 일본의 패스트푸드 선두이며, 그것을 본 맥도날드가 이듬해 긴자에 1호점을 내면서 패스트푸드의 역사가 시작되었기 때문이다. 세계박람회는 때로는 생활습관을 바꿀 정도의 영향력을 발휘하지만, 잊어서는 안 되는 것은 단순히 교육효과만으로 그런 것은 아니라는 것이 핵심이다.

상품에 둘러싸이는 체험이든, 프라이드치킨이든, 대중의 정신에 영향을 미치는 것은 욕망을 자극했기 때문이지 세계박람회에서 발표하면 자동적으로 반드시 그렇게 된다는 것은 아니다. 신선한 놀라움을 제공하고 흥미진진한 오락으로 성립되지 않으면 아무리 세계박람회라 할지라도 무시당할 것이다. 또한 올림픽의 메달제도는 세계박람회의 포상제도에서 유래되었다. 올림픽은 발족 당시 세계박람회와 병행해 개최되었던 부대행사로 시작했기 때문이다. 최근 각 언론에 보도되는 2030년 세계박람회 유치 관련 기사와 저명인사들의 인터뷰나 기고문을 보면 세계박람회를 경제올림픽 또는 문화올림픽이라고 소개하는 것이 많은데 세계박람회의 역사와 올림픽의 발족 배경을 전혀 모르고 하는 주장이다. 이제라도 언론에서 정확하게 바로 알려야 할 필요가 있다.

세계박람회는 지역을 변화시킬 수 있는가

세계박람회와 도시의 관계

세계박람회, 올림픽, 월드컵 등 세계 3대 메가이벤트는 개최도시의 인프라 정비가 한꺼번에 가속화된다. 특히 국가 차원의 대형 공공투자를 유치해 지역에 큰 파급효과를 가져온다. 세계박람회 개최의 이면에 그런 기대가 있음은 동서고금이 똑같다. 세계박람회의 역사는 일면에 '지역경제 활성화의 기폭제를 갖고 싶다.'는 욕망의 역사다.

예를 들면, 2012년 여수세계박람회에 투입된 '세계박람회 관련 기반시설사업'의 총액은 1조 5,000억 원이었다. 48%인 7,200억 원이 도로건설에, 19.5%인 2,925억 원이 철도건설에 사용되었다. 지역에서 연륙·연도교 건설, 다기능 어항개발, 여수항 정비, 생활체육시설 조성, 향일암 일출 명소화사업, 거문도 역사·체험지구 조성 등에도 적지 않은 예산이 투입되었다. 온갖 공공사업의 스위치가 한꺼번에 눌려져 불과 2~3년 사이에 집행되었다.

세계박람회와 개최도시의 인프라 관계는 이렇게 간단하지만, 개최도시와 관계를 장기적인 안목으로 볼 때 과정은 그렇게 단순하지 않다. 개최하면 반드시 무엇인가를 얻을 수 있는 것도 아니고, 개최하면 반드시 개최도시가 변화하는 것도 아니다. 가장 먼저 세계박람회장 부지를 어떻게든 해결해야 한다. 부지를 잘 확보할 수 있다면 유종의 미를 거둘 수 있지만, 실제로 난이도가 매우 높은 과제다. 세계박람회가 잘 개최되었다고 시설물 철거와 사후 활용까지 자동적으로 해결되는 것은 아니다. 1992년 세비야세계박람회가 그랬다.

1992년 세비야세계박람회는 1992년 4월 20일부터 10월 12일까지 176일 동안 총 관람객 수 4,181만 4,571명을 유치해 성황리에 끝났는데, 박람회장 부지의 사후 활용에서 큰 실수를 했다. 전시관이 즐비한 마치 미래도시와 같은 공간을 눈앞에 둔 안달루시아주 정부는, '전시관을 비롯한 여러 시설을 이대로 남겨 두면 재개발 비용을 들이지 않고 미래형 부도심을 쉽게 조성할 수 있지 않을까.' 하는 착각을 했다. 실제로 각 참가국의 전시관에 '건물을 남겨 달라'고 협조를 요청하고, 폐막 후에는 주정부 관련 기관을 존치된 전시관에 이전했다. 폐막 5년 후, 현지에 시찰을 갔던 차기 세계박람회조직위 관계자와 전문가들이 본 것은 비참한 광경이었다. 광대한 부지에 산재한 건물들은 모두 폐허나

그림 4-68 1992년 세비야세계박람회장 전경

다름없고, 영업을 계속할 예정이던 놀이공원도 폐쇄되었다. 흩어져 있는 전시관에 입주시킨 관계 기관만 버려진 듯 남아 있었다.

　현재 스페인의 경제침체로 세계박람회장이었던 카르투하섬의 재개발계획 자체에도 적지 않은 영향을 미치고 있다. 첨단기업, 교육기관, 문화시설, 체육시설 및 레저시설과 산업문화 정책거점인 카르투하섬이 세비야의 새로운 도시기능을 담당하는 데는 아직 조금 더 시간이 필요할지도 모른다. 냉정하게 생각하면 당연하지만, 주정부는 '일거양득의 아이디어'로 일관했다. 합리적이며 효율적인 '부지 활용'을 실현해야 한다는 압박감이 판단력을 흐리게 한 것이다. 그 정도로 세계박람회장 부지의 사후 활용은 어렵다. 그래서 역대 세계박람회장 부지의 많은 부분은 공원으로 조성되어 있다. 공원이면 불평도 없고 위험 요소도 없기 때문이다.

부지 활용이 아닌 접근 방법

'부지 활용'이란 말 그대로 '먼저 세계박람회를 개최하고, 나중에 부지 활용을 생각한다.'는 발상이다. 기본적으로는 '도시 한가운데 생겨 버린 광대한 공터를 어떻게 채울 것인가?'라는 이야기로, 쉽게 결론이 날 수 없다. 최종 결론은 '공원이라도 만들자'가 되어 버린다.

순서가 반대인 것이다. 본래, 도시와의 관계에 대해서 이야기하면, 먼저 새로운 도시개발계획을 수립하고, 그것을 추진하는 방법으로 세계박람회를 개최해야 한다. '도시개발계획이 먼저, 세계박람회는 다음'이다. 더욱이 새로운 도시개발계획을 확실히 추진하기 위해 세계박람회를 활용해야 하며, 세계박람회를 하기 위해, 또는 추진하기로 결정한 후에 지역의 미래 개발계획을 고민하는 것은 본말이 전도된 것이다. '세계박람회는 수단이지 목적이 아니다.'

이런 '당연함'을 훌륭하게 실천한 대표적인 사례가 1986년 밴쿠버세계박람회다. 항만도시에서 컨벤션도시로. 물류거점에서 정보거점으로, 워터프런트

그림 4-68 1986년 밴쿠버세계박람회장 전경

재개발을 비롯한 도시기반 정비에 한창이던 밴쿠버시는 도시 개조의 최종 단계에서 세계박람회를 '활용한다'는 것을 목표로 했다. 새로운 도시 이미지를 세계에 홍보하는 데 세계박람회가 가장 효과적이며 기능적인 미디어라고 생각했다. 그래서 세계박람회를 재개발 사업의 한 부문으로 확정하고, 다른 부문과 면밀하게 교감하며 개최계획을 수립했다. 처음부터 세계박람회를 도시개발 프로그램의 한 요소로 간주했던 것이다.

세계박람회 개최 준비를 진행하는 한편 '폴스 크리크' 지역의 재개발사업 추진주체로 1980년에 비영리법인 '브리티시컬럼비아프레이스공사'를 설립했다. 무엇보다 수지 측면은 당초부터 약 3억 1,100만 캐나다달러(약 1,215억 원)의 적자를 예상했던 브리티시컬럼비아주 정부는 세계박람회의 적자를 강변 재개발사업의 일환으로 채택했다. 오늘날 세계박람회장은 종합적으로 계획된 해안 커뮤니티와 과학박물관을 포함한 세계박람회 프리뷰센터가 여전히 건재하다. 세계박람회 개최는 황폐한 제재소와 공업지대를 좀 더 세련된 모습의 도시로 바꾸기 위한 촉매제로 밴쿠버의 드라마틱한 해안 재개발이 이루어졌다.

그림 4-70 1986년 밴쿠버세계박람회 개최후 국제무역센터로 활용되고 있는 캐나다관

캐나다 프레이스전시관은 박람회 기간 중에 캐나다관으로 사용되었는데, 박람회 종료 후에 부분적으로 개장해 컨벤션 기능이 충실한 국제무역센터로 활용되고 있다. 건물의 양측에는 4척의 대형 여객선이 접안할 수 있으며, 출입국 관리사무소와 세관도 개설되고, 배후에는 500개가 넘는 객실을 보유한 팬 퍼시픽호텔도 영업을 개시하는 등 세계적인 컨벤션 기능을 완벽하게 갖추었다. 이 세계박람회가 계획된 경위를 살펴보면 명확히 드러나듯이, 종래의 세계박람회 사례와는 확연히 다르다. 세계박람회를 위해 계획된 것이 아니라 지역개발계획으로서 추진되었던 것이다. 그 성과는 크게 변모해 가는 지역의 모습을 세계박람회라는 기회를 통해 국제사회에 강하게 어필했다는 점이다. 따라서 세계박람회 사업의 수지만을 고려한 것이 아니라 적자가 생기더라도 그것을 도시개발사업을 위한 비용의 일부로 당초 구상단계부터 개발계획에 포함했다는 점도 확실히 독특한 시도였다.

세계박람회는 새로운 도시 비전의 '완성축하 파티'인가

다른 목적으로 개최된 세계박람회도 물론 있다. 그것이 1998년 리스본세계박람회였다. 포르투갈 정부의 '발견위원회' 주요 멤버들은 포르투갈이 7대양의 바다로 뻗어 나갔던 대항해 시대에 바스코 다 가마가 개설한 '인도 항로' 500주년을 기념해, 1998년에 세계박람회를 개최하려는 구상에 착수해 1989년 8월 포르투갈 정부에 제안서를 제출했다. 제안을 받은 포르투갈 정부는 같은 해 12월 7일에 세계박람회 개최를 정식 결정했다.

그 후 세계박람회 개최를 위한 준비작업에 착수한 포르투갈 정부는 다음 해인 1990년 6월, 국제박람회기구(BIE)에 세계박람회 유치를 신청했다. 1992년 6월 14일에 개최된 111차 총회에서 개최지의 선정을 목표로 캐나다의 토론토와 경쟁해 개최권을 획득했다.

포르투갈 정부는 리스본시 동부지역 테조강의 강변지구를 세계박람회장 부지로 선정하고 구체적인 계획 확정 작업에 돌입했다. 세계박람회장 부지는 테조강을 따라 남북 5km에 걸친 강변의 가늘고 긴 재개발 지역 330ha의 일부인 60ha를 사용했다. 세계박람회장을 중심으로 도로·신교량·철도망(철도, 지하철, 버스)·신교통 등의 건설과 통신시설 등의 정비가 진행되었다. 당시 개발이 부진했던 리스본시 동부지역 개발의 중심인 뉴비즈니스센터를 시작으로, 주택, 병원, 공원 등의 공공시설과 레저·레크리에이션 시설도 갖추어진 새로운 커뮤니티를 창출하려는 장대한 재개발 계획이었다. 바다 같은 테조강 쪽으로, 중심 시가지와 공항에서 자동차로 15분 정도라는 최상의 장소로 '리스본의 마지막 땅'이었다. 포르투갈 정부는 2010년 완공을 목표로 1980년대 말부터 이 지역의 재개발을 시작했다. 개발 면적은 330ha였다. 리스본세계박람회의 주제는 '해양, 미래를 위한 유산(The Oceans, A Heritage for the Future)'이었다.

그림 4-71 1998년 리스본세계박람회장 부지로 선정된 동부지역 테조강의 강변지구

그림 4-72 1998년 리스본세계박람회장 전경

이 주제의 전개로서 ① 바다와 해양 자원에 관한 지식과 견문 ② 해양과 혹성의 균형 ③ 해양과 레저 ④ 예술적 영감의 근원으로서의 해양이라는 4개의 부주제를 설정했다.

주제 설정의 배경에는 리우에서 개최된 지구환경 정상회담 이후의 흐름을 수용해, '지속적인 발전'을 실현하기 위해 우리 인류는 무엇을 해야 할 것인가라는 문제에 대해 전 세계의 지혜를 모으려고 하는 포르투갈 정부의 열의와 의지가 담겨 있다는 것을 알 수 있다. 이러한 의지는 여러 가지 측면에서 활동을 활성화했는데, 그중 한 가지는 '세계 해양의 해'의 제정이었다. 포르투갈 정부는 이 세계박람회 개최에 앞서 1994년에 세계박람회 개최 연도인 1998년을 '국제 해양의 해'로 제정하는 것을 목표로 국제연합을 움직여 그것을 실현시키고 국제적인 해양에 대한 관심과 분위기 고조에 성공했다.

주제로 내세운 '환경'에 대한 구상은, 단순히 세계박람회의 전시 주제뿐만 아니라 박람회장 정비에 있어서도 일관되었다. 박람회장 부지인 리스본시 동부지역의 테조강 강변은 설비의 노후화로 인해 조업 정지상태로 부식이 계속되고 있는 석유 정제공장과 도축장, 군사 기재를 모아 둔 곳과 리스본시의 쓰레기장, 오수 저장지 등이 집중된 유명한 오염지구였으며, '리스본의 치부'라고까지 불리는 열악한 환경을 가진 지구였다. 특히 오수 저장지는 탄화수소와 유기물이 화학 반응을 일으켜 가스가 발생되었고, 옆을 흐르는 토론콘 하천의 수온을 상승시켜, 그것이 테조강의 오염원이 되기도 했다.

이러한 환경 악화지구의 정화를 위해, 세계박람회의 개최가 전략적인 수단으로 활용되어 큰 효과를 가져왔다. 오염 토양은 제거되어 새로운 흙으로 복토(흙을 덮음)되고, 리스본 시의 쓰레기장은 새로운 오수처리 시설로 변화됨과 동시에, 쓰레기 처리도 새로운 기술을 이용한 자동처리 시스템이 채용되었다. 또한 박람회장 내의 전시관은 가설 건축물로 계획되어 박람회 종료 후에 해체되며, 건축물의 자재는 원칙적으로 전부 다른 장소에 재활용하기로 했다. 계획 당초부터 이러한 개념과 기법은 향후의 세계박람회에서도 참고할 점이 많았다.

재개발계획이 추진된 국민의 공원이 세계박람회장으로 이용된 것은 그 일부인 약 60ha 정도의 면적이었다. 거기에는 재개발계획의 핵심으로 자리매김한 각 시설이 영구시설로 건설됐다. 또한 그 주변에 가설건물도 세워지고, 여기에 각종 전시관과 전시가 배치되는 것에 따라 박람회장이 설치 · 운영됐다. 박람회장으로 주접근 통로가 된 오리엔테역부터 박람회장 입구에 걸쳐진 인

그림 4-73 리스본시 국민의 공원(PARQUE DAS NACOES) 재개발계획

터체인지 스테이션이 있는데, 여기가 이 재개발지역의 교통 인프라 거점이 되는 곳이다. 또한 여기에 인접한 건물은 현재 바스코다가마쇼핑센터로 이용되고 있다. 세계박람회에서 '유토피아관'(이벤트 회장)으로 사용된 아틀랜틱관은 1만 7,500명이 수용 가능한 다목적홀로 각종 이벤트와 스포츠 경기에 이용되고 있다. 유럽 최대의 수족관은 연간 입장객 100만 명을 목표로 한 관광시설로 세계박람회에서 인기가 높았다. 주제관 등이 있었던 일대는 리스본전시센터로 활용되며 주로 국제견본시전시장으로서 연간 30개의 견본시와 80만 명의 입장객을 목표로 하고 있다. 리버 프론트에는 마리나, 바스코다가마타워 그리고 시민공원이 건설돼 관광명소와 레저, 레크리에이션시설로 이용되고 있다. 그리고 개최시, 참가국 스태프의 숙소 등으로 이용된 엑스포촌(PARQUE EXPO)은 맨션과 오피스빌딩으로 활용되고 있다. 그림 4~69가 세계박람회의 회장계획과 부지이용계획을 포함해서 주요한 건축물과 시설지역을 구상한 국민의 공원지역 재개발계획의 전모를 제시한 것이다. 계획에 의하면 가까운 장래에 이 재개발지역에는 8,260호의 주택(2001년에 2,200호)에 25,000명의 주민

그림 4-74 유럽 최대의 수족관인 아쿠아리움은 관광시설로 세계박람회에서 인기가 높았다.

이 살고, 25,000명의 시민이 일하며, 연간 2,000만 명(2001년에 1,250만 명)이 방문하는 리스본의 새로운 부도심이 생겨났다.

리스본세계박람회는 당시 포르투갈의 총인구 981만 명을 상회하는 1,012만 명의 관람객을 유치해 호평속에 막을 내렸다. 이 세계박람회는 1998년 GDP 증가분의 3분의 1을 벌어들였으며 순조롭게 매각이 진행된 세계박람회장 부지에는 상업·거주·오락이 일체가 된 종합개발이 실현되었다. 선진국과 대등하게 세계박람회를 성공적으로 개최한 경험은 주최국 국민들에게 큰 자신감과 자부심을 길러 준다. 이것이 세계박람회가 가져다 줄 가장 큰 정신적 유산이다. 국제사회의 선두그룹 진입을 도모하는 국가들에 세계박람회는 더할 나위 없이 매력적이며, 실질적인 '실연 기회'로서, 국민에 대한 큰 개발효과를 약속한 실효적이며, 체험적인 프로모션 정책이었다.

세계박람회는 도시개발사업의 전략적인 수단

밴쿠버, 리스본 사례를 살펴보면 잘 알다시피, 세계박람회 자체가 지역을 변화시키는 것은 아니다. 세계박람회를 개최하면, 혹은 세계박람회를 성공시키고, 그 여세를 몰아 박람회장 부지를 개발하면 반드시 지역이 발전된다는 것은 결코 아니다. 거듭 말하지만 '세계박람회는 수단이지 목적이 아니다.' 세계박람회는 '목적을 달성하기 위해 개최하는 것이다.' 개최 자체가 목적이며, 관람객 수가 예상을 초과하면, 또는 수지가 맞으면 성공이다는 인식이라면, 그야말로 일회성 행사로 끝나 버린다. 다시 말해, 개최 자체를 목적화하면 나중에 아무것도 남지 않는다는 것이다. 지역과의 관계에서 세계박람회는 변화하는 지역의 특성과 이념을 세계에 알리는 미디어 역할을 한다. 실제로 1986년 밴쿠버세계박람회는 새로운 도시기능의 '쇼케이스'로, 1998년 리스본세계박람회는 지역 미래상의 '예고편'으로서 지역개발의 일익을 담당했다. 두 세계박람회는 어떻게 이런 성과를 거둘 수 있었을까? 답은 간단하다. 세계박람회를 처음부터 상위 프로젝트의 추진 요소로, 즉 도시개발사업의 전략적인 수단으로 설정했기 때문이며 무엇보다 세계박람회보다 먼저 새로운 도시개발계획과 지향해야 할 지역의 그랜드디자인을 명확하게 수립했기 때문이다. 성공적인 세계박람회 사후활용 사례들의 경우 정부의 지원, 민간중심의 관리와 운영, 보유자원의 활용, 복합적 토지이용을 통해 단기적 성과 추구뿐만 아니라 체계적인 사후 활용계획을 통해 장기적인 관점에서 도시성장의 기반으로 활용하고 있다. 사례분석을 통한 시사점과 성공적인 사후활용을 위한 핵심 4대 요소는 다음과 같다.

(1) 사례분석을 통한 시사점
① 명확한 개발방향 설정
② 철저한 시장분석에 기반
③ 도시브랜드 이미지 구축을 위한 이슈화ㆍ명소화 전략 수립
④ 정부와 지자체의 지속적인 관심과 정책이 필요
⑤ 지역발전을 위한 기업, 지자체, 학교간의 산학네트워크 체계를 구축

(2) 성공적인 사후 활용을 위한 핵심 4대 요소
① 정부의 적극적인 지원
② 복합적인 부지 이용
③ 민간중심의 관리 운영
④ 보유자원의 활용

21세기 세계박람회에 요구되는
7가지 관점

2023년 11월, 부산에서 2030년 세계박람회를 유치하면, 현재까지의 구상·유치단계에서 본격적인 계획·준비단계로 국면이 전환된다. 또한 세계박람회에 관심을 갖는 사람이 더 많아질 것이고, 세계박람회와 관련된 '관계자'의 수도 비약적으로 증가할 것이다. 추진 상황을 감시하는 언론매체가 다양한 문제를 제기하는 한편, 산·학·연·관부터 일반 시민에 이르기까지 다양한 의견표명이 잇따를 것이다.

가장 중요한 관점은 '21세기에 개최할 만한 세계박람회란 어떤 것인가?'다. 2030년 세계박람회를 의미 있게 만들고 싶다면 제3세대 세계박람회로 전환할 수밖에 없다. 그것은 일부 학자나 평론가, 담당 공무원만의 일이 아니다. 세계박람회란 역할이 다른 방대한 인원수의 참가자가 공동으로 만드는 것이며, 그 모두가 당사자이기 때문이다. 다방면에 걸친 참가자 모두가 자신의 문제 외에 세계박람회 이해와 그 실상을 파악하지 않고 제3세대 세계박람회로 전환하는 것은 불가능하다. 21세기의 새로운 세계박람회를 구상할 때 요구되는 7가지 관점을 제시한다. '무엇을 보여 줄 것인가?'가 아니라 '어떻게 만들 것인가?'

다. 실제 비즈니스로서 세계박람회와 관련된 사람은 물론, 2030세계박람회를 관심을 갖고 지켜보려는 모든 사람들에게, 현재 '21세기 세계박람회에 필요한 것'을 이야기하고 싶다.

세계박람회에 관한 세대 간의 인식 차이를 잊지 않는다

세계박람회에 대한 논란을 보면서 항상 신경이 쓰이는 것은 세대 간의 인식 차이다. 세계박람회를 논의하고 있음에도 불구하고, 각각의 뇌리에 있는 이미지가 맞물리지 않는다고 생각되는 상황에 자주 부딪히는데, 대부분의 경우 그것은 세대 간의 세계박람회 체험의 차이에서 기인한다. 우리나라에서 최초로 개최했던 1993년 대전세계박람회를 경험한 필자 세대와 위의 세대는 이 단어를 들으면 반사적으로 대전세계박람회의 기억을 불러일으켜 무의식 중에 대전세계박람회를 벤치마킹해 바로 세계박람회 논의를 시작하지만, 젊은 세대들은 이런 '조건반사'와는 전혀 무관하다.

그림 4-75   1993년 대전세계박람회 마스코트 꿈돌이와 꿈순이 조형물

그림 4-76 2012년 여수세계박람회장 전경

　대전세계박람회 개최를 준비하고, 관람했던 우리 '제1세대'에게 1993년 세계박람회는 인생에서 가장 행복했던 시대를 상징하는 꿈의 잔치였다. 고도성장의 열기와 함께 뇌리에 박혀 있는 흥미진진한 기억은 선명하고, 강렬한 세계박람회는 '좋은 것'이며, 막강한 힘을 가진 '마법의 이벤트'라고 입력되어 있다. 물론 지금은 그런 시대가 아니라는 것은 이미 알고 있지만, 1993년 세계박람회의 영광이 피와 살이 되어 있기 때문에 어떤 때는 이치를 초월해 몰입하고 만다. 그러나 2012년 여수세계박람회를 체험한 '제2세대'는 이런 각인이 없다. 아주 냉담하고 오히려 인터넷과 모바일의 대중화로 인한 사회구조의 변화에 민감할 수밖에 없었던 세대이기 때문에 세계박람회를 '과거 시대의 유물'이라고 부정적으로 보는 경향도 많은 것 같다. 그리고 세계박람회와 관련한 추억이 전혀 없는 '제3세대'는 일체의 감회도 없고 관심도 거의 없다. 한국에는 이런 3대가 동거하고 있다.

　특히 애틋함이 강한 것은, 소년 시절에 1993년 세계박람회를 체험한 세대로, 구체적으로는 초등학생부터 고등학생까지 세계박람회를 접촉한 '꿈돌이'

세대다. 그들은 현재 30대 후반부터 40대 후반이다. 당시 청소년이었던 '꿈돌이' 세대는, 어린 마음으로 순진무구하게 감동했기 때문에, 세계박람회 사랑이 남달리 강하다. 예를 들면, 회의석상에서 누구도 대전세계박람회 이야기를 하지 않았는데, '세계박람회 꿈돌이'들은 어느새 1993년 세계박람회를 생각하며 이야기를 시작하고, 박람회의 이미지 스케치 등을 보면, 30년 전의 활력이 넘쳤던 분위기를 투영하면서 추억에 잠긴다. 현재 사회의 핵심에서 의사결정을 하는 것은 '제1세대'이며, 중심에 있는 것은 '세계박람회 꿈돌이'들이다. 물론 2030년 세계박람회도 예외는 아니다.

젊은 세대들이 기억해 주기를 바라는 것은, '제1세대'의 각인이 상상 이상으로 강하다는 것, 그들의 세계박람회 논의는 1993년 세계박람회는 '좋은 이미지'를 전제로 입력되어 있다는 것이다. 그러나 2030세계박람회에서 관람객의 핵심은 '제2세대'와 '제3세대'다. 세계박람회에 관심이 없는 세대에게 관심을 갖게 하기 위해서는 '세계박람회란 무엇인가'를 매력적으로 소개하고 콘텐츠(무엇을: What)와 함께, 전략과 의미, 유무형의 유산(왜: Why), 자세와 태도(어떻게: How)를 정중하게 설명하는 것이 중요하다.

현재 노선이 유일한 길이라고 단정 짓지 않는다

세계박람회는 '자연과 환경의 존중'을 중심으로 '지구 규모의 과제를 해결하는 장'이라는 역할이 현재 상식화되어 있다. 1990년대에 '세계박람회는 역할은 끝났다'든지 '세계박람회는 낭비'라는 부정적인 여론에 대응하기 위해 국제박람회기구(BIE)는 '국제사회에 도움이 되는 세계박람회'를 선언했다. 국제박람회기구가 채택한 이념에 근거한 것으로 '세계박람회는 결코 쓸데없는 행사'가 아니라고 호소하는 의미가 있었다는 것은 이미 앞에서 이야기한 바와 같다. 계승해야 할 것은 '과제해결형 세계박람회'라는 새로운 이념이며, 그것이 21세기

그림 4-77 2005년 아이치세계박람회 나카구테회장 전경

세계박람회다. 그렇게 주장하지만, 이 '과제해결' 노선이 세계박람회를 곤경에 몰아넣은 최대 원인중의 하나라고 생각한다. 진지하게 환경문제에 임한다면 논리와 사실대로 '설명할 수밖에 없고, 마이너스를 제로로 만드는 이야기'를 매력적인 엔터테인먼트로 만들기는 매우 어렵다. 무엇보다 과제해결을 한다면 '해답을 제시'하는 것이 필요하며, 방향은 자연스럽게 '계몽'으로 향한다. '중심에 있는 정보 엘리트가 말단의 대중들에게 해결책을 제시하고, 그것을 향해 행동하도록 계몽했다.' 전형적인 대중매체 구도를 그대로 수용한 것이 새로운 정보감성과 차이를 만들어 공감대를 감소시켰다.

　실제로 '자연과 환경의 존중'을 진지하게 받아들였던 2000년 하노버세계박람회는 실패했고, 이어서 2005년 아이치세계박람회도 명목상 '성공'은 챙겼지만 별다른 성과를 거두지 못했다. 모든 의미에서 '규격 외'였던 2010년 상하이세계박람회를 사이에 두고 개최된 2015년 밀라노세계박람회는 모든 것이 어중간한 채로 퇴색되었다. 1990년대 중반에 이 노선을 선택한 이후 실제 세계

박람회는 한 번도 대성공이라고 할 수 있는 성과를 거두지 못했다. 물론 그것은 시대변화의 물결에 휩쓸렸기 때문이지만, 오로지 '과제해결' 노선에만 책임을 지우는 것이 공정한 것은 아니지만, 단순히 '세계박람회가 재미없다'는 여론을 무시하는 것 또한 공정한 것은 아니다. 필자는 30년에 걸쳐서 주요 세계박람회를 현장 조사했는데, 횟수를 거듭할수록 세계박람회장의 열기가 떨어지고 있는 것은 확실하다.

2000년 하노버세계박람회 개최, 이듬해 2001년에 놀라운 내용이 수록된 책이 출판되었다. 세계박람회 150년의 역사를 다룬 책 『The Great Exhibitions: 150years(위대한 박람회: 150년)』의 개정판에 첨부된 'What of the Future'라는 본문에서 '21세기에도 세계박람회는 의미가 있을까?'를 주제로 한 것이다. 집필자는 학자나 전문가가 아니며 외교관인 영국의 테드 앨런과 캐나다의 패트릭 레이드였다. 모두 국제박람회기구의 의장을 역임한 세계박람회의 중진으로, 흔히 말하는 '세계박람회 마피아'로 핵심 멤버였다.

그들은 이렇게 경고했다. '세계박람회가 진지한 재검토와 국제적인 의사결정을 해야 할 시기에 와있다는 것은 분명하다. 진보적인 발전은 바로 되는 것도 아니며 성취도 쉽지 않지만, 첫걸음을 내딛고 확고하게 일치단결된 행동을 하지 않으면 이미 권위를 잃은 이 미디어는 소멸해 버릴지도 모른다.' 국제박람회기구가 1994년 결의를 채택한 지 7년 후에, 위기감을 표명한 것이다. '과제해결' 노선에 미래는 없다. 지금 필요한 것은 '대답이 아니라 질문'이다. 필자가 그렇게 생각하고 있다는 것은 이미 앞에서 얘기한 대로다.

앞으로 여러 가지 아이디어가 나오기를 진심으로 바란다. 젊은 세대에게 말하고 싶은 것은, 2030세계박람회의 방향을 생각할 때, 현재 노선이 유일하다고 단정 짓는 순간에 새로운 아이디어는 싹이 잘려 버린다는 것이다. 자유로운 발상으로 가능성을 추구했으면 한다.

즉흥적인 논의를 찬양하지 않는다

자유로운 발상으로 기존에 없던 아이디어를 모색하고 새로운 가능성을 추구한다. 세계박람회는 매우 중요하지만 물론 생각나는 대로 아이디어를 늘어놓는 것과는 다르다. 2030년 세계박람회가 유치되면 본격적인 기획 작업이 시작되고 주최자 측에서 위원회와 자문회의, 국제심포지엄, 워크숍 등 의견 청취의 장을 다양하게 마련한다. 신문, TV, 온라인 등의 언론매체가 전문가와 아티스트의 '새로운 발상'을 취재하거나, 일반 시민을 대상으로 '아이디어 공모'를 하며, 다양한 의견과 아이디어가 난무하게 된다. 이때 주로 일어나는 것은, 문득 생각나는 대로 이야기한 '그럴듯한 아이디어'가 참신한 의견으로 평가받는 것이다. 예를 들면, '지역 전체를 박람회장으로' '가상공간만으로도 좋다. 세계와 연결하자' '전시관이 없는 세계박람회' '시민이 시민을 위해 운영하는 세계박람회' 등 세계박람회 개최 추진 때마다 되풀이되는 '새로운 세계박람회 유형'

그림 4-78   2005년 아이치세계박람회 환경시민단체가 운영한 지구스퀘어 행사

의 단골이다. 한눈에 알 수 있듯이, 이런 아이디어는 현실성이 없다. 국제사회가 공동으로 만들어 온 세계박람회 형식에서 완전히 벗어나기 때문이다.

아이디어의 좋고 나쁜 것은 창조성의 우열과는 관계가 없다. 다만 '세계박람회'라는 형식에 적합하지 않다는 것이다. 요컨대 '멋진 이벤트네요. 꼭 해 보세요.' 다만 '세계박람회가 아니다.'라는 이야기다. 오해하면 곤란하지만, 세계박람회에 대해 모르는 사람은 발언하지 말라고 이야기하는 것도 아니고, 현실성이 없는 아이디어는 가치가 없다고 비판하는 것도 아니다. 오히려 잘 모르는 사람들이 세계박람회에 대한 꿈을 키워 주는 것은 세계박람회가 새로운 활력을 되찾는데 유용하며 대환영이다. 문제는 그러한 '실현 가능성이 없는 아이디어'를 언론매체가 찬양하고 유포하는 것이며, 발언한 본인들이 신경을 쓴다는 것이다. 모두 좋다고 생각해서 선의로 행동하고 있을 뿐이지만 때로는 그것이 좋지 않은 방향으로 바뀌어 버리는 것이다.

2005년 아이치세계박람회 추진사례를 살펴보면, 당초의 계획이 붕괴된 후에 '환경보호'와 함께 '시민 세계박람회'라는 개념이 제시되었다. 실제 프로젝트의 근간에 관계된 의사결정에 시민을 참여시킨 것은 세계박람회 역사에 유례가 없을 뿐만 아니라 이런 종류의 국가사업에 있어 획기적인 사례였다. 이러한 흐름 속에서, 주인의식이 높아진 지식인들에게서 여러 가지 의견이 제기되었다. '국가주도를 배제하고, 시민이 만드는 문화 프로젝트로' '전시관을 부정한다, 만국박람회가 아닌 세계박람회를!' 이와 같이 '세계박람회를 근본부터 변혁하라'는 논의가 전례 없이 확산이 되었지만, 추상적인 관념론과 이상론으로 현실성은 없고 막상 뚜껑을 열어 보니 이상론과는 다른 보수적인 세계박람회가 되어 버렸다.

당연하지만 세계박람회는 주최자가 혼자 만드는 것이 아니다. 국제사회가 함께 만드는 행사이며, 주최자는 호스트에 불과하며, 준비가 시작된 이후에는 중요한 의사결정은 '정부대표회의'에서 한다. 국제박람회 협약이라는 국가간 조약도 있다. 주최국이 '좋아, 이것이 하고 싶다.'고 해서 뭐든지 자유롭게 할 수 있는 것이 아니다. 이 단순한 틀조차 이해되지 않는 실정이다. 젊은 사람들은 꼭 자유롭게 발상을 해 주기를 바란다. 다만 '아이디어를 위한 아이디어'도 좋다면 몰라도, 진심으로 2030년 세계박람회를 새로운 제3세대 세계박람회로 전환해서 펼쳐 보고 싶다면, 국제사회가 공유하는 세계박람회의 기본계획을 충분히 공부한 후에, 인내하면서 '아슬아슬하게 어디까지 도전이 허용될까?'를 노리는 느긋하고 전략적인 사고가 필수적이다.

축제라는 것을 잊지 않는다

세계박람회 유치가 확정되면 반드시 '세계박람회에 돈을 들이는 의미가 있느냐?' 하는 논의가 시작된다. 대부분은 '단발성 세계박람회는 쓸모가 없다' '세계박람회를 개최할 돈이 있으면 복지예산으로 돌려라' '다른 할 일이 있겠지' 등 비용 대비 효과에 근거한 반대론이다. 이런 논란은 최근에 시작된 것이 아니다. 제2차 세계대전 전부터 반복되어온 단골 논란이다. 물론 공공이벤트이기 때문에 비용 대비 효과는 중요하며, 이런 종류의 비용에 대한 시선은 과거보다 한층 엄격해졌다.

실제로 현재 올림픽의 앞날이 불안하게 여겨지는 것은 오로지 비용문제다. 개최경비가 너무 많이 들어 유치를 신청하는 도시가 점점 줄어들고 있어, 이대로는 소멸되어 버릴지도 모른다는 위기감이 확산되고 있는 것은 이미 잘 알고 있을 것이다. 결국 어딘가에 상설 올림픽 경기장을 건설해 매회 거기서 개최하면 되는 것 아니냐는 논란도 들리기 시작했다. 국제올림픽위원회(IOC)의 시급한 과제는 경비 절감과 운영 합리화다. 언뜻 보면 세계박람회도 비슷한 상황에 놓여 있는 것처럼 보이지만 올림픽과는 결정적으로 다른 포인트가 하나 있다. 그것은 세계박람회가 올림픽과 같은 '경기'나 BtoB(기업간 상거래)의 견본시 같은 '상거래 모임'도 아니고 '축제'라는 것이다.

그림 4-79   2012년 여수세계박람회 퍼레이드

그림 4-80   2015년 밀라노세계박람회의 멀티미디어쇼

16 21세기 세계박람회에 요구되는 7가지 관점

경기나 모임이라면 합리화는 일종의 발전이라고 할 수도 있겠지만, 축제는 그렇지 않다. '세계박람회는 낭비'라는 비판을 의식해 합리적이며 기능적인 세계박람회로 개최한 2000년 하노버세계박람회가 참패로 끝난 것은 이미 앞에서 이야기한 대로다. 축제 분위기가 전혀 느껴지지 않았고, 걷고 있어도 즐겁지 않았다. 기분이 고조되지 않았다. 그런 재미없는 세계박람회는 당연히 관람객이 가지 않는다. 세계박람회는 세계인이 즐기는 축제다. 축제의 3대 요소는 볼거리, 먹거리, 즐길 거리다. 볼거리는 시선을 사로잡는 매혹적인 건축물, 비일상적인 전시물, 화려한 퍼레이드와 멀티미디어쇼, 세계적인 팝스타와 K팝 가수 공연, 각종 문화예술공연, 사진찍기 좋은 상징적인 랜드마크 등이다. 먹거리는 박람회장 식당과 참가국관 레스트랑에서 판매하는 다양한 음식과 음료다. 즐길거리는 주최자와 참가국관, 기업관에서 관람객에게 제공하는 다양한 체험프로그램이다.

그림 4-81 2015년 밀라노세계박람회 랜드마크 생명의 나무

세계박람회 성공의 핵심요소 중 관람객 유치는 매우 중요하며, 관람객 수 유치 측면에서 강력한 볼거리가 필요하다. 수천만 명의 관람객을 유치할 수 있는 전시와 공연, 체험프로그램의 수준을 높여야 한다. 세계박람회의 매력을 가장 깊은 곳에서 지탱하고 있는 것은, 과제해결도 논리와 사실도 아니며, 더구나 '낭비 없는 운영' 등이 아니라 '축제의 정신'이라고 필자는 생각한다. 세계박람회 역사를 살펴봐도 후세에 전해지는 위대한 세계박람회는 모두 축제의 마음을 가지고 있었다고 생각한다. 에펠탑(1889년 파리), 페리스 휠(1893년 시카고), 아토미움(1958년 브뤼셀), 스페이스 니들(1962년 시애틀), 태양의 탑(1970년 오사카), 캐나다 플레이스(1986년 밴쿠버), 오션나리오(1998년 리스본), 생명의 나무(2015년 밀라노) 등 모두 세계박람회 유산의 하나인 모뉴먼트(기념물)로 개최도시의 랜드마크로 남아 있다. 이 기념물들은 '합리적인 경영 판단'이나 '낭비 없는 예산집행'에서 생겨난 것도 아니고, 세계박람회 운영에 필수적이기 때문에 등장한 것도 아니다. 이런 기념물을 제작한 것은, 새로운 세계로 전환하고 싶다는 모험심, '현재 없는 것'을 만들고 싶다는 야심, 무엇보다 세계박람회에 바치는 기백과 열정이다. 이런 것들이 '유산'이 되는 것이며, 기획회의에서 '유산을 만드는 건'을 의논해서 되는 것이 아니고, '유산을 만들어 후세에 평가받자'는 얄팍한 계산으로 실현되는 것도 아니다. '실적이나 권위를 내세워 보험을 들자'는 등의 논리와도 무관하다.

중요한 것은 세계박람회를 '업무나 비즈니스'로 하지 않는 것이다. 실패를 두려워하지 않고 과감하게 시도해야 한다. 그리고 '축제니까' 사회가 그것을 허락할 것이다. 결코 불가능한 일이 아니다. '절약해서, 철저하게 낭비를 줄인 세계박람회'나 '무난하게 60점 수준의 것만 늘어선 세계박람회'는 매력이 있을 리 없고, 매력이 없으면 관람객 유치도 어렵다. 마음껏 하고 싶은 것을 하면 된다. 실패해도 괜찮다. 그것이 축제다. 꽉! 하고 펼치는 것이다.

세계박람회는 축제다. 틀림없이, 확실하게, 무난한 것이 좋다는 것은 일상의 기준이며, 축제는 그것과는 다른 특별한 시기에 개최하는 것이다. 그런데

도 세계박람회는 관료조직에서 운영하기 때문에, 무사안일로 실패하지 말자고 모두 경직되어 있다. 그런 식으로는 아무리 예산을 쏟아붓고 해 봤자, 조금도 축제로서 즐거움과 매력이 없다. 최선을 다하고, 만약 실패해도 괜찮지 않을까 하는 태연한 모험가 정신으로 하지 않으면 성공하기 어렵다.

작은 성공을 바라지 않는다

2030년 세계박람회를 유치하기 위해 2021년 10월까지, 대한민국(부산), 러시아(모스크바), 이탈리아(로마), 우크라이나(오데사), 사우디아라비아(리야드) 등 5개국이 국제박람회기구에 유치신청서를 제출했다. 2022년 2월 러시아가 우크라이나를 침공해 전쟁이 장기화되면서 미국과 나토(NATO, 북대서양조약기구) 동맹국의 경제제재로 2022년 5월에 러시아가 유치신청을 철회했다. 같은 해 9월에 대한민국, 이탈리아, 우크라이나, 사우디아라비아 등 4개국이 국제박람회기구에 상세한 유치계획서를 제출했다.

2023년 3월과 4월에 2030년 세계박람회 유치신청국의 현장 조사가 실시되었다. 각 유치신청국의 현장실사에서 국제박람회기구 실사단은 2022년 9월에 국제박람회기구에 제출된 유치계획서를 기준으로 세계박람회 후보지 선정 동기, 제안된 주제의 매력도, 부지 및 세계박람회 개최 후 사후 활용계획, 프로젝트에 대한 지역 및 국가지원 수준, 예상 참여도, 재정적 타당성 계획 등을 평가했다.

지난 6월 20일, 제172차 국제박람회기구 총회에서 회원국들은 2030년 세계박람회 후보 프로젝트를 평가하기 위해 국제박람회기구가 수행한 실사단의 조사결과를 보고받았다. 이후 회원국들은 국제박람회기구 집행위원회에서 실현 가능성이 있고 규정에 부합한다고 판단한 3개 프로젝트를 유지하기로 의결했다. 후보국은 대한민국(부산), 이탈리아(로마), 사우디아라비아(리야드)이다.

현재까지 국제박람회기구 총회에 4회에 걸쳐 경쟁 PT를 발표했다.

우리나라는 정부의 외교활동과 민간의 글로벌 기업들이 회원국들에게 지지를 호소하면서 경쟁국들과 치열하게 유치경쟁을 하고 있다. 개최국은 11월 28일에 열리는 제173차 국제박람회기구 총회에서 세계박람회 유치 경과보고에 이어 세 후보국이 각자의 세계박람회 프로젝트에 대한 최종 경쟁 PT를 하게 된다. 이후 회원국들이 전자 투표를 통해 비밀 투표로 2030년 세계박람회 개최국을 선정하게 된다.

2025년 세계박람회 유치를 경쟁한 것은 오사카(일본), 에카테린부르크(러시아)와 바쿠(아제르바이잔)였다. 당초 파리(프랑스), 맨체스터(영국)와 토론토(캐나다) 등을 포함해 6개국이 유치신청을 했으며, 파리는 당초 오사카의 최대 라이벌이었다. 일본보다 5개월 먼저 유치 신청했던 파리는 계획안 작성에서도 선두를 달리며 가장 유력한 후보로 주목받고 있었다. 그런데 2018년이 되자마자 갑자기 유치신청을 철회했다. '세계박람회 도시' 파리의 유치신청 철회에 일본의 정부 관계자들이 크게 놀라는 것과 동시에, 세계박람회의 행방에 일말의 불안을 가진 것은 상상하기 어렵지 않다. 철회 이유로 보도된 내용은 관람객 수의 전망이 불안한 것, 그리고 '통제 불가능한 재정부담'에 노출될 위험이 있다는 것이었다. 요컨대 재정을 파산시키지 않을 만한 집객을 확신할 수 없다는 것이었다. 영국은 2012년 런던올림픽의 성공에 이어, 2015년에 유치신청을 했지만, 이듬해 11월에 '세계박람회는 납세자에게 비용을 들인 만큼 가치가 없다'며 포기했고 토론토도 2016년 11월에 시의회가 세계박람회 유치철회를 결정했다.

1928년 국제박람회기구(BIE) 설립과 함께 현재의 국제박람회 협약체제가 생긴 뒤, 개최한 지역은 유럽과 북미, 오세아니아, 일본, 한국, 중국뿐이었는데, 최근 들어 상황이 달라졌다. 2017년 개최국은 아스타나(카자흐스탄), 2020년은 두바이(UAE)였다. 최근 러시아, 우크라이나, 사우디아라비아, 아제르바이잔, 세르비아를 포함해 20세기에는 생각지 못했던 국가들이 정식으로 국제무대에

그림 4-82 2017년 아스타나세계박람회장 전경

등장하기 시작한 것이다. 더욱 놀라운 것은, '개발도상국, 최초 개최, 미경험'을 유치 홍보 슬로건으로 주장하기 시작했다.

개발도상국이기 때문에 의미가 있다는 호소가 회원국의 득표에 유리하게 작용하는 상황이 된 것이다. 실제로 2017년 카자흐스탄은 벨기에를 더블 스코어로 이겼고, 2020년 아랍에미리트와 경쟁한 러시아 터키 브라질은 개최 경험이 없었고, 2023년 아르헨티나는 미국과 폴란드를 이겼지만 코로나19 대유행과 금융위기로 인해 2023년 전문박람회 개최를 철회했다. 2017년 카자흐스탄, 2020년 아랍에미레이트, 2027년 세르비아로 이어지는 라인업은 모두 최초의 개최다. 세계박람회 역사상 유례없는 사례였다.

1928년 국제박람회기구 창설 시에 31개국이었던 회원국은 현재 182개국이다. 아프리카가 55개국으로 가장 많고, 유럽 42개국, 미주 31개국, 아시아 25개국, 중동 15개국, 오세아니아 14개국이다. 숫자상으로는 '언젠가 세계박람회를 개최하고 싶다'는 개발도상국이 과반수 이상을 차지하고 있다. '최초의 개최'는 개발도상국들이 공감하는 키워드다.

그림 4-83 2020년 두바이세계박람회장 전경

　이제 한국은 '세계박람회를 무사히 성공시켰다'로 만족하는 것은 좋은 포지션이 아니라고 생각할 수밖에 없다. 앞으로 한국이 세계박람회를 하는 것에 의미가 있다면 과감하게 세계박람회 개혁에 도전하는 것밖에 없다. 필자는 그렇게 생각한다. 제3세대 세계박람회의 비전을 제시하며 실현에 필요한 조건과 과제를 총괄한다. 제3세대 세계박람회로 전환하기 위한 과정과 선택사항을 제시하고, 2030년 세계박람회를 원형으로 하는 것을 선언한다. 개혁에 대한 의지와 결의를 국제사회에 표명하며 공감대를 형성해야 한다.

　쇠락이 계속되는 세계박람회의 현 상황을 생각하면, 목표로 하는 일부 협약의 수정이 아니라, 제도의 핵심에 칼을 들이대는 수준의 과감한 구조개혁이다. 물론 국제사회의 지지를 받으면서 추진해야 하기 때문에 엄청난 에너지가 필요하다. 1928년의 새로운 체제 발족부터 100년 가깝게 답습해 온 방식과 인식을 조금이라도 바꾸려면, 여러 가지 저항과 실무상의 문제가 대두될 것이다. 현실을 생각하면, 유치확정 이후 2030년 세계박람회 개최까지 7년 정도로는, 협약 개정은 물론 대폭적인 궤도 수정이 어려울 것이다. 사실 현재의 규정을 지키면서 치열한 공방을 해야 하기 때문에, 설득력 있는 비전과 고도의 전략이 필수불가결하다. 그래도 할 수 있는 것과 그 깊이는 상상 이상으로 클 것이다. 핵심은 작은 성공을 바라지 않는 것, 그리고 실패를 두려워하지 않는 것이다.

만약 도전이 결실을 맺으면 세계박람회를 새로운 무대에 끌어올린 공로국으로 세계박람회 역사에 각인될 것이고, 멋지게 참패한다면, 현재 체제를 뒤흔드는 큰 문제로 발전해, 존속시비를 가리는 개혁 논의로 세계박람회를 몰아갈 것이다. 어쨌든 추진력을 잃은 채 타성으로만 개최되고 있는 세계박람회를 근본적으로 다시 생각하는 계기가 될 것이다. 그리고 그와 같은 혁신을 일으키는 것이야말로, 37년 동안 3번이나 세계박람회를 개최한 대한민국의 역할이며, 국제사회에서 존경받는 유일한 길이라고 생각한다.

경험 · 실적 · 권위를 판단 기준으로 삼지 않는다

1993년 대전세계박람회에서 창조의 현장을 지휘한 것은 거의 예외 없이 30대였다. 전혀 경험이 없었던 세계박람회라는 거대 프로젝트에 창조적인 야심을 불러일으킨 그들은 훌륭한 업무로 기대에 부응했다. 그것이 1993년 대전세계박람회를 유례없는 성공으로 이끄는 큰 원동력이 되었다. 필자가 그렇게 생각하고 있다는 것은 앞에서 이야기한 대로다. 물론 당시에도 특정 분야의 대가나 중진도 있었고, 관리들은 실적과 권위로 선택하고 싶다고 생각했을 것이다. 더구나 대전세계박람회는 개발도상국 대한민국이 최선의 힘을 다해 '새로운 대한민국'을 전 세계에 알리는 일대 국가사업이었다. 실패는 용납되지 않았다. 그랬음에도 불구하고, 대기업과 정부기관들은 젊은 세대에게 기대를 걸었

그림 4-84 1993년 대전세계박람회에 전시 · 운영된 사물놀이 로봇과 자기부상열차

던 것이다. 왜 평소처럼 실적 지상주의를 선택하지 않았을까? 그 이유는 대전
세계박람회에 필요한 기술과 구상이 이전까지와는 차원이 달랐기 때문에 종
전의 경험과 상식이 거의 도움이 되지 않았다는 것이었다. 기술의 격차를 초월
해야 하는 상황에서는 과거의 발상에 얽매이기 쉬운 권위자보다 차라리 대한
민국 최초의 세계박람회의 성공적인 개최를 위해 일본을 비롯한 박람회 선진
국에서 박람회 관련 실무 노하우를 공부하고 장기연수를 받은 젊은 세대를 활
용하는 것이 합리적이었던 것이다. 하드웨어와 소프트웨어 모두 혁신적인 기
술과 구상이 필요했지만, 모두 세계박람회 이전에는 대한민국에 존재하지 않
았던 것이다.

　젊은 열정과 탐구심이야말로 가장 좋은 자산이었다. 결정적이었던 것은 '젊
은 재능에 기대하자'라는 기운이 양성된 것이었다. 세계를 향해 '어떠냐! 이것
이 대한민국이다'라고 보여 주기 위해서는, 유럽과 미국을 모방하는 것으로는
의미가 없었다. 당시 관계자들은 '서양을 뛰어넘는 것을 만들고 싶다.' '세계를
상대로 한방 날려 보자!'고 분발했을 것이다. 그렇기 때문에 실적이 없는 젊은
이들에게 기대를 건 것이다. 보수적인 관련 업계와 단체들조차 그랬다. 사
전에 결정한 것도 아니고, 대화한 것도 아닌데, 관계자들이 모두 권위에 의존
하지 않고, 위험을 감수하고 젊은 재능에 기대를 걸었다.

　'1993년 대전세계박람회라는 기적'의 비밀이 여기에 있었다. 그런 사정은 지

금도 변함이 없다. 진심으로 제3세대 세계박람회로 전환하고 싶다고 생각한다면, 경험, 실적, 권위를 판단기준으로 삼지 않고, 최악의 사태를 각오하고 참신한 크리에이터에게 맡길 수밖에 없다. 경험을 바탕으로 무난하게 처리하려는 사람과, 세계박람회를 '비즈니스'로밖에 볼 수 없는 상대에게 창조적인 돌파력을 기대하기는 어렵다.

설교나 가르치려고 하지 않는다

21세기 초반부터 세계박람회 모든 전시관의 전시가 점점 설명조로 되어 간다는 느낌이 들었다. 논리로 이해시키려는 방향으로 나아감에 따라 직감적으로 체험하는 구조에서 점점 멀어졌다. 2000년 하노버세계박람회가 그랬다. 정확하게 말하면 이념과 내용이 너무 설교 느낌이 났기 때문이었다. 물론 자연과 환경을 주제로 선정한 이상 어쩔 수 없는 측면도 있었다. 환경문제와 에너지 문제가 점점 심각해지고 있으며, 현재는 장밋빛 '꿈과 미래'를 그림으로 제시하기 어렵게 되었다. 그렇다고 해서 설명 위주의 세계박람회 전시가 칭찬받을 수는 없다. 관람객은 공부하러 온 것도 아니고, 더구나 반성하기 위해 비싼 입장료를 지불한 것이 아니다.

관람객이 세계박람회에 요구하는 것은 가슴이 두근거리는 수준 높은 오락과 비일상의 체험이다. 하지만 설교는 논리로 상대방을 설득하는 수단이며, 관람객은 이해하고 납득도 하며, 혹은 많은 경우 감탄도 한다. 하지만 납득이나 감탄에는 편안함과 설렘이 없다.

일상에서 할 수 없는 특별한 체험을 기대하며 비싼 입장권을 구입해 세계박람회를 보러갔는데, 프로젝터 영상을 통한 '설명'뿐이었다. 모처럼 세계박람회를 관람하기 위해 4인 가족이 1박 2일 동안 1,000유로나 들였는데, '아프리카 기아문제를 도우려면 음식물을 낭비하면 안 된다' 같은 설교만 들었다. 2015년 밀

그림 4-85 2015년 밀라노세계박람회 아프리카 기아돕기캠페인

라노세계박람회를 현장 조사할 때 만났던 이탈리아 관람객들에게서 직접 들었던 이야기다.

　시대가 바뀌었고 '미래'가 바로 오락이 되는 시대가 지났음에도 불구하고, 세계박람회는 현재도 탄생 이래의 사명을 고수하며, '국제사회에 도움이 되는 세계박람회' '지구적인 과제'를 논의하고 있다. 그 결과 관람객들이 요구하는 수준 높은 오락에서 멀어졌다. 세계박람회는 주최자인 발신자가 관람객인 수신자에게 전시와 문화행사를 통해 정보를 전달하는 메가이벤트다. 인터넷에 의한 정보혁명은 단지 정보환경을 격변시켰을 뿐만 아니라, 대중의 정보감각을 크게 변화시켰다. 정보에 대한 대중의 감성은 최근의 몇 년 동안 극적으로 변화했다. 그러나 세계박람회 주최자 측의 감각은, 극언한다면 20세기 그대로다.

　세계박람회 주최자가 해야 할 일은 관람객을 설득하는 '설교'가 아니다. 큰

소리로 연설하고 관람객에게 전달하고 싶은 주장을 주입하는 것이 아니라 무언가를 깨닫게 해 공감을 얻는다. '발견'에서 '공감'으로, 그리고 '감동'으로, 그것이 이상적인 프로세스다. 세계박람회라는 지적인 엔터테인먼트는 새로운 정보 감성을 몸에 익힌 현대 대중의 공감을 불러일으키는 데는 '해답'보다 양질의 '질문'이 훨씬 가치가 있다. 앞으로의 시대를 살아가는 데 있어 중요한 것은 '과제를 발견하는 힘과 질문을 던지는 힘'이다.

3개의 시나리오

세계박람회의 쇠락

근본적인 혁신을 하지 않으면 긴 안목으로 볼 때 처할 수 있는 상황은 아마 두 가지다. 하나는 쇠락이다. 지금은 '명목상의 교류'를 지속하고 있는 선진국들이 빗살 빠지듯 철수하고, 콘텐츠 강도가 확 떨어져, 유치신청을 하는 국가가 점차 사라지는 시나리오다. 물론 당장 그렇게 되지는 않겠지만 인기 있는 전시와 문화행사 콘텐츠를 제공하는 선진국과 대기업이 손을 뗀다면 있을 수 없는 이야기는 아니다. 실제로 올림픽은 비용 대비 효과의 관점에서 유치신청하는 국가가 격감하고 있어, 이대로는 머지않아 할 수 없게 된다는 위기감을 숨길 수 없는 지경에 이르렀다.

개발도상국에 주도권 양도

세계박람회의 경우, 선진국과 글로벌기업의 에너지가 지금 이상으로 떨어진다고 해도, 유치를 신청하는 국가가 갑자기 제로(0)가 된다고는 생각하기 어렵다. 세계박람회 개최를 희망하는 개도국은 현재도 많기 때문이다. 개발도상국의 대중들은 세계박람회를 본 적이 없고, 체험 차원에서도, 선진국만큼의 시선은 엄격하지 않을 것이다. 무엇보다 자국에서의 세계박람회 개최는 국민들에게 큰 자신감과 자부심을 가져온다. 세계박람회를 개최하고 싶은 정치인은 세계에 수없이 많다. 21세기에 처음으로 개최하는 개도국들이 정식으로 국제무대에 등장하기 시작한 것은 앞에서 살펴본 대로다.

세계박람회의 성장과 쇠락은 모두 선진국의 상황이며, 개도국은 논외였지만 이제는 다르다. 앞으로 이어질 개발도상국의 세계박람회가 좋은 평가를 받는다면 국력이 작은 국가들을 포함해 계속 유치신청을 할 것이 틀림없다. 그것이 또 하나의 주도권 양도다. 선진국이 개도국에 세계박람회 주도권을 넘긴다는 의미다.

세계박람회가 개발도상국을 순회하는 메가이벤트로 연명할 가능성도 적지 않다. 경우에 따라서는 서커스단처럼 순회를 위한 패키지화가 진행될지도 모른다. 물론 개발도상국이 유럽과 미국, 일본과 같은 수준의 세계박람회를 개최하는 것은 어렵다. 규모나 수준도 더 떨어질 것이다. 바꾸어 말하면 '저렴한 세계박람회'가 될 것이며, 그렇게 되면 '그 정도라면'이라고 선진국도 '명목상의 교류'를 계속할지 모른다. 어쨌든 그것은 기존의 세계박람회와는 다른 별종의 메가이벤트라고 할 수 있다. 그런데 지금의 이야기는 어디까지나 '현재의 상황이 바뀌어야' 한다는 것을 전제로 했을 때의 진단이다. 만약 상황이 근본부터 바뀌면 당연히 다른 가능성은 열린다.

세대교체

세계박람회가 취할 수 있는 제3의 옵션. 그것이 '세대교체'다. 바로 제3세대 세계박람회로의 전환이다. 공감대가 형성된 것도 아니고 명쾌한 비전이 확립된 것도 아니지만 세계박람회를 세 번째 상승기류에 올리려면 그 방법밖에 없다. 필자는 그렇게 생각한다. 그리고 2030년 세계박람회가 세대교체에 앞장서기를 간절히 바란다. 일찍이 세계박람회는 제1세대 세계박람회에서 제2세대 세계박람회로 구조적인 혁신에 성공해, 세대교체를 경험했다. 만약 그때 혁신하지 않고 계속 19세기 세계박람회를 답습하고 있었다면, 지금쯤 세계박람회는 멸종했을 것이다. 2030년 세계박람회를 의미 있게 만들고 싶다면 리스크를 감안하고 제3세대 세계박람회로 전환해야 한다.

박람회 정보 파일

박람회 전문회사

광고대행사

㈜이노션

① 대표: 이용우

② 주소: 서울 강남구 강남대로 308 랜드마크 타워

③ 전화: 02-2016-2300

④ 팩스: 02-2016-2207

⑤ WEB: www.innocean.com

⑥ 임직원 수: 약 850명(본사 기준)

⑦ 자본금: 100억 원

⑧ 연매출: 약 1조 5,000억 원

⑨ 박람회 담당부서: CX본부

⑩ 박람회 관련 실적

- 2020두바이엑스포 한국관(건축, 전시, 운영)

- 2015담양세계대나무박람회(총괄기획, 제작, 운영)

- 2012여수엑스포 회장운영/전시관/기업관

- 2012여수엑스포 현대자동차그룹관(총괄기획, 제작, 운영)

- 2010상하이엑스포 한국기업연합관(건축, 전시, 운영)

⑪ 박람회 관련 사업의 강점

- 국가 규모의 박람회 사업을 성공적으로 수행하기 위한 글로벌 역량 및 실무 노하우 보유

- 상하이, 여수, 밀라노, 아스타나, 두바이 등 최근 세계박람회의 경험을 가진 전문가 보유 및 수차례 대행을 통한 노하우 축적

- 다양한 네트워크를 활용한 콘텐츠 개발 및 인프라 활용

㈜대홍기획

① 대표: 홍성현

② 주소: 서울 중구 통일로 10 연세재단 세브란스 빌딩 7~9층

③ 전화: 02-3671-6114

④ 팩스: 02-3671-6770

⑤ WEB: www.daehong.com

⑥ 임직원 수: 445명

⑦ 자본금: 2억 원

⑧ 연매출: 2,658억 원

⑨ 박람회 담당부서: 프로모션전략팀(02-3671-6749), 14명

⑩ 박람회 관련 실적

- 2023 2030부산세계박람회 유치 국제박람회기구(BIE) 조사단 현장실사 업무 총괄
- 2023 2030부산세계박람회 2023년 종합홍보 용역 대행
- 2022~2023 2030부산세계박람회 유치 활동 종합용역 대행
- 2022 2030부산세계박람회 2022년 종합홍보 용역 대행
- 2016예천곤충바이오엑스포(총괄기획, 제작, 운영)·2016장흥국제통합의학박람회(총괄기획, 전시)
- 2015광저우 국제뷰티엑스포 (전시)
- 2013오송화장품뷰티세계박람회(총괄기획, 제작, 운영)
- 2013천안국제웰빙식품엑스포(전시)
- 2013산청세계전통의약엑스포(총괄기획, 제작, 운영)
- 2012예천곤충바이오엑스포(총괄기획, 제작, 운영)
- 2012여수엑스포 롯데관(총괄기획, 제작, 운영)

⑪ 박람회 관련 사업의 강점

- 기업, 정부, 지방자치단체를 아우르는 다양한 프로모션 성공 사례 보유
- 체계적인 BTL 전략기획부터 효율적인 전시 및 이벤트 대행 능력 보유

㈜HS애드

① 대표: 박애리

② 주소: 서울 마포구 마포대로 155 LG마포빌딩

③ 전화: 02-705-2700

④ 팩스: 02-705-2800

⑤ WEB: www.hsad.co.kr

⑥ 임직원 수: 521명

⑦ 자본금: 176억 원

⑧ 연매출: 5,304억 원

⑨ 박람회 담당부서: BTL 프로모션팀(02-705-2797), BTL콘텐츠팀(02-705-2560),
   신규개발TF팀(02-705-3682), 30명

⑩ 박람회 관련 실적

   • 2015괴산세계유기농산업엑스포(총괄기획, 제작, 운영)

   • 2014오송국제바이오엑스포(총괄기획, 제작, 운영)

   • 2012여수엑스포 LG관(총괄기획, 제작, 운영)

   • 2012여수엑스포(CI/ Signage매뉴얼)

   • 2012여수엑스포 한국관(총괄기획, 제작, 운영)

   • 2012여수엑스포(기본계획)

   • 2010상하이엑스포 한국관(문화행사)

   • 2010제천국제한방바이오엑스포(총괄기획, 제작, 운영)

   • 2009천안웰빙식품엑스포(총괄기획, 제작, 운영)

   • 2008사라고사엑스포(한국관 메인 영상)

⑪ 박람회 관련 사업의 강점

   • 세계박람회와 지방박람회의 기획·유치는 물론 제작 및 설치, 운영과 홍보까지
     총괄 대행

   • 국내 제일의 노하우와 솔루션을 보유

이벤트프로모션회사

㈜이즈피엠피

① 대표: 한신자, 최학찬
② 주소: 서울특별시 서초구 방배로 205, 2, 5, 6, 7층(방배동, 대명빌딩)
③ 전화: 02-3475-2600
④ 팩스: 02-3475-2666
⑤ WEB: www.ezpmp.co.kr
⑥ 임직원 수: 86명(2023년 2월 기준)
⑦ 자본금: 10억 원
⑧ 연매출: 270억 원(2022년 기준)
⑨ 박람회 담당부서: 이벤트 & 엑스포 부문
⑩ 박람회 관련 실적

- 2021함양산삼항노화엑스포(회장 조성, 전시 연출 및 전시관 운영, 회장 운영 APP 개발)
- 2017제천국제한방바이오산업엑스포(회장 조성, 전시 연출 및 전시관 운영)
- 2017대장경세계문화축전(회장 조성, 전시 연출, 이벤트, 회장 운영)
- 2015괴산세계유기농산업엑스포(회장 조성, 전시연출, 이벤트, 기업 및 기관 유치, 컨퍼런스, 홍보)
- 2014완도국제해조류박람회(전시관 설치, 전시 연출 및 전시관 운영)
- 2013오송화장품·뷰티세계박람회(전시연출 및 전시관 운영, 이벤트)
- 2013산청세계전통의약엑스포(회장조성, 전시연출, 컨퍼런스, 이벤트, 회장 운영)
- 2013대장경세계문화축전(총괄기획, 회장조성, 전시 연출, 이벤트)
- 2012여수세계박람회(회장 운영, 주제공연 해상쇼, 주최국 전시관 운영, 국가/기업/지자체관 운영)
- 2012여수세계박람회 회장운영 기본계획수립(연구용역, 2009)
- 2012예천곤충바이오엑스포(이벤트, 회장 운영)

- 2011금산세계인삼엑스포(회장조성, 전시 연출)
- 2010제천국제한방바이오엑스포(체험 전시관 연출, 이벤트, 회장 운영)
- 2010춘천월드레저총회 및 경기대회(총회, 운영, 전시연출, 이벤트)

⑪ 박람회 관련 사업의 강점
- 회장조성, 전시 연출, 이벤트, 회장 운영 등 박람회 전 분야의 실무 경험이 풍부한 전문인력으로 조직구성
- 2008년 이후 지자체 개최 국제박람회의 50% 이상을 직접 기획·실행해 국내 국제박람회 시장의 최다 수행 경험으로 독보적 경쟁력 보유
- 스마트한 박람회 운영을 위한 PMS(Park Management System)을 국내 최초로 개발 및 운영 노하우 보유 (박람회운영 앱)
- 국내 유일의 하이브리드박람회 실현이 가능한 IT 기술과 전 분야 실행 노하우 보유

문화공방디케이비

① 대표: 이영민
② 주소: (서울) 서울특별시 서초구 마방로 6길 28 경일빌딩 4층
   (광주) 광주광역시 북구 용봉택지로 13번길 23, 2층
③ 전화: (서울) 02-595-6277 / (광주) 062-372-3210
④ 팩스: (서울) 02-521-4049 / (광주) 062-372-3211
⑤ WEB: www.dkbart.com
⑥ 임직원 수: 28명
⑦ 자본금: 3억 500만 원
⑧ 연매출: 31억 100만 원
⑨ 박람회 담당부서: 프로젝트 2팀
⑩ 박람회 관련 실적
- 2022스마트축산 K-FARM 페어(총괄기획, 제작, 전시, 운영)
- 2021NEXPO IN 순천(제작, 전시, 운영)

- 2019식품안전의 날 기념 식품안전박람회(총괄기획, 제작, 전시, 운영)
- 2019대한민국농업박람회(총괄기획, 제작, 전시, 운영)
- 2016장흥국제통합의학박람회(운영)
- 2015제4회 대한민국 한옥건축박람회 (총괄 기획, 제작, 전시, 운영)
- 2015국제농업박람회(회장 운영)
- 2015담양세계대나무박람회(전시, 운영, 홍보)
- 2014완도국제해조류박람회(행사, 운영)
- 2011, 2013, 2015, 2017, 2022 한국국제축산박람회(총괄기획, 제작, 전시, 운영)
- 2012, 2018 축산기자재산업정보전(총괄기획, 전시, 운영)
- 2010, 2018, 2019, 2022 대한민국통합의학박람회(총괄기획, 제작, 전시, 운영)

⑪ 박람회 관련 사업의 강점
- 각각 다른 환경과 규모, 소재 등 다양한 박람회 수행 능력 보유
- 지역별 자체 국제박람회 및 축산박람회 수행 능력 보유
- 장·단기 프로젝트에서 리스크와 공정관리에 최적화된 노하우를 기반으로 클라이언트와 밀접한 교감을 통한 안정적 운영

㈜유앤어스코리아

① 대표: 김연곤
② 주소: 서울시 마포구 양화로12길 24 선진빌딩 3층
③ 전화: 02-6925-5578
④ 팩스: 02-6925-5579
⑤ WEB: www.unuskorea.com
⑥ 임직원 수: 20명
⑦ 자본금: 1억 3,000만 원
⑧ 연매출: 128억 원(2022년 기준)
⑨ 박람회 담당부서: Creative 1, 2(총괄 박주상 이사)

⑩ 박람회 관련 실적

- 2023 2030부산세계박람회 유치 국제박람회기구(BIE) 조사단 현장실사 업무 수행
- 2023 2030부산세계박람회 2023년 종합홍보 용역 대행
- 2022 2030부산세계박람회 유치계획서 작성
- 2022~2023 2030부산세계박람회 유치 활동 종합용역 대행
- 2022 2030부산세계박람회 2022년 종합홍보 용역 대행
- 2020~2022 2030부산세계박람회 마스터플랜 수립

⑪ 박람회 관련 사업의 강점

- 세계박람회 기본계획 수립부터 유치활동까지 전 과정을 수행할 수 있는 실무 능력 보유
- 국제등록박람회 유치를 위한 섭외 활동과 유치 방향 설정 등 실질적인 프로젝트 실무 능력을 기반으로 한 유치실무 노하우 보유

㈜레인보우커뮤니케이션

① 대표: 유영석
② 주소: 서울특별시 영등포구 당산로 41길 11 당산 SK V1센터 W동 16층
③ 전화: 02-541-4777
④ 팩스: 02-541-8355
⑤ WEB: www.rainbowpr.co.kr
⑥ 임직원 수: 65명
⑦ 자본금: 1억 5,000만 원
⑧ 연매출: 약 145억 원(2022년 기준)
⑨ 박람회 담당부서: 캠페인본부, PR본부, 디지털콘텐츠본부
⑩ 박람회 관련 실적

- 2022년 세계영주인삼엑스포 홍보
- 2017년 서울도시건축비엔날레 홍보

- 2009년 울산세계옹기문화엑스포 홍보
⑪ 박람회 관련 사업의 강점
- 프로젝트 종합기획, 광고, 언론홍보, SNS(온라인) 콘텐츠 및 유튜브 제작, 이벤트, 프로모션, 컨설팅 등의 실행 경험과 전문 노하우 보유
- 고객의 문제해결과 성과를 위한 One-Stop Solution 제공

세계박람회 개최현황

국제박람회기구(BIE) 협약 이전의 세계박람회(21개)

박람회 명칭 주제	개최국 개최도시	개최 기간	관람객 수	특징
1851런던세계박람회 (모든 국가의 산업)	영국 런던	1851. 5. 1.~ 10. 11.	6,039,195	최초의 세계박람회. 전시관은 유리와 철로 만든 거대한 '수정궁'으로 대단한 인기. 이익금은 빅토리아 앨버트박물관 건립 등 문화와 교육에 사용
1855파리세계박람회 (농업, 산업과 미술)	프랑스 파리	1855. 5. 15.~ 11. 15.	5,162,330	런던박람회의 성공에 자극받아 개최. 나폴레옹 3세의 전폭적인 지원을 받아 수정궁보다 거대한 전시관을 건설했지만 실패. 미술품을 최초로 전시
1862런던세계박람회 (산업과 예술)	영국 런던	1862. 5. 1.~ 11. 1.	6,096,617	'세계공예박람회'라고도 함. 일본 막부의 유럽사절단이 일본인 최초로 만국박람회 견학. 폐회 후 자연사박물관 건립

1867파리세계박람회 (농업, 산업과 미술)	프랑스 파리	1867. 4. 1.~ 11. 3.	15,000,000	종래의 상업·산업적인 것에서 문화적 성격의 박람회로 전환. 일본 막부 최초로 참가, 국가관과 유원지, 레스토랑 등장
1873비엔나 세계박람회 (문화와 교육)	오스트리아 비엔나	1873. 5. 1.~ 10. 31.	7,255,000	메르카토르법에 의한 지리학적인 국가별 배치를 채용함. 핵심 전시시설인 '산업궁'은 원형의 철제 대형 돔. 전망대 설치, 일본 정부 첫 공식 참가
1876필라델피아 세계박람회 (미국독립선언 100주년기념)	미국 필라델피아	1876. 5. 10.~ 11. 10.	10,000,000	미국 건국 100주년 기념으로 개최. 미국에서 성공한 최초의 세계박람회. 벨의 전화기와 에디슨의 전신이 전시됨.
1878파리세계박람회 (새로운 기술)	프랑스 파리	1878. 5. 20.~ 11. 10.	16,156,626	제3공화국 홍보, 저패니즘 유행, 대형건물 '트로카데로궁전' 건축. 물을 대규모로 이용함. 에디슨이 축음기 전시로 유명하게 됨. 타자기 전시, 수족관 건설
1880멜버른세계박람회 (모든 국가의 예술, 제조 및 농산물 및 공산품)	오스트레일리아 멜버른	1880. 10. 1.~ 1881. 4. 3.	1,330,000	유럽과 북미대륙 외에 최초 개최, 오스트레일리아의 상업 촉진과 무역의 진출을 도모함
1888바르셀로나 세계박람회 (미술 및 산업예술)	스페인 바르셀로나	1888. 4..8.~ 12..10.	2,300,000	가우디가 트랜스·아틀란티카의 전시관을 설계
1889파리세계박람회 (프랑스혁명 100주년 기념)	프랑스 파리	1889. 5. 5.~ 10. 31.	32,250,297	설계공모 방식으로 건설한 에펠탑, 기계관이 대인기로 역사적 건조물이 됨. 운영 면에서 흑자로 대성공

1893시카고 세계박람회 (미대륙 발견 400주년 기념)	미국 시카고	1893. 5. 1.~ 10. 3.	27,500,000	미대륙 발견 400주년 기념, 시카고를 세계의 주요 도시로 부각. 전기 고가철도와 자동개찰기 등장. 조선 최초로 참가. 인공도시와 놀이공원 설치
1897브뤼셀 세계박람회 (현대 생활)	벨기에 브뤼셀	1897. 5. 10.~ 11. 8.	6,000,000	벨기에의 근대성을 보여 준 이 박람회는 아르누보 운동의 획기적인 사건이었음. 앙리 프리바트 라이브몬트가 디자인한 홍보 포스터는 전형적인 아르누보 스타일로 전체적으로 박람회의 상징이 되었음
1900파리 세계박람회 (19세기 개관)	프랑스 파리	1900. 4. 15.~ 11. 12.	50,860,801	19세기를 총결산하고 20세기를 전망하는 세계박람회를 목적으로 개최. 사상 최대 규모를 자랑하며 5,000만 명이 넘는 관람객 수를 기록. 대한제국이 독립관으로 참가. 아르누보 양식, 전기 궁과 수정궁 인기, 움직이는 보도 등 모든 동력은 전기를 사용
1904세인트루이스 세계박람회 (루이지애나 매입 100주년 기념)	미국 세인트루이스	1904. 4. 30.~ 12. 1.	19,694,855	루이지애나주 매입 100주년 기념. 너무 거대해 실패라고도 말하지만, 수지는 흑자였음. 1576개의 건물과 철도 부설, 무선전신 실험, 비행선과 자동차 전시
1905리에주 세계박람회 (벨기에 독립 75주년 기념)	벨기에 리에주	1905. 4. 27.~ 11. 6.	7,000,000	이 박람회는 80개 이상의 전시관과 1만 7,004개의 출품 업체가 참가해 프랑스와 미국을 제외한 국가에서 개최된 참가자 수 측면에서 가장 큰 박람회였음

1906밀라노 세계박람회 (운송)	이탈리아 밀라노	1906. 4. 28.~ 11. 11.	10,000,000	세계박람회 최초로 자동차 전시관을 건설했으며, 5월 26일 자동차 관련 국제회의와 함께 자동차 특별 퍼레이드를 실시했음. 철도 및 자동차공학뿐만 아니라 항공 및 해상운송은 이 박람회의 하이라이트 중 하나였음
1910브뤼셀 세계박람회 (인간의 혁신)	벨기에 브뤼셀	1910. 4. 23.~ 11. 7.	13,000,000	벨기에의 산업 발전과 식민지의 힘을 재확인. 도시의 확장과 도시화 정책에 큰 기여. 다양한 이슈의 회의 개최
1913겐트세계박람회 (평화, 산업과 예술)	벨기에 겐트	1913. 4. 23.~ 11. 7.	9,503,419	박람회장 면적이 130ha로 과거에 벨기에에서 개최된 세계박람회들보다 규모가 컸음. 주요 유럽 국가와 미국, 캐나다, 아르헨티나 및 페르시아는 모두 자체 전시관으로 참가했으며 다른 국가는 공동관인 국제홀에 참가했음
1915샌프란시스코 세계박람회 (파나마운하 개통과 샌프란시스코 건설 기념)	미국 샌프란시스코	1915. 2. 20.~ 12. 4.	18,876,438	파나마운하 개통을 기념해 개최. 르네상스풍으로 건축, 예술과 스포츠 전시에 주력, 1차 세계대전 중이었지만 대성공. 파나마운하의 모형이 대인기
1929바르셀로나 세계박람회 (산업, 예술과 스포츠)	스페인 바르셀로나	1929. 5. 20. ~ 1930. 1. 15.	5,800,000	이 박람회는 약 580만 명의 관람객을 유치했으며, 29개국이 참가했음. 연극, 콘서트, 오페라, 발레 등 예술공연과 레저가 큰 비중을 차지했음

| 1933시카고
세계박람회
(진보의 세기) | 미국 시카고 | 1933. 5. 27.~
11. 12.
1934. 6. 1.~
10. 31. | 38,872,000 | 최초로 공식주제를 설정하여 개최된 세계박람회. 민간 주도로 2년에 걸쳐 개최. 스카이라이더와 벨기에 마을이 대인기. 회장 내 버스 운행 |

자료: 국제박람회기구(BIE)홈페이지(http://www.bie-paris.org/site/en)을 참조하여 저자 재작성.

국제박람회기구(BIE) 창설 이후 공인 세계(등록)박람회(14개)

박람회 명칭 주제	개최국 개최도시	개최 기간	관람객 수	특징
1935브뤼셀 세계박람회 (수송)	벨기에 브뤼셀	1935. 4. 27.~ 11. 6.	20,000,000	국제박람회협약에 의한 최초의 제1종 일반박람회. 벨기에철도 개통100주년 기념, 750개 전시관으로 벨기에 사상 최대 규모의 박람회
1937파리세계박람회 (현대 생활속의 예술과 기술)	프랑스 파리	1937. 5. 25.~ 11. 25. (185일간)	31,040,955	세계박람회의 메카 프랑스의 20세기 최후의 세계박람회. 수지는 흑자. 소련관과 독일관의 대립. 피카소의 〈게르니카〉 전시로 호평받음
1939뉴욕세계박람회 (미래의 세계 구축)	미국 뉴욕	1939. 4. 30.~ 10. 31. 1940. 5. 11.~ 10. 27. (351일간)	44,955,997	조지 워싱턴 대통령 취임 150주년 기념. 박람회 기간 중에 제2차 세계대전이 일어남. 나일론, 플라스틱, 텔레비전, 녹음기 등장. 제너럴모터스의 퓨처라마와 타임캡슐, 역사상 최초의 텔레비전 방송이 대인기였음

1949포르토프랭스 세계박람회 (평화의 축제)	아이티 포르토프랭스	1949. 12. 8.~ 1950. 6. 8.	250,000	제2차 세계대전 후 최초로 개최된 세계박람회. 제3세계의 후진국인 아이티가 건실하게 근대화되어 간다는 가능성을 보여 줌
1958브뤼셀 세계박람회 (세계관: 새로운 휴머니즘)	벨기에 브뤼셀	1958. 4. 17.~ 10. 19.	41,454,412	기술의 진보가 퇴색하고 기술의 중심에 인류를 배치했던 식민지주의의 최후 박람회. 핵과 우주를 전시. 원자력시대를 예고. 수지는 흑자였음
1962시애틀 세계박람회 (우주시대의 인류)	미국 시애틀	1962. 4. 21.~ 10. 21.	9,000,000	우주기술 분야의 미국의 능력을 보여 준 세계박람회. 심벌타워 '스페이스 니들'이 대인기. 고속모노레일 등장, 한국 정부 처음으로 공식 참가
1967몬트리올 세계박람회 (인간과 그의 세계)	캐나다 몬트리올	1967. 4. 28.~ 10. 29.	50,306,648	캐나다연방 100주년 기념으로 개최. 박람회 영상시대의 선구적 역할. 소련관의 유리 가가린이 탔던 우주캡슐이 대인기. 실험주택 '해비타트 67'로 주목받았음
1970오사카 세계박람회 (인류의 진보와 조화)	일본 오사카	1970. 3. 15.~ 9. 13.	64,218,770	아시아 최초의 세계박람회. 입장객, 참가국·기관 80개 등으로 대기록을 수립. 미국과 소련의 우주선 전시가 대인기
1992세비야 세계박람회 (발견의 시대)	스페인 세비야	1992. 4. 20.~ 10. 12.	41,814,571	콜롬버스의 미대륙 발견 500주년 기념으로 개최된 종합박람회. 세계 각국의 관심도 매우 높아 사상 최대의 참가 규모. 새로운 시도인 '나이트 엑스포'의 인기가 높았음

2000하노버 세계박람회 (인류, 자연, 기술)	독일 하노버	2000. 6. 1.~ 10. 31.	18,100,000	하노버를 세계적인 메세도시로 탈바꿈시킨 박람회. 새로운 시도로서 평가가 높았던 것은 세계박람회에 대한 시민의 이해와 참가를 촉진하기 위한 월드와이드 프로젝트(WWP)였음. 재정수지는 적자였으나 경제적 효과는 엄청났음
2005아이치 세계박람회 (자연의 예지)	일본 아이치	2005. 3. 25.~ 9. 25.	22,049,544	21세기의 박람회를 지구적 과제의 해결 장소로 하는 방향성이 확정됐으며 국제박람회기구의 정신을 최초로 실현한 세계박람회였음. 몇 개의 법인 기념 건물을 포함한 대부분의 박람회장은 도시공원으로 바뀌고, 그 자재들은 지역의 도시빌딩 프로젝트에 재활용
2010상하이 세계박람회 (더나은 도시, 더 나은 삶)	중국 상하이	2010. 5. 1.~ 10. 31.	73,085,000	중국 최초의 세계박람회로 관람객 7,300만 명, 246개 국가 및 국제기구 참가 등 숱한 세계 최고 기록을 남겼다. 박람회장은 상하이의 미래 도시개발계획에 발맞춰 대표적인 오염지대였던 곳이 세계박람회를 계기로 친환경, 친시민, 친문화, 친기업적인 상하이의 상징으로 거듭나고 있음

| 2015밀라노
세계박람회
(지구식량공급,
생명의 에너지) | 이탈리아
밀라노 | 2015. 5. 1~
10. 31. | 21,500,000 | 145개국의 국제참가자들은 독자적인 전시관 설계와 전시내용을 통해, 박람회의 지속가능한 식품관련 주제를 다양한 방법으로 반영했음. 박람회가 끝난 후, 박람회장은 2024년에 완전히 운영될 과학기술을 위한 혁신적인 공원을 개장하기 위해 재개발되고 있음. |
| 2020두바이
세계박람회
(마음의 연결,
새로운 미래의 창조) | 아랍에미리트
두바이 | 2021. 10. 1.~
2022. 3. 31. | 24,102,967 | 중동, 아프리카, 남아시아(MEASA) 지역에서 최초로 개최된 이 박람회는 참가국, 국제기구, 글로벌기업 및 교육기관을 포함한 200개 이상의 참가자가 사상 최대 규모의 다양한 박람회를 개최함에 따라 관람객들에게 시각적으로 인상적이며 감성적인 182일간의 체험을 제공했음 |

자료: 국제박람회기구(BIE) 홈페이지(http://www.bie-paris.org/site/en)를 참조하여 저자 재작성.

국제박람회기구(BIE) 창설 이후 공인 전문(인정)박람회(34개)

박람회 명칭 주제	개최국 개최도시	개최 기간	관람객 수	특징
1936 스톡홀름 세계박람회 (항공우주)	스웨덴 스톡홀름	1935. 6. 1.~ 1936. 5. 15.	–	
1938 헬싱키 세계박람회 (항공학)	핀란드 헬싱키	1938. 5. 14.~ 22.	–	

1939 리에주 세계박람회 (수자원과 예술)	벨기에 리에주	1939. 5. 20.~ 9. 2.	–	
1947 파리 세계박람회 (도시화와 주거)	프랑스 파리	1947. 7. 10.~ 8. 15.	–	
1949 스톡홀름 세계박람회 (스포츠와 체육문화)	스웨덴 스톡홀름	1949. 7. 27.~ 8. 13.	–	
1949 리옹 세계박람회 (농촌 주거)	프랑스 리옹	1949. 9. 24.~ 10. 9.	–	
1951 릴세계박람회 (섬유)	프랑스 릴	1951. 4. 28.~ 5. 20.	1,500,000	
1953예루살렘 세계박람회 (사막의 정복)	이스라엘 예루살렘	1953. 9. 22.~ 10. 14.	600,000	
1953 로마 세계박람회 (농업)	이탈리아 로마	1953. 7. 26.~ 10. 31.	1,700,000	
1954 나폴리 세계박람회 (항해)	이탈리아 나폴리	1954. 5. 15.~ 10. 15.	–	
1955토리노 세계박람회 (스포츠)	이탈리아 토리노	1955. 5. 25.~ 6. 19.	120,000	
1955헬싱보리 세계박람회 (환경속의 현대인)	스웨덴 헬싱보리	1955. 6. 10.~ 8. 28.	–	

1956 베이트다간 세계박람회 (귤 재배)	이스라엘 베이트 다간	1956. 5. 21.~ 6. 20.	–	
1957베를린 세계박람회 (한자지구의 재건)	독일 베를린	1957. 7. 6.~ 9. 29.	1,000,000	
1961토리노 세계박람회 (인간과 그의 작업– 기술 및 사회발전의 한 세기)	이탈리아 토리노	1961. 5. 1.~ 10. 31	5,000,000	
1965뮌헨 세계박람회 (운송)	독일 뮌헨	1965. 6. 25.~ 10. 3.	2,500,000	100일간 개최되었고, 교통 전반에 걸쳐 전시한 최초의 전문박람회로 우주여행부터 고속철도에 이르기까지 최신 교통기술의 무대였음
1968샌안토니오 세계박람회 (아메리카대륙의 문명 융합)	미국 샌안토니오	1968. 4. 6.~ 10. 6.	6,384,482	지방 소도시에서 개최된 세계박람회. 지역 특색인 스페인문화와 독특한 풍속을 홍보하여 관람객 유치. 수지는 적자였으나 컨벤션 도시로 성장
1971부다페스트 세계박람회 (세계를 통한 사냥)	헝가리 부다페스트	1971. 8. 27.~ 9. 30.	1,900,000	야외 전시와 실내 전시로 구분된 박람회장에는 총 3만 m²에 달하는 35개의 참가국 국가관이 건설되었음. 총 52개국이 세계박람회에 참가해 수렵과 어업에 대한 각국의 성과를 선보이고 환경문제에 대한 토론에 기여했음

1974스포캔 세계박람회 (미래의 새롭고 신선한 환경을 축하하며)	미국 스포캔	1974. 5. 4.~ 11. 2.	5,600,000	미국 독립 200주년 기념으로 개최. 소규모였지만 특색 있는 박람회로서 국제적으로 높은 평가를 받았던 세계박람회. 도시개발 프로젝트로서 지역활성화에 기여
1975오키나와 세계박람회 (우리가 보고 싶은 바다)	일본 오키나와	1975. 7. 20.~ 1976. 1. 18.	3,485,750	오키나와의 일본 본토 복귀를 기념하여 개최된 특별박람회. 관람객 유치 목표는 미달됐지만 장기적인 발전을 위한 계기가 됨
1981플로브디프 세계박람회 (지구-생명의 행성)	불가리아 플로브디프	1981. 6. 14.~ 7. 12.	-	
1982녹스빌 세계박람회 (세상을 바꾸는 에너지)	미국 녹스빌	1982. 5. 1.~ 10. 31.	11,127,780	첨단에너지 기술보다, 쇼적인 전시가 호평을 받았으나, 경제적인 파급효과는 회장 내부에만 한정되어 지역경제계는 극도의 침체에 빠졌던 세계박람회
1984뉴올리언스 세계박람회 (강의 세계-생명의 원천인 신선한 물)	미국 뉴올리언스	1984. 5. 12.~ 11. 11.	7,335,000	루지애나주 정부와 뉴올리언스시의 협력체제와 연대 의식이 희박해 박람회가 실패로 끝나 재정파탄으로 도산한 세계박람회
1985쓰쿠바 세계박람회 (주거와 환경·가정에서 인간을 위한 과학과 기술)	일본 쓰쿠바	1985. 3. 17.~ 9. 16.	20,334,727	과학기술을 주제로 한 특별박람회. 일본의 과학수준 향상과 과학기술을 대중화해 일본을 세계적인 경제대국으로 발전시키는 계기가 됨. 지역적으로는 이바라기현의 쓰쿠바를 일본 제일의 연구단지로 발전시키는 성공적인 효과를 거둠

1985플로브디프 세계박람회 (발명품)	불가리아 플로브디프	1985. 11. 4.~ 11. 30.	1,000,000	1985년 박람회는 총 18개의 전시관으로 73개국과 4개의 국제기구가 참가했음. '젊은 발명가의 업적'이라는 주제로 참가자들에게 과학 기술적 발전을 제시했음. 젊은 발명가들의 창작물 약 1만 550여 점이 전시되었음
1986밴쿠버 세계박람회 (움직이는 세계, 만나는 세계)	캐나다 밴쿠버	1986. 5. 2.~ 10. 13.	22,111,578	캐나다 횡단철도 완성 100주년 기념 특별박람회. 워터프런트 재개발사업과 도시 내 교통시스템 정비 프로젝트를 효과적으로 추진하기 위한 기폭제로 활용
1988브리즈번 세계박람회 (기술시대의 레저)	오스트레일리아 브리즈번	1988. 4. 30.~ 10. 30.	18,560,447	오스트레일리아 건국 200년을 기념하여 개최된 특별박람회. 매일 다양한 퍼포먼스와 퍼레이드로 대인기. 회장 전체가 축제의 장이며 공연 무대로 관람객의 참가를 유발함
1991플로브디프 세계박람회 (세계평화를 위해 봉사하는 젊은이들의 활동)	불가리아 플로브디프	1991. 6. 7.~ 7. 7.	–	박람회에는 3,000개 이상의 발명품과 혁신이 전시되었으며, 14개의 주제에 따라 분류되었음. 여기에는 전자공학과 우주항공, 화학과 의학, 건축과 건설, 기계공학과 금속공학, 에너지, 그리고 식품이 포함되었음. 생태학 및 관광 분야의 프로젝트도 전시되었음
1992제노바 세계박람회 (크리스토퍼 콜롬버스- 배와 바다)	이탈리아 제노바	1992. 5. 15.~ 8. 15.	817,045	콜롬버스의 미대륙 발견 500주년 기념으로 개최된 특별박람회. 이탈리아 정부와 국내 대기업의 무관심은 결과적으로 세계박람회에 대한 지원체제 결여로 나타남

1993대전 세계박람회 (새로운 도약의 길)	한국 대전	1993. 8. 7.~ 11. 7.	14,005,808	한국 최초의 세계박람회이자 개발도상국 최초의 특별박람회. 개발도상국 참가에 대한 지원과 참가국들에게 부지를 무상으로 제공. 소규모 세계박람회의 모델이 됨
1998리스본 세계박람회 (바다: 미래의 유산)	포르투갈 리스본	1998. 5. 22.~ 9. 30.	10,128,204	바스코 다 가마의 인도항로 발견 500주년을 기념하여 개최된 20세기 최후의 박람회. 수족관과 바스코다가마 타워란 랜드마크. 다양한 문화프로그램. 놀라운 도시재개발의 기회였음
2008사라고사 세계박람회 (물과 지속가능한 개발)	스페인 사라고사	2008. 6. 14. ~ 9. 14.	5,650,943	박람회장 부지에 상업시설을 포함한 오피스 공간을 개발해 박람회 개최 전에 약 50%가 분양되었으며 폐막 후 전량 판매되어 활용되고 있음. 박람회 개최 전에 대부분의 사후 활용계획이 확정됨. 박람회를 기점으로 지역에 관광객이 증가하고 도시 이미지가 제고됨
2012여수 세계박람회 (살아있는 바다, 숨쉬는 연안)	한국 여수	2012. 5. 12.~ 8. 12.	8,203,956	한국에서 개최된 두 번째 세계박람회로 박람회 역사상 가장 작은 도시에서 개최된 사례였음. 또한 역대 박람회 중에서도 가장 돋보이는 풍성한 문화공연 콘텐츠로 관람객을 즐겁게 했음. 흥행과 전시, 운영 등 모든 면에서 성공적인 기록과 세계박람회를 대도시가 아닌 소도시에서도 성공적으로 개최할 수 있다는 선례를 남겼음

2017아스타나 세계박람회 (미래 에너지)	카자흐스탄 아스타나	2017. 6. 10.~ 9. 10.	3,977,545	이 박람회는 CIS지역에서 개최 된 최초의 세계박람회로 세계 적인 관심을 모았음. 박람회장 은 모든 관람객에게 전시관 내 외부에서 '미래 에너지'를 발견 할 수 있는 기회를 제공하면서, 주제를 반영했음

자료: 국제박람회기구(BIE) 홈페이지(http://www.bie-paris.org/site/en)를 참조하여 저자 재작성.

향후 개최예정 세계박람회

2025오사카 · 간사이세계박람회

그림 A-1 2025오사카 · 간사이세계박람회장 조감도

개요

① 명칭: 2025오사카 · 간사이세계박람회(World Exposition Osaka 2025, Japan)

② 범주: 국제등록박람회

③ 기간: 2025. 4. 13.(일)~10. 13.(월)(184일간)

④ 장소: 오사카 유메시마

⑤ 규모: 100ha

⑥ 예상 관람객: 약 2,800만 명

⑦ 주제: 우리의 삶을 위한 미래사회 설계(Designing Future Society for Our Lives)

⑧ 세부 주제: 생명을 구하다(Saving Lives)

생명에 활력을 주다(Empowering Lives)

생명을 연결하다(Connecting Lives)

⑨ 경제 파급효과 (추정치): 약 2조 엔

일본은 2018년 11월 23일 제164차 총회에서 국제박람회기구 회원국들에 투표로 2025세계박람회 개최국으로 선출되었다. 일본은 세계박람회 프로젝트를 공식화하기 위해 국제박람회기구와 계속 협력할 것이며, 등록서류로 알려진 명확한 실행계획을 제출했다. 이 서류는 세계박람회 개막일 최소 5년 전에 국제박람회기구에 제출돼 총회에서 정식으로 등록되었다.

주제

2025오사카 · 간사이세계박람회는 '우리의 삶을 위한 미래사회 설계'라는 중요한 주제는 세 개의 세부 주제에 의해 구현된다.

① 생명을 구하다(Saving Lives)

② 생명에 활력을 주다(Empowering Lives)

③ 생명을 연결하다(Connecting Lives)

이 세부 주제는 인간의 삶에 초점을 맞추는 것을 목표로 한다. 이 주제는 우리 각자가 모든 욕구를 포용하고 우리 자신의 포부에 대해 생각하고 우리의 잠재력을 극대화할 수 있는 지속가능한 사회를 만들기 위한 노력을 추진할 것을 촉구한다. 그것은 세 가지 특정 중점 영역 내에서 유엔의 지속가능한 개발목표(SDG)에 제시된 공통적인 국제사회 문제를 다루기 위한 세계적인 노력과 일치시킨다. 생명을 살리고, 생명을 강화하며, 생명을 연결한다.

이러한 목표를 달성하기 위한 핵심적인 단계는 사물의 인터넷, 인공지능, 로봇 및 빅데이터의 기술혁신을 활용하여 시대의 문제에 직면할 수 있는 개인의 역량을 강화할 수 있는 일본의 촉매제 Society 5.0이 실현될 것이다. 2025오사카 · 간사이세계박람회는 각 참가자의 새로운 아이디어를 공유함으로써 모든 사람들의 열망을 지원할 수 있는 지속가능한 사회를 공동 창조할 수 있는 장이 될 것이다.

로고 마크

대중으로부터 접수된 많은 공모와 의견을 바탕으로 최고의 로고가 선정되었다. 이 로고는 '우리 삶을 위한 미래사회 설계'라는 주제를 생생하게 표현하며 포스트코로나 시대에 새로운 세계박람회의 얼굴 역할을 할 것이다.

우리는 이 로고가 세계박람회의 상징으로서 전 세계인의 사랑과 주목을 받기를 바란다.

2025년을 놀라운 해로 만들기 위해 함께 노력합시다!

그림 A-2 2025오사카 · 간사이세계박람회 로고마크

디자인 콘셉트

춤추다. 도약하다. 튀어 오르다. 그것이 우리가 살아 있는 이유다.

새로운 과학과 기술이 여러분의 마음을 춤추게 할 것이다.

오락은 여러분을 흥분해서 뛰고 싶게 만들 것이다.

예술과 창조성은 여러분을 감동시키고 영감을 줄 것이다.

그것들은 몸의 가장 깊은 곳까지 닿아 우리의 삶을 지탱하는 세포에 힘을 실어 줄 것이다. 우리는 일본의 2025년 오사카 · 간사이세계박람회에서 새로운 미래를 체험하게 될 것이다. 온갖 개성이 모여들어 신명나게 이어지며, 생명력이 넘치는 공간이 될 것이다.

개념

미래사회의 실험장(People's Living Lab)

① 전시를 볼 뿐만 아니라 세계 80억 명이 아이디어를 교환하고 미래사회를 '공동창조'

② 세계박람회 개최 전부터 전 세계의 문제와 해결책을 공유할 수 있는 온라인 플랫폼을 출시

③ 인류공통의 과제해결을 위한 첨단기술 등 세계의 지혜를 모아 새로운 아이디어를 창조하고 발신

오사카 · 간사이세계박람회 개최목적

세계박람회는 지구 전체의 다양한 과제를 위해 세계 각지에서 지혜를 모으는 곳이다. 오사카 · 간사이세계박람회는 2015년 9월 유엔본부에서 개최된 '유엔지속가능개발회의'에서 지속가능한 17개의 개발목표를 내세운 SDGs이 달성된 사회를 지향하기 위해 개최한다. SDGs(지속가능한 개발목표)달성의 목표인 2030년까지 5년이 남은 2025년은 실현을 향한 노력을 가속하는 데 매우 중요한 해다.

2025년 오사카 · 간사이세계박람회 지향점

① 유엔이 정한 지속가능한 개발목표 (SDGs)가 달성되는 사회

② 일본의 국가 전략 Society5.0의 실현

일본 오사카 · 간사이에서 개최하는 세계박람회의 다양한 매력

① 일본 경제 및 오사카 · 간사이 지역경제 활성화와 비즈니스 기회 확대에 따른 중소 기업의 경영 강화로 약 2조 엔의 경제 파급효과가 전망된다.

② 오사카 · 간사이가 세계에 자랑하는 생명과학, 바이오 메디컬의 집적이 세계박람회의 주제에 따른 새로운 혁신으로 더욱 발전한다.

③ 유구한 역사와 문화를 자랑하는 오사카 · 간사이가 다른 문화와의 교류를 통해 한층 더 풍부하게 되어, 세계에서 지역 인지도가 향상된다.

④ 일본의 다양한 분야에서 차세대 젊은 크리에이터가 자신의 능력을 세계로 발신할 수 있다.

⑤ 일본에는 세계에서 가장 안전한 환경, 선진적인 교통 인프라가 정비되어 오사카 · 간사이는 세계의 주요 도시의 어디에서나 쉽게 접근할 수 있다.

그림 A-3 2025오사카 · 간사이세계박람회장 위치도

박람회장

박람회장인 유메시마섬(꿈의 섬)은 오사카시가 소유한 인공 섬이다. 이를 통해 당국은 최적의 세계박람회 체험을 위해 필요한 인프라를 설계하고 개발할 수 있다. 세토내해의 매혹적인 풍경과 계속되는 가벼운 산들바람과 유메시마 도심에서 20~30분 거리인 오사카 중심부와의 접근성은 세계박람회가 꿈의 장이 될 것이다.

전시관

박람회장의 5개 구역에 '하늘'이라는 전시관을 설치, AR(증강현실) · MR(복합현실) 기술을 활용한 전시와 이벤트 등을 통해 관람객 교류의 장으로 한다.

그림 A-4 2025오사카 · 간사이세계박람회 하늘 전시관 상상도

기업관

기업관에서는 각 참가 기업들이 이 세계박람회의 주제인 '생명으로 빛나는 미래사회의 디자인'에 맞춰 개성을 살린 전시와 연출을 통해 관람객들이 미래사회를 체험하고 감동과 공감을 주는 전시관을 실현을 목표로 하고 있다. 앞으로 본 협회는 기업관을 비롯한 기업 · 단체와의 다양한 공동창조를 통해 오사카 · 간사이세계박람회의 매력을 현실과 가상의 장에서 크게 높여 나갈 것이다.

그림 A-5 2025오사카 · 간사이세계박람회 기업관 배치도

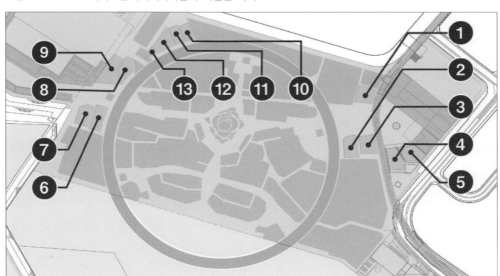

출전 참가 기업 현황

① 일본전신전화(주): NTT관 2025 NATURAL 생명과 IT의 〈사이〉

② 전기사업연합회: 전력관(가칭)

③ 스미토모EXPO2025추진위원회: 스미토모관

④ 파나소닉홀딩스(주): 파나소닉관(가칭)

⑤ 미쓰비시 오사카 · 간사이세계박람회 종합위원회: 미쓰비시 미래관

⑥ 요시모토흥업 홀딩스(주): 요시모토관(가칭)

⑦ ㈜파소나 그룹: 'PASONA Natureverse'

⑧ 특정비영리활동법인 젤리재팬: 'BLUE OCEAN (블루 오션)

⑨ ㈜ 반다이 나므코홀딩스: 간담관(가칭)

⑩ 타마야마 디지털 테크(주): 초지 · 창신관(가칭)

⑪ 일반사단법인 일본가스협회: 가스관

⑫ 이이다그룹 홀딩스(주): 이이다그룹＋오사카공립대학 공동관

⑬ 일반사단법인 오사카외식산업협회: 새로운 천하의 부엌－음식박람회 · 오사카 2025(가칭)

오사카에 관해

오사카를 거점으로 하는 간사이 지역은 도전정신과 전통을 현대와 조화시킨 풍부한 문화, 첨단 생명과학 기술 및 다른 분야와 융합한 지역이다. 이 도시는 인스턴트 라면, 가라오케, 회전초밥과 같은 많은 독특한 아이디어와 발명품을 많이 가지고 있으며, 많은 사람들의 일상생활에 커다란 혜택을 가져왔다. 1,600년이 넘는 기간 동안, 오사카, 나라, 교토의 도시를 포함하는 간사이 지역은 일본의 수도였다. 나라는 유명한 실크로드(Silk Road)에서 동쪽의 정류장으로 불리며, 세계 각국의 아이디어와 영향을 받아들이는 관문 역할을 했다.

놀랍게도, 일본의 국보 절반과 5개의 유네스코 세계문화유산을 간사이 지역에서 찾을 수 있다. 오사카, 간사이는 세계에서 가장 안전하고 안심하며 살 수 있는 도시 중 하나로 인식되고 있다. 오사카는 1970년에 세계박람회와 1990년에 국제원예박람회를 개최했다.

[자료: 국제박람회기구(BIE) 홈페이지(http://www.bie-paris. org/site/en)를 참조하여 저자 재작성.]

2030세계박람회 유치

대한민국과 부산의 도약을 위한 대전환의 기회

개최 목적

① 한반도에서 인류공존과 번영을 위한 평화 메시지와 새로운 미래 비전 제시

② 미래세대를 위한 대한민국과 부산의 미래 성장동력 확보

③ 4차 산업혁명 실현 및 주제 관련 산업·경제전반 구조 고도화

④ UN의 지속가능한 개발목표(SDGs)와 접목한 국가 균형발전 도모

개요

① 명칭: 2030세계박람회(World EXPO 2030)

② 기간 : 2030. 5. 1.~10. 31.(184일)

③ 장소: 부산 북항 일원(343만m²: 육역 276만m², 수역 67만m²)

④ 예상 관람객: 3,480만 명 (내국인 3,160만 명, 외국인 320만 명)

⑤ 참가 규모: 160개국, 20개 국제기구, 15개 NGO, 40개 기업

⑥ 주제: '세계의 대전환, 더 나은 미래를 향한 항해'

   (Transforming Our World, Navigating Toward a Better Future)

⑦ 부주제: 자연과의 지속 가능한 삶(Sustainable Living with Nature)

   인류를 위한 기술(Technology for Humanity)

   돌봄과 나눔의 장(Platform for Caring & Sharing)

⑧ 총 사업비: 약 6조 4,000억 원 (5,727백만 달러)

⑨ 파급효과: 생산 유발 43조 원, 부가가치 유발 18조 원, 취업 유발 50만 명

⑩ 웹사이트: www.expo2030busan.kr/eng

왜 대한민국 부산인가

① 식민지와 해방, 전쟁과 분단, 산업화와 민주화 등 급격한 전환을 경험하고 성공적으로 발전한 국가

② 기후위기 대응 및 녹색경제 전환, 인간중심 기술의 구현에 앞장서는 디지털 강국

③ 최빈국에서 선진국으로 발전한 유일한 국가로서 다양한 실질적 경험을 전 세계와 공유할 수 있는 가교 역할 가능

그림 A-6 2030세계박람회장 조감도

그림 A-7 2030세계박람회 유치 홍보 포스터와 BUSAN IS READY 이미지

④ 대한민국의 전환을 이끌고 대한민국의 과거 · 현재 · 미래를 보여 주는 대표적인 도시(피란 수도 → 유라시아 관문도시 → 그린스마트 도시)

⑤ 자연과의 공존을 실천하고, 인간 중심의 기술이 구현되는 미래 도시이자 돌봄과 나눔의 정신이 깃든 도시

⑥ 세계적인 메가이벤트 개최능력 보유 도시: APEC 정상회의, 아시안게임, 부산국제영화제 등 다양한 국제행사를 성공적으로 개최한 도시

주제 및 부제

- 배경: 현재 인류는 기후 위기, 기술 격차, 사회 양극화 등 위기에 직면
    → 위기를 극복하고 더 나은 미래로 가기 위해 근본적인 대전환이 필요함
- 주제: '세계의 대전환, 더 나은 미래를 향한 항해'
  * 대전환(키워드), 항해(개최지 부산 상징)
- 부제: 주제를 구체화하기 위해, 인류가 직면한 주요 위기 양상에 맞추어 부제를 3가지로 세분화함
    ① 자연과의 지속 가능한 삶(Sustainable Living with Nature)
      ⇒ 기후환경 위기에 대한 대응

② 인류를 위한 기술(Technology for Humanity): 디지털 전환

　⇒ 디지털 기술 전환의 양면성에 대한 대응

③ 돌봄과 나눔의 장(Platform for Caring & Sharing)

　⇒ 각종 격차와 불평등에 대한 대응

세계박람회 유치 필요성

- 미래세대가 행복한 경쟁력이 있는 글로벌 국가와 도시로 도약할 터닝 포인트
- 국제적으로 원조를 받던 나라에서 원조를 하는 나라로 발전한 대한민국에서 개최하는 세계박람회는 개발도상국에 희망의 메시지
- 첨단산업 고도화로 4차 산업혁명의 기술적 우수성 과시 및 50만 개 이상 신규 일자리 창출 등 대한민국과 부산이 재도약할 절호의 기회

　⇒ 대한민국과 부산의 도약을 위한 대전환 기회 마련

① 전 세계: 21C 중후반기를 선도하는 대한민국의 글로벌 리더십 확립

- 인류공통의 과제에 대한 지혜의 공유로 인류공존 · 번영 비전 제시
- 국가간 상호이해와 우호관계 구축으로 국제사회의 평화 · 진보에 공헌
- 한국전쟁의 폐허를 딛고 산업화 · 민주화 기적을 이룬 OECD 국가로서 세계박람회 개최로 전 세계에 UN의 가치인 지속 가능한 발전모델 제시

② 대한민국: 세계무대로 다시 한 번 도약할 터닝 포인트

- 4차 산업혁명관련 산업 첨단화로 국가혁신 성장을 위한 모멘텀 확보
- 세계박람회 주제 관련 산업 · 연관기술의 고도화로 저성장 구조 극복
- 동남광역경제권의 활성화로 국가 발전 성장축 확대, 국가 균형발전 도모
- 유라시아 허브로 위상 제고 및 통일 한반도 국가 비전 실현에 기여

③ 동남권 지역: 혁신 성장의 지역거점 · 국가 균형발전의 기회 마련
- 2002월드컵 이후 남부권 최대 국제행사로 범국가적 동반성장에 기여
- 남해안 선벨트 등 동남광역경제권 파급효과 촉진으로 지역경제 활성화
- 동남권 미래 첨단산업의 견인 및 물류 · 관광 · 교역 등 연계산업의 강화

④ 부산 지역: 낙후된 원도심 도시 대개조로 지속가능한 성장동력 마련
- 개항 후 143년간 일제강점기, 컨테이너 부두로 폐쇄 · 낙후된 지역을 시민에게 환원
- 국정과제인 북항 통합개발과 연계 도심 재개발 · 도시재생 시너지 극대화
- 세계평화, 경제, 문화관광, 유라시아 관문도시로의 위상강화

부산이니셔티브

기후변화, 디지털 격차, 보건 위기, 식량안보, 인력양성 분야를 중심으로 국제협력을 추진해 나가는 프로젝트로, 5대 분야에 대한 국가별 수요를 고려하여 맞춤형 협력사업 추진

① 과거 세계박람회가 선진국이 중심이 되어 새로운 기술과 상품을 선보이는 산업전시회였다면, 지금은 미래 인류문명의 비전과 가치를 논의하고 공유하는 방향으로 나아가고 있음.
② 대한민국은 2030년 세계박람회를 위해 '부산이니셔티브'라는 개발협력 프로젝트를 마련해 대전환의 시대에 종전과 다른 새로운 차원의 세계박람회를 준비하고 있음.
③ 부산이니셔티브는 각 국가가 직면하고 있는 물, 식량, 에너지, 기후변화, 보건 · 의료 등의 문제를 대한민국의 성장 경험과 기술을 활용해 공동의 해법을 모색하고자 하는 것임.
④ 2030년 세계박람회는 '부산이니셔티브'를 통해 개별국가의 당면과제와 인류 공동의 문제에 대한 해결책을 모색하여 그 성과를 전시하고 공유하는 '솔루션플랫폼'이 될 것임.

⑤ 우리는 개별 회원국 모두와 장기적이고 지속적인 파트너십을 맺고 이를 위한 실천적 노력을 다할 것임. 전 인류의 더 나은 미래를 위해 대한민국 부산이 전 세계와 함께 연대해 나가겠음.

기대 효과

① 국익 및 공익적 측면

- 미래 평화시대를 주도할 한반도의 글로벌 역량 강화 및 통일 한반도 비전 제시
- 국가 · 사회 전 분야에서 국제 경쟁력 제고의 전기 마련 및 국가 균형발전 선도
- 세계박람회 유치로 과학기술 및 관련 산업의 첨단화, 산업구조 고도화

② 경제 · 산업분야 효과

- 생산 유발 43조 원, 부가가치 유발 18조 원, 취업 유발 50만 명 효과 예측
- AI 등 4차 산업혁명 관련 산업의 첨단화 · 고도화로 비약적인 발전 계기 마련
- 세계박람회 주제 관련 산업기술 육성으로 국가 경제에 활력 제공
- SOC 확충 및 복합물류시스템 구축으로 세계 최고의 국제 물류국가 도약
- 외국인의 국내 관광 · 투자 증가, 기업 브랜드 강화, 국제 신용등급 향상

③ 문화 · 관광분야 효과

- 관광, 전시 · 컨벤션 등 서비스 산업의 고도성장으로 외국인 관광객 증가
- 영화산업을 중심으로 부산의 음식, 패션, 노래 등으로 퓨전문화 창출
  ⇒ 세계적인 문화콘텐츠 도시로 성장, 인근지역 시너지 효과
- 21세기 중후반 어젠다 주도 및 문화 · 관광산업 고도화로 수출 및 투자 확대, 국토 균형 발전

④ 정치 · 외교적 효과

- 남북 정세에 관한 국제사회의 인식 전환으로 한반도 평화통일 조성

- 세계평화, 인류공존 · 공영의 지구촌 공동 가치 공유와 확산으로 한반도 분단 상황에 대한 국제적 이해 증진 및 통일국가 비전 실현
- 국가 브랜드 및 부산 인지도 향상, 북항 일원을 세계적인 명소로 홍보
- 국가의 국제적인 위상 제고, 국가의 대외정치 및 경제활동의 원활화, 국제 외교력 강화

세계박람회장 입지 여건

① 북항 일원은 외세가 조성, 아픈 역사를 간직한 지역으로 재생 필요
- 일제 강점기 이후 무분별한 도시 확장으로 도시 기반시설 부족 심화
- 북항 지역은 시민의 접근이 제한된 지역으로 민족적 상흔의 치유 필요
② 단절의 상징 북항 지역은 부산 대개조 비전 달성의 현장
- 과거 사회 혼란기와 산업화로 단절과 불균형의 현장(항만, 철도, 군사시설)
- 부산 대개조는 연결, 혁신, 균형을 이루는 모델, 세계박람회 유치는 북항 지역을 시

그림 A-8 2030세계박람회장인 북항의 현재 전경

민에게 돌려주는 상징 사업
- 구도심 공동화 해소, 기반시설 확충, 상권 활성화 등 도시재생 실험공간으로서 정부 정책에도 적극 부응

③ 북항 일원은 세계 유일 피난 수도로서 근대유산 박물관
- 북항 일원은 부산의 태동지이자 거대한 근대유산의 현장으로 관광·문화 분야 시너지 극대화의 최적지

④ 새로운 평화무드 조성 및 냉전 해체로 통일 한반도 국가 비전 실현
- 세계 유일의 분단국가로서 세계박람회 개최는 남북 평화무드 확산으로 전 세계에 인류 공동의 번영 비전 제시
- 한반도 평화 정착을 위한 남북관계 발전과 동북아 평화질서 조성에 기여
- 북항 일원은 유라시아의 관문이자 북극항로 개척 상징지역으로 부산의 글로벌 도시로의 도약 기회이자 국제사회 관심 증대

교통여건

접근성 높은 박람회장 위치 및 다양한 교통수단을 통해 어디서든 편리한 방문이 가능한 교통체계 완비

① 박람회장이 국제공항, 고속철도역, 국제·연안여객터미널, 도시철도역에 인접해 있어 관람객들의 편리한 방문이 가능

   ※ 가덕도 신공항 건설사업은 2030년 개항을 지향하여 최대한 신속하게 추진

② 항공·해상·육로(고속철도·셔틀버스·도시철도) 등 다양한 교통수단과 함께 UAM·PAV 등 미래형 교통체계를 활용하여 방문객의 편의성 증진

   ※ UAM(Urban Air Mobility): 도심항공교통 / PAV(Personal Air Vehicle): 개인용 비행체

사후 활용

- 지구별 구분 및 활용: 4개 지구로 구분
  - 비즈니스, 복합 문화, 해양산업·R&D, 휴양·휴식지구로 구분

표 A-1 지구별 활용 및 단지 배치계획

구분	주요 시설	사후 활용계획(안)	비고
비즈니스 1, 2지구	• 엑스포홀, 엑스포센터 • 엑스포호텔 • 상업시설, 관리시설	• 컨벤션센터, 쇼핑몰, 전시관 • 금융, 법률, 보험 등 국제해양업무 −해운금융센터, 거래소, 핀테크 등	중부산권 BEXCO 타운 (22.4%)
복합문화 1, 2, 3지구	• 대주제관, 소주제관 • 다목적 공연장 • 엑스포주제공원, 한국관	• 엑스포기념관, 엑스포박물관 • 동북아 관광, 국제교류 거점 • 역사, 문화, 예술공간의 국제관광 기지	엑스포문화 플랫폼시티 (40.8%)
해양산업 R&D 1, 2지구	• 독립관 • 공동관	• 해양 관련 첨단산업 및 R&D −해양연구, 첨단선박, 기자재 모듈 • 해양 신산업 R&D 테크노밸리 조성	해양 신산업 클러스트 (21.6%)
휴양휴식 지구	• 엑스포 빌리지 • 친수복합시설 • 레저 및 주제시설	• 엑스포형 특화 주거단지 조성 • 체류, 체험형 복합리조트 조성 • 해양관광 및 레저 관련 서비스업	힐링 휴먼 빌리지 (15.2%)

자료: 부산광역시 2030엑스포추진본부(2019). 『2030부산월드엑스포 유치자료』를 참조하여 저자 재작성.

그림 A-9 2030세계박람회장 북항의 미래 조감도

국제박람회기구 신협약(전문)

조약안(Protocol)

국제박람회와 관련해 1928년 11월 22일 파리에서 서명된 국제협약의 개정을 위한 조약안이다. 현재 국제협정의 당사국들은 국제박람회와 관련해 1928년 11월 22일 파리에서 서명되고, 1948년 5월 10일, 1966년 11월 16일의 조약안에 의해서 개정되고 추가된, 국제협약에 의해 제정된 규정들과 절차들이 참가국과 국제박람회 개최조직들에게 매우 유용하고 필요한 것임이 증명되었다. 이와 같은 규정과 절차들의 목적을 보증할 책임이 있는 조직과 관련한 국가들과 함께 이전의 법규와 절차들을 현재 실정에 맞게 수정되길 바라며, 또한 1928년 국제협약을 대체할 조항들을 단일한 협약안으로 통합하기를 바라며, 다음과 같은 조항에 동의했다.

조항1

현 조약안의 목적들은 다음과 같다.

가) 국제박람회에 관련한 규칙과 절차를 개정하기 위함.

나) 국제박람회기구의 운영에 관련한 조항을 개정하기 위함.

국제협정 조항2 개정안

1928년 국제협정은 제1조항에 명시된 목적에 따라서 현 조약안에 의해 상당수 개정되었다. 개정된 국제협정 원문은 완전한 부분으로 이루어져 있는 현재 조약안에 부속조항을 신설한다.

조항3

1. 현 조약안은 파리에서 1928년 국제협정을 체결했던 정부조직들에 의한 서명으로 공개되어 1972년 11월 30일부터 1973년 11월 29일까지 존속하였으며, 그 후에 정부조직들의 가입을 위해 공개되어 존속되었다.

2. 1928년 국제협정을 체결한 정부조직들은 다음과 같은 것에 의해서 현 조약안에 따라 참가국이 되었다.

　가) 비준, 수락, 승인에 관한 유보조항 없는 서명

　나) 비준, 수락, 승인에 따른 비준, 수락, 승인에 관련한 서명

　다) 가입

3. 비준, 수락, 승인 또한 가입의 조약서는 프랑스 공화국 정부에 기탁되었다.

조항4

현 조약안은 조항3에 따라 조약안에 관한 이해당사자들인 29개국에 대해 해당일에 발효하게 된다.

조항5

국제박람회 기구에 의해 해당일이 정해졌기 때문에 위의 조항4에 따라 강제력을 발효하기에 앞서 선행되는 행정협의회의 회의까지는 현 조약안의 조항들은 박람회의 등록에 적용되지 않는다.

조항6

프랑스공화국 정부는 체결 해당조직들과 국제박람회기구에 다음과 같은 사항을 통지해야 한다.

　가) 조항3에 의거하여 기탁된 서명 날인, 비준, 수락, 승인 그리고 가입에 관한 사항

　나) 조항4에 의거하여 현 조약안이 강제력을 발효하는 해당일

조항7

현 조약안이 강제력을 발효하자마자, 프랑스공화국 정부는 그것이 유엔헌장 조항102에 의거하여 유엔사무국에 등록해야 한다. 이에 대한 증거로서 적법한 서명당사자들에 의해 현 조약안에 서명하였다. 1972년 11월 30일에 성립된 조약안은 프랑스어로 된 원본

으로 프랑스공화국 정부에 기탁되었다. 프랑스 정부는 1928년 국제협정에 참석한 모든 참가국 정부에게 공인된 사본들을 발송해야 한다.

협약(Convention)

1928년 11월 20일 파리에서 서명, 1948년 5월 10일 자, 1966년 11월 16일 자, 1972년 11월 30일 자 의정서, 1982년 6월 24일 자 및 1988년 5월 31일 자 개정안에 의하여 보완됨.

〈제1부 정의 및 목적〉

제1조

1. 박람회라 함은 명칭에 관계없이 일반 대중의 계몽을 그 주된 목적으로 하는 전시회를 말한다. 이는 문명의 욕구를 충족시키기 위하여 인간이 활용할 수 있는 수단을 전시할 수도 있고, 특정 또는 여러 분야에서 인류 노력으로 성취된 발전을 전시하거나 미래에 대한 전망을 보여 줄 수도 있다.
2. 1개국 이상이 참가하는 박람회를 국제박람회라 한다.
3. 국제박람회의 참가자는 국가관으로 공식 참가하는 국가 단위 전시자, 국제기구 및 비공식참가국의 전시자, 몇 가지 별도 기능을 수행하기 위하여 박람회 규정에 따라 권한을 부여받은 전시자로서 특히 직매권이 허용된 전시자들로 구성한다.

제2조

1. 이 협약은 다음 각 호를 제외한 모든 국제박람회에 적용된다.
   1) 개최 기간이 3주 이내인 박람회
   2) 순수 예술 전시회
   3) 본질적으로 상업적 성격을 갖는 박람회

표 A-2 1972년 11월 30일에 성립된 조약안에 서명한 회원국

국가	이름	기록
오스트리아공화국 정부	1973년 9월 28일 / 엘리히 비엘카	조건부 비준
벨기에왕국 정부	R. 로스차일드와 R. 라우스	조건부 비준
불가리아인민공화국 정부	E. 라즐로고프	위임장과 선언장에 명시된 조건부 유보
소비에트 사회주의연방 벨로루시공화국 정부	V. 아니초크	위임장과 선언장에 명시된 조건부 유보
캐나다 정부	클라우드 T. 찰란드	
체코슬로바키아 연방공화국 정부		
덴마크왕국 정부	폴 아삼	조건부 비준
핀란드공화국 정부	올레 헤롤드	조건부 비준
프랑스공화국 정부	크리스티앙 아우멜	
독일연방공화국 정부	S. 폰 브라운	
그리스왕국 정부		
하이티공화국 정부		
헝가리인민공화국 정부	라즐로 폴데즈	위임장에 명시된 조건부 유보
이스라엘 정부	아이스라하비브	조건부 비준
이탈리아공화국 정부	F. 말파티	조건부 비준
일본 정부		
레바논공화국 정부		
모나코공국 정부	피에르 루이즈 팔래제	조건부 비준
모로코왕국 정부		
네덜란드왕국 정부	J.A.드 라니츠	조건부 비준
나이지리아 연방공화국 정부		
노르웨이왕국 정부	허슬렙 보그트	조건부 비준

폴란드 인민공화국 정부	미차타 카제라	11월의 구상서에 명시된 유보에 속하는 비준의 조건부 유보
포르투갈공화국 정부	1973년 11월 29일 A. 렌카스트레 다 베이가	조건부 비준
루마니아 사회공화국 정부	1973년 11월 8일 C. 폴리탄	조항34의 3항과 4항 그리고 조항35에 따라 위임장에 언급된 유보에 속하는 비준의 조건부 유보
스페인 정부	E.드 몰타 와이 자야스	
스웨덴왕국 정부	D. 윈터	조건부 비준
스위스연방 정부	맥스 트로엔델	조건부 비준
튀니지 정부	아브데살렘 벤 아에드	
소비에트연방 우크라이나 정부	알렉산더 고르데노크	서명한 시점에 전달된 선언서와 조건부 유보
영연방왕국과 북아일랜드 정부	디 로간, F. 세드윅젤	
아메리카합중국 정부	1972년 11월 29일 잭 B. 쿠비쉬 추가	11월의 구상서에 명시된 선언서와 비준의 조건부 유보
소비에트연방 정부	유리 모리소프	서명한 시점에 전달된 선언서와 조건부 유보

자료: 국제박람회기구 홈페이지(http://www.bie-paris.org/site/en)를 참고하여 저자 재작성.

2. 주최자에 의해 명명된 명칭에 관계없이, 이 협약은 등록박람회(registered exhibitions) 와 인정박람회(recognized exhibitions)로 구분한다.

〈제2부 국제박람회에 관한 일반 조건〉

제3조
다음 각항에 명시된 국제박람회는 아래 제25조가 언급하고 있는 국제박람회기구에 등록 (registration)이 가능하다.
1. 개최 기간이 6주 이상, 6개월 이하인 국제박람회

2. 참가국이 사용하는 전시장을 관장하는 규정은 박람회 일반규정에 명시되어야 한다. 초청국 국내법에 따라 부동산에 대한 세금이 부과될 경우 주최 측 책임하에 부담해야 한다. 사무국이 승인한 규정에 따라 실제적으로 공여된 용역에 대한 요금 징수는 가능하다.

3. 1995년 1월 1일 이후 등록(registered) 박람회 개최 간격은 최소한 5년으로 하며, 그 첫 번째 박람회는 1995년에 개최가 가능하다. 한편, 국제박람회기구는 국제적으로 특별히 중요한 행사를 기념키 위해서 상기 규정에 따른 개최일을 1년 이내에 앞당겨 조정 수락할 수는 있으나 당초 일정에 명시된 개최 간격 5년을 변경할 수 없다.

제4조

1. 다음 각 항에 명시된 국제박람회는 국제박람회기구 인정(recognition)이 가능하다.

   1) 개최 기간 3주 이상, 3개월 이하인 국제박람회

   2) 특정 주제를 조명하는 국제박람회

   3) 총 면적 25ha 이하인 국제박람회

   4) 주최 측은 참가국에 대해 1개국 최대 할당 면적 1,000㎡ 내에서 전시장을 건축, 할당해야 하며, 공여된 서비스 요금 이외의 임대료, 관리비, 제세 및 비용은 무료이다. 그러나 국제박람회기구는 개최국의 경제, 재정 상태에 따라서는 참가국에 할당된 전시장 임대료 등의 요금 징수를 승인할 수 있다.

   5) 상기 제4조 ①항에 준한 인정(recognized)박람회는 2회의 등록(registered)박람회 사이에 단 1회에 한하여 개최가 가능하다.

   6) 등록(registered)박람회 또는 동 ①항에 준한 인정(승인, recognized)박람회는 단 1회에 한하여 동일 연도 개최가 가능하다.

2. 국제박람회기구는 다음과 같은 박람회에 대해서도 개최를 승인(인정, recognition)할 수 있으며, 2회의 등록(registered) 박람회 사이에 개최가 가능하다.

   1) 역사가 깊은 '밀라노트리엔날레 장식미술 및 현대건축 박람회'. 단, 당초의 박람회 성격을 유지해야 한다.

2) 국제원예생산업자협회가 승인한 모든 원예박람회. 단, 개최국이 상이한 경우 개최 간격 최소 2년, 동일 국가의 경우 개최 간격을 최소 10년을 유지해야 한다.

제5조

박람회의 개막일 및 폐막일과 일반적 성격은 박람회의 등록(registration) 또는 인정(recognition)시에 명시하여야 하며 국제박람회기구 동의하에만 변경될 수 있다.

〈제3부 등록〉

제6조

1. 이 협약의 범주에 속하는 국제박람회를 자국의 영토 안에서 개최하고자 하는 체약국 정부는 (이하 초청국 정부라 칭한다) 동 박람회에 관해 제정하고자 하는 법령, 규칙 또는 재정 조치계획을 수록한 등록 또는 승인 신청서를 기구에 제출하여야 한다. 비체약국 정부가 박람회 개최 등록 또는 승인을 원할 경우에도 이 협약의 1, 2, 3, 4부 각 조항과 시행 규칙을 준수할 것을 확약하는 조건으로 동일한 방식으로 신청할 수 있다.

2. 등록 또는 공인신청은 박람회 주최자가 정부가 아니더라도 박람회 개최 예정지의 국제적인 관계를 책임지고 있는 정부 측에서 행하여야 한다.

3. 기구는 박람회 신청의 최대 기간과 박람회 등록 또는 공인 신청의 최소 접수 기간을 강제규정으로 정하여야 하며, 신청서에 첨부할 서류도 명시하여야 한다. 기구는 또한 신청의 타당성 조사비용으로 납부할 기부 금액도 강제규정으로 정하여야 한다.

4. 등록 또는 승인은 박람회가 이 협약의 조건과 기구에서 정한 규정을 충족하여야만 승인된다.

제7조

1. 박람회 등록 또는 공인을 위해 2개국 이상이 경합하여 합의에 이르지 못할 경우 당사국들은 기구의 총회에 중재를 요청하여야 한다. 총회는 결정을 내리는 데 있어서 제출된 제반 사항과 특히 역사적, 도덕적 측면에서의 특별한 사유, 과거 마지막 박람회 개

최 이후의 경과 기간 및 경합 당사국에 의해 이미 개최된 박람회 횟수를 고려하여야 한다.

2. 사무국은 특별한 경우를 제외하고는 체약국의 영토 내에서 개최될 박람회에 우선권을 준다.

제8조

박람회 등록 또는 인정을 허락받은 국가가 제5조 이외의 사정으로 당초의 박람회 일정을 변경할 경우 등록 또는 인정에 따른 모든 권리를 상실하게 된다. 박람회 개최 일정을 변경하고자 할 경우 당해 정부는 등록 신청을 새로 해야 하며, 필요한 경우 경합되는 주장을 조정하기 위해 제7조에 규정된 절차에 따른다.

제9조

1. 체약국은 등록 또는 인정되지 않은 어떠한 박람회에 대해서도 참가, 후원 및 정부의 보조를 거절하여야 한다.

2. 체약국은 등록 또는 인정된 박람회에 자유로이 참가하지 않을 수 있다.

3. 허위의 박람회, 거짓, 약속, 통보, 홍보로 참가자를 기만하여 유치한 박람회의 주최자에 대하여 각 체약국은 자국의 법률에 따라 가장 적절하다고 판단되는 조치들을 취하여야 한다.

〈제4부 등록된 박람회의 주최자 및 참가국의 의무〉

제10조

1. 초청국 정부는 이 협약과 이 협약의 시행을 위하여 제정된 규칙의 각 조항의 준수를 보장한다.

2. 상기 정부가 직접 박람회를 개최하지 아니하는 경우, 동 정부는 이 목적을 위하여 주최자를 공식적으로 승인하며 주최자의 의무 이행을 보증한다.

제11조

1. 박람회 참가의 모든 초청장은, 체약당사국에 대한 것이든 비회원국에 대한 것이든, 피초청국 및 그의 권한하에 있는 자연인 또는 법인을 위하여 개최국 정부에 의하여 피초청국 정부에 외교적 경로를 통하여 발송된다. 이에 대한 회신도 동일한 경로로 개최국에 전달되어야 하며 초청받지 아니한 당사자로부터의 참가요청도 마찬가지이다. 초청시에는 사무국에서 정한 기간을 준수하여야 하며 당해 박람회가 등록을 필하였음을 명시하여야 한다. 국제기구에 대한 초청장은 동 국제기구에 직접 전달되어야 한다.
2. 이 협약이 정한 바에 따라 초청장이 전달되지 않았을 경우 어떠한 체약당사국도 국제박람회에의 참가를 주선하거나 후원할 수 없다.
3. 체약당사국은 이 협약이 정한 바에 따라 승인을 거쳐 개최등록 또는 개최인정을 필하였음이 초청장에 명시되지 아니한 경우 개최장소가 체약당사국 영역 내이든 비회원국 영역 내이든 박람회 초청장을 송부하거나 접수할 의무가 없다.
4. 체약당사국은 자국 정부에 대한 초청장 이외의 초청장을 보내지 아니하도록 주최자에게 요구할 수 있다. 체약당사국은 초청받지 아니한 자연인 또는 법인에 의하여 표시된 참가 초청 또는 참가 희망을 전달하지 아니할 수도 있다.

제12조

초청국 정부는 이 협약과 관련된 모든 목적으로 또한 박람회에 관한 모든 문제에 있어서 동 정부를 대표할 책임을 지는 박람회 정부대표 등록박람회의 경우에는 Commissioner-General, 인정박람회의 경우에는 Commissioner를 임명한다.

제13조

박람회 참가국 정부는 초청국 정부에 대하여 자국을 대표하는 자국의 전시구역 정부대표(등록박람회의 경우에는 Section Commissioner General, 인정박람회의 경우에는 Section Commissioner)를 임명한다. 전시구역 정부대표는 자국의 전시에 대하여 전적인 책임을 진다. 그는 자국의 전시내용을 박람회 정부대표(초청국)에게 통보하며 전시자의 권리와 의무가 존중되도록 배려한다.

제14조 (삭제)

제15조 (삭제)

제16조

국제박람회에 관한 관세규칙은 부칙에 수록되어 있으며 이 협약의 불가분의 일부를 구성한다.

제17조

박람회에서는 참가국 정부가 제13조에 따라 임명한 정부 대표의 권한하에 설치된 전시구역만이 국가관으로 간주되고 국가관이라는 명칭을 사용할 수 있다. 국가관은 당해국가의 모든 전시자들로 구성되나 장내영업권 취득자는 포함되지 아니한다.

제18조

1. 개별 참가자 또는 참가자 단체는 관계 당사국의 전시구역 정부 대표의 허가를 얻어야만 박람회에서 동 참가국과 관련되는 지리적 명칭을 사용할 수 있다.
2. 체약당사국이 박람회에 참가하지 아니하는 경우 박람회 정부 대표는 참가하지 아니하는 국가를 대신하여 전항에서 규정한 바와 같이 그 국가와 관련되는 명칭의 사용을 금지하여야 한다.

제19조

1. 국가관에 전시된 모든 물품은 그것을 전시하는 국가와 밀접한 관계를 가지고 있어야 한다(예를 들면, 참가국 정부의 영토가 원산지인 물품 또는 동 국가의 국민의 창작물).
2. 다른 나라와 관련된 물품이나 생산물은 전시품의 완성에 기여하는 경우에만 다른 관계 정부대표의 허가를 얻어 전시될 수 있다.
3. 상기 제1항 및 제2항에 관하여 참가국 정부간에 분쟁이 발생하는 경우 이 문제는 전시구역정부대표단에 상정되어 참석자 단순 다수결로 결정된다. 이 결정은 최종적이다.

제20조

1. 초청국 법률에 저촉되는 조항이 없는 한, 어떤 형태의 독점도 박람회에서는 허용되지 아니 한다. 다만, 일반역무의 독점은 등록 또는 인정시 사무국에 의하여 허가될 수 있다. 이 경우 주최자는 다음 각호의 의무를 준수하여야 한다.
   1) 박람회 규칙이나 참가계약서에 그러한 독점사항의 존재를 명시함.
   2) 초청국의 통상적인 조건하에서 전시자들이 독점되는 역무를 이용할 수 있도록 보장함.
   3) 각 구역의 정부대표의 권한을 어떠한 경우에도 제한하지 아니함.
2. 박람회 정부대표는 참가국 정부에게 부과되는 요금이 박람회 주최자에게 부과되는 요금이나 또는 어떠한 경우에도 현지의 정상적인 요금 수준을 넘지 아니하도록 모든 조치를 취한다.

제21조

박람회 정부대표는 박람회장 내의 공공이용 역무시설이 효율적으로 기능을 발휘할 수 있도록 그의 권한 내에서 최선을 다한다.

제22조

초청국 정부는 특히 운송비와 인원의 입국 및 물품의 반입 조건면에서 각국 정부와 그 국민의 참가가 용이하도록 노력한다.

제23조

1. 박람회 일반규칙은 언제든지 발급될 수 있는 참가 증명서와는 별도로 참가자들에 대한 시상이 있는지 여부를 명시하여야 한다. 시상이 있을 경우 그 수여를 일정 범주로 제한할 수 있다.
2. 참가자들이 수상경쟁을 원하지 아니하는 경우 박람회 개막 전에 이러한 의사를 선언하여야 한다.

제24조

다음 조항에서 정의되어질 국제박람회사무국은 심사원의 구성 및 기능에 관한 일반 조건과 시상 방법을 정한 규칙을 작성한다.

〈제5부 조직규정〉

제25조

1. 국제박람회사무국은 이 협약의 적용을 감독하고 보장하기 위하여 설립되었다. 사무국의 구성원은 체약당사국 정부이다. 사무국 본부는 파리에 둔다.
2. 사무국은 법인격을 가진다. 특히, 동산 및 부동산을 계약, 취득, 처분하며 소송을 제기할 능력을 가진다.
3. 사무국은 이 협약이 위임한 기능을 수행하는 데 필요한 특권 및 면제에 관하여 국가 및 국제기구와 협정을 체결할 권한을 가진다.
4. 사무국은 총회, 의장, 집행위원회, 다수의 전문위원회 그리고 위원회와 동수의 부의장, 사무총장 직속의 사무처로 구성된다.

제26조

사무국의 총회는 체약당사국이 국별로 1인 내지 3인의 범위 안에서 임명한 대표로 구성된다.

제27조

총회는 정기회를 개최하며 임시회를 개최할 수도 있다. 총회는 사무국의 최고기관으로서 이 협약에 따라 사무국 소관의 모든 문제를 결정한다. 특히 총회의 임무는 다음 각호와 같다.

　1) 국제박람회의 등록 또는 인정, 분류, 개최 및 사무국의 적절한 기능 수행에 관한 규칙의 협의, 채택, 공포. 이 협약 규정의 범위 내에서 총회는 박람회 주최자가 준수하여야 할 강제규칙과 주최자에 대한 지침으로 활용할 표준규칙을 제정할 수 있다.

2) 예산작성, 사무국 회계서류의 검사 및 승인

3) 사무총장의 보고서 승인

4) 필요시 위원회의 구성, 집행위원회 및 기타 위원회 구성원의 임명

5) 이 협약 제25조 제3항에 따라 체결할 국제협정의 승인

6) 이 협약 제33조에 의한 개정안의 채택

7) 사무총장의 임명

제28조

1. 각 체약당사국 정부는 자국대표의 인원수에 관계없이 총회에서 1개의 투표권을 가진다. 이 투표권은 이 협약 제32조에 따라 체약국 정부의 분담금미납액이 당해년도 및 전년도 분담 금액의 합계를 초과할 경우 정지된다.

2. 총회는 투표권을 가진 회원국의 3분의 2 이상 출석으로 기능을 발휘한다. 의사정족수에 미달할 경우 총회는 최소한 1개월 후에 동일 의제를 가지고 다시 소집된다. 이 경우 필요 정족수는 투표권을 가진 체약당사국수의 2분의 1로 감소된다.

3. 결정은 출석투표하는 대표의 과반수 찬성에 의하나 다음 각호의 경우에는 3분의 2 다수결이 요구된다.

1) 이 협약의 개정안 채택

2) 규칙의 제정 및 개정

3) 예산안의 채택 및 체약당사국의 연간 분담금액 승인

4) 상기 제5조에 의한 박람회 개막일 또는 폐막일의 변경 허가

5) 체약당사국과 비회원국간의 박람회 등록 경합 시 비회원국 영역에서의 박람회의 등록

6) 이 협약 제3조에 규정된 개최간격의 단축

7) 체약당사국이 발의하여 제33조에 따라 5분의 4의 다수결 또는 경우에 따라 만장일치로 채택된 개정안에 대한 유보의 수락

8) 국제협정안의 승인

9) 사무총장의 임명

제29조

1. 의장은 총회의 비밀투표로 체약당사국의 정부대표 중에서 2년의 임기로 선출된다. 의장은 재임기간 중 출신국을 대표할 수 없다. 의장은 재선될 수 있다.
2. 의장은 총회를 소집, 주재하며 사무국의 기능이 적절히 수행되도록 보장한다. 의장의 부재 시 집행위원회 담당 부의장이 그 직무를 대행하며, 동 부의장의 직무대행이 불가능할 경우 다른 부의장이 선출된 순서에 따라 대행한다.
3. 부의장은 총회에서 체약당사국 대표들 중에서 선출되며 총회는 부의장 직무의 성격, 임기 및 특히 소관 분과위원회를 결정한다.

제30조

1. 집행위원회는 12개 체약당사국이 각각 1명씩 지명한 대표로 구성한다.
2. 집행위원회의 임무는 다음 각호와 같다.
   1) 박람회를 통해 표현될 수 있는 인류업적의 분류의 확립 및 개선
   2) 박람회의 모든 등록 신청 또는 인정 신청의 검사 및 의견서를 첨부하여 등록 신청 또는는 인정 신청의 총회승인을 위한 회부
   3) 총회에서 부여한 임무의 수행
   4) 다른 위원회의 의견 요구

제31조

1. 사무총장은 이 협약 제28조의 규정에 따라 임명된 자로서 체약당사국의 국민이어야 한다.
2. 사무총장은 총회 및 집행위원회의 지시에 따라 사무국의 현행 업무를 수행할 책임이 있다. 사무총장은 예산안 및 회계현황을 작성하고 활동 보고서를 총회에 제출하여야 한다. 사무총장은 특히 법적인 문제에 있어서 사무국을 대표한다.
3. 총회는 사무총장의 임기 및 기타 의무와 책임을 결정한다.

제32조

사무국의 연간예산은 제28조 제3항의 규정에 따라 총회에 의하여 채택된다. 예산안은 사무국의 재정 준비금, 각종 수입금 및 지난 회계연도에서 이월된 대차수지를 표시하여야 한다. 사무국의 경비는 상기재원 및 총회의 결정에 의하여 각 당사국에 할당된 단위수를 기초로 하여 산출한 분담금액에서 충당된다.

제33조

1. 체약당사국 정부는 이 협약의 개정을 제안할 수 있다. 상기 개정문안 및 개정의 이유는 사무총장에게 통보되어야 하며 사무총장은 이를 다른 체약국 정부에 가능한 한 조속히 통지하여야 한다.

2. 개정안은 사무총장의 통지일로부터 최소 3개월 후에 개최되는 총회의 정기회 또는 임시회의 의제에 포함된다.

3. 프랑스공화국 정부는 전항 및 제28조의 규정에 따라 총회에 의하여 채택된 모든 개정안을 전체 협약당사국 정부의 수락을 얻기 위하여 이들에게 제출한다. 이 개정안은 당사국의 5분의 4가 프랑스공화국 정부에 수락 통보를 행한 일자에 모든 당사국에 관하여 효력이 발생한다. 다만, 본항, 제16조 및 동조에서 언급한 부속서에 대한 개정안은 모든 당사국이 프랑스공화국 정부에 수락을 통보하여야만 효력이 발생한다.

4. 개정안의 수락에 관하여 유보하고자 하는 정부는 사무국에 동 유보의 조건을 통보한다. 총회는 동 유보의 수락 여부를 결정한다. 총회는 국제박람회와 관련된 기존 지위를 보호하는 데 도움이 되는 유보는 허용하며, 특권적 지위를 창설하는 효과가 있는 유보는 거부한다. 유보가 수락될 경우 유보를 제기한 정부는 전항의 5분의 4 다수결을 산출하는 데 있어서 개정안을 수락한 정부에 포함된다. 유보가 거부될 경우 유보를 제기한 정부는 개정안의 수락을 거부하든지 유보 없이 수락하든지 여부를 결정하여야 한다.

5. 본 조 제3항에 규정된 사정 속에서 개정안이 발효하는 경우 개정안 수락을 거절한 체약국은 필요하다면 하기 제37조의 규정에 따라 행동할 수 있다.

제34조

1. 이 협약의 적용 또는 해석에 관하여 2 이상 체약국 정부 사이에 분쟁이 발생하고 이 협약의 규정에 따라 결정권을 부여받은 기관에 의하여 해결될 수 없는 경우 이는 분쟁당사국 간의 교섭 대상이 된다.

2. 동 교섭이 조속한 시일 내에 합의에 이르지 못할 경우 당사국은 사무국 의장에게 동 문제를 회부하고 조정인의 지명을 요청한다. 조정인이 해결책에 대한 분쟁당사자의 합의를 얻을 수 없는 경우 그는 분쟁의 성격과 범위에 주목하고 이를 명확히 하여 의장에게 보고한다.

3. 이와 같이 합의에 이르지 못하였음이 일단 보고되면 이 분쟁은 중재의 대상이 된다. 이러한 목적으로 분쟁당사자 일방은 조정인의 보고서가 분쟁당사자들에게 통보된 일자로부터 2개월 이내에 자기 측 중재인을 지명하여 사무국의 사무총장에게 중재를 요청해야 한다. 타방의 분쟁당사자도 2개월 이내에 자기 측 중재인을 지명한다. 중재인을 지명하지 못할 경우 어느 당사자든지 국제사법재판소장에게 이를 통보하고 중재인의 지명을 요청한다. 여러 당사자들이 전항에 열거된 목적을 위하여 공동으로 행위하는 경우 그들은 한 당사자로 간주된다. 불확실한 경우 결정은 사무총장이 한다. 중재인들은 별도의 중재인 1명을 지명하여야 한다. 중재인들이 2개월 이내에 이의 선정에 합의할 수 없는 경우 어느 일방의 통보를 받은 국제사법재판소장은 별도의 중재인을 지명할 책임이 있다.

4. 중재인단은 다수결을 의결하며 별도 중재인은 중재인단의 투표가 가부동수일 경우 결정투표권을 가진다. 이 결정은 모든 분쟁 당사자를 구속하며 최종적이고 상소권을 배제한다.

5. 모든 국가는 이 협약의 서명, 비준, 가입 시 상기 제3항 및 제4항의 규정에 의하여 구속되지 아니함을 선언할 수 있다. 다른 체약당사국도 이들 조항을 유보하고 있는 국가에 대해서는 동 조항의 구속을 받지 아니한다.

6. 상기 제5항의 규정에 따라 유보한 체약당사국은 수탁국 정부에 통보함으로써 언제든지 유보를 철회할 수 있다.

제35조

이 협약은 국제연합회원국 또는 비회원국 중에서 국제사법재판소 규정당사국, 국제연합 전문기구 또는 국제원자력기구의 회원국, 사무국 총회에서의 투표권을 가진 체약당사국의 3분의 2 다수결로 이 협약 가입신청이 승인된 국가의 가입을 위하여 개방된다. 가입서는 프랑스공화국 정부에 기탁되며 그렇게 기탁된 일자에 효력이 발생한다.

제36조

프랑스공화국 정부는 서명국, 가입국 정부 및 국제박람회사무국에 다음 각호의 사항을 통보한다.

1. 제33조에 따른 개정안의 발효
2. 제35조에 따른 가입
3. 제37조에 따른 탈퇴
4. 제34조 제5항에 따른 유보
5. 협약의 종료(발생할 경우)

제37조

1. 체약국 정부는 프랑스공화국 정부에 서면으로 통보함으로써 이 협약을 폐기할 수 있다.
2. 폐기는 동 통보의 접수일로부터 1년 후에 효력이 발생한다.
3. 이 협약은 체약국 정부의 수가 탈퇴로 인하여 7개국 미만으로 감소되는 경우 종료된다. 사무총장은 사무국 해산에 관하여 체약국 정부 간에 체결되는 협정에 따라 청산에 관한 문제를 처리할 책임이 있다. 총회가 달리 결정하지 아니하는 한, 자산은 체약국 정부가 이 협약의 당사자가 된 이래 납입한 분담금액에 비례하여 분배된다. 부채가 있는 경우, 당해 회계연도 분담액에 비례하여 동 체약국 정부가 이를 인수한다.

(1972년 11월 30일 프랑스 파리에서 작성됨)

〈부칙(Annex)〉

국제박람회와 관련하여 1928년 11월 22일 파리에서 제정되고 1948년 5월 10일, 1966년
11월 16일, 1972년 11월 30일의 조약안과 1982년 6월 24일의 수정안에 의해 개정되고 부
가된 국제협정에 붙여

관세규정

국제박람회 참가자의 수입조항에 대하여

조항1: 정의

다음의 내용이 설명하는 현 부칙의 적용에 대하여

a) '수입관세'는 관세 그리고 수입과 관련한 세금을 의미하며 모든 소비세와 수입품에
대해 부과하는 내국세를 포함한다. 그러나 제공된 서비스의 적절한 비용에 따라 제
한된 수수료와 비용은 포함되지 않는다. 그것은 국고수입상 목적을 위하여 국내물
품의 간접적 보호나 수입품들의 과세를 의미하지는 않는다.

b) '임시수입'은 재수출의 조건으로 하는 수입관세, 수입금지, 수입제한이 면제된 한
시적 수입을 의미한다.

조항2

임시수입은 다음과 같은 사항에 허가된다.

a) 박람회에서 전시를 위한 물품

b) 다음을 포함하여 박람회에서 외국박람회의 전시에 관련 있는 이용을 위한 물품

ⅰ) 외국설비나 전시되어야 할 기구를 전시할 목적을 위해 꼭 필요한 물품

ⅱ) 외국전시관 또한 해외 참가국의 지구위원장에게 할당된 부지뿐만 아니라 외국
전시관과 노점을 위한 전기시설, 가구 및 장식물

ⅲ) 건축에 사용된 공구들 그리고 박람회 업무를 위하여 필요한 수송수단

ⅳ) 예를 들면 사운드레코딩, 필름, 필름슬라이드와 함께 필수적으로 이용하는 기
구와 같이 명확히 박람회에서 전시되는 외국 상품에 대한 홍보물인 광고물이나

전시물

c) 박람회의 목적을 위해 사용되는 통역기, 사운드재생기 그리고 교육적인 필름, 과학 및 문화적인 캐릭터를 포함하는 기기

조항3

부칙 조항2에서 언급된 설비는 다음의 조건으로 허가된다.

a) 재수출 증명이 가능한 물품

b) 예치금 지불요구 없이 참가국의 지구위원장이 박람회가 끝난 후에 미리 정해진 기간 안에 최종적으로 재수출되지 않은 물품이 생겼을 경우 책임져야 할 수입관세의 지불을 보증한다. 초청국가 법률에 의해 제공된 기타 보증사항은 전시자의 요청에 따라 수락해야 한다(예를 들면 1961년 12월 6일 관세 공동협의의 국제협정에 의해 시작된 A.T.A).

c) 임시수입품의 해당 관세당국은 부가조항의 조건이 실행될 수 있도록 준비해야 한다.

조항4

임시 수입국가의 국내법과 규정이 그렇게 인정하지 않는다면, 그것들이 현 부가조항에 해당하는 설비라 할지라도, 임시수입품으로 승인된 물품이 대여되거나, 임차나 보상을 위해 어떤 방식으로든 사용되거나 전시회 장소에서 철거되어서는 안 된다. 그것들은 박람회가 끝난 후에 최소한의 지연기간과 늦어도 3개월 안에 재수출되어야 한다. 관세당국은 법적인 정당한 사유로 임시 수입국가의 법과 규정에 의해 명시된 기한 안에 이 기간을 연장할 수 있다.

조항5

a) 조항4에서 제시된 재수출 요구에도 불구하고, 썩기쉬운 물품, 심하게 손상된 물품, 가치가 거의 없는 물품은 그 물품이 다음과 같은 물품에 대해서는 재수출이 요구되지 않는다.

ⅰ) 납입해야할 수입관세와 관련이 있거나

ⅱ) 임시 수입된 물품에 대해 비용면제가 해당국의 재무부에 위탁되었을 경우

iii) 관세당국이 요청했을 때 관리감독하에 임시 수입된 물품에 대한 재무부의 비용이 무효된 경우. 더욱이 재수출 요구품목은 관련 지구위원장에 의해 폐기가 요구된 물품은 적용되지 아니한다. 그러나 임시 수입된 물품에 대한 재무부의 비용 없이 관리감독하에 폐기되어야 한다.

b) 임시수입이 허용된 물품은 재수출이 아닌 다른 방법으로 처리될 수 있으며, 특히 외국으로부터 직접 수입된 물품과 같은 측면에서 임시수입국가의 법과 규정하에 조건이나 적절한 정규 절차에 의거하여, 국내 사용에 이용될 수 있다.

조항6

전시물로 진열된 기계나 기구와 같은 임시수입물품 중에서 전시하는 동안 부가적으로 얻어진 상품들은 아래 조항7의 약관에 따라 임시수입이 허가된 같은 방식으로 부칙 조항 4와 5의 규정에 의거한다.

조항7

수입관세는 부과되지 않아야 하며 수입금지와 제한은 철회되어야 한다. 그리고 만약 수입 관세당국의 입장에서 총 가치와 수량이 박람회의 성격과 관람객 숫자와 전시자 참가 범위의 합리적 고려를 했다고 인정되면 다음 물품과 관련하여 임시수입이 승인된 부분에서는 재수출이 요구되지 않는다.

a) 식품과 음료의 견본품과 같은 것을 포함하여 전시회에 전시된 각각의 국외 상품들, 견본품의 형태로 수입되거나 수입건자재로부터 박람회에서 만들어진 다음과 같은 것들

i) 외국으로부터 무료로 공급되고, 단지 박람회장에 방문하는 대중에게 무료로 제공하기 위하여, 제공받은 사람들의 개인적인 이용이나 소비를 위하여 이용되는 것

ii) 광고 샘플로서 사용되고 개인적으로는 거의 가치가 없는 것들

iii) 상업적인 목적에 부적당하며, 적당하다면 가장 작은 소매용기보다 확연히 더 작게 포장된 것들

iv) 위의 iii)에서 공급될 때 포장되어 제공되지 않는 박람회장에서 소비되는 식품과

음료 견본품들

b) 지구위원장이 그 견본품의 성격과 양에 대해 언급한 증명서의 발행을 조건으로, 평가단이 박람회에서 전시된 물품들을 평가하고 심사하기 위해 사용하거나 소모한 수입 견본품들

c) 오직 시연을 위하여 또는 박람회장에 진열된 외국기계류나 기구의 작동을 시연할 목적을 위하여 수입된 물품이나 그리고 그러한 시연의 과정에서 소비되거나 파괴된 물품들

d) 외국에서 무료로 공급되고, 오직 박람회장을 방문하는 대중에게 무료로 공급하기 위하여, 그리고 제공된 사람들의 개인적인 이용이나 소비를 위한 이용을 조건으로, 명확히 박람회장에서 전시된 외국제품의 홍보물로 쓰기 위한 인쇄물, 카탈로그, 무역고지서, 가격리스트, 광고 포스터, 달력, 그리고 삽화가 없으며 액자로 되어 있지 않은 사진들

조항8

수입관세는 부과되지 않아야 하며 수입금지와 제한은 철회되어야 한다. 그리고 다음 물품과 관련하여 임시수입이 승인된 부분에서는 재수출이 요구되지 않는다.

a) 사용된 후 폐기되는 페인트, 베니시, 월페이퍼, 정제알코올, 축포, 종자, 묘목 등과 같이 박람회장에서 외국 전시장에 가구를 설치하고, 설치하거나 세팅하고, 장식하거나 그림을 그리는 작업에 사용된 물품들

b) 참가국이 삽화와 상관없이 발행한 공식 카탈로그, 전단, 포스터들

c) 도면, 그림, 파일, CD, 박람회에서 사용하기 위해 수입해 온 기타 서류들

조항9

a) 입장과 퇴장 시에 박람회장에서 가능하고 용이한 때 언제라도 전시되거나 사용될 또는 전시했었거나 사용했었던 물품의 통관과 검역이 수행되어야 한다.

b) 각 계약당사국은 박람회의 중요성을 고려하여 필요하다면 언제든지 적당한 기간에 영토 내에서 개최되는 박람회의 장소에서 세관 사무소가 개설할 수 있도록 최선

의 노력을 다해야 한다.

c) 수입사무소와 차이가 있더라도, 수입업자가 간소화된 절차의 장점을 갖고 있는 수입사무소를 통하여 재수출을 책임지지 않는다면, 한시적으로 수입된 물품의 재수출은 한 곳 또는 그 이상의 분소와 이러한 목적으로 개설된 특정 세관 사무소를 통해서 처리할 수 있다.

조항10

이 규정의 모든 것은 다음의 특정 용도를 방지해야 한다.

a) 단독승인 또는 쌍방간이나 다국적인 승인에 의해 계약 당사국들이 허가하거나 허가할지도 모르는 더욱 광범위한 설비

b) 관세문제와 무관한 박람회의 조직에 관한 협정에 의해 제정된 규정이거나 국가적 규정

c) 국내법과 규정에 명시한 금지나 제한사항들 그리고 공공도덕이나 공공질서, 공공안전, 공중위생이나 국민건강 그리고 동물이나 가축, 식물병리학적인 문제들 그리고 특허, 트레이드 마크, 작가의 권리와 저작권 등의 보호와 관련한 규정들.

조항11

현 부칙의 목적을 위하여 관세나 경제적 연합을 구성하는 계약 당사국의 영토는 하나의 독립된 영토로 간주될 수 있다.

[자료: 2012여수세계박람회조직위원회(2010). 『국제박람회기구 신협약(전문)』을 참고하여 저자 재작성.]

국제박람회기구(BIE) 회원국 현황

2023년 현재 국제박람회기구(BIE)의 회원국은 182개국이다. 회원국은 국제박람회기구의 모든 회의에 참석하여 세계박람회의 정책과 협약을 결정한다. 회원국은 특히 세계박람회 개최승인과 관련한 논의에 처음부터 참석할 수 있으며, 각 회원국은 최대 3명의 대표를 임명할 수 있다. 또한 회원국은 총회에서 투표권을 갖는다. 그리고 매년 회원국의 수는 늘어나고 있다. 우리나라는 1987년 국제박람회기구에 가입해 회원국이 되었다.

표 A-3 국제박람회기구 회원국

대륙별	회원국
유럽 42개국	그리스, 네덜란드, 노르웨이, 덴마크, 독일, 러시아, 루마니아, 리투아니아, 모나코, 몬테네그로, 몰타, 벨기에, 벨라루스, 보스니아헤르체고비나, 북마케도니아, 불가리아, 산마리노, 세르비아, 스웨덴, 스위스, 스페인, 슬로바키아, 슬로베니아, 아르메니아, 아이슬란드, 아제르바이잔, 안도라, 알바니아, 에스토니아, 오스트리아, 우크라이나, 영국, 이탈리아, 조지아, 체코, 키프로스, 크로아티아, 포르투칼, 폴란드, 프랑스, 핀란드, 헝가리
아시아 25개국	네팔, 동티모르, 라오스, 말레이시아, 몰디브, 몽골, 베트남, 방글라데시, 브루나이 다루살람, 북한, 스리랑카, 아프가니스탄, 우즈베키스탄, 인도네시아, 일본, 중국, 캄보디아, 타지키스탄, 태국, 투르크메니스탄, 카자흐스탄, 키르기스스탄, 파키스탄, 필리핀, 한국
오세아니아 14개국	나우루, 뉴질랜드, 마셜제도, 미크로네시아 연방, 바누아투, 사모아, 솔로몬제도, 오스트레일리아, 키리바시, 투발루, 통가, 쿡제도, 팔라우, 피지
중동 15개국	레바논, 바레인, 사우디아라비아, 시리아, 아랍에미레이트, 오만, 예멘, 요르단, 이라크, 이란, 이스라엘, 카타르, 쿠웨이트, 터키, 팔레스타인,
미주 31개국	가이아나, 그레나다, 니카라과, 도미니카 연방, 도미니카공화국, 멕시코, 미국, 바하마, 바베이도스, 베네수엘라, 벨리즈, 브라질, 세인트루시아, 세인트 빈센트 그레나딘, 세인트 키츠 네비스, 수리남, 아르헨티나, 아이티, 에콰도르, 앤티가 바부다, 엘살바도르, 우루과이, 온두라스, 자메이카, 칠레, 코스타리카, 콜롬비아, 쿠바, 파나마, 파라과이, 페루
아프리카 55개국	가나, 가봉, 감비아, 기니, 기니비사우, 나미비아, 나이지리아, 남수단, 남아프리카공화국, 니제르, 르완다, 라이베리아, 레소토, 리비아, 마다가스카르, 말라위, 말리, 모리타니, 모로코, 모리셔스, 모잠비크, 베냉, 부룬디, 부르키나 파소, 보츠와나, 상투메 프린시페. 세네갈, 세이셸, 소말리아, 수단, 시에라리온, 알제리, 앙골라, 에리트레아, 에스와티니, 에티오피아, 우간다, 이집트, 잠비아, 적도기니, 지부티, 짐바브웨, 중앙아프리카공화국, 차드, 카메룬, 카보베르데, 케냐, 코모로, 코트디부아르, 콩고, 콩고민주공화국, 탄자니아, 토고, 튀니지, 트리니다드 토바고
계	182개국

자료: 국제박람회기구(BIE) 홈페이지(http://www.bie-paris.org/site/en)을 참조하여 저자 재작성.

기획재정부 국제행사 승인규정

국제행사의 유치 · 개최 등에 관한 규정

제정 2008. 4.21 기획재정부훈령 제 12호

개정 2012. 2. 7 기획재정부훈령 제 95호

개정 2012. 6.29 기획재정부훈령 제102호

개정 2013. 5. 6 기획재정부훈령 제139호

개정 2013.12.10 기획재정부훈령 제154호

개정 2015.10.27 기획재정부훈령 제260호

개정 2016.11.24 기획재정부훈령 제311호

개정 2018. 4.18 기획재정부훈령 제377호

개정 2020. 4. 3 기획재정부훈령 제484호

제1조(목적)

이 규정은 국제행사의 체계적인 관리와 내실있는 운영을 통하여 국제행사를 성공적으로 개최함으로써 우리나라의 세계화 수준을 향상시키고 국제사회에서의 신뢰를 제고하며 지속적인 국가 발전의 계기로 활용함을 목적으로 한다.

제2조(적용범위)

① 이 규정은 중앙행정기관(대통령 및 국무총리 직속기관을 포함한다. 이하 같다), 광역자치단체가 국제행사를 개최하기 위하여 10억 원 이상의 국고 지원을 요청하는 경우에 적용한다. 다만, 해당 국제행사를 지원하는 사업의 예산이 국가균형발전특별법 제40조 및 같은 법 시행령 제43조에 따른 포괄보조금으로 편성되는 경우에는 동 규정을 적용하지 아니한다.

② 국제행사의 유치 · 개최 등에 관하여 다른 법령에서 달리 정한 경우를 제외하고는 이 규정이 정하는 바에 의한다.

제3조(정의)

이 규정에서 사용하는 용어의 정의는 다음과 같다.

1. '국제행사'라 함은 5개국 이상의 국가에서 참여하는 국제회의, 국제경기대회, 국제적인 박람회·전시회 또는 공연·축제이거나, 공인된 국제기구 또는 국제적으로 한 분야를 대표하는 기관·단체가 정기적으로 주최하는 행사 등을 말한다. (주로 내국인이나 지역 주민들이 참여하는 행사로 국제적인 방문 및 관심도가 낮은 행사는 제외함.)
2. '총사업비'라 함은 행사진행경비, 행사장 및 부대시설의 건설비 등 당해 국제행사의 개최를 위하여 소요되는 일체의 비용을 말하며, 이미 계획된 투자사업인 경우에도 국제행사의 개최로 투자시기·투자규모·투자방법 등 당초 계획의 변경을 수반하는 때에는 당해 투자 사업에 소요되는 경비를 포함한다.
3. '잔존시설물'이라 함은 특정한 국제행사에 이용할 목적으로 건설된 것으로서 당해 국제행사의 종료에 따라 잔존하게 되는 도로·건물·회의장·공연장 기타 각종 시설물을 말한다.
4. '대규모 국제행사'라 함은 총사업비가 500억 원 이상이고, 국가의 재정지원 규모가 300억 원 이상인 국제행사를 말한다.

제4조(국제행사심사위원회의 설치)

10억 원 이상의 국고 지원을 요청하는 국제행사 개최계획의 사전심의·조정 및 국제행사의 사후 평가 등을 위하여 기획재정부소속하에 국제행사심사위원회(이하 '위원회'라 한다)를 둔다.

제5조(위원회의 기능)

위원회는 다음 각 호의 사항을 심의·조정한다.

1. 국제행사의 유치·개최 등에 관한 규정 및 국제행사관리지침의 제·개정
2. 국제행사유치계획 및 그 타당성에 관한 사항
3. 국제행사 개최준비·진행과정에 대한 중앙행정기관과 지방자치단체의 종합적인 협조·지원·점검 등에 관한 사항

4. 국제행사개최에 소요되는 시설·인력 및 재원대책

5. 국제행사개최를 위한 투자계획의 주요사항에 대한 변경

6. 국제행사의 사후평가, 일몰제 및 일몰연장평가의 운영에 관한 사항

7. 국제행사의 유치 및 개최와 관련하여 위원장이 필요하다고 인정하는 사항

제6조(위원회의 구성)

① 위원회의 위원장은 기획재정부 2차관이 된다.

② 위원회의 위원은 기획재정부, 국무조정실, 외교부, 행정안전부, 문화체육관광부, 국토교통부, 농림축산식품부의 고위공무원단에 속하는 일반직공무원('나'급 이상) 및 당해 국제행사를 개 최하고자 하는 중앙행정기관의 고위공무원단에 속하는 일반직공무원('나'급 이상)이 된다.

③ 위원장은 필요하다고 인정하는 경우에는 문화, 예술, 체육, 행사기획·운영, 경제 등 관련 분야의 전문 지식을 갖춘 10명 이내의 민간위원을 위촉할 수 있다. 이 경우 민간위원의 임기는 2년으로 한다.

④ 국제행사의 타당성·경제성 검증, 사업비 정산 등 위원회의 업무를 지원하기 위하여 위원회 산하에 체육, 문화, 산업, 국제회의 등 행사 유형별로 분과위원회를 둘 수 있다.

제7조(위원장의 직무)

① 위원장은 위원회를 대표하며, 위원회의 사무를 통할한다.

② 위원장이 부득이한 사유로 직무를 수행할 수 없는 때에는 제6조 제2항에 규정된 위원 순으로 그 직무를 대행한다.

제8조(회의)

① 위원장은 위원회의 회의를 소집하고, 그 의장이 된다.

② 위원회의 회의는 재적위원 과반수의 출석으로 개의하고, 출석위원 과반수의 찬성으로 의결한다.

③ 위원장은 위원회의 효율적인 운영을 위하여 필요하다고 인정하는 경우에는 지방자치단체의 장 등 당해 국제행사 주관기관의 장으로 하여금 위원회에 참석하여 발언하게

할 수 있다.

제9조(위원회의 간사)

① 위원장은 위원회의 운영에 필요한 사항을 지원할 수 있도록 기획재정부소속 고위공무원단에 속하는 일반직공무원 중 1인을 간사로 지정한다.

② 간사는 회의록을 작성하여 그 사본을 다음 위원회의 회의에 배부하여야 한다.

제10조(수당 등)

위원회의 민간위원이 회의에 출석한 경우에는 예산의 범위 안에서 수당과 여비를 지급할 수 있다.

제11조(국제행사관리지침)

① 기획재정부장관은 국제행사를 내실 있게 유치·개최할 수 있도록 위원회의 심의를 거쳐 국제행사관리지침을 정하여 중앙행정기관 및 지방자치단체에 시달할 수 있다.

② 제1항의 규정에 의한 국제행사관리지침에는 다음 각 호의 사항이 포함되어야 한다.

1. 국제행사의 유치결정에 관한 일반절차
2. 중앙행정기관과의 사전 협의대상이 되는 국제행사의 범위 및 협의내용에 관한 사항
3. 국제행사개최에 따른 투자계획의 수립 및 타당성조사에 관한 사항
4. 국제행사에 대한 일몰제 및 일몰연장평가에 관한 사항
5. 국제행사에 소요되는 시설물의 확보방안 및 행사 후 잔존시설물의 이용계획에 관한 사항
6. 국제행사에 대한 사후평가에 관한 사항
7. 기타 국제행사개최업무와 관련된 일반지침

제11조의 2(국제행사 일몰제의 적용 등)

① 국제행사 중 다음 각 호에 해당되는 국제행사는 원칙적으로 일몰제를 적용하여 심사대상에서 제외한다. 이 경우 일몰제 적용연도는 다음 각 호 이후로 최초 개최되는 행사의 해당 연도로 한다.

1. 매년 정기적으로 개최하는 국제행사는 국고 지원을 7회 받은 경우

2. 2년마다 정기적으로 개최하는 국제행사는 국고 지원을 4회 받은 경우

3. 그 밖의 주기로 개최하는 국제행사는 국고 지원을 3회 받은 경우

② 제1항에도 불구하고 위원회는 제12조, 제13조, 제15조, 제16조에 따른 일몰연장평가 대상 국제행사에 대해 다음 각 호와 같이 일몰을 연장할 수 있다.

1. 매년 정기적으로 개최하는 국제행사는 7회

2. 2년마다 정기적으로 개최하는 국제행사는 4회

3. 그 밖의 주기로 개최하는 국제행사는 3회

③ 일몰이 연장된 국제행사에 대해서도 제2항을 적용한다.

제12조(국제행사개최계획서, 일몰연장신청서, 검토의견서 등의 제출)

① 국고지원이 필요한 국제행사를 개최하려는 국제행사 주관기관은 소관감독중앙행정기관의 장에게 최초로 국고 지원이 필요한 연도의 전전년도 12월 말까지 당해 국제행사개최계획서를 제출하여야 한다.

② 소관감독중앙행정기관은 국제행사의 개최 필요성이 인정되는 경우에는 최초로 국고 지원이 필요한 연도의 전년도 1월 말까지 다음 각 호에 관한 사항을 위원회에 제출하여야 한다.

1. 국제행사개최계획서

2. 소관감독중앙행정기관의 검토의견서

3. 제14조제1항에 따른 타당성조사 신청서

③ 국제행사 주관기관이 제11조의2제1항의 일몰제가 적용되는 행사에 대해 같은 조 제2항의 일몰 연장이 필요하다고 인정하는 경우에는 일몰제 적용연도의 전전년도 12월 말까지 국제행사관리지침 별첨 7의 일몰연장신청서를 소관감독중앙행정기관에 제출하여야 한다.

④ 소관감독중앙행정기관은 제3항의 일몰연장신청서가 접수되면 해당 행사의 일몰 연장 필요성을 검토하여 다음 각 호의 사항을 일몰제 적용연도의 전년도 1월 말까지 위원회에 제출하여야 한다.

1. 일몰연장신청서

2. 소관감독중앙행정기관의 검토의견서

제13조(국제행사개최계획서, 일몰연장신청서의 내용)

① 국제행사개최계획서에는 다음 각 호의 사항이 포함되어야 한다.

1. 국제행사의 개최 목적 및 취지

2. 국제행사의 개최일시, 장소, 내외빈 초청범위, 행사소요인력 및 대책 등의 개요

3. 당해 국제행사개최에 소요되는 재원 및 재원조달대책

4. 국제행사에 소요되는 주요시설 내역 및 기존시설물의 활용계획

5. 국제행사 후 잔존시설물별 세부 활용계획, 사후관리비용 추계 및 비용조달 계획

6. 기타 당해 국제행사의 개최와 관련된 사항

② 국제행사 주관기관이 제1항 제4호에 따른 기존시설물 활용계획을 제출하는 때에는 미리 해당 시설물 관리주체와 시설물 사용범위, 기간 및 비용부담 등에 관한 협약을 체결하고 그 사본을 첨부하여야 한다.

③ 국제행사 일몰연장신청서에는 최근 3회 이상의 해당 국제행사 결과에 대한 다음 각 호의 사항이 포함되어야 한다.

1. 국제행사 개최 목적 및 그 목적의 달성정도에 대한 평가

2. 국제행사의 지속 지원 필요성에 대한 사항

3. 국제행사 개최에 따른 수지분석 및 손익금의 처리 결과

4. 국제행사 개최에 공여된 각종 시설물의 이용 현황

5. 국제행사 기간 중 동원된 인력의 조치 현황

6. 기타 해당 국제행사 일몰연장평가 심사기준에 관한 현황

제14조(타당성조사, 전문위원회 검토의 대상 등)

① 타당성조사 대상은 국제행사의 개최에 소요되는 총사업비가 50억 원 이상인 국제행사로 한다. 타당성조사를 받는 경우 국제행사 주관기관은 국제행사개최계획서를 소관감독중앙행정기관에 제출할 때 타당성조사 신청서를 함께 제출하여야 한다. 제17조의2에 따라 위원회에 사업변경 승인을 요청하는 경우도 이와 같다.

② 국제행사의 개최에 소요되는 총사업비가 50억 원 미만인 경우에는 해당 국제행사 주관기관은 제6조제4항에 따른 전문위원회의 타당성·경제성 검토(이하 '전문위원회 검토'라 한다.)를 받아야 한다.

③ 제1항에도 불구하고, 다음 각 호를 모두 충족하는 경우 위원회 심의를 거쳐 타당성조사를 전문위원회 검토로 대체할 수 있다.

    1. 매년 정례적으로 개최하는 행사로 최근 3회 이상 타당성 조사를 거쳐 위원회 승인을 받았거나 일몰연장평가를 거쳐 위원회 승인을 받은 경우

    2. 국고 지원 비율이 총사업비의 20% 이내인 경우

④ 타당성조사 대상사업의 선정기준·조사방법·비용부담 및 절차 등과 일몰연장평가의 비용부담 및 절차 등에 관한 세부사항은 국제행사관리지침에 정한다.

제14조의2(타당성조사의 면제)

국제행사 중에서 법령에 의해 추진이 의무화되는 경우 또는 다음 각 호의 요건을 모두 충족한 경우에는 위원회 심의를 거쳐 타당성조사 대상에서 제외할 수 있다.

    1. 사업목적 및 규모, 추진방안 등 구체적인 사업계획의 수립

    2. 해당 사업의 국가정책적 추진 필요성에 대해 관련 기관간 협의 완료

    3. 국제행사관리지침에 따라 국가정책적으로 사업추진이 확정

제15조(타당성조사, 전문위원회 검토, 일몰연장평가의 의뢰)

① 기획재정부는 해당 심사연도 2월 말까지 위원회 심의를 거쳐 제12조 제2항 및 제17조에 따라 신청된 국제행사 중 심사대상 사업을 확정하고 제14조 제1항에 따른 타당성조사 또는 같은 조 제2항에 따른 전문위원회 검토를 의뢰하여야 한다.

② 기획재정부는 일몰제 적용연도의 전년도 2월 말까지 제12조 제4항에 따른 일몰연장 신청서의 접수 현황을 위원회에 보고하고 일몰연장평가를 의뢰하여야 한다.

③ 타당성조사, 일몰연장평가(이하 '타당성조사 등'이라 한다)
기획재정부의 요청에 의해 대외경제정책연구원이 총괄하여 수행한다. 다만, 대규모 국제행사의 경우 기획재정부는 효율적인 조사를 위해 타당성조사 등의 수행기관을

변경하거나 추가로 지정할 수 있다.

④ 기획재정부는 국제행사 주관기관 등이 규정 제12조에 정한 제출기한을 도과하여 국제행사개최계획서, 일몰연장신청서 등을 제출한 건에 관하여 다음 각 호를 충족하는 경우 제15조 제1항 또는 제2항에도 불구하고 타당성조사, 일몰연장 평가, 전문위원회 검토를 추가 요청할 수 있다.

1. 국제대회 유치의향서 또는 유치신청서 제출기한 등으로 당해 연도에 타당성조사를 실시하는 것이 불가피하다고 인정되는 경우

2. 관련기관 승인, 심도있는 검토 필요성 등으로 국제행사 주관기관 또는 소관감독중앙행정기관이 국제행사 개최 필요성 또는 일몰 연장 필요성을 검토하는 데 상당한 시일이 소요되어 제출기한을 넘길 수 밖에 없었던 불가피한 사유가 있다고 인정되는 경우

⑤ 제3항에 따른 타당성조사 등의 수행기관은 대상 국제행사의 특성을 고려하여 학계 · 연구기관 · 민간 등 다양한 분야의 전문가로 연구팀을 구성하여야 한다.

⑥ 제3항에 따른 타당성조사 등의 수행기관은 조사 또는 평가 완료 전 기획재정부와 2회 이상 협의하여야 하며 조사 또는 평가 완료시 해당 보고서를 위원회와 소관감독중앙행정기관에 제출하여야 한다.

제16조(국제행사개최계획, 일몰연장신청서 등에 대한 심사)

① 기획재정부는 제12조 제2항에 따른 국제행사개최계획서, 소관감독중앙행정기관의 검토의견서 및 제15조에 의한 타당성조사 결과보고서, 전문위원회 검토보고서를 검토한 후 그 결과를 위원회에 제출하여야 한다.

② 제1항의 규정에 의한 검토 결과에는 다음 각 호의 사항이 포함되어야 한다.

1. 국제행사의 경제적 타당성에 대한 의견

2. 재원조달대책의 합리성에 대한 의견

3. 국고지원의 범위와 지원 비율 · 지원재원 등의 기본원칙

4. 기존시설물의 활용계획에 대한 의견

5. 국제행사 후 잔존시설물의 이용계획에 대한 의견

6. 기타 국제행사의 효율성 제고를 위하여 필요한 사항

③ 기획재정부는 제12조 제4항에 따른 국제행사 일몰연장신청서, 소관감독중앙행정기관의 검토 의견서 및 제15조에 따른 일몰연장평가 결과보고서를 검토한 후 그 결과를 위원회에 제출하여야 한다.

④ 제3항에 따른 검토 결과에는 다음 각 호의 사항이 포함되어야 한다.

1. 국제행사 개최 결과의 적정성에 대한 의견

2. 국제행사의 지속적 개최 필요성에 대한 의견

3. 국고의 지속적 지원 필요성에 대한 의견

4. 기타 국제행사의 효과성 개선을 위하여 필요한 사항

⑤ 기획재정부는 제15조에 의한 타당성조사 등의 결과에 대하여 필요하다고 인정하는 경우에는 다른 전문연구기관으로 하여금 재검토하게 할 수 있다.

⑥ 국제행사에 대한 위원회의 심사는 연 1회 실시하는 것을 원칙으로 한다. 다만, 제15조 제4항에 따라 추가로 타당성조사, 일몰연장평가, 전문위원회 검토를 의뢰하는 경우에는 그러하지 아니하다.

제16조의 2(국제행사 개최협약)

① 기획재정부장관은 대규모 국제행사의 경우 불요불급한 사업비 증액 등을 방지하여 내실있는 행사 개최를 도모하기 위해 국제행사 심사결과를 토대로 소관감독중앙행정기관의 장 및 해당 국제행사 주관기관의 장과 국제행사개최협약(이하 '개최협약'이라 한다)을 체결하여야 한다.

② 국제행사 주관기관이 지방자치단체인 경우 해당 지방자치단체의 장은 개최협약을 체결하기 전에 미리 그 내용에 대하여 지방의회 의결을 거쳐야 한다.

③ 기획재정부장관은 천재지변, 대규모 사회재난, 기타 불가피한 사유로 위원회가 승인한 대로 대규모 국제행사를 개최할 수 없게 되었거나, 국제행사 주관기관이 개최협약의 중대한 사항을 불이행한 경우에는 개최협약을 변경 또는 해지할 수 있다.

④ 기획재정부장관은 개최협약 해지시 즉시 국고보조를 중단하고, 국제행사 주관기관 및 소관감독중앙행정기관은 아직 집행되지 아니한 국고보조금을 즉시 국고에 귀속시

켜야 한다.

⑤ 기획재정부장관은 제1항에 따라 개최협약을 체결하였거나, 제3항에 따라 개최협약이 해지된 경우 이를 관보에 고시하고, 소관감독중앙행정기관의 장 및 국제행사 주관기관의 장은 소관 홈페이지에 그 내용을 게시하여야 한다.

⑥ 기타 개최협약 체결과 관련한 구체적인 사항은 국제행사관리지침으로 정한다.

제17조(유치하는 국제행사)

① 국제행사를 개최하기 위해 국제기구 등에 유치의향서 등을 제출하여야 할 필요가 있는 경우 제12조 제1항의 규정에도 불구하고 국제행사 주관기관은 유치의향서 등을 제출하기 전에 소관감독중앙행정기관을 거쳐 위원회에 제12조 제2항 각 호에 관한 사항을 제출하여야 하며, 위원회의 심사를 완료한 후 국제기구 등에 유치의향서 등을 제출하여야 한다.

② 국제행사 주관기관은 위원회의 심사 완료 전 국제기구 등에 유치의향서 등을 제출한 경우 사유서를 위원회에 제출하여야 하며, 위원회는 불가피성이 있다고 판단하는 경우에만 타당성조사, 전문위원회 검토의 대상으로 포함한다.

③ 제2항에 따른 사유서의 불가피성이 인정되지 않아 심사대상으로 포함하지 않는 경우 위원회는 국제행사 주관기관에 대해 다음 각 호의 불이익 처분을 할 수 있다.

1. 1회 위반한 경우, 주의 통보
2. 2회 위반한 경우, 해당 주관기관의 국제행사에 대해 향후 1년간 국고 지원 배제
3. 3회 위반한 경우, 해당 주관기관의 국제행사에 대해 향후 3년간 국고 지원 배제

제17조의2(사업변경의 승인)

① 국제행사 주관기관은 위원회의 승인을 받은 국제행사개최계획서의 행사내용, 소요비용 등에 상당한 변경이 있어 물가인상, 토지 등 손실보상비 증가를 제외한 총사업비가 100분의 20 이상 증가한 경우에는 소관감독중앙행정기관의 심사를 거쳐 위원회에 사유서를 첨부하여 사업변경의 승인을 요청하여야 한다. 다만, 국제기구 등에 유치의향서를 제출하고 국내유치가 확정된 국제행사의 경우, 유치 확정일로부터 1개월 이내에

총사업비 증가여부를 확인하고 사업변경 승인을 요청하여야 한다.

② 기획재정부는 제1항에 따른 사업변경 요청에 대하여 사업변경 사유의 적절성, 사업내용 및 사업규모 변경의 적정성, 비용산정의 적정성 등의 검토를 위해 필요한 경우 제15조제3항의 규정을 준용하여 전문기관을 지정하고 검토를 의뢰할 수 있다.

③ 제2항에 따른 사업변경에 대한 적정성 검토기간은 2개월로 한다. 다만, 추가적인 검토를 위해 필요한 경우 1개월의 기간 내에서 한 차례 연장할 수 있다.

④ 기획재정부장관은 제16조의 규정에 준하여 제1항에 따른 사업변경 승인 요청서 및 사유서, 소관감독중앙행정기관의 검토의견서 및 제2항에 따른 검토보고서를 검토한 후 그 결과를 위원회에 제출하여야 하고, 위원회는 사업변경 여부를 심의하여야 한다.

제18조(국제행사에 대한 사후평가 보고)

① 국제행사 주관기관은 행사 종료 후 3월 이내에 당해 국제행사에 대한 사후평가 결과를 당해 국제행사를 주관하는 기관의 소관감독중앙행정기관 및 위원회(중앙행정기관이 국제행사를 개최하는 경우에는 위원회에 한한다)에 제출하여야 한다. 다만, 총사업비가 100억 원 이상인 경우에는 6월 이내에 제출할 수 있다.

② 제1항에 따른 제출기한을 위반한 경우이거나 국제행사가 당초 목표 또는 성과를 현저하게 달성하지 못한 경우 위원회는 국제행사 주관기관에 대해 다음 각 호의 불이익 처분을 할 수 있다.

1. 1회 위반한 경우, 주의 통보 또는 해당 주관기관의 국제행사에 대해 향후 1년간 국고지원 배제

2. 2회 위반한 경우, 해당 주관기관의 국제행사에 대해 향후 1년간 국고 지원 배제 또는 향후 2년간 국고 지원 배제

3. 3회 위반한 경우, 해당 주관기관의 국제행사에 대해 향후 2년간 국고 지원 배제 또는 향후 3년간 국고 지원 배제

③ 제1항의 규정에 의한 사후평가 결과에는 다음 각 호의 사항이 포함되어야 한다.

1. 국제행사의 개최 목적 및 당해 목적의 달성정도에 대한 평가

2. 국제행사 개최에 따른 수지분석 및 손익금의 처리방안

3. 국제행사 개최에 공여된 각종 시설물의 향후 이용계획

4. 국제행사 기간 중 동원된 인력의 조치계획

5. 기타 당해 국제행사의 개최결과에 대한 사항

④ 대규모 국제행사의 소관감독중앙행정기관 및 주관기관은 제1항에 따른 사후평가 결과를 통보 받은 날로부터 10년 이상 인터넷 홈페이지에 게재하여야 한다.

⑤ 국제행사에 대한 위원회의 사후평가는 기획재정부의 요청에 의해 대외경제정책연구원이 총괄하여 수행한다.

⑥ 제5항에 따른 사후평가 수행기관은 평가 완료 전 기획재정부와 1회 이상 협의하여야 하며 평가 완료시 해당 보고서를 위원회에 제출하여야 한다.

⑦ 제5항에 따른 사후평가의 평가방법 및 절차 등에 관한 세부사항은 국제행사관리지침에 정한다.

제19조(연구기관에 대한 업무지원 요청)

① 위원회는 효율적인 업무수행을 위하여 필요하다고 인정하는 경우에는 정부출연연구기관등의 설립·운영 및 육성에 관한 법률에 의하여 설립된 전문연구기관에 다음 각호의 업무지원을 요청할 수 있다.

1. 국제행사개최계획서 및 타당성분석에 대한 검토

2. 국제행사 개최결과의 분석·평가

3. 국제행사 개최로 인하여 국민경제에 미치는 효과의 분석

4. 그 밖에 위원회에서 필요하다고 인정하는 업무

제20조(잉여금 국고귀속 등)

① 국제행사 주관기관은 국제행사 개최에 따른 잉여금이 5억 원 이상 발생한 경우 국제행사 최종료일 다음해 말까지 국고 지원 비율만큼 잉여금을 국고에 귀속시켜야 한다.

② 물가인상, 토지 등 손실보상비 증가 이외의 사유로 증가한 총사업비가 100분의 20 미만이거나, 100분의 20을 초과하였더라도 제17조의2에서 정한 사업변경승인을 받지 아니한 경우, 당해총사업비 증가분은 국제행사 주관기관이 부담한다.

③ 국제행사의 종료 후 잔존시설물의 운영·유지·보수 등에 필요한 비용은 국제행사 주관기관이 부담한다.

제21조(재정상의 불이익)

기획재정부장관은 다음 각 호의 어느 하나에 해당하는 경우에는 위원회의 심의를 거쳐 3년의 범위 내에서 해당 국제행사 주관기관이 개최하고자 하는 다른 국제행사에 대한 국고지원 규모 축소, 국제행사 심사대상에서 제외 등의 불이익을 부과할 수 있다.

1. 국제행사 주관기관이 고의 또는 중대한 과실로 제16조의2 제1항에 따른 개최협약을 이행하지 아니한 경우
2. 국제행사 주관기관이 허위·위법 사실에 기초해 국제행사개최계획서 등을 작성·제출한 것 으로 확인된 경우
3. 기타 이 규정에서 정한 사항을 위반하여 국가재정 또는 지방자치단체 재정에 심각한 부담을 초래한 경우

부칙

제1조(시행일) 이 훈령은 발령한 날부터 시행한다.

제2조(일몰제, 타당성조사 등 개정에 따른 경과규정)

① 제11조의2에 따른 일몰제는 2020년 개최하는 행사부터 적용하되 국고 지원 횟수는 이 훈령 제정에 따라 최초 10억 원 이상 국고 지원을 받은 때부터 소급하여 산정한다.

② 이 훈령 시행 당시 개정 전의 「국제행사관리지침」에 따라 7회 이상 국비 지원을 받아 심사 대상에서 제외된 국제행사에 대해서도 이 훈령을 동일하게 적용한다. 이 경우 국고 지원 횟수가 2020년 이전에 이미 제11조의2 제1항 각 호에서 정한 횟수 이상인 경우 2019년까지 일몰연장평가를 거쳐 위원회에서 승인을 받아 일몰을 연장할 수 있다.

제3조(재검토기한) 「훈령·예규 등의 발령 및 관리에 관한 규정」에 따라 이 훈령 발령일로부터 매 3년이 되는 시점까지 그 타당성을 검토하여 개선 등의 조치를 하여야 한다.

[자료: 기획재정부 『국제행사의 유치·개최 등에 관한 규정(2020)』 참고]

참고문헌 ⚐

단행본

도시재생사업단 엮음(2012). 역사와 문화를 활용한 도시재생이야기. 한울.

상하이엑스포사무협조국(2008). SHANGHAI EXPO. 세기출판.

이각규(2000). 21세기 지역이벤트전략. 커뮤니케이션북스.

이각규(2010). 한국의 근대박람회. 커뮤니케이션북스.

이각규 외(2015). 세계박람회 기업관의 전략과 실제: 2012여수엑스포 기업관 분석. 커뮤니케
    이션북스.

이각규(2019). 박람회 프로듀스 I, II 2019년 개정판. 커뮤니케이션북스.

이민식(2006). 근대사의 한 장면 콜롬비아세계박람회와 한국. 백산자료원.

주강현(2012). 세계박람회 1851-2012. 블루&노트.

國 雄行(2006). 博覧会の時代-明治政府の博覧会政策. 岩田書院.

吉見俊哉(1992). 博覧会の政治学-まなざしの近代. 中央公論新社.

이태문 옮김(2004). 박람회-근대의 시선. 논형.

吉見俊哉(2005). 万博幻想-戦後政治の呪縛. 筑摩書房.

이종욱 옮김(2007). 만국박람회 환상-전후 정치의 주술과 시민의식. 논형.

名古屋學院大學 綜合研究所編(2005). 國際博覧會を考える. 晃洋書房.

이각규 옮김(2012). 국제박람회와 메가이벤트 정책. 커뮤니케이션북스.

伊藤 真実子(2008). 明治日本と万国博覧会. 吉川弘文館.

柴田哲雄 やまだ あつし 編著(2014). 中国と博覧会-中国 2010年上海万国博覧会に至る
    道(第2版). 成文堂.

日本イベントプロデュース協會 編集(1987). イベント戦略 データファイル』. 第一法規.

日本イベント産業振興協會(1997).『博覽會の構成と業務管理. 日本イベント産業振興協會.

中村利雄(2007). 愛・地球博 回顧錄. 財団法人 地球産業研究所.

中和田ミナミ/atmsphere ltd(2005). EXPO'70—驚愕！大阪万国博覧会のすべて. ダイヤモンド社.

諸岡博熊(1987). 博覧会学 事始. エスエル出版会.

泉 眞也 編著(2005). 泉眞也の万有万物博覧会. 中日新聞社.

総合ユニコム(株)(1986). 大規模イベントの企画・開催実務資料集. 総合ユニコム(株).

平野繁臣(1999). 國際博覽會歷史事典. 內山工房.

이각규 옮김(2011). 국제박람회 역사와 일본의 경험. 커뮤니케이션북스.

平野暁臣(2002). Event Planning Handbook—イベント計畫實務の實際. 日本実務出版.

정무형, 가나이 요부노시 옮김(2002). 이벤트플래닝핸드북. 한울.

平野暁臣(2019). 万博入門—新世代万博へ道. 小学館クリエイティブ.

Anna Jackson(2008). *EXPO International Expositions 1851~2010*. V&A.

신창열 옮김(2013). 엑스포, 1851~2010. 커뮤니케이션북스.

Christian Mikunda(2004). *Brand Lands, Hot Spots & Cool Spaces*. Kogan Page Business Books.

최기철, 박성신 옮김(2005). 제3의 공간. 미래의 창.

Galopin Marcel(1997).*LES EXPOSITIONS INTERNATIONALES AU XXÈ SIÈCLE ET LE BUREAU INTERNATIONAL DES EXPOSITIONS*. L'Harmattan.

박찬인 옮김(2000). 20세기 국제박람회와 국제박람회사무국. 엑스포과학공원.

Gordon Linden & Paul Creighton(2014). *THE EXPO BOOK*. lulu publishing.

Gordon Linden(2014). *The Expo Master Plan Book*. lulu publishing.

John Allwood(2001). *THE GREAT EXHIBITIONS–150 YEARS*. Exhibition Consultants Ltd.

John E. Findling & Kimberly D. Pelle(2008). *Encyclopedia of World's Fairs and Expositions*. McFarland.

V.N.Shpakov(2001). *RUSSIA IN WORLD EXPOSITIONS 1851~2000*. MOSCOW ROSINEX.

보고서

1993대전세계박람회조직위원회(1994). 1993대전세계박람회 공식보고서. 1993대전
　　세계박람회조직위원회.

1993대전세계박람회조직위원회(1994). 1993대전세계박람회 공식기록화보집. 1993
　　대전세계박람회조직위원회.

2012여수세계박람회조직위원회(2013). 2012여수세계박람회 공식보고서. 2012여수
　　세계박람회조직위원회.

대한무역진흥공사(1966). 1964-65년뉴욕세계박람회참가종합보고서. 대한무역진흥
　　공사.

대한무역진흥공사(1971). 1970년오사카만국박람회한국참가종합보고서. 대한무역진
　　흥공사.

대한무역진흥공사(1983). 82녹스빌세계박람회종합보고서. 대한무역진흥공사.

대한무역진흥공사(1985). 84루지애나세계박람회종합보고서. 대한무역진흥공사.

대한무역진흥공사(1986). 85쓰쿠바세계박람회종합보고서. 대한무역진흥공사.

대한무역진흥공사(1986). 88브리즈번세계박람회종합보고서. 대한무역진흥공사.

대한무역진흥공사(1992). 1992세비아세계박람회종합보고서. 대한무역진흥공사.

대한무역진흥공사(1992). 1992제노아세계박람회종합보고서. 대한무역진흥공사.

대한무역투자진흥공사(1998). 1998리스본세계박람회종합보고서. 대한무역투자진흥
　　공사.

대한무역투자진흥공사(2000). 2000하노버엑스포 한국관종합결과보고서. 대한무역투
　　자진흥공사.

대한무역투자진흥공사(2005). 2005아이치엑스포 한국관 종합보고서. 대한무역투자
　　진흥공사.

대한무역투자진흥공사(2008). 2008사라고사엑스포 한국관 결과보고서. 대한무역투
　　자진흥공사.

대한무역투자진흥공사(2010). 2010상하이엑스포 한국관 종합보고서. 대한무역투자
　　진흥공사.

한국관광공사(2015). 2015밀라노엑스포 한국관 결과보고서. 한국관광공사.

대한무역투자진흥공사(2017). 2017아스타나엑스포 한국관 종합보고서. 대한무역투

자진흥공사.

대한무역투자진흥공사(2022). 2020두바이엑스포 한국관 종합보고서. 대한무역투자
진흥공사.

상하이엑스포사무국 편(2010). 2010 중국상하이엑스포 공식안내 브로셔. 동방출판
센터.

国際博覧会効果分析調査研究委員会(1993). 国際博覧会効果分析研究委員会報告書』.

小林甲一(2002). アンケート調査の結果について. NGU EXPO2005 研究. 名古屋学院
大学総合研究所, Vol. 4, pp. 26-58.

小井川広志・児島幹完二(2000). 地域経済実態一EXPO2005開催効果アンケート調査
報告.

名古屋学院大学総合研究所(2005). NGU EXPO2005研究. Vol. 2, pp. 83-122.

愛知県(1996). 2005年国際博覧会の開催効果. 愛知県.

日本イベント産業振興協會(2000). イベント白書2000. 日本イベント産業振興協會.

通商産業省(1976). 1975沖縄國際海洋博覧會の記録. 通商産業省.

(財)2005年日本国際博覧会協會(2005).2005年日本国際博覧会 愛・地球博公式ガイド
ブック. 2005年日本国際博覧会協会.

(財)2005年日本国際博覧会協會(2005). 2005年日本国際博覧会(愛知万博)實施報告書.
(財)2005年日本国際博覧会協會.

クロード・セルバン／竹田一平(1998). 国際博覧会の効果分析調査の最終報告. 博覧会国
際事務局 `BIE資料サービス: シリーズ 1,

Claude Servant P. & Takeda, I. (1996). *Study on the Impact of International
Exposition*. Service de Documentation du B. I. E. Serie ⟨Edudes⟩ 1.

Comissario-geral da expo'98(1999). Report 1998 LISBON WORLD EXPOSITION.
comissario-geral da expo'98.

EXPOAGUA ZARAGOZA 2008 S.A. ACTAR(2008). EXPO ARCHITECTURE.
ZARAGOZA, AN URBAN PROJECT. EXPOAGUA ZARAGOZA 2008 S.A. ACTAR.

Expo 2015 S.p.A in liquidation(2018). Expo Milano 2015 Official Report. Expo 2015

S.p.A in liquidation.

Japan Association for the 2005 World Exposition(2006). Official Report of the
    2005 World Exposition, Aichi, Japan. Japan Association for the 2005 World
    Exposition.

Sociead Estatal para Exposiciones Internacionales(2008). Memoria del Pabellon de
    Espana Zaragoza 2008. Sociead Estatal para Exposiciones Internacionales.

논문

김영나(2000). 박람회라는 전시공간: 1893년 시카고 만국박람회와 조선관 전시. 서양
    미술사학회 논문집, 제13호, 85-96.

진경돈 · 박미나(2008). 1900년 파리 만국박람회 한국관의 건축경위 및 건축적 특성에
    관한 연구. 한국실내디자인학회 논문집, 제17권 3호, 13-18.

웹사이트

국제박람회기구(BIE) 홈페이지(http://www.bie-paris.org/site/en)

2005아이치세계박람회 기념 공식 홈페이지(http://www.expo2005.or.jp)

2012여수세계박람회재단 홈페이지(http://www.expo2012.kr)

2020두바이세계박람회 홈페이지(https://www.expo2020dubai.com)

2025오사카 · 간사이세계박람회 홈페이지(https://www.expo2025.or.jp/en/)

코트라 사이버역사관 홈페이지(http://history.kotra.or.kr/kh/index.html)

세계박람회 연구단체 엑스포뮤지엄 홈페이지(https://www.expomuseum.com)

저자 소개

이각규(LEE GAKGYU)

한국지역문화이벤트연구소장이자 이벤트프로젝트 프로듀서다. 부산산업대학교(현 경성대학교)와 배재대학교 관광경영대학원을 졸업했으며, (주)롯데전자 광고실 디자이너, (주)대홍기획 프로모션국 이벤트팀장, (주)세룡기획 엑스포사업부장, 투웨이프로모션 대표, (주)서울광고기획 SP국 부국장을 역임했다. 현재 박람회연구회 회장과 2030부산엑스포추진단 자문위원으로 활동하고 있다.

1980년대 중반 이벤트라는 단어가 낯설던 시절, (주)대홍기획 프로모션국 재직 시에 일본으로 건너가 도쿄에 있는 유수의 광고대행사 다이이치기획(第一企劃)에서 이벤트프로모션 실무를 장기 연수했다. 1991년 대전국제무역박람회의 종합홍보 프로젝트를 일본 다이이치기획과 공동기획했으며, 1990년 정부의 1993년 대전세계박람회 유치를 계기로, 일본 도쿄에서 세계적인 박람회프로듀서들과 교류하며 세계박람회 실무를 연구했다. 국내 최초로 이벤트 티켓 온라인 발매사업을 주도했고 1993년 대전세계박람회의 홍보캠페인, 문화행사, 회장운영 등을 기획하고 컨설팅했다.

2012년 여수세계박람회의 브랜드마케팅 및 회장운영을 컨설팅했으며, 수익사업과 공식행사, 특별기획공연 등을 심사하고, 전시 및 행사, 운영을 조사·평가했다. 2015년 밀라노세계박람회 한국관과 2017년 아스타나세계박람회 한국관의 홍보, 문화행사, 전시운영 등을 컨설팅했다.

2030부산세계박람회 유치와 관련하여 2015년 유치타당성 기초조사의 전시 및 이벤트를 기획 및 컨설팅했으며, 2018년 유치성공을 위한 국회세미나 주관 및 주제발표, 유치활동 장기 로드맵을 설정했다. 2020년 마스터플랜 기획 및 컨설팅, 2021~2022년 관람객 수요예측을 컨설팅했으며, 2017년부터 현재까지 2030부산엑스포추진단에 자문하고 있다.

실무와 이론을 겸비한 전문가로서 세계박람회 실무이론의 체계화를 위해 다양한 연구와 저술 및 기고를 많이 했으며 세계박람회의 실무연구를 위해 2005년 아이치세계박람회와 2010년 상하이세계박람회, 2015년 밀라노세계박람회 등의 현장조사와 자료를 수집한 세계박람회 연구의 제일인자이기도 하다.

주요 저서로 『박람회 프로듀스 I, II』(개정판, 2019), 『이벤트 성공의 노하우』(최신개정판, 2017), 『세계박람회 기업관의 전략과 실제』(2015), 『한국의 근대박람회』(2010), 『지역 이벤트』(2008), 『문화관광축제 변화와 성과, 1996~2005』(2007), 『21세기 지역 이벤트 전략』(2000) 등이 있다. 역서로 『국제박람회와 메가이벤트 정책』(2012), 『국제박람회 역사와 일본의 경험』(2011), 『기업은 이런 축제에 투자한다』(2011), 『기적을 만드는 이벤트 전략』(1994) 등이 있다.

21세기의 세계박람회
–제3세대 세계박람회로의 대전환–
World Exposition of the 21st Century

2024년 1월 10일 1판 1쇄 인쇄
2024년 1월 15일 1판 1쇄 발행

지은이 • 이각규
펴낸이 • 김진환
펴낸곳 • **학지사비즈**
        04031 서울특별시 마포구 양화로 15길 20 마인드월드빌딩
대표전화 • 02-330-5114   팩스 • 02-324-2345
등록번호 • 제313-2006-000265호

홈페이지 • http://www.hakjisa.co.kr
인스타그램 • https://www.instagram.com/hakjisabook

ISBN 979-11-984792-4-2 93320

정가 27,000원

출판미디어기업 학지사

간호보건의학출판 **학지사메디컬** www.hakjisamd.co.kr
심리검사연구소 **인싸이트** www.inpsyt.co.kr
학술논문서비스 **뉴논문** www.newnonmun.com
교육연수원 **카운피아** www.counpia.com